한국근대사산책 3권

한국 근대사 산책 3
ⓒ 강준만, 2007

초판 1쇄 찍음 2007년 11월 12일 • 초판 8쇄 펴냄 2019년 7월 15일 • 지은이 강준만 • 펴낸이 강준우 • 편집 박상문, 김소현, 박효주, 김환표 • 디자인 최진영, 홍성권 • 마케팅 이태준 • 관리 최수향 • 펴낸곳 인물과사상사 • 출판등록 제17-204호 1998년 3월 11일 • 주소 서울시 마포구 양화로7길 4(서교동) 2층 • 전화 02-325-6364 • 팩스 02-474-1413 • www.inmul.co.kr • insa@inmul.co.kr • ISBN 978-89-5906-073-3 04900 [978-89-5906-070-2(세트)] • 값 13,000원

이 저작물의 내용을 쓰고자 할 때는 저작자와 인물과사상사의 허락을 받아야 합니다. 파손된 책은 바꾸어 드립니다.

한국 근대사 산책

3권 아관파천에서 하와이 이민까지

강준만 지음

차례

제1장 **갈 곳을 모르고 헤매는 조선의 운명**
　　고종의 아관파천 •9　『서유견문』의 기구한 운명 •23
　　차라리 가난이 다행이었던 민중의 삶 •29　김구의 치하포 사건 •40

제2장 **『독립신문』과 독립협회의 등장**
　　최초의 민간지『독립신문』의 창간 •47　『독립신문』의 편집정책과 방향 •61
　　독립협회 창립, 애국가의 등장 •72　배재학당의 성장과 이승만 •83

제3장 **대한제국 시대의 개막**
　　고종의 경운궁 환궁 •97　'대한제국'과 '황제'의 탄생 •104
　　개신교 성장의 정치학 •117　전화를 향해 큰절을 네 번 하다 •126
　　개발권 양여, 매관매직 •131

제4장 **민권의식의 성장**
　　배재학당『협성회회보』의 창간 •141　대원군 사망, 명동성당 완공 •145
　　제1차 만민공동회 •152　최초의 일간지『매일신문』창간 •161
　　미국으로 돌아간 서재필 •167

제5장 **만민공동회의 도전**
　　독립협회의 의회설립운동 •181　『제국신문』『황성신문』창간 •188
　　고종 독살음모 사건과 커피 •199　제2차 만민공동회 •209
　　제3차 만민공동회 •214

제6장 **만민공동회의 좌절**

익명서 조작 사건 •223   김덕구 장례식 사건 •229
박영효의 배후 조정 •234   만민공동회·독립협회 불법화 •240
박영효 쿠데타 음모 사건과 이승만 체포 •247
윤치호·이완용의 변절 •252   최시형 처형, 영학당 사건 •260

제7장 **전차·철도와 조혼·축첩**

전차 개통과 '전차 소각 사건' •269   대한국 국제(國制) 반포 •276
경인철도 개통·자전거·인력거 •280   『독립신문』『매일신문』폐간 •286
조혼·축첩 청산운동 •294   1890년대 말의 식산흥업·양전사업 •304

제8장 **외세 지배의 심화**

활빈당의 출현 •313   '외국 쌀 먹으면 애비 에미도 몰라본다' •320
『제국신문』과 이승만의 옥중생활 •325   이재수의 난 •330
개신교·천주교의 충돌 •341

제9장 **하와이 이민**

최초의 노동이민단 출발 •353   영업용 전기, 공중용 전화의 등장 •361
최초의 화장장 완공 •368

주 •374   참고문헌 •5권 338   찾아보기 •5권 369

제1장

갈 곳을 모르고 헤매는 조선의 운명

01

고종의 아관파천

아관파천의 배경과 내막

단발령으로 사회적 혼란이 고조된 상황을 틈타 러시아는 공사관을 보호한다는 구실로 인천에 정박 중인 러시아 군함으로부터 수병 100여 명을 서울로 이동시켰으며, 서울 주재 러시아공사관은 친러파 이범진 등과 공모하여 친위대 병력이 의병을 진압하기 위해 지방에 파견돼 왕궁의 경비가 소홀한 틈을 타 고종을 아관(俄館, 러시아공사관)으로 옮기게 하였다. 이게 바로 이른바 아관파천(1896년 2월 11일~1897년 2월 25일)이다.

  고종은 2월 11일 아침 7시 30분 여인복장으로 변장하고 왕세자와 함께 부인용 가마 두 대에 앉아 공사관으로 피신했는데, 고종의 탈출 소식을 들은 수천 명의 군중이 공사관 담벽 아래로 몰려와 국왕의 탈출을 만세로 환호했다.[1] 바로 그날 러시아 대리공사 스페이예르(Alexei

신변의 위협을 느낀 고종이 러시아공사관으로 거처를 옮겼다. 환궁을 요구하는 일본 군대의 알현을 받는 고종(가운데 갓 쓴 두 사람 중 오른쪽).

de Speyer)는 외무장관 로바노프에게 다음과 같은 보고문을 보냈다.

"1896년 2월 2일 전문으로 보고한 바와 같이 신변의 위협을 느낀 고종이 밀지를 보내 수일 안에 왕세자와 함께 공사관에 피신하겠다는 희망을 밝혀왔다. 전임 대리공사 웨베르와 함께 고종의 요청을 거부하지 않고 보호하기로 할 수밖에 없었다. 다만 궁중을 떠나는 날짜와 시간을 사전 통보해줄 것을 부탁하고 고종의 밀지를 전해온 이범진에게 궁중에서 러시아공사관까지 오는 도중 예상되는 위험성을 지적해주었다. 이범진은 고종이 궁중에서 더 많은 위험에 노출돼 있다고 믿기 때문에 이미 모험을 무릅쓰기로 결심했다고 말했다. 다음 날(2월 3

일) 고종은 고맙다는 말을 전하면서 2월 9일 저녁 공사관에 도착할 예정이라고 했으나 이날 결행하지 않고 경비병 증원을 요청해왔다. 공사관은 알렉세예프 극동총독에게 긴급요청, 2월 10일 해군대령 몰라스가 100명의 수병을 인솔하고 서울에 왔다. 고종은 2월 11일 새벽 7시 30분에 공사관에 왔다."[2]

당시 멕시코 공사로 발령을 받은 웨베르(Karl I. Waeber)는 업무 인수인계를 위해 서울에 남아 있었는데, 일본 주재 러시아공사 히토로보가 갑자기 사망하자 러시아는 고종과의 친분을 고려, 스페이예르를 도쿄로 보내고 웨베르를 1897년까지 유임시켰다.[3]

이범진(1852~1911)은 대원군 집권기 훈련대장을 지낸 이경하(1811~1891)의 서자로서, 임오군란 때 민비에게 충성을 바쳐 득세한 인물이었다. 또 다른 주도자인 심상훈은 고종의 이종사촌으로 민비와 가까운 사이였다. 이범진과 심상훈은 각각 춘천의병 및 여주의병과 연결되어 있어서 처음에는 의병이 서울을 점령하고 고종을 구출한다는 계획을 세웠다가 여의치 않자 아관파천을 단행한 것이었다.[4]

'김홍집·유길준 등을 잡아 죽이라'

고종은 러시아공사관에 들어서자마자 이른바 '을미사적(乙未四賊)'으로 불리는 총리대신 김홍집, 내부대신 유길준, 농상공부대신 정병하, 군부대신 조희연 등에 법부대신 장박을 포함시킨 다섯 대신을 역적으로 규정해 '잡아 죽이라'고 지시했다. 물론 사실상 친러파의 명령이었다.[5]

총리대신 김홍집·탁지부대신 어윤중·농상공부대신 정병하는 피살되었으며, 내부대신 유길준·법부대신 장박·군부대신 조희연 등은 일본으로 망명하였다. 외부대신 김윤식은 나중에 자수하여 1897년 12월 제주도에 유배되었다.(김윤식의 유배는 1907년에 풀렸다) 이로 인해 친일 내각은 무너지고 박정양 내각이 새로 들어섰다. 이완용은 외부대신, 학부대신 서리, 농상공부 대신 등 직책을 세 개나 맡게 되었다.

김홍집은 주변의 만류를 뿌리치고 고종의 뜻을 알아보기 위해 러시아공사관으로 가다가 광화문 앞에서 순검들에게 체포되어 정병하와 함께 경무청으로 끌려가던 중 순검과 흥분한 군중들에게 맞아 죽었다. 그의 시체는 손발이 묶인 채 온갖 모욕을 당하며 광화문에서 종로까지 질질 끌려가 종각에 며칠 동안이나 그대로 방치되었다.[6]

이게 일반적인 통설이나, 유영익은 일본공사 고무라의 보고서를 근거로 이 통설이 오류라고 했다. 김홍집은 2월 11일 궁궐 안에 위치한 내각에서 경무청 경관들에게 체포되어 궁궐 밖의 경무청으로 구인(拘引)되었다가 경무청 문 앞에서 정병하와 함께 경관들에게 칼로 참살되었으며, 그 시신이 종로에 끌려가 군중(보부상)들로부터 능욕을 당했다는 것이다.(어윤중은 2월 17일에 용인에서 피살되었다)[7]

어떤 게 진실이건, 김홍집이 당한 능욕이 너무 끔찍하다. 김홍집은 봉공(奉公) 정신만큼은 인정받아 이후 최익현 등 일부 유학자 관료들을 제외한 반일(反日) 지식인들에게도 비교적 긍정적인 평가를 받았다. 황현(1855~1910)은 『매천야록』에서 "그의 죽음에 세인은 몹시 애석히 여기었다"고 했고, "황현 이후의 대부분의 사가들(예컨대 박은식·정인보·이선근 등) 역시 김홍집을 개화기 한국의 걸출한 온건개화파 정치가로 평가하면서 그의 반민족적 친일 행각에 대해서는 논급을 삼갔다."[8]

박은식은 "설사 김홍집이 가히 죽을죄를 저질렀다고 하더라도 나라의 대신이니 마땅히 법에 의해 다스려야 했을 것이며, 법원은 그 경중을 심리해서 처리하는 것이 옳았을 것이다"며 다음과 같이 개탄했다.

"일개 경관을 시켜서 칙령을 입으로 전하고 도로상에서 짐승을 도륙하듯 학살하다니 형률을 그르친 것이 심했다 하겠다. …… 이번 아관파천은 국가를 위하여 복수를 하려는 거사였는지, 친러파 일당을 위한 권력쟁탈의 계책인지 바로 복수의 명분을 빌어 권력쟁탈의 사심(私心)을 푼 것이리라. 그날의 거사는 참으로 사(私)를 끼고 횡포를 부림이 법에 크게 어그러지며 법을 업신여기는 것이니 나라가 보존할 수 있겠는가."[9]

김홍집은 도무지 줏대가 없는, 그래서 여러 차례 총리를 할 수 있었다는 부정적인 평가도 있으나, 임종국은 당시 사람들이 김홍집을 '비 오는 날의 나막신' 같은 사람으로 평가할 정도로 국가에 위급이 있을 때마다 유효적절하게 수완을 발휘했다고 평가했다. 임종국은 김홍집이 러시아공사관으로 가지 말라는 일본군의 만류에 대해 "시끄럽소! 일국의 총리로서 동족의 손에 죽는 것은 천명이야! 남의 나라 군인의 도움으로 살아남고 싶은 생각은 없소!"라고 호통을 쳤다며 다음과 같이 말했다.

"김홍집의 최후가 이토록 숙연하거늘, 어느 누가 그를 '친일파'라고 욕하겠는가? '일국의 총리로 동족에게 죽는 것이 천명'이라고 갈파한 살신성인의 투철한 정치 책임으로 '일본의 앞잡이'가 될 수 있는 것인가? …… 이런 점에서 김홍집은 한말의 '위대한 정치가'였다고 할 수 있을 것도 같다."[10]

단발령 철회

고종은 아관파천 직후 민심 수습을 위한 조칙을 연이어 발표했다. 2월 18일 단발을 개인 의사에 맡긴다는 조칙이 내려졌다. "강제로 시행하지 말고 각자 편한 대로 하게 하라(從便爲之)"는 것이었다. 또한 의병은 각자 고향으로 돌아가 본업에 힘쓰라고 선유(宣諭)했다. 다시 27일에는 각지의 의병들에게 즉시 해산할 것을 종용하는 조칙을 발표했는데, 그것은 단발령에 반대하여 일어났던 반일(反日) 의병에 대한 사면을 뜻하는 것이었다.[11] 7월 24일엔 종묘·궁전·사직·능원 등에 대한 제사를 원래의 음력으로 복원할 것을 지시했다.[12]

결국 단발령은 시행 두 달여 만에 철회되었지만, 강요된 단발이 낳은 효과는 무시못할 것이었다. 개화파의 뒤를 이어 단발의 편리함과 자유로움을 알게 된 일부 조선인들 가운데는 자진해서 머리를 깎는 사람들이 증가하고 있었다. 서울 나들이를 왔던 한 유림은 단발 인구가 급증한 것을 보고 "중놈의 세상"이라고 개탄했다고 한다.[13]

단발은 신분제도의 약화를 보여주는 것이었다. 그렇기에 단발령은 부정되기보다는 흐름을 이어가는 쪽이었다. 1897년 학부대신 신기선이 관립학교 학생들에게 상투를 틀라고 하자 학생들이 다들 반발하여 퇴학하겠다고 나선 소동이 벌어졌으며, 고종은 이때 신기선에게 동조하지 않고 계속 단발 상태로 있었다.[14]

을미의병의 보수성

일부 의병들은 해산하지 않고 도리어 공세로 나섰다. 홍순권은 "을미사변과 단발령 실시가 1895년 의병봉기의 직접적인 계기가 되었던 것은 분명한 사실이지만, 을미의병운동의 근원을 을미사변과 단발령 그 자체로 본다면 그것은 지나친 단견이다"며 "의병들의 투쟁목표가 단순히 일본 및 친일세력의 축출에 한정된 것이 아니라, 개화파에 의한 근대개혁 자체를 반대하는 데 있었"다는 점에 주목했다. 개화정책을 추진한다는 점에서는 구정권이나 신정권이나 다를 바 없었다는 것이다.[15]

실제로 을미의병은 보수성이 강했다. 당시 가장 규모가 크고 큰 영향을 끼친 세력이었던 유인석(1842~1915) 부대의 경우, 동학농민군이 의병에 몰려든 사실을 알고 초기 단계부터 색출해 처단하고자 했다. 또 의병진 내부에 양반과 평민의 차별이 있었으며, 의병 숫자가 모자라면 다른 부대의 병졸을 빼앗아 분란을 일으키기도 했다.[16] 이이화는 "더욱 한심스런 작태도 있었다"며 다음과 같이 말했다.

"유생들은 유건(儒巾)을 쓰고 도포자락을 펄럭이는 따위 선비 예복을 입고 전투에 임하거나 전장에서도 장유(長幼)의 격식을 차려 읍(揖)을 하고 길을 비켜 절하며 주인과 손님의 예를 갖추는 따위 읍양(揖讓) 진퇴(進退)의 예절을 지켰다. 또 민용호 의병대의 병사들이 행진하면서 '양반과 상놈, 적자와 서자는 하늘이 낸 것이니 이를 무너뜨릴 수 없다'는 노래를 불러 평민, 서자 등 하층민의 호응을 얻지 못했다. 군량미가 제대로 갖추어지지 않자 부호들에게서 강제로 빼앗았으며 소와 돼지 등 가축을 마구잡이로 잡아먹었다. 진주에서 일어난 노응규는 마을마다 들어가서 재물을 약탈하고 불을 지른 것으로 악명이 높았다. 또 평소에 집안끼리 원수가 졌거나 개인감정이 있을 때 의병봉기를 계기로 복수하는 일도 잦았다. 그리하여 '낮에는 관군, 밤에는 의병'이라는 말처럼 백성들이 이래저래 시달려 밤낮으로 도망치기에 바빴다."[17]

고종의 러시아공사관 생활

아관파천이 일어난 후 일본군은 러시아공사관 문 앞에 대포까지 끌고 와서 고종의 환궁을 요구했지만, 고종이 러시아공사관으로 피신해온 이후 모든 국사는 러시아제국의 국기가 게양된 러시아공사관에서 경비해군 160명의 호위 아래 행해졌다. 각부 대신들은 공사관 건물 안에 병풍을 친 임시 사무실을 사용했고 웨베르와 협의하라는 왕명을 받으면 어떤 사건이든 대신과 단둘이서 논의할 기회가 웨베르에게 주어졌다. 웨베르가 조선의 국사를 사실상 좌지우지한 셈이다.[18]

웨베르는 1903년에 쓴 수기「1898년 전후 대한제국」에서 "뜻밖의 정변이 발생했다. 러시아공사관 경비해군은 160명이었으나 서울 주둔 일본군 수비대는 1000명이 넘었다. 러시아는 이때부터 이전 일본이 누리던 영향력을 대신하게 되었으며 한러 관계에 새로운 장이 열리기 시작했다"라고 썼다.[19]

고종의 공사관 생활은 수인(囚人)과 다를 바 없었다. 당시 러시아공사관 서기였던 쉬테인은 "그는 두 개의 방에 왕세자와 각각 따로 앉아 공사관 뜰을 무심히 바라보기도 하고 때로는 서서 방 안을 이리저리 거닐었다. 가끔씩은 두려움에 떨며 이웃 궁궐(경운궁)에 계신 노대비(명헌태후)에게 문안을 드리려고 몰래 세자와 함께 가곤 하셨다. 그리고 남은 시간은 방 안에 은둔하고 앉아계셨다"고 러시아 외무부에 보고했다.[20]

송우혜는 "당시 고종으로서는 일본에 머리 숙여 아부하고 철저하게 굴종하면 무사히 옥좌를 지키면서 목숨을 이어갈 수 있었다. 그러나 그는 무사 안일한 굴종 대신 위험천만한 저항을 택했다. 그래서 단 한 명의 호위병도 딸리지 않는 궁녀의 가마에 몸을 싣고 궁궐을 탈출

대포까지 끌고와 러시아공사관 앞에서 고종의 환궁을 요구하고 있는 일본 군대.

한 것이다. 실패할 경우 모든 것을 잃는 파국을 각오해야만 감행할 수 있는 비상작전이었다"며 다음과 같이 주장했다.

"그렇기에 아관파천은 단순히 외형적인 면만 보자면 조선의 군주가 자신의 커다란 궁궐을 버리고 한낱 조그만 외국 공사관 담장 안으로 피신한 괴이하고 구차한 사건이다. 그러나 그 본질을 보면 외세에 시달리던 조선의 군주가 자국이 당면한 난국을 타개하기 위해서 능동적으로 정국 운용의 주도권을 쥐고 '오랑캐(러시아)로서 오랑캐(일본)를 제압하는(以夷制夷)' 전술을 선택한 사건이었다. 당시 서울에 주재하고 있던 일본군 병력으로 러시아공사관을 습격하여 모두 도륙하는 것은 손바닥 뒤집듯 쉬운 일이지만 그것은 즉각 러시아와 일본의 전면전이 발발함을 뜻하는 것이기에, 일본으로서는 일절 손을 댈 수 없다는 점을 냉철하게 계산한 전술이었다."[21]

'아관파천은 엄상궁의 작품'

훗날 공개된 일본 정부의 '주한공사관기록'에 따르면, 아관파천 몇 달 전인 1895년 11월 7일, 당시 서울에 주재하고 있던 일본공사 고무라 주타로(小村壽太郎)는 본국의 외무대신에게 다음과 같이 보고하였다.

"각국 사신들은 국왕의 신상에 대한 위해가 경각에 달려 있다고 믿고 있을 뿐만 아니라, 조희연(趙羲淵)이 국왕을 옹위해서 다른 곳으로 도피할 것을 깊이 우려하고 있음. 그러나 조희연 측에서는 오히려 국왕이 러시아공사관에 도피할 것을 우려해서 그들과 공동보조를 취하도록 우리 군대의 입성(入城)을 희망하고 있으므로 차제에 우리 군대를 입성시키더라도 결코 소요가 일어날 우려는 없다고 믿음."[22]

일본이 그렇게까지 눈치를 채고 있었는데, 어떻게 성공할 수 있었을까? 특히 두 달 전 춘생문 사건의 큰 실패와 비교할 때, 이는 놀라운 일이 아닐 수 없었다. 이에 대해 송우혜는 "당시 고종 부자가 실행해낸 '아관파천' 사건은 누가 뭐래도 수훈의 일등공신인 엄상궁의 작품이었다. 임금 부자의 왕궁 탈출 기도가 오직 단 한 번의 실행으로 그처럼 완벽하고 뛰어난 성공을 거둔 덕 역시 오로지 엄상궁에게 돌아간다. 그녀가 지닌 전 방위적인 여러 측면에서 펼친 역량의 성공적인 집결과 실로 대담한 담력을 갖춘 연출이 갖추어지지 못했더라면 도저히 성공 자체가 불가능했던 사건인 것이다"며 다음과 같이 말했다.

"우선 그녀는 일본 측과 친일파 내각이며 궁을 지키는 자들이 엄상궁이라는 존재에 대해서는 완전히 마음을 놓도록 천연덕스럽게 연기해냈다. 또 이범진, 이완용 등등 외부에 있는 친러파 인물들과 물샐틈 없이 완벽하게 연락을 유지하여 탈출방책을 모의하여 도출해냈고, 도피 당사자인 임금이 그녀의 계획에 전적으로 동조하여 몸을 던져 따르게 할 만큼 신임을 끌어냈다. 두 사람씩 들어앉은 가마를 러시아 공사관까지 메고 갈 가마꾼들도 완벽하게 자기 사람으로 장악해냈고, 출입할 궁문의 수비병들을 상대로 펼친 일주일간에 걸친 사전 공작과 연기를 통해 그들을 완전히 눈뜬 허수아비로 만들어버리는 데 성공했다. 당시 그녀가 건춘문의 수비병들을 완벽하고 철저하게 기만해낸 수법은 고도의 심리적 전술과 조작기법이 뛰어나게 응용되고 발휘된 아주 놀라운 성공 사례였다. 그런 여러 단계의 준비작업들 중, 단 한 군데서만 계획이 어긋나도 일은 실패로 돌아가고 엄청난 파문과 역작용이 발생했을 것이다."[23]

매천 황현의 『매천야록』은 이범진 등이 은(銀) 4만 냥을 엄상궁에게 주어 엄상궁으로 하여금 거사에 나서게 만들었다고 기록했다. 그 뇌물을 받은 엄상궁이 임금에게 변란이 다시 있을 것이라고 밤마다 고한데다 또 거사 당일에는 울면서 오늘 밤에 변란이 일어날 기미가 있으니 궁궐을 나가서 피하자고 조르는 바람에 놀라고 의심을 품은 임금이 엄상궁 말대로 아관으로 파천하게 됐다는 것이다. 이에 대해 송우혜는 "당시 이범진이 준 은 4만 냥을 엄상궁이 뇌물로 받아 챙겼다는 소문은 정확한 것일 수도 있다. 그러나 단지 그 은자 4만 냥 때문에 엄상궁이 그토록 엄청난 일을 맡아서 해냈다고 보는 것은 무리다"며 다음과 같이 말했다.

"엄상궁이 이처럼 위험한 일에 몸을 던진 근본 동기는 여인으로서의 위기감이었다. 을미사변으로 왕후 민씨가 시해당한 뒤 곧 조선 궁중에서 벌어졌던 새 왕후 간택사건이 거대한 바윗돌이 되어 그녀의 앞길과 야심을 가로막고 있었던 것이다. '하늘이 도우셨구나!' 춘생문 사건의 여파로 일단 새 왕후의 입궁이 미루어지자 엄상궁은 속으로 만세를 불렀다. 그러나 그 정도로는 전혀 마음을 놓을 수 없는 일이었다. 왕후로 간택된 안동 김씨 가문의 처녀가 춘생문 사건과 전혀 무관하다는 것은 누구나 아는 일이었고, 더구나 왕후 간택이 친일세력의 요구로 이뤄진 일인 만큼 친일세력이 궁궐과 권력을 모두 장악하고 있는 현 상황에서는 언제 그 처녀를 왕후로 봉영하여 입궁시켜서 임금과 가례를 올리게 하여 내전을 차지하게 만드는 일이 벌어질지 모르는 상황이었다. 엄상궁으로서는 그런 불안하고도 불쾌한 상황을 일거에 변혁해버릴 획기적인 조처가 절박하게 필요했다. 바로 그런 필요성이 그녀로 하여금 위험을 무릅쓰고 임금의 아관파천에 온몸을 내던지는 모험을 감행하게 만들었다."[24]

엄상궁은 아관에 있을 때 임금의 아이를 임신했는데, 그 아이가 뒷날 영친왕(英親王)으로 책봉됐던 대한제국 마지막 황태자다.

아관파천에 대한 평가

이광린은 "파천은 당시의 사정으로 불가피한 일이었다고 말할지 모르나 주권국가의 군주로서는 상상조차 할 수 없는 큰 실책이었다"고 평가했다.[25] 반면 이태진은 "고종은 약소국 군주로서 열강 침략세력의 상호 견제를 통해 독립을 지키려 했다. 청일전쟁에서 승리한 일본이 러시아 주도의 3국 간섭으로 기세가 꺾이는 것을 본 고종의 아관파천 단행은 민비 시해 등 최악의 상황에서 나름대로 주도면밀한 판단이었다"며 다음과 같이 주장했다.

"고종이 1873년 친정에 나선 이래 1876년 개항을 단행한 다음 1880년 개화정책을 펴기 시작했다. 비록 1882년 임오군란에서 1896년 러시아공사관으로 거처를 옮긴 아관파천에 이르기까지 15년간은 국왕 중심의 개화정책이 중국·일본 등 외세의 견제로 방해를 받았던 '낭비의 세월'이었지만 나름대로 개화정책을 꾸준히 추진했다. 때문에 이 시기 정치사를 민씨 외척세도의 시기로 규정하는 종래 해석은 잘못됐다고 본다."[26]

중요한 건 아관파천 이후이리라. 후에 벌어진 일은 아관파천을 '주도면밀한 판단'으로 보기는 어렵게 만든다. '나름대로'를 강조한다면, 바로 그 '나름'에 문제가 있었다고나 할까.

아관파천 이후 일본은 어떻게 대응했던가? 아관파천은 일본에게는 그야말로 '청천벽력'이었다.[27] 이를 갈았다. 이토 히로부미 내각은 전 국민에게 러시아를 가상 적으로 삼아 10개년 계획의 군비확장에 착수함을 알리고, 하루 세 끼를 두 끼로 줄여 먹으면서라도 상비병 15만 명에 전시 병력 60만 명을 목표로 한 대육군과 22만 톤 규모의 무적 해군을 건설하자고 호소했다.[28]

이와 관련, 송우혜는 "그때 조선은 어땠든가. 이미 폐기된 단발령을 당면 현안으로 삼아서 무기를 들고 일어나 유혈 거사를 감행하는 것을 '의거'라고 부르면서 기세를 올렸던 것이다. 당시의 냉혹한 제국주의적 국제 정세를 생각할 때, 우리의 의식과 대응방식은 바깥세상 흐름은 인식하지 못한 채 내부 싸움에 빠져드는 데 그쳤다. 너무 안이했음을 인정하지 않을 수 없다"고 개탄했다.[29]

러시아와 일본의 갈등은 조선이라는 먹이를 놓고 일어난 것일 뿐,

두 나라는 목적을 위해선 언제든 타협할 수 있는 관계였다. 러시아 황제 니콜라이 2세의 대관식이 거행된 1896년 6월, 러시아에서 러시아와 일본은 한반도를 놓고 비밀협상을 벌이게 된다.

02

『서유견문』의 기구한 운명

『서유견문』의 금서화

아관파천은 한국 지성사에도 큰 영향을 미쳤으니, 그건 한국인이 쓴 최초의 근대 서양 견문록이라 할 수 있는 『서유견문』(西遊見聞)의 금서화였다. 유길준은 1887년에서 1889년 동안 『서유견문』을 집필한 뒤 1890년에 한규설을 통해 국왕에게 바쳤다. 이어 유길준은 1895년 4월 일본 도쿄에서 후쿠자와의 도움을 받아 『서유견문』을 발간하였다. 그는 국한문혼용체로 1000부를 찍은 이 책을 한 권도 팔지 않고 일일이 서명하여 정부의 고관을 비롯한 당시의 유력자들에게 기증하였다.

그런데 『서유견문』이 금서로 묶인 것은 1896년 2월 아관파천이 일어나 유길준이 역적으로 몰리고 망명객이 돼버린 연유가 크다.[30] 『서유견문』은 금서가 돼 널리 보급되진 못했지만, 공립 소학교 혹은 사립 학교의 교과서로 활용되기도 하고, 『독립신문』 『황성신문』 등에 원문

그대로 인용되거나 그 논지가 실리기도 하여, 적어도 지식인 계층에 겐 적잖은 영향을 미쳤다.[31]

이광린은 『서유견문』의 주요 부분에 해당하는 두 장의 약 50퍼센트 가량이 약간의 부연설명과 세부사항을 제외하고는 후쿠자와 유키치의 『서양사정(西洋事情)』을 거의 그대로 베낀 것이라고 했다.[32] 왕현종은 『서유견문』은 "그의 스승이었던 후쿠자와 유키치의 『서양사정』과 체제가 유사하다는 점을 들어 거의 동일한 것으로 간주되기도 하나, 실제로 유길준과 후쿠자와 유키치의 관심사는 크게 다른 부분이 많았다고 생각된다"고 평가했다.[33]

유길준은 주위의 완곡한 만류에도 불구하고 국한문을 혼용했는데, 그 이유와 관련해 그는 말과 문자를 다른 것으로 보는 견해를 완곡하게 비난하였다. 김윤식 · 김현은 "문학사적인 관점에서 본다면, 『서유견문』의 가장 중요한 공적은 그것이 최초로 국한문을 혼용한 책이라는 점이다"며 다음과 같이 말했다.

"그것은 유길준의 시대에 이르면 한글의 압력이 한문을 압도하기 시작했다는 것을 보여주며, 박지원 · 김병연의 한문 문체 훼손의 진정한 의미를 생각게 해준다. …… 그것이 한문으로만 씌어졌더라면, 훨씬 주목을 덜 받았을 것이다. 그의 국한문혼용은 그의 정치인으로서의 직분 사상과 인민평등 사상의 결합이며, 그것의 성과는 그것이 미친 영향력으로 판단할 수 있다. 특히 개화기 소설에 미친 『서유견문』의 영향은 대단한 것으로 알려져 있다."[34]

개화의 등급과 종류

『서유견문』은 갑오경장의 모체(母體)였다. 내부대신 유길준은 이미 주사 시절부터 김홍집·박영효 연립내각 때 서약된 홍범 14조를 기초하는 등 맹활약했는데, 1894년 7월부터 1896년 2월에 이르기까지 갑오경장 전 기간에 걸쳐 의결되었거나 실행된 개혁안 및 제반 문건들이 대부분 유길준에 의해 기초되었다.[35] 유길준은 『서유견문』 제14장 개화의 등급에서 다음과 같이 말했다.

"개화란 온갖 사물을 깊이 연구하고 경영하여, 날로 새롭고 더 새로워지도록 기약하는 상태를 가리킨다. 그러므로 그 진취적인 기상이 웅장하여 사소한 태만함도 있을 수 없는 것이다. 개화하는 일을 주장하고 힘써 실행하는 자는 개화의 주인이며, 개화한 자를 부러워하여 배우기를 기뻐하고 본받기를 즐거워하는 자는 개화의 빈객이다. 또 개화한 자를 두려워하고 미워하면서 부득이하여 따르는 자는 개화의 노예라 할 것이다."

또 유길준은 "개화에는 실상(實狀) 개화와 허명(虛名) 개화가 있다"며 다음과 같이 말했다.

"실상 개화라는 것은 사물의 이치와 근본을 깊이 연구하며 이해하고 그 나라의 처지와 형편에 합당케 하는 것을 말한다. 허명 개화라는 것은 사물에 대한 지식은 부족하다 하더라도 다른 나라의 좋은 사정을 보고는 부러워서든지 두려워서든지 간에 앞뒤를 가릴 것 없이 덮어놓고 시행하기만을 주장하여 재정의 소비가 적지 않으면서 실용에는 미치지 못하는 것을 말한다."[36]

유길준은 시세(時勢)와 처지(處地)를 중시하는 입장에서 갑신정변을 일으킨 김옥균 등 개화당의 행실을 비판했다. 그들은 시세와 처지에

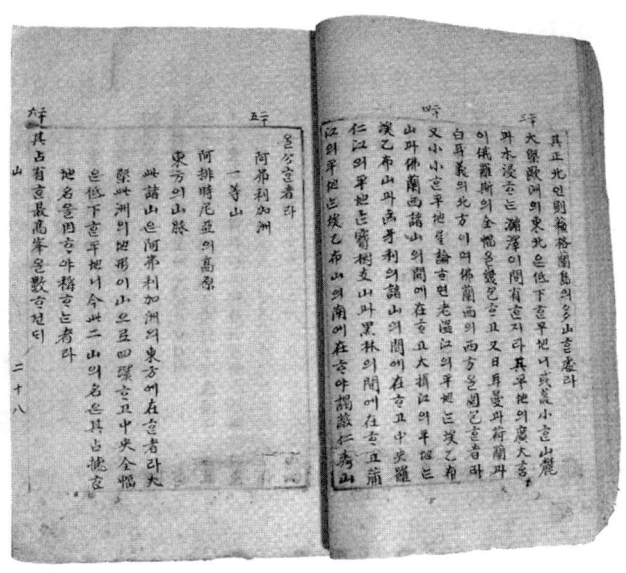

유길준의 저서 『서유견문』. 한국인이 쓴 최초의 근대 서양 견문록으로 후쿠자와 유키치의 『서양사정』과 곧잘 비교된다.

대한 아무 분별도 없이 외국 것만을 칭찬한 나머지 자기 나라 것을 업신여겼기 때문에 '개화의 죄인' 이라는 것이다. 또 유길준은 개화당은 지나친 자들이고 수구당은 모자란 자들이라며, 지나친 자의 폐해가 모자라는 자의 경우보다 훨씬 심하다는 이유로 개화당을 수구당보다 더 비판했다.[37]

오늘날의 『서유견문』 평가

1994년 2월 서울대 법대교수 최종고는 "『서유견문』은 한국 최초의 해외 여행기로서도 흥미진진하다. 미국 유학 중 갑신정변의 비보를 듣고 황망히 귀국하는 길에 들른 유럽 여행이라 정확히 언제 어디를 방문했는지 불분명하나 본서에는 8개국 37개 도시에 관하여 소개하고 있다. 나는 시간이 허락된다면 유길준이 본서에서 언급한 서양 각국의 도시들을 돌아보고 '신서유견문' 같은 책을 하나 써보고 싶은 게 꿈이다"며 다음과 같이 말했다.

"나뿐만 아니라 오늘날 여행자유화 시대에 많은 사람들이 서양을 다녀오지만 『서유견문』 같은 뜻있는 책이 나오지 못하고 있는 것은 안타까운 일이다. 급변하는 국제화 시대일수록 온고지신의 정신으로 전통과 개방의 조화를 꾀해야 살아남을 수 있을 것이다. '제2의 개국'의 의미를 새기며 『서유견문』을 읽는 맛은 각별하기에 일독을 권하는 바이다."[38]

2004년 10월 정용화는 "'수구당은 개화의 원수요, 개화당은 개화의 죄인'이라고 비판한 유길준이 있었다. 유길준은 동양과 서양의 장점을 결합해 보다 상위의 문명을 설정, 조선식 근대화를 모색했다. 최근 국내 학자들 사이에 유길준의 『서유견문』 읽기 붐이 일고 있는 이유도 여기에 있다"고 했다.[39]

2007년 3월 한국학중앙연구원 연구교수 박현모는 "오늘날 우리에게 『서유견문』은 무엇인가. 19세기의 그때처럼 냉혹하기만 한 국제정치를 헤쳐나가야 하는 우리에게, 구체적으로 한미 FTA 체결을 앞둔 우리에게 유길준은 뭐라 말할까?"라는 질문을 던지면서 다음과 같이 주장했다.

"그 답은 아마도 '좋다. 그러나 방책을 가지고 하라'일 것이다. 개화의 선각자답게 그는 국가 간 자유교역의 필요성을 역설한다. 상대방의 넉넉한 것으로 자기의 모자란 것을 도움 받는 통상(通商)이야말로 '사람의 재주와 힘으로 하늘이 주는 복을 누리는 대도(大道)'다. 문제는 '통상법을 제정하는 과정'이다. 유길준에 따르면 '이미 개국한 나라는 장사판의 백전노장이다. 기회만 주어지면 이익 얻기에 능란하다.' 이에 반해 새로 개국하는 나라는 마치 절제 없는 군사 같아서 도저히 적수가 안 된다. 따라서 하루빨리 '다른 나라와 이익 다투는 방책을 터득해야 한다.' …… 우리 측 협상단에게 최근 쉬운 우리말로 번역된 『서유견문』(서해문집)의 일독을 권한다."[40]

03

차라리 가난이 다행이었던 민중의 삶

양반계급은 '면허받은 흡혈귀'

1890년대 후반의 조선 사회에서 『서유견문』을 읽는 건 꼭 필요한 일이었겠지만, 당시의 문제는 그 이전의 것이었다. 특히 1890년대 중반 매관매직은 국가시책이 되어버렸다. 1894년 갑오개혁으로 과거제도를 폐지해버린 탓도 있었지만, 황실은 세원(稅源)이 없어 벼슬을 팔아서라도 국고(國庫)를 충당해야만 했기 때문이다. 그 결과 탐관오리(貪官汚吏)들만 득실거리게 되었다.[41] 벼슬을 돈 주고 샀으니 본전 뽑고 이익까지 남겨야 하지 않겠는가. 백성을 착취하는 것 이외에 무슨 방법이 있었겠는가.

끊임없이 계속되는 정치적 혼란의 와중에서 민중의 삶은 더욱 피폐해졌다. 당시 민중의 생각은 어떠했을까? 무엇보다도 탐관오리의 학정에 신물을 내고 있었다. 1894년 1월에서 1897년 3월까지 조선을 네 번이나 방문하였던 영국의 여행가 이사벨라 비숍(Isabella Bishop, 1831~1904)은 다음과 같이 말했다.

"한국은 특권계급의 착취, 관공서의 가혹한 세금, 총체적인 정의의 부재(不在), 모든 벌이의 불안정, 대부분의 동양 정부가 기반하고 있는 가장 나쁜 전통인 비개혁적인 정책수행, 음모로 물든 고위 공직자의 약탈행위, 하찮은 후궁들과 궁전에 한거하면서 쇠약해진 군주, 가장 타락한 제국 중의 한 국가와의 가까운 동맹, 흥미 있는 외국인들의 서로의 질투, 그리고 널리 퍼져있으며 민중을 공포의 도가니로 몰아넣는 미신, 자원 없고 음울한 더러움의 사태에 처해 있다."[42]

비숍은 조선의 참상을 묘사하다가 급기야 비분강개하고 만다. 그녀는 "개혁에도 불구하고 한국은 아직도 단지 두 계급, 약탈자와 피약탈자로 구성되어 있다"며 "면허받은 흡혈귀인 양반계급으로부터 끊임없이 보충되는 관료계급, 그리고 인구의 나머지 4/5인, 문자 그대로의 '하층민'인 평민계급이 그것이다. 후자의 존재 이유는 피를 빨아먹는 흡혈귀에게 피를 공급하는 것이다"고 비판했다.[43]

비숍의 관찰에 따르면, 탐관오리는 '면허증을 딴 흡혈귀'였던바 조선 민중들의 가장 큰 일상적 관심사는 세금문제였다. 배경식은 "우리가 역사시간에 배운 중앙의 중요한 정치적 사건은 그들의 관심 밖이었다. 민비 시해나 감금상태에 있는 국왕의 처지도 그들의 관심을 끌지 못했다. 비숍의 관찰에 의하면 두 사건이 어떠한 결과를 낳더라도 그들의 살림살이에 영향을 끼치는 것은 없었기 때문이다. 관료와 지주들의 약탈에 늘 시달리는 농민들은 가난한 삶을 영위할 수밖에 없었다. 그들에게 가장 큰 고통거리 중의 하나는 감당하기 어려운 부채였다"고 했다.

숯을 팔러 나선 노파의 모습. 관료와 지주들의 약탈에 시달리는 농민들은 늘 가난할 수밖에 없었다.

이어 배경식은 "그렇지만 가난이 항상 농민들의 삶에 질곡으로 작용한 것은 아니었다"며 " '가난' 은 탐욕스러운 관리들로부터 농민들을 보호할 수 있는 최고의 방어막 구실을 하였다. 이런 모습이 낯선 이방인의 눈에 '실질적인 안락함' 으로 비쳐질 정도로 조선 농민들은 가난에 크게 구애받지 않는 낙천적인 면을 보여주었다"고 했다.[44]

유감스럽게도 선교사 유진 벨(Eugene Bell, 1868~1925)도 조선인들의 그런 '낙천적인 면' 을 지적했다. 그는 1896년 3월 20일에 쓴 편지에서 "관리들은 자신과 가족과 친척들까지 많은 하인을 거느리고 비대하게 살진 모습으로 산다. 이들은 이 지구상의 어느 누구도 견딜 수 없는 방법으로 '쥐어짜지만' 이것을 오랫동안 견뎌온 한국인만이 오로지 견딜 수 있다"고 했다. 벨은 1898년 7월 3일자 편지에선 관리들에게 착취당하고 고통당하는 서민들은 툭하면 다툴지라도 미국에서처럼 서로 죽이는 일은 거의 없다고 했다.[45] 오, 착하디 착한 조선인이여!

김구의 관찰

반상(班常)의 차별도 매우 심각했고, 양반의 농민 학대도 극에 이르렀다. 1896년 만 20세의 나이에 "왜놈에게 시해당한 국모 명성왕후의 원수를 갚는다"는 뜻에서 일본인을 죽여 사형선고를 받은 김구의 증언도 있다. 그는 1898년에 탈옥하여 도망자의 처지로 삼남(三南)지방(경상·전라·충청도)을 여행하였는데, 상놈이라는 한이 골수에 사무친 김구조차 가장 놀랐던 것은 양반의 농민 학대였다.

"양반의 낙원은 삼남이요, 상놈의 낙원은 서북이다. 그나마 내가 해서(海西) 상놈으로 난 것이 큰 행복이다. 만일 삼남 상놈이 되었다면 얼마나 불행하였을까?"[46]

삼남에서는 특히 백정에 대한 차별이 심했다. 김구는 "경상도 지방의 반상 간에는 다른 지방에 없는 특수한 풍습이 있다"면서 그곳의 백정에 대한 차별을 신기하다는 듯 소개했다. 경상도에서 도우한(屠牛漢, 소 잡는 백정)은 망건을 쓰지 못하며, 맨머리에 패랭이를 쓰고 그 밑에 대나무 테를 둘러대고 거기에 끈을 매어 썼다. 그러한 행색으로 길을 가다가 길에서 남녀노소를 막론하고 사람을 만나게 되면, 반드시

길 아래로 내려서서 "소인 문안드리오"라고 인사해야 했고, 행인이 지나가고 나서야 제 갈 길을 갔다.[47]

상놈은 늘 양반의 눈치를 보면서 살아야 했던 반면, 서울에 사는 양반들은 외세(外勢)와 그 바람의 눈치를 보면서 살았다. 개화와 수구 사이를 오락가락하면서 살았던 것이다. 사정이 그와 같았으니, 나라가 어찌 무너지지 않을 수 있었으랴.

이 같은 문제에 대해 고종의 경우 무신경하고 무감각해질 법도 했다. 정환덕은 남가몽에서 흉년이 들어 시골에서는 굶어 죽는 사람이 많았을 때, 임금의 수라상(水刺床)을 우연히 훔쳐보고 깜짝 놀랐다고 썼다.

"정오쯤 침소를 나와 수라를 드시니 비록 아침밥이라 하나 곧 점심밥인 셈이다. 수라상을 엿보니 반찬의 가짓수가 12첩이었다. 은으로 된 반이며 상과 그릇은 말할 것도 없고 어떠한 반찬은 주척(周尺, 약 20cm쯤인 자의 하나)으로 1척 5촌가량이나 돼 반 위에 높이 배치, 진열하였다. 해물은 사이사이에 섞어두었는데 혼자 다 드실 수 없을 정도였다. 또 곁에는 대모갑(玳瑁甲, 바다거북의 등과 배를 싸고 있는 껍질)으로 만든 상이 하나 있었는데 상 위에는 붉은 팥밥이 한 그릇 있었고 기타 각종 과일이 한결같이 높게 배열되어 있었다. 모두 신선이 사는 궁전에서나 먹을 수 있는 과일 맛이고 인간세상의 물건이 아닌 것 같이 보였다. 그러나 젓가락이 가는 곳은 그리 많지 않아 끼적거리다가 상을 물려 공사청(公事廳, 임금의 명을 전하는 내시의 근무소)의 당번을 서는 내시에게 내어주었다. 이것은 조상 대대로 전해 내려온 관례라 하는데 자세히 알지는 못하겠다."[48]

조선인의 식탐과 폭식

조선 민중이 굶주렸다는 기록과 함께 식탐과 폭식을 지적하는 글들도 많다. 송나라 사신의 견문을 적은 『고려도경』에서 이미 고려 사람들이 많이 먹는 것을 무척 좋아한다고 하였으니, 그 역사가 꽤 오래 된 것 같다. 천주교 선교사 다블뤼는 1860년에 작성한 것으로 추정되는 『조선사 입문을 위한 노트』에서 다음과 같이 말했다.

"그들은 정말 대식가들이다. 이 점에서는 대신이건 평민이건 구별이 없다. 많이 먹는 것이 명예로운 일이며, 질보다는 양을 중시한다. 조선인들은 식사 동안 거의 말을 하지 않는다. 식사하는 데는 거의 시간이 걸리지 않으며 수다를 떨지 않는다. 어릴 때부터 아이의 위장에 탄력성을 주려고 하는 것 같다. 많은 어머니들이 아이를 무릎에 앉히고 밥을 채워 넣는 것을 본다. 때때로 숟가락 자루로 아이의 배를 두드려 보아 꽉 찼을 때에 비로소 밥 먹이는 것을 중지한다. 이것은 마치 유럽에서 공놀이 선수들이 손가락이 안 들어갈 때까지 공을 팽팽하게 하는 것과 비슷하다."[49]

일본에서 활동한 미국 선교사 그리피스(William Elliot Griffis, 1843~1928)는 1882년에 출간한 『은자의 나라 한국(Corea, The Hermit Nation)』에서 조선 사람이 밥 먹을 때 말을 하지 않는 것은 음식을 더 많이 먹기 위해 입을 다른 일 하는 데 써서는 안 되기 때문이라고 주장했다.[50]

독일인 헤쎄 바르텍은 1894년에 발표한 글에서 어느 선교사의 말을 빌려 "먹는 데는 조선 사람을 당할 민족이 없다"며 다음과 같이 주장했다.

"일본 사람들은 조선 사람들이 그네들보다 세 배를 더 먹는다고 하는데 나도 내국인과 일본인, 중국인들이 거의 비슷한 수로 사이좋게 함께 모여살고 있는 항구도시 제물포에서 이러한 경험을 몇 번 할 수가 있었다. 중국인이나 일본인은 식사 때가 되어서야 먹는 데 비해 한국인들은 아무 때나 먹는 편이었다. 엄청나게 많은 밥을 빨간 고추와—조선 사람이 가장 즐겨먹는 음식—함께 눈 깜짝 하기도 전에 삼켜버린다."[51]

또 영국 화가 새비지-랜도어(Arnold H. Savage-Landor, 1865~1924)는 1895년에 출간한『고요한 아침의 나라 조선』에서 다음과 같이 주장했다.

"소화기관이 감당할 수만 있다면 조선 사람들은 음식을 양껏 먹는다. 그들에게는 주렸던 배를 채우고 나서 '아, 참 배부르다!' 는 말을 흐뭇하게 내뱉을 수 있는 것 이상의 더 큰 만족은 없다. 그들에게 먹을 것이 없다면 삶의 가치가 없다. 이와 같은 사고방식에 젖어 살기 때문에 그들의 엄청난 식사량은 그다지 놀랄 만한 일이 아니다."[52]

1902년부터 1903년까지 서울 주재 이탈리아 총영사로 일한 카를로 로제티도 1904년 이탈리아에서 출간한『꼬레아 꼬레아니』에서 한국인들의 폭식에 대해 다음과 같이 말했다.

"한국에서는 많이 먹는 것이 큰 자랑거리의 하나이며, 특히 젊은이들 사이에는 누가 더 많이 먹는가를 내기하는 것이 매우 흔한 일이다. 이 경우 그들이 먹어치우는 엄청난 양은 직접 자신의 눈으로 보지 않고서는 짐작도 할 수 없을 정도이다. 이러한 한국인의 체질로 인하여 상류층에서 가장 즐기는 오락이 바로 잔치라는 것은 그리 놀랄 만한 일이 아니다. 혼령들을 위한 제사는 제쳐두더라도 결혼식 잔치에서부터 친척의 기일날에 이르기까지 즐거운 연회가 항상 함께 한다."[53]

한국인들이 폭식을 하는 이유에 대한 해석은 여러 가지다. 새비지-랜도어는 폭식의 원인을 양반의 경우엔 허례(虛禮)에 있다고 보았고, 가난한 사람들은 다가올 굶주림에 대한 공포 때문에 기회가 있을 때 영양분을 비축한다는 의미가 있다고 보았다.[54]

실학자인 성호 이익(1681~1763)은 조선인들이 어려서부터 배불리 먹지 못했던 한이 사무친 마음의 가난 탓으로 돌렸다. 이규태는 "이익의 말이 아주 일리가 없는 것은 아니지만 우리나라의 대식에는 또 다른 이유가 있다"며 다음과 같이 주장했다.

"한국의 전통적 생업인 벼농사는 유럽의 농사에 필요한 노동량의 15~20배가 더 소요되며, 따라서 열량도 더 필요할 수밖에 없었다. 거기에다 쌀은 그것만 먹어도 영향이 충분한 완전식품이기에 목구멍을 넘길 짭짤한 건건이만 있으면 된다. 불완전식품인 빵을 먹는 서양 사람들처럼 영양을 갖추기 위해 고기니 버터니 너주레하게 여러 가지를 먹지 않아도 되기에 밥의 분량이 많이 보일 따름이다. 또 우리 한국 사람의 창자가 서양 사람보다 1미터 남짓 길고 복강도 따라서 크다는 것은 잘 알려진 사실인데, 창자가 길고 밥 양이 많은 것은 우리 조상 대대로 먹어온 음식이 육식처럼 영양이 많지 않은 초식(草食)이 주종이었기 때문이다."[55]

조선농민의 간도·연해주 이주

조선인의 식탐과 폭식이 사실이라면, 굶주림은 더욱 견디기 어려웠으리라. 가난과 학정과 수탈을 못 이겨 압록강과 두만강을 넘어 간도와 연해주로 이주하는 농민들이 크게 늘기 시작했다. 1860년경 이래로 내내 이주가 이루어져 1882년 연해주 한인 인구는 1만 137명으로 러시아인 8385명보다 우위였다.[56]

2002년에 공개된 러시아 측 극비문서에 따르면, 1884년에 러시아 거주 한인은 대략 1845가구 9000여 명에 달했으며 남우수리지방의 포시에트에 15개 마을을 형성하고 있었다. 독신으로 넘어와 품팔이를 하던 것이 점차 가족을 동반한 집단이주로 본격화됐다는 것이다. 물론 러시아 측 문서에 나타난 이 같은 한인 이주는 이전부터 이곳에 거주하던 발해 유민 등 한인 원주민은 고려하지 않은 것이다.[57]

러시아 행정당국에선 한인 이민을 호의적으로 받아들였다. 한인들은 러시아 군대와 도시민들에게 농산물을 재배해 공급했으며, 도로개설과 보수 및 짐마차 부역 노동 등에 동원돼 일을 했다. 많은 국민이 빠져나가자 조선 정부는 자주 항의를 하곤 했다. 1884년 한러수호통상조약 체결 이전에 이주해 간 한인은 러시아 국민으로 인정받았지만, 러시아 측의 비밀문서는 다음과 같이 경고했다.

"이민 온 조선인은 러시아 국적을 소지하고 있으며 정교회를 믿지만 이들이 러시아인화할 것이라는 믿음은 근거 없는 추측이다. 남우수리에 거주하는 한 한인가족은 40년을 살았지만 조선식으로 살고 있다. 극소수를 제외한 대부분의 한인들이 그렇다. 러시아가 청국이나 일본과 전쟁을 하게 될 경우 한인의 충성심을 믿어서는 안 된다. 이곳은 적의 소굴이 될 것이다. 이 때문에 일본은 한인의 러시아 이민을 장려하고 있다."[58]

1891년 아무르 총독 두홉스키는 오히려 적극적인 정책을 폈다. 한인의 러시아 동화를 독려하는 한편 2년간 러시아 잔류허가를 받은 한인이 만기를 넘겨도 추방하지 않았고 새로 오는 이민자도 거부하지 않았다. 그 결과 1897년경 러시아 지역에 거주하는 조선인 수는 2만 4500명에 이르렀다.『독립신문』1897년 9월 7일자는 블라디보스토크 근처 연추에 사는 조선인 가구 수는 약 2000여 호로, 이 가운데 1457호가 러시아로 귀화했고, 600여 호는 러시아인으로 입적되지 못했다고 보도했다. 귀화하지 못한 이유는 술 먹고 잡기 하고 행실이 나빴기 때문이라는 설명이 덧붙여졌다. 1904~1905년 러일전쟁 기간 중 한인 수는 남우수리 2500명, 하바로프스크와 우드스크에 7500명, 아무르에 3만 3500명에 달했다.[59]

간도 쪽은 어떠했던가? 초기 간도 이주자들은 청의 심한 압제를 받았다. 청은 조선인들에게 세금을 부과하고 변발호복을 강요했으며 청국 입적을 종용하였다. 윤병석은 "대다수의 조선인은 치욕을 참으며 머리를 땋아 올리고 중국옷을 입는 '변장운동'을 벌여 청의 압제를 피하였지만, 그 심적 고통은 극심하였다. …… 게다가 중국 지주들의 착취도 극심해 소작료가 3~4할, 혹은 5할 정도에 이르렀다. 이처럼 가혹하게 착취당해 생계를 유지하기도 힘겨웠으며 살림은 비참하였다"고 했다.[60]

그러나 조선인이 누군가? 그들은 그런 시련에 굴하지 않고 일어섰다. 한때 "한국인은 의심과 나태한 자존심, 자기보다 나은 사람에 대한 노예근성을 갖고 있다"고 주장했던 비숍은 얼마 후 간도에서 전혀 다른 한국 사람을 보게 되었다. 비숍은 "이곳에서 한국인들은 번창하는 부농(富農)이 되었고, 훌륭한 행실을 하고 우수한 성품을 가진 사람들로 변해갔다"며 다음과 같이 말했다.

"이들 역시 한국에 있었으면 똑같이 근면하지 않고 절약하지 않았을 것이다. 이들은 대부분 기근으로 도망쳐나온 배고픈 난민들에 불과했다. 이들의 번영과 보편적인 행동은 한국에 남아 있는 민중들이 정직한 정부 밑에서 그들의 생계를 보호받을 수만 있다면 천천히 진정한 의미의 '시민'으로 발전할 수 있을 것이라는 믿음을 나에게 주었다."[61]

04

김구의 치하포 사건

김구는 왜 일본인을 살해했는가?

앞서 김구 이야기가 잠깐 소개되었는데, 그는 어떻게 하다가 도망자 신세가 되었는지 살펴보기로 하자. 1893년 동학에 입교하여 접주가 되었던 김구는 농민전쟁 직후 황해도 신천군 청계동의 안태훈에게 의탁하여 이항로 계열의 유학자인 고능선에게서 전통 유학을 배웠으며, 만주지역을 유람하다가 의병에 참여하기도 했다.[62]

1896년 3월 8일(음력 1월 25일) 22세 청년 김구는 황해도 용강군에서 안악군으로 가기 위해 치하포로 가는 배를 탔다. 치하포는 안악에서 동북쪽으로 사십 리쯤 떨어진 작은 포구였다. 김구는 치하포에 도착해서 주막을 겸하고 있는 나루터 주인집으로 들어갔다. 바로 여기서 그 유명한 '치하포 사건'이 일어났는데, 김구는 당시 상황을 이렇게 회고했다.

"조금 있다가 아랫방에서부터 아침식사가 시작되어 가운데 방과 윗방까지 밥상이 들어왔다. 그때 가운데 방에는 단발을 하고 한복을 입은 사람 한 명이 같이 앉은 나그네와 인사를 나누고 있었다. 성은 정씨(鄭氏)라 하고 장연에 산다고 하는데, 말투는 장연말이 아니고 경성말이었다. 촌 늙은이들은 그를 진짜 조선인으로 알고 이야기를 나누었으나, 내가 보기에는 분명히 왜놈이었다. 자세히 살펴보니 흰 두루마기 밑으로 칼집이 보였다. 가는 길을 물어보니 진남포로 간다 했다."[63]

이 일본인의 행색에 대해 김구는 곰곰이 이렇게 생각해보았다.

"이곳은 진남포 맞은편 기슭이므로 매일매일 여러 명의 왜인이 자기들의 본래 행색대로 통행하는 곳이다. 그러니 저놈이 보통 장사치나 기술자 같으면, 굳이 우리 조선 사람으로 위장하지 않아도 되었을 것이다. 그렇다면 혹시 저자가 우리 국모를 시해한 미우라(三浦梧樓)가 아닐까? 경성에서 일어난 분란 때문에 도망하여 당분간 숨으려는 것은 아닌가? 만일 미우라가 아니더라도 미우라의 공범일 것 같다. 여하튼 칼을 차고 숨어 다니는 왜인이 우리 국가와 민족의 독버섯인 것은 명백한 사실이다. 내가 저놈 한 명을 죽여서라도 국가의 치욕을 씻어보리라."[64]

김구는 그 일본인을 발길로 차서 거의 한 길이나 되는 계단 밑으로 떨어뜨린 다음에 바로 쫓아내려가서 일본인의 목을 힘껏 밟았다. 일본인이 칼을 꺼내들어 달려들었지만, 김구는 발길로 일본인의 옆구리를 차서 거꾸러뜨리고 칼 잡은 손목을 힘껏 밟아 칼을 떨어뜨리게 만들었다.

"나는 그 왜놈을 머리로부터 발끝까지 점점이 난도질했다. 아직 3

월 날씨라 마당은 빙판이었는데, 피가 샘솟듯 넘쳐서 마당으로 흘러내렸다. 나는 손으로 왜놈의 피를 움켜 마시고, 그 피를 얼굴에 바르고, 피가 떨어지는 칼을 들고 방 안으로 들어가 호통을 쳤다. '아까 왜놈을 위하여 내게 달려들려고 하던 놈이 누구냐?' 방 안에 있던 자들 중 미처 도망가지 못한 자들은 모두 엎드려서 빌기 바빴다."[65]

김구는 일본인이 갖고 있던 돈을 가난한 사람들에게 나누어주도록 하고 그곳을 떠났다.

사형 위기에 처한 김구

일본 공사 고무라 주타로는 3월 31일 외부대신 이완용에게 즉시 평양 관찰사와 당해 군수에게 엄중히 지시하여 가해자를 빨리 체포하여 의법 처단해줄 것을 요청했다. 이에 따라 외부에서는 평양부와 개성부와 해주부에 차례로 치하포 사건의 범인을 빨리 체포하라고 지시하고, 그러한 사실을 일본공사관에 통보했다.[66]

김구는 6월 21일(음력 5월 11일)에 해주부로 연행되었다. 잠자리에서 일어나기도 전인 이른 아침에 갑자기 들이닥친 30여 명의 순검과 사령들에게 체포된 것이었다. 김구는 8월 13일에 인천으로 압송되었다. 김구에 대한 신문은 3차에 걸쳐 실시되었는데, 이는『독립신문』9월 22일자 '잡보'란에 다음과 같이 '단순강도'로 간략히 보도되었다.

"인천감리 이재정 씨가 법부에 보고하였는데, 해주 김창수(김구의 본명)가 안악군 치하포에서 일본 장사 토전양량을 때려 죽여 강물 속에 던지고 환도와 은전을 많이 뺏었기로 잡아서 공초를 받아 올리니 조율처판(照律處辦)하여 달라고 하였더라."[67]

김구는 판결도 없는 옥중생활을 계속하다가 어느 날 옥중에서 자신의 사형소식을 알리는 신문기사를 읽었다. 그건 『독립신문』 1896년 11월 7일(음력 10월 3일)자 '잡보' 란의 다음과 같은 기사였다.

"이번에 각 재판소에서 중한 죄인 여섯을 명백히 재판하야 교(絞)에 처하기로 선고하였는데, 장명숙・엄경필・한만돌이가 무리들을 체결하야 가지고 각각 몽치와 칼을 가지고 각처로 다니면서 재물을 탈취한 죄로 한성재판소에서 교에 처하기로 하고, 그전 인천재판소에서 잡은 강도 김창수는 자칭 좌통령이라 하고 일상(日商) 토전량양(土田讓亮)을 때려 죽여 강에 던지고 재물을 탈취한 죄로 교에 처하기로 하고……."[68]

전화가 김구의 목숨을 살리다

이윽고 김구가 교수대로 끌려나갈 시간이 되었다. 그런데 바로 그 순간 고종의 사형집행 정지 명령이 떨어졌다. 도대체 어떻게 된 일일까?

"사형은 형식적으로라도 임금의 재가를 받아 집행하는 법이므로, 법부대신이 사형수 한 사람 한 사람의 심문서를 가지고 조회에 들어가서 상감의 친감(親監)을 거친다고 한다. 그런데 그때 입시(入侍)하였던 승지(承旨) 중 한 사람이 각 죄수의 심문서를 뒤적이며 보던 중, '국모보수(國母報讐)' 넉 자가 눈에 띄므로 이상하게 여기고, 이미 재가(裁可) 수속을 끝낸 안건을 다시 꺼내 임금께 보여드렸다. 그 내용을 보신 대군주께서는 즉시 어전회의를 여셨고, 의결한 결과 국제관계와 관련된 일이니 아직 생명이나 살리고 보자 하여 전화로 친칙하셨다 한다. 여하튼 대군주께서 친히 전화하신 것만은 사실이었다."[69]

전화가 김구를 살린 것이다. 기록상 한국 최초의 전화 개통은 1896년 10월 2일 궁중과 인천 간에 이루어졌는데,[70] 전화가 개통되고 난 후 한 달여 만에 김구가 그 최대 수혜자가 된 셈이다. 전화 이야기는 나중에 자세히 하기로 하자.

김구는 간신히 목숨은 건졌지만, 그의 옥중생활은 2년간 계속되었다. 석방 청원이 실패로 돌아가자 김구는 1898년 4월, 감옥에서 탈옥하였다. 김구는 탈출했지만, 김구의 부모 김순영 내외가 체포되었다. 곽씨 부인은 곧 석방되었으나 김순영은 1년 동안이나 아들 대신 옥살이를 해야 했다.[71]

제2장

『독립신문』과 독립협회의 등장

01

최초의 민간지 『독립신문』의 창간

『독립신문』 창간 배경

공포에 떨며 조선을 떠날 생각을 하고 있던 서재필에게 곧 뜻밖의 희소식이 날아들었으니 그건 바로 2월 11일에 일어난 아관파천이었다. 물론 서재필은 공적으로 아관파천에 대해 비판적이었다. 아관파천으로 서재필을 적극 후원했던 유길준이 일본으로 망명했지만, 친일 내각이 사라지고 박정양 내각이 들어서게 된 것이 서재필에겐 오히려 호재였다.

사실 아관파천과 그에 따른 정동파의 집권이 없었더라면 『독립신문』의 창간은 불가능했을 것이다. 『독립신문』 창간을 위한 국고금지출 승인서가 작성된 것은 친일파 김홍집 내각 때였지만, 그것이 집행된 것은 친러파인 박정양 내각 때였다. 박정양 내각은 김홍집 내각과 서재필이 합의했던 사항들을 그대로 재승인하여 신문 창간비로 4400원을 보조해주는 동시에 정동 소재 정부건물을 신문사 사옥으로 사용하도록 해주었고, 이를 모두 서재필 개인소유로 등록할 수 있도록 조치하였다.[1]

왜 박정양 내각은 『독립신문』의 창간에 협조적이었을까? 이에 대해 최준은 "첫째, 박정양 내각도 전 내각에 못지않게 신문의 필요성을 뼈저리게 느꼈기 때문이다. 그 좋은 예로는 국모 명성황후의 시해사건과 같은 일대참변을 당했어도 이를 즉각 온 국민에게 알릴 수가 없었고 또 하나의 여론을 일으킬 수 없었음을 몸소 체험한 데서 기인된다. 둘째, 미국시민권을 가진 서재필에게 일단 약속한 것을 저버릴 수 없다고 생각한 점이다. 그것은 보수파들도 미국과의 우호친선관계를 두텁게 하려는 데는 별로 이의가 없었기 때문이다"고 했다.[2]

정동파의 역할

사실 『독립신문』의 창간 배경과 관련해 박정양·이완용 등 정동파의 역할은 학계의 오랜 쟁점이 되어 왔다. 크게 보아 두 가지 학설이 있다. 하나는 『독립신문』이 "처음에는 김홍집 내각(특히 유길준과 국내 개화파들)과 서재필의 합작이요, 다음에는 박정양 내각(및 국내 개화파들)과 서재필의 합작"이라는 신용하의 학설이고, 다른 하나는 서재필이 윤치호의 협조를 얻어 『독립신문』을 창간하였다는 점을 강조한 이광린의 학설이다.[3]

반면 한철호는 갑오경장 중 주한일본공사의 방해로 좌절되었던 『독립신문』을 창간하는 데 결정적인 역할을 담당했던 세력은 아관파천 이후 정계의 실권을 장악했던 박정양을 비롯한 정동파 관료였다며 신용하의 학설을 다음과 같이 반박했다.

"신용하는 1896년 2월 8일에 갑오파 관료들을 중심으로 형성되어 불과 3일 만에 해체된 건양협회세력에 박정양을 포함시켜 굳이 건양협회세력과 정동파세력이 합동으로 서재필을 후원하여 『독립신문』을 창간하였다고 파악하였다. …… 박정양은 정동파의 지도급 인물로서 민비시해사건 이후 유명무실한 중추원 의장직을 맡아 형식상 건양협회에 가입했을지 모르지만 이 협회의 핵심회원은 아니었다. 더욱이 서재필뿐만 아니라 윤치호도 정동파에 속했던 인물이었다. 따라서 『독립신문』의 후원세력은 정동파로 보아야 마땅하다. 『독립신문』의 간행을 서재필 개인의 업적이 아니라 국내 개화파 인사들과 서재필의 공동 노력의 산물이라고 밝힌 신용하의 견해는 높이 평가받을 만하나 김홍집·어윤중·김윤식·유길준 등 건양협회를 주도했던 갑오파가 살해·유배·투옥·망명 등으로 정계에서 몰락당한 상황에서 건양협회의 잔여세력이 신문 간행에 주도적 역할을 담당했다는 견해는 선뜻 납득이 가지 않는다."

이어 한철호는 "서재필이 『독립신문』을 간행하는 데 정동파에 속한 윤치호의 영향이 컸다는 사실은 『윤치호일기』에서 명백히 나타나 있으므로 더 이상 재론할 필요가 없다"며 "그러나 신문 간행 과정에서 서재필에 초점을 맞춘 나머지 그를 후원해주었던 정동파의 역할을 과소평가한 이광린의 견해에는 찬동하기 어렵다"고 했다.

"당시 서재필이 신문을 창간할 정도의 권한이나 충분한 자금을 보유하고 있지 않았다는 점, 일본의 압력으로 포기 상태에 놓였던 신문 간행이 아관파천 후 정부요직에 있던 정동파의 적극적인 지원을 받아 불과 두 달 만에 실현될 수 있었다는 점 등으로 미루어 『독립신문』의 간행은 서재필과 내각의 요직에 있었던 박정양·이완용 등 정동파의 공동 노력의 산물이라고 판단되는 것이다."[4]

정부의 적극적 지원

정부의 그런 지원을 받아 서재필은 귀국한 지 3개여 월이 지난 1896년 4월 7일 『독립신문』을 창간하였다.(창간호부터 11호까지는 『독닙신문』이라고 했다가 12호부터 『독립신문』으로 제호를 고쳤다) 정부의 지원은 비단 자금에만 국한되지 않았다. 학부(學部)는 각 학교의 생도들에게 신문을 구독하라는 지시를 내렸고, 내부(內部)는 각 지방관청에 신문을 구입토록 지시했다. 정부는 발행허가도 내주었는데, 이는 우송상(郵送上)의 편의를 주기 위한 것이었다.[5]

또 정부는 기자들이 마음대로 관청에 들어가 취재할 수 있는 출입증까지 내주었다. 이는 서재필이 자신의 미국시민권을 이용하여 미국 공사를 통해 얻어낸 것이라곤 하지만,[6] 정부의 우호적 태도도 적잖이 작용하였음에 틀림없을 것이다. 특히 정동파 관료들의 적극적인 도움이 컸다.[7]

『독립신문』은 1896년 4월 7일부터 그해 말까지 국문 3면과 이를 축약한 영문 1면(『The Independent』)으로 편집되어 주3회(화·목·토요일) 발행되었으며, 1897년 1월 5일부터는 국문판과 영문판이 각각 4면씩 별도로 발행되었다. 영문판은 1898년 12월 29일자를 끝으로 발행이 중단되었다가 약 6개월 후인 1899년 6월 9일자로 복간되면서 주간 발행되었다. 그러다 9월 14일자를 끝으로 다시 중단되었고, 국문판은 1898년 7월 1일부터 일요일을 제외하고 매일 발행되다가 1899년

12월 4일 총776호를 마지막으로 폐간되었다.

『독립신문』의 체제는 평판중형(가로 22cm×세로 33cm)이었고, 한글판은 가로 3단제 영문판은 세로 3단제였다.[8] 『독립신문』은 순한글로 제작되었으며 제호나마 가로쓰기를 하였고 최초로 기사 빈칸 띄어쓰기를 하는 등 편집에서도 진일보한 면을 보여주었다. 『독립신문』의 가로쓰기를 높이 평가한 김유원은 "제호일망정 가로쓰기가 등장했다는 사실도 그야말로 경천동지의 충격이 아닐 수 없었다"고 했다.[9] 파격적인 '한글문화'로 기존 한문체제 붕괴를 촉진했다며 근대문학의 출발점을 『독립신문』으로 보는 시각도 있다.[10]

『독립신문』의 한글혁명

『독립신문』의 순한글 쓰기와 띄어쓰기에 대해선 『독립신문』의 회계사무(뒤에 총무) 겸 교보원(校補員), 한글담당 조필(助筆) 등을 역임한 주시경(한힌샘 주상호, 1876~1914)과 서재필의 합작설, 서재필이 좀 더 주도적인 역할을 하였을 것이라는 서재필 주도설이 있다.[11]

『독립신문』 창간호 논설은 "우리 신문이 한문은 아니 쓰고 다만 국문으로만 쓰는 것은 상하귀천이 다 보게 함이라. 또 국문을 이렇게 구절을 띄어쓴즉 아무라도 이 신문 보기가 쉽고 신문 속에 말을 자세히 알아보게 함이라"고 밝히면서 다음과 같이 말했다.

"각국에서는 사람들이 남녀 물론하고 본국 국문을 먼저 배워 능통한 후에야 외국 글을 배우는 법인데 조선에서는 조선 국문은 아니 배우더라도 한문만 공부하는 까닭에 국문을 잘하는 사람이 드묾이라. 조선 국문하고 한문하고 비교하여 보면 조선 국문이 한문보다 얼마나

1896년 4월 7일에 발간된 한글판과 영문판 『독립신문』. 순한글 제작과 제호의 가로쓰기, 기사 빈칸 띄어쓰기는 매우 혁명적이었다.

나은 것이 무엇인고 하니 첫째는 배우기가 쉬우니 좋은 글이요, 둘째는 이 글이 조선 글이니 조선 인민들이 알아서 백사(온갖 일)를 한문 대신 국문으로 써야 상하귀천이 모두 보고 알아보기가 쉬울 터이라.”

정용화는 『독립신문』의 이 같은 한글 전용에 대해 “『독립신문』에 이르러서 한국은 비로소 근대 국민국가의 틀을 갖추기 시작했다고 할 수 있다. 더구나 신문이라는 형식을 통하여 한글을 보급함으로써 대중적으로 공동의 문제의식을 불러일으키고 공동체적 정체성을 확보하는 데 큰 역할을 하였던 것으로 보인다”며 “『독립신문』의 발간은 한국사에서 '문화혁명'이자 민주주의의 실천으로 평가되어야 한다”고

주장했다.[12]

그러한 의미는 당시 한글이 여전히 '암클'이니 '언문'이니 하여 천대받고 있었다는 걸 감안할 때 더욱 생생하게 부각될 수 있을 것이다. 『배재학당사』는 주시경이 "이를 슬프게 생각하여 몇 차례고 소리 없는 울음을 울며" 한글을 위해 헌신하겠다는 맹세를 하였다고 기록했다.[13]

『독립신문』의 역사적 의미

전인권은 『독립신문』의 역사적 가치를 높게 평가하면서 특히 '이 신문이 존재했던 기간의 특별함'에 주목했다. 그는 "『독립신문』은 고종의 아관파천(1896년 2월) 이후, 러시아의 영향력이 급속하게 증대하고 일본의 영향력은 제한을 받는 등, 한반도에서 국제 열강의 힘이 새로운 균형을 이루는 시기를 배경으로 한다"며 "이 시기는 조선 사회 전체가 회생을 위한 마지막 노력을 다하던 시기였으며, 그 같은 노력은 '만민공동회'라는 한반도 최초의 근대적 시민사회의 출현으로 귀결된다. 그런 의미에서 이 시기는 지금도 작동되고 있는, 한반도를 둘러싼 국내외적 의미의 근대적인 정치 지형이 짜인 시기이기도 하다"고 했다.[14]

신용하는 『독립신문』의 활동과 기여를 "국민의 개명진보를 위한 계몽적 활동, 자주독립과 국가이익의 수호, 민권수호운동, 한글 발전에의 공헌, 부정부패의 고발, 독립협회의 사상 형성과 기관지 역할, 세계와 한국의 연결과 한국인 시야의 세계적 확대" 등으로 평가했다.[15]

『독립신문』의 창간 정신은 '언문일치의 실현' '염가신문의 지향' '국민권익의 최우선' 등 세 가지였다.[16] 당시 '독립'의 의미가 무엇이었는지에 대해선 의견이 분분하나 『독립신문』이 내건 '독립'은 모든 정치적 편견으로부터 자유로우며 초당파적인 입장을 취한다는 의미였다.[17] 류준필은 "『독립신문』에 등장하는 '독립' 개념의 함의는 이중적이었다"며 "대외적으로는 다른 국가에 종속되지 않은 상태를 뜻하면서 동시에 대내적으로 국민 개개인의 자립 상태를 뜻하는 방식으로 활용되었다"고 했다.[18]

『독립신문』이 내세운 '개화'의 의미

『독립신문』은 '개화(開化)'를 위해 창간되었던바 『독립신문』이 생각하는 '개화'의 의미가 무엇이었는지도 궁금하다. 『독립신문』 1896년 6월 30일자 '논설'에 따르면 '개화'는 다음과 같은 것이었다.

"개화라고 하는 말이 근일에 매우 번성하여 사람마다 이 말을 옮기되 우리 보기에는 개화란 것의 뜻들을 자세히 모르는 모양인고로, 오늘 우리가 그 의미를 조금 기록하노라. 개화란 말은 아무것도 모르는 소견이 열려 이치를 가지고 일을 생각하며 실상대로 만사를 행하자는 뜻이다. 실상을 가지고 일을 행하면, 헛되고 실상이 없는 외식(外飾)은 아니 행하고, 참된 것만 가지고 공평하고 정직하게 생각도 하고 행실도 그렇게 하는 것이다."[19]

『독립신문』은 1898년 3월 5일자에서도 '개화'에 대해 논하면서 개화란 새로운 것이나 특별한 것을 가리키는 것이 아니라, 기강과 질서가 잘 잡혀져 있는 사회 상태를 가리킨다고 하였다.

이와 관련, 이광린은 "서재필의 개화에 대한 개념은 매우 이념적(理念的)인 것이었음을 알 것이다. 1880년대 대부분의 개화사상가들이 개화를 외국의 기술 수용으로 생각했던 것과는 다르다고 할 수 있다. 요컨대 외형(外形)을 새롭게 꾸미는 것보다는 오히려 내면(內面)을 질서 있게 가다듬는 것을 개화라고 파악하였다"며 다음과 같이 말했다.

"이와 같은 개화에 대한 개념은 서재필이 당시의 한국 사회를 무질서하고 정리되어 있지 못한 사회로 보고 있었기 때문이었다. 물론 당시의 한국 사회는 전통적인 것에서 근대적인 것으로 넘어가고 있던 과도기에 속하여 혼란함을 면치 못하고 있었다. 그러나 한편으로 미국에 가서 다년간 공부를 하고 사회생활을 하였던 서재필로서는 당시의 한국 사회의 가치와 질서를 모든 것이 뒤바뀌어 있는 것으로 보았던 것이다. 따라서 개화란 가치와 질서를 올바르게 수립하는 것이라고 하였던 것이다."[20]

『독립신문』의 독자

『독립신문』의 창간 당시 발행부수는 300부였으나 폐간 때엔 3000부에 이르렀고 신문의 가두판매를 실시하기도 했다. 영국왕립지리학회 회원이자 여행가인 이사벨라 비숍은 그의 저서 『한국과 그 이웃나라』에서 "언문(諺文) 신문을 한 뭉치 옆구리에 끼고 거리를 지나고 있는 신문배달원과 상점에서 읽고 있는 사람들의 광경은 1897년의 신기한 현상 중의 하나였다"고 말했다.[21]

물론 그 신문은 바로 『독립신문』이었다. 서재필이 직접 거리에 나아가 "한 장에 한 푼인 신문이요! 읽고 나면 창호지도 되고 밥상 덮는 상보도 되는 신문 한 장에 한 푼이요!" 하며 신문을 팔기도 했다는 이야기도 있다.[22]

당시엔 오늘날과 달리 신문을 여러 사람이 돌려보았거니와 시장에서 큰소리로 낭독을 하기도 했다. 서재필은 『독립신문』 1부를 200여 명 정도가 돌려봤다고 말한 바 있어 실제 구독자 수는 수십만 명에 이른 것으로 추정된다.[23] 『독립신문』 1898년 11월 9일자에 따르면, 강원도 양구에서는 지방군수가 백성들을 위해 『독립신문』을 읽어주는 일도 있었다.[24]

이러한 집단구독 방식은 『독립신문』 이후에 나온 신문들의 경우에도 마찬가지이기 때문에 오늘날의 신문구독 행태에 비추어 발행부수 기준으로 당시 신문들의 영향력을 평가해선 안 될 것이다. 1990년대엔 여러 종류의 신문이나 잡지를 구비해 원하는 사람들이 와서 유료 혹은 무료로 읽을 수 있도록 한 종람소가 생겨나기도 했다.[25]

또한 『독립신문』은 "우리는 다 감옥에서 몇 달 몇 해 혹, 종신징역 하는 죄인들이라 ……"(『독립신문』 1899년 3월 15일자)는 글처럼, 죄수들이 투고한 글을 1면 논설란에 2회 연속 게재할 정도로 개방적이었다. 독자투고 내용은 사회 비리를 고발하거나 개인적인 억울함을 호소하는 것뿐 아니라 사회 이슈에 대한 발언과 신문기사에 대한 비평 등 다양했으며, 투고자는 일반 백성(48.1%)이 압도적으로 많고 개화지식인(23.2%), 하급관리(11.8%) 순이었다. 정여울은 당시 신문투고란이 "(신분의) 상하·남녀·노소의 일상과 욕망이 기록될 수 있었던 소중한 소통의 장이었다"고 평가했다.[26]

『독립신문』의 광고

『독립신문』은 오늘날의 기준에 비추어 보아도 손색이 없는 떳떳한 광고관(廣告觀)을 내세웠다. 우리나라 최초의 신문광고는 『한성주보』에 실렸다고들 하지만 광고면을 독자적으로 갖춘 건 『독립신문』이었으며 『독립신문』은 광고 유치에도 적극적이었다.

김광수는 『독립신문』 1899년 6월 2일자 제4면 광고란에 실린 '안내문'을 근거로 『독립신문』의 광고관에 대해 "광고의 기능 중에서 먼저 인지도를 비롯한 정보 제공에 초점을 맞추어 광고를 설명하고 있다. 뿐만 아니라 기계가 작동하는 데 필요한 원동력에 비유함으로써 광고를 비용이 아닌 투자로 보는 시각을 반영하고 있어서 근대적인 마케팅 관점에서 파악하고 있었음을 엿볼 수 있었다"고 평가했다.[27]

광고료 수입은 전체 수입의 10.6퍼센트를 점하였다.[28] 창간호에는 모두 9개의 광고(영문광고 4편, 국문광고 5편)가 실렸는데, 이 가운데 유료광고는 6편인 것으로 보인다. 『독립신문』에 실린 모든 광고를 광고주의 국적별로 보자면 조선 40퍼센트, 일본 18퍼센트, 영국 18퍼센트, 독일 10퍼센트, 국적을 알 수 없는 외국 광고주 10퍼센트 등이었다. 광고 내용은 조선 광고주의 경우 출판서적류와 식품음료류 등 저가품의 일부 업종에 국한되었으나 외국 광고주의 경우 당시로서는 대자본을 필요로 하는 기간산업과 관련된 것이었다.[29]

『한성주보』에 최초의 광고를 실었던 독일의 세창양행은 『독립신문』의 주요 광고주이기도 했다. 『독립신문』에 빈번하게 실린 세창양행의 광고는 수입해온 금계랍(키니네, 학질의 특효약)을 파는 중간상인 모집 광고였다. 우리나라 약품광고의 효시가 된 금계랍 광고는 『독립신문』에 600여 회 이상 실렸다.[30]

『독립신문』의 사업

『독립신문』은 국내외에 분국을 두었다. 해외 분국은 상해(상하이)에 있었고, 국내 분국은 제물포·원산·부산·파주·송도·평양·수원·강화 등에 설치했는데 제물포에는 외국인 에이전트가 있었다.[31]

『독립신문』의 직원은 '탐보원'으로 불리던 기자 2~3명을 포함해 기껏 10명 안팎이었지만, 증면이나 제작비 상승으로 인해 시간이 갈수록 재정 압박을 받게 됐다. 재정난 타개를 위해 『독립신문』은 1897년 7월부터 다양한 사업을 시작했다. 처음 시작한 사업은 영문·한문·국문으로 명함을 박아 파는 일이었다. 이후 "독립신문사가 미국에서 명함 박는 기계를 가져와 각색 명함을 박으니 명함 박고 싶은 이는 모두 독립신문사로 와서 박아가시오"라는 광고가 거의 날마다 게재됐다. 또, 『독립신문』은 외국에서 수입한 편지종이와 봉투, 연필과 먹, 깨진 사기그릇 붙이는 약을 직접 팔기도 했으며, 그 밖에 '닭 기르는 법'에 관한 외국 책을 번역해 출판하는 등의 사업을 통해 얻은 수입으로 어렵사리 살림을 꾸려나갔다.[32]

『독립신문』이 처음부터 자체 인쇄시설을 갖췄느냐 갖추지 못했느냐 하는 논쟁이 있다. 활자와 인쇄기를 일본에서 수입하고 설치하는 데 걸리는 시간을 따져볼 경우, 처음에는 배재학당 구내에 있던 감리교의 삼문출판사(The Trilingual Press)에서 신문을 인쇄하다가 후에 자체시설을 갖추게 되었으리라는 주장이 설득력이 있는 것으로 보인다. 『독립신문』 1896년 6월 2일자에선 다음과 같은 논설을 통해 민간에서의 출판사업 참여를 적극 권유하고 있는 게 흥미롭다.

"남의 나라에서는 책 만드는 사람이 나라 안에 몇 천 명씩이요, 책 회사들이 여러 백 개라 책이 그리 많이 있어도 달마다 새 책을 몇 백

권씩 만들어 이 회사 사람들이 부자들이 되고 또 나라에 큰 사업도 되는지라 조선도 이런 회사 하나 생겨 각종 서양 책을 국문으로 번역하여 출판하게 되면 …… 일 년 안에 큰 이(利)가 남을 것을 믿고, 이 회사 하는 사람들은 조선에 큰 사업하는 사람들로 생각하노라. 이런 일을 정부에 미루고 아니하는 것은 어리석은 일이니 경향 간에 나라와 백성도 사랑하고 큰 장사도 하려는 사람들은 이 일 시작하기를 바라노라."[33]

'최초의 민간지' 논쟁

국내 학계는 『독립신문』을 한국 최초의 민간지로 보고 있다. 1957년 4월 7일 『독립신문』 창간 61주년을 기하여 한국신문편집인협회가 결성되었을 때, 『독립신문』 창간일인 4월 7일을 제1회 신문의 날로 제정한 것도 바로 그런 이유 때문이다. 그러나 정부의 적극적 지원을 지적하면서 『독립신문』을 한국 최초의 민간지로 보는 데 이견을 제시하는 학자도 있다.

채백은 "『독립신문』은 민간지의 두 가지 요건이라고 할 수 있는 창간의 주체세력과 자금 면에서 모두 민간지라고 하기에는 적합하지 않은 특성을 지니고 있다. 창간도 서재필 개인보다는 오히려 당시 정부 요인들의 결정과 주도에 의해서 이루어졌으며 그 자금 면에서도 전액 정부의 자금으로 창간되었고 운영 면에서도 정부가 여러 가지 지원을 아끼지 않았다"며 "이러한 점들을 종합해볼 때 『독립신문』을 최초의 민간지라고 보는 평가는 『독립신문』의 성격을 제대로 파악하지 못한 평가라고 할 수밖에 없다"고 했다. 그는 "그렇다고 해서 『독립신문』을 당시 내각이나 정부의 기관지라고 보는 해석도 올바른 평가는 아닐 것"이라며 "『독립신문』의 성격에 대한 종합적인 평가는 앞으로의 과제로 남겨두고자 한다. 이를 위해서는 계속적인 사료의 발굴이 필요할 것이며 기존의 사료에 대해서도 보다 철저한 재검토가 이루어져야 할 것이다"고 했다.[34]

채백이 말한 '민간지의 두 가지 요건'은 오늘의 기준으로 보아선 지극히 타당한 것이나, 문제는 비단 『독립신문』뿐만 아니라 개화기에 발행된 주요 신문들 가운데 그 기준을 충족시킬 수 있는 신문은 없다는 데 있는 것 같다. 주요 신문들은 모두 정부의 지원을 받았기 때문이다.

02

『독립신문』의
편집정책과 방향

'사실'과 '뉴스'를 앞세운 신문

『독립신문』은 그 이전의 신문들보다는 '뉴스'를 중시했다. 박기성은 『한성순보』에서도 '사정(事情)'이라는 말을 사용했지만, 『독립신문』에선 그 횟수가 240건에 이른다며 『독립신문』을 본격적인 정보지로 평가했다.[35]

『독립신문』은 정치·경제·의학·상업뉴스는 물론 외국 뉴스에도 민감해 1897년 3월부터 1년 4개월간 영국 로이터통신과의 특별계약으로 외신을 공급하였다. 창간호의 경우 외국 뉴스 보도량은 전체 지면의 5퍼센트 정도였는데, 로이터통신사와 계약을 맺은 1897년 3월부터는 외국 뉴스의 비율이 전체 지면의 10퍼센트 이상이 되었다.[36]

특히 세계 지리 정보를 자주 제공했다. 예컨대, 『독립신문』 1896년 5월 30일자는 한국의 면적·인구를 세계 각국과 일일이 비교한 뒤

"조선은 결코 작은 나라가 아니다"며 "오늘 우리가 이 말을 하는 의사는 다름이 아니라 조선 사람들은 조선이 남의 나라만 한 나라라는 것을 알고, 조선 인민도 배우고 가르치기만 하면 남의 나라 인민만 하다는 것을 알게 하자는 뜻이다. 다만 할 것은 외국 학문을 배우려니와 조선 일도 공부하기를 바라노라"고 했다.[37]

조맹기는 "『독립신문』은 전신의 혜택을 최대한 누렸다"며 전신이 『독립신문』의 편집에 미친 영향에 주목하였다. 그는 "전신은 기술의 속성상 '사실' 외에 의견기사를 송고할 수 없는 단점을 지녔다.『독립신문』은 1897년 3월 25일 '론셜' 대신 '외국 통신' 으로 지면을 채웠다. '외국 통신'은 다른 '론셜'에 비해 사실이 많이 나열되어 문장이 건조하였다. 전신은 당시 기술적 난점뿐만 아니라 가격이 비싸고 긴 기사의 송고는 많은 시간이 소요되는 단점을 가지고 있었다. 이런 전신의 기술적 속성 때문에 역삼각형 형태의 사건기사가 발달하게 되었다"고 했다.

이어 조맹기는 "전신은 '사실 정보에 기초한 질서'를 형성토록 하였다. 사실은 또 다른 사실을 요구한다. 마찬가지로『독립신문』은 사실의 연계에 바탕을 두고, 사회유기체적 정보지를 표방하였다"며 "독립신문』은 『한성순보』『한성주보』와는 다른 환경에서 사실이 중심이 된 '사실의 질서'를 형성할 수 있었다"고 주장했다.[38]

『독립신문』의 계몽주의

『독립신문』이 '사실'과 '뉴스'를 앞세웠다는 건 그 이전 신문들과 비교할 때에 그렇다는 것일 뿐, 오늘날의 기준으로 볼 때엔 철저한 계몽신문이었다. 『독립신문』은 초당파적이며 공정하고 올바르게 보도하는 것을 사시로 내걸었지만, 실제로는 논설을 제1면에 게재하면서 강력한 주장을 하는 등 시종일관 '의견 신문'을 지향하였다.[39]

『독립신문』은 독립협회를 중심으로 발간된 신문이었기 때문에 민족의 독립정신과 인권신장을 강조하였으며 외국 열강의 부당한 침투에 대해 공격적인 논조를 펼쳤다. 그러나 청·러시아를 배격하였을 뿐 미국과의 유대는 강조하였다. 일본에 대해선 '이중적이며 복합적'인 자세를 취했다.[40] 그러나 전반적으로 볼 때에 『독립신문』이 아관파천에 대해 부정적이었거나 반(反)러시아적이지 않았다는 주장도 있다.[41]

『독립신문』은 상하귀천을 배격하였고 정부 관리의 비리나 정부 시책의 잘못은 물론 계몽적인 관점에서 일반 대중의 그릇된 것도 비판하였다. 대중교육의 중요성과 아울러 여성교육의 필요성을 주장하였다. 『독립신문』의 주장은 오늘날의 기준으로도 꽤 앞서간 면이 있었는데, 몇 가지 사례를 살펴보자.

『독립신문』 1896년 4월 14일자 논설은 "정부에 계신 이들은 몸조심도 하고 나라가 되기도 바라거든 관찰사와 군수는 자기들이 천거하지 말고 각 지방 인민으로 하여금 그 지방에서 뽑게 하면 국민 간에 유익한 일이 있는 것을 불과 일이 년이면 가히 알리라"면서 '자치단체장 주민직선제'를 주장하였다.[42] 이와 관련, 김동택은 『독립신문』이 주장한 지방자치론은 "전국적 혹은 국가적 차원의 참정권 문제와는 확실한 선을 긋고 있음에 비추어 분명한 한계를 지니고 있다"고 평가했다.[43]

『독립신문』 1896년 5월 2일자 논설은 대신들의 재임 기간이 너무 짧아서는 안 되며 그 임기가 적어도 1년은 넘어야 한다고 주장했다.(그러나 그런 주장에도 불구하고 1896년부터 1898년까지의 기간 동안 외부대신만 15번이 바뀌었는데, 이는 매년 평균 5명의 외부대신이 갈린 걸 의미하는 것이다)[44]

『독립신문』 1896년 8월 27일자 논설은 근대적 정당 조직을 설명하기도 했다.

"설령 한 당이 권력이 있어 정부를 차지하고 그른 일을 하고 싶어도 다른 당이 그 그릇 하는 일을 시비하고 천하가 모두 알게 신문에 기록하는 까닭에 감히 그른 일을 하고 싶어도 못하는지라 당이 생기면 그 당에서 그 당 본의와 방책을 그 당에 속한 사람들이 모여 작정하여 전국 인민에게 알게 하되 만일 우리 당이 권이 있어 정부 일을 하게 되면 우리는 나라와 백성을 위하여 무슨 일을 할 줄을 미리 알고 앉았는지라 그런고로 당이 정부를 맡아가지고 일을 하면 그 정해놓은 약조와 같이 일을 하지 안 하여서는 못할지라. 조선 정치당들은 그 당의 본의와 백성들이 모르는 고로 이 당이나 저 당이나 다만 백성들이 의심만 하고 …… ."[45]

『독립신문』 1896년 10월 16일자 논설은 어느 관인이 평민에 대해 비존대어를 사용한 걸 통렬히 비판하면서 일상생활에서 사용하는 언어에 있어서도 반상의 차별을 철폐하고 상호간 존대어를 사용할 것을 역설하였다.[46]

『독립신문』 1897년 10월 16일자 논설은 인신매매를 강력 비판하였다.

"동등 형제를 짐승과 같이 대하고 자식을 팔아먹는 풍속을 그저 두고는 나라가 진보도 못될 뿐더러 …… 이런 증거를 우리가 듣고 보고 아는 고로 내가 귀사에 이 논설을 지어 보내며 우리나라 동포 형제들이 이 풍속 악한 줄을 깨달아 종들을 속량하여 줄 것 같으면 …… 전 인민이 종을 면할 지경이면 우리나라는 자연히 남이 종으로 대접하지 못할지니."[47]

『독립신문』의 '옥시덴탈리즘'

『독립신문』의 그런 선진성은 미국에서 성장한 서재필로 인해 가능했다. 서재필이 모든 논설을 썼다는 주장, 서재필이 아닌 주시경이 썼다는 주장 등이 있지만, 서재필이 모국어를 거의 잊어버렸다는 점을 감안컨대 '조필(助筆)'의 도움을 받아 서재필의 생각을 나타낸 것으로 보는 게 옳을 것 같다.[48]

『독립신문』이 당시 형편에 비추어 지나치다 싶을 정도로 위생·청결 문제에 집착했던 것도 서재필의 미국 경험과 더불어 세균학 전문가로서의 직업의식이 발동한 것으로 볼 수 있겠다. 길가에 대소변을 보지 말 것, 목욕을 할 것, 하수도와 개천을 정비할 것, 물을 끓여 먹을 것 등이 자주 강조되었다.[49]

옳은 말이거니와 시대를 앞서간 면이 있되, 동양을 지나치게 폄하하는 경향이 강했다. 『독립신문』 1897년 6월 5일자는 배움에 관한 한 동양과 서양은 감히 비교할 수조차 없다고 주장했으며, 1898년 9월 19일자는 과거 동양적인 교육방식이란 쓸 만한 것 하나 못 만들어내는 '병(病)'이라고 폄하했다.[50]

당시 한국 사회의 형편을 잘 모르고 수준을 뛰어넘는 이야기도 많았다. "조선 사람들은 김치와 밥을 먹지 않고 소고기와 브레드를 먹게 되어야 한다"는 서재필의 말도 그 선의를 이해한다 해도 좀 지나친 감

이 있다.[51]

목욕 캠페인을 벌인 것도 좋긴 했는데, 이틀에 한 번씩 하라는 건 당시 형편에 비추어 해도 너무했다. 『독립신문』 1896년 5월 19일자는 "몸을 정하게 하여야 할 터인데 몸 정케 하기는 목욕이 제일이라"고 하면서 "목욕하는 일은 다만 부지런만 하면 아무라도 이틀에 한 번씩은 몸 씻을 도리가 있을 터이니 이것을 알고 안 하는 사람은 더러운 것과 병나는 일을 자취하는 사람이라"고 했다.[52]

『독립신문』 1896년 11월 14일자 논설 「외국인 교제의 예법」도 당시 교제할 외국인이 얼마나 있다고 다음과 같은 주문을 했는지 좀 심했다는 생각이 든다. '외국인 교제'를 앞세워 조선인들 사이에서도 이런 예법을 지켜야 한다는 뜻으로 읽힌다.

"남의 집에 갈 때 파나 마늘이나 냄새 나는 음식을 먹고 가지 않는 법이요 …… 남 앞으로 지나갈 때에는 용서하여 달라고 한 후 지나가며 …… '나이가 얼마냐' '형세가 어떠냐' '무슨 일을 하느냐' 고 묻는 것은 다 실례라 …… 먹을 때 소리 나게 입맛을 다시는 것과 국물 있는 음식을 먹을 때 소리 나게 마시는 것은 모두 실례라 …… 남의 집에 가서 할 이야기가 있으면 이야기하고 할 말을 다한 후에는 가고, 할 말이 없을 때에는 공연히 오래 앉아 있는 것은 마땅치 않느니라. 그 외 알 일이 무수하나 오늘날 다 말할 수 없으니 후일에 다시 더 기록하겠노라."[53]

『독립신문』은 시대를 앞서간 개혁·진보성을 보이기도 했지만, 당시 조선의 현실과 너무 동떨어진 주문을 한 점은 논의의 대상으로 삼을 만하다. 서구를 이상향으로 미화하며 토착적 전통을 냉소·혐오·멸시하는 주변부 개혁지향적 엘리트의 세계인식을 '자기 오리엔탈리

위생문제를 다룬 1899년 2월 7일자 『독립신문』. 목욕을 이틀에 한 번씩 하라는 등 당시 형편에 비추어 지나치다 싶은 면도 있었다.

즘' 또는 '옥시덴탈리즘' 이라고 하는데,[54] 『독립신문』의 일부 주장에 대해선 그럼 혐의를 제기할 수도 있겠다. 그러나 동시에 언론이 서구적 틀과 사상의 기준으로 한국 사회를 보면서 계몽을 시도하는 건 과연 오늘날엔 사라졌는가 하는 의문도 같이 다루는 게 공정할 것이다.

『독립신문』의 기독교 예찬

그런 서구지향성의 연장선상에서 『독립신문』은 미신을 강력 비판했다. 예컨대, 『독립신문』 1896년 5월 7일자 논설은 "무당과 판수와 선앙당(성황당)과 풍수와 중과 각색의 이런 무리들이 백성을 속이고 돈을 빼앗으며 마음이 약한 여인네와 허(虛)한 것을 믿는 사나이를 아혹(訝惑)히 유인하여 재물을 버리고 악귀를 위하게 하니 그것은 다름이

아니라 사람들이 몰라서 이렇게 속는 것이요"라고 했다.[55]

또『독립신문』1897년 7월 27일자는 몇 명의 기독교인이 서울 남산에서 이성계 초상화를 신상(神像)으로 모시는 한 무당의 당집에 걸린 "잡동사니 화상을 다 빼앗아 소화(燒火)하고 태조대왕 어진을 그대로 모셔두었다"는 사건을 거론하면서 "이 사람들은 인민의 직무를 하는 사람들이라. 국중에 이런 사람들이 많이 있게 되거드면 왕실도 높아가려니와 인민들이 어리석은 사람들의 일을 아니 할노라"라고 했다.[56]

이를 사례로 들면서 박노자는 "『독립신문』을 읽다보면 무속인들이 탐관오리보다 더 큰 걱정거리였다는 생각마저 들 정도로 '미신 비판'에 열정적이다"고 했다. 박노자는 "개신 유림들도 미신타파 운동을 위해 목청을 높였다"며 "구습(舊習)에 대한 공통의 멸시와 배제는 개화나 국민 담론을 생산하고 담지했던 자들의 결속을 도왔다"고 분석했다.[57]

『독립신문』은 미신타파를 역설하는 동시에 기독교를 예찬하였다. 예컨대,『독립신문』1897년 1월 26일자 논설「세계의 종교와 개화문명」은 세계의 종교에 대한 정보를 제공하는 형식을 취하면서 사실상 기독교 전도를 하고 나섰다. 이 논설은 "조선, 청국 등지에 있는 불교는 본래 불교와 온통 달라 이름만 불교라 하지, 실상인즉 석가여래가 가르친 교가 아니요 인형을 만들어놓고 어리석은 백성을 속여 돈을 뺏자는 주의"라 했고, "공자교 하는 나라들은 마호메트교를 하는 사람들과 같이 한 사나이가 여러 계집을 음란하는 것을 허락하였고, 공자교 하는 나라들은 다만 청국과 조선인데 지금 세계에 그리 부강한 나라가 아니요 열리기를 반만 열려 세계상에 반개화국 자리에 있더라"고 했다. 이 논설은 그리스도교를 구교와 신교로 나누어 "구교를 하는 사람은 어느 나라 사람이든지 교황에게 매였고" 등의 차이점을 설명한 뒤, "그리스도교의 교를 착실히 하는 나라들은 지금 세계에 제일 강하고 제일 부요하고 제일 문명하고 제일 개화가 되어 하나님의 큰 복음을 입고 살더라"라고 결론 내렸다.[58]

박노자는 "선교사들의 적극적인 도움으로 헐버트(Homer B. Hulbert, 1863~1949)가 책임자로 있는 감리교 선교부의 출판사에서 인쇄됐던 『독립신문』의 일부 기사는, 선교를 도와주는 설교 자료로 보이기까지 한다"며 그 사례로 『독립신문』 1897년 12월 23일자 논설을 들었다.

"그리스토쿄 하는 백성은 교 안 하는 백상보다 마음이 강하고 용맹이 있어 죽는 것을 두려워 아니하는 의리가 생기니 그것은 다름이 아니라 교를 참으로 믿거드면 언제든지 옳고 …… 의리 있는 일을 하게 되면 하나님이 봐주시는 것을 믿는 연고요, 설령 옳은 일을 하다가 죽더라도 영혼을 하나님이 영생 불멸하는 복음을 주실 것을 믿는 연고라. 사람마다 죽는 것을 두려워 아니하고 의리와 경계를 밝히려고 하거드면 그 나라는 자연히 부강하고 남에게 대접을 받을 수밖에 없는지라."[59]

권보드래는 『독립신문』이 공공연히 설파했던 기독교적 원리는 기독교적 유일신이라는 새로운 권위가 등장함으로써 '법 앞의 평등'과 유비적으로 연결된다고 보았다. 예컨대 군주조차 신을 경배하는 영국의 사례(『독립신문』 1897년 6월 29일자) 등은 "세상에서는 비록 군민(君民) 등분이 있으나 하나님 앞에서는 모두 같은 자식"(『매일신문』 1898년 6월 28일자)이라는 급진적인 결론으로 나아갈 수 있다는 것이다.[60]

『독립신문』의 제국주의 · 의병관

『독립신문』은 기독교 예찬을 넘어서 기독교 국가들의 제국주의마저 찬양하는 입장을 보였다. 『한성순보』나 『한성주보』는 사회진화론을 수용하면서도 유교적인 시각에서 서양인의 호전성을 비난하는 분위기가 있었지만, 『독립신문』은 제국주의 침략마저 세계 교화사업으로 간주하는 주장을 펴곤 했다. 예컨대, 『독립신문』 1897년 6월 22일자 논설은 영국 빅토리아 여왕 즉위 60주년에 즈음해 대영제국 찬가라 해도 좋을 정도의 예찬을 보내면서 "영국 국기가 이 지구 안에서만 높을 것이 아니라 응당 달이나 해나 별 속에 영국 국기가 꽂힐는지도 모르겠더라"고 했다.[61]

물론 『독립신문』은 미국에 대해선 예찬에 가까울 정도로 대단히 호의적이었다. 박노자는 『독립신문』이 미국을 약자의 '수호천사'로 그렸다고 지적하면서, 개화기 지식인들은 미국의 실체를 알지 못했다고 평가했다. 반면 허동현은 미국의 대외 팽창주의를 비판한 『독립신문』 1899년 1월 7일자를 예로 들면서 개화기 지식인들이 미국의 실체에 대해 정확한 정보를 갖고 있었다며 다음과 같은 반론을 폈다.

"아마도 그들은 중국 · 일본 · 러시아라는 부차적 제국주의 세력의 침략을 자력으로 막을 길이 없는 고립무원의 상황에서, 마치 물에 빠진 사람이 지푸라기 잡는 심정으로 미국에게서 독립과 생존에 필요한 외교적 지원은 물론 근대화를 위한 인적 · 물적 지원을 기대할 수밖에 없었을 것입니다. …… 그러나 이보다 중요한 이유는 19세기 후반 한국의 근대화를 도모한 친미 지식인들이 기독교를 유교를 대체할 정신적 지주로 보고, 미국식 민주공화제를 전제왕권과 양반지배사회를 대신할 국가 체제로 받아들인 데 있지 않을까요?"[62]

『독립신문』의 의병관은 어떠했던가? 『독립신문』은 "의병에 대해 매우 부정적인 보도 태도로 일관"하였는데, "관련 기사의 거의 대부분이 의병을 '비도(匪徒, 떼를 지어 돌아다니며 재물을 약탈하는 도둑)'라는 부정적 의미의 용어로 표현했으며 보도 내용도 대부분이 의병의 패전이나 해산, 대민 행패, 그리고 정부군의 진압 상황과 승전, 활약상에 관한" 것이었다.[63] 실제로『독립신문』엔 의병을 비도로 표현한 기사가 200회 이상 나타나 있다.[64]

『독립신문』창간 100주년을 맞이했던 1996년엔 이 점이 사회적으로 활발하게 거론되어 '신문의 날'을『독립신문』이 아닌『황성신문』의 창간일로 삼자는 주장이 대두되기도 했다.[65] 이와 관련된 논쟁은 나중에 서재필에 대한 종합평가를 내리면서 소개하겠다.

03

독립협회 창립, 애국가의 등장

독립문·독립관·독립공원

『독립신문』이 창간된 지 3개월 후인 1896년 7월 2일 서재필의 주도 하에 독립협회가 창립되었다. 독립협회는 자주독립·자강혁신·자유민권의 세 가지 목표를 내걸고 『독립신문』을 통해 자주독립 의식을 높이고자 하였다. 그러나 독립협회 결성에 주도적 역할을 한 서재필은 창립총회에는 참석하지 않았으며, 그 후에도 독립협회 활동의 전면에 나서지 않고 고문으로서 조언하는 역할을 했다. 아마도 그가 미국 국적을 가진데다 실생활에서 미국인으로 행세했기 때문이었을 것이다.

처음에 독립협회는 청일전쟁이 끝나가던 1895년에 이미 파괴된 영은문(迎恩門) 자리에 독립문을 건립하고 그에 필요한 비용을 모금하기 위해 창립되었다. 창립총회에서 위원장엔 이완용, 회장엔 안경수가 선출되었으며, 위원은 김가진·김종한·민상호·이채연·권재형·현흥택·이상재·이근호 등 전 현직 대신 및 협판급 8명으로 구성되었다.[66]

'독립'이라니, 당시 조선은 독립국가가 아니었던 말인가? '독립'을 외치지 않으면 안 되었던 당시 상황에 주목할 필요가 있다. 이미 1896년 당시 일반 민중의 삶의 영역에서도 일본인·청인들의 횡포가 매우 심했으며, 이들에게 조선의 공권력이 전혀 미치지 못하던 시절이었다. 『독립신문』 1896년 9월 26일자의 다음과 같은 기사를 보자.

"1896년 9월 18일 밤. 일본 민간인 한 명과 일본 순사가 통행금지 시간에 남대문을 열라고 했으나 문을 지키던 조선 순검(巡檢, 경찰)들이 '날이 밝기 전에는 열 수 없다'고 했다. 일본 순사는 군도(軍刀)로 조선 순검을 무수히 때리고 남의 나라 수도의 성문을 열고 짐 실은 말 두 필과 하인 두 명을 들여보냈다. 남서(南署)의 순검 유치선이 술 취한 청인(淸人) 패에게 순라방망이와 포승·호각 따위를 빼앗겼다."[67]

사정이 이와 같았으니, 독립문이라도 만들어 독립을 지켜야 할 의지를 굳게 하자는 생각을 했을 법하다. 그러나 당시 독립문은 일본으로부터의 독립까지 염두에 두지는 않았으며, 중국에 종속되었던 과거를 떨쳐내고 새로운 기운을 진작시키자는 수준에 머물렀던 것 같다.

서재필은 자서전에서 "영은문은 조선이 중국의 명·청 양국을 상국으로 섬길 때에 생긴 것인데, 우리가 중국의 노예라는 표라고 볼 수 있다"며 다음과 같이 말했다.

"내가 본국에 돌아와서 제일 먼저 눈에 뜨인 것이 영은문이었다. 무엇보다도 이 더러운 표, 부끄러운 이 문을 없애야겠다고 굳은 결심을 하였다. …… 영은문을 헐어버리고 그 자리에다 '독립문'을 세우

독립협회가 독립정신을 고취하기 위해 세운 독립문. '일본으로부터의 독립'이라기보다는 중국에 종속되었던 과거를 떨쳐내고 새로운 기운을 진작시키자는 의미에서 건립되었다.

기로 한 것이다. 때마침 내가 가진 화첩 중에 파리의 개선문이 생각나서 그 규모를 축소해 그 모양만은 똑같이 하기로 하였다. 그래서 그때 독일공사관에 근무하는 스위스 사람에게 설계도를 부탁 작성하였다. 그리하여 심(沈)모라는 목수가 시공하였는데 총공사비는 1500여 원이 들었다."[68]

1896년 11월 21일 독립문 정초식(定礎式)에는 5~6000명의 인파가 모였다. 정초식 기념연설에서 이완용은 다음과 같이 주장했다.

"독립을 하면 미국과 같이 부강한 나라가 될 것이요, 조선 인민이 합심을 못하여 서로 싸우고 해하려고 할 지경이면 유럽에 있는 폴란드처럼 모두 찢겨 남의 종이 될 것이다. 세계사에 두 본보기가 있으니 조선 사람들은 둘 중 하나를 뽑아야 한다. 미국 같이 독립이 되어 세계에서 제일 부강한 나라가 되든지 폴란드와 같이 망하든지 좌우간에 사람하기에 달렸다. 조선 사람들은 미국과 같이 되기를 바란다."[69]

독립협회는 1년 만인 1897년 11월 21일 독립문을 준공하였다. 또 1897년 5월 초에 독립관을 만들고, 1897년 7월 초에 독립공원을 세웠다.[70] 독립문은 서재필 등 독립협회가 세웠다는 게 통설이나, 이태진은 그 통설이 "대한제국 정부에 대한 부정적 인식이 낳은 오류의 대표적 예"라며 정부가 세운 것이라고 주장했다.[71]

독립협회는 1897년 8월 29일부터 배재학당의 학생회인 협성회(協成會)와 같은 토론회를 정례적으로 개최함으로써 정치결사로서 협회의 역량을 배양할 뿐만 아니라 자주민권운동의 대중적 기반을 확대해 나갔다.[72]

독립협회 논쟁

독립협회가 과연 순수한 민간조직이었는가? 독립협회가 말하는 '독립'은 과연 무엇인가? 독립협회의 핵심세력은 누구였는가? 이런 의문들도 제기되었다.

이태진은 "독립협회는 당초 독립문 건립을 위해 조직된 것으로, 당시 『독립신문』을 만들고 있던 서재필이 주동한 것으로 알려졌다"며 "그러나 그것은 일반적으로 알려지고 있는 것과 같이 순전히 개화파 인사들의 독립의지의 산물이었던 것은 결코 아니다. 오히려 독립협회에 현직 고위관료들이 다수 참여한 사실이 말하듯이 이에는 정부의 의지가 강하게 작용하고 있었다"고 주장했다.[73]

주진오는 독립협회에 대해 "한 나라의 국권을 상징했던 국왕이 남의 나라의 공사관에서 신변을 보호받고 있는 상황하에서 어떻게 조선이 독립국임을 상징하는 독립문을 건립할 수 있었는가?"라고 물으면서 다음과 같이 주장했다.

"그것은 바로 청국으로부터의 독립을 의미한다. …… 이 사실을 증명해주는 것으로는 1898년 이토 히로부미가 내한하였을 때『독립신문』에서 그를 '조선 독립의 유공자' 라 칭송하였고 독립협회의 임원들이 용산포구까지 마중을 나갔으며 기념품을 증정하기도 하였던 사실을 들 수 있다. 그리고 이들이 독립을 내세워 전개한 활동이 모든 외세 특히 러시아로부터의 독립을 의미하는 것이 아니었음은 당시 현직 고관들로서 이 사업을 추진하였다는 점과 러시아공사의 묵인, 지원이 있었던 데에서도 알 수 있다. 특히『독립신문』은 당시 러시아의 만주 침략과 심지어 삼림채벌권과 같은 이권침탈을 정당화하는 기사를 내보내고 있었다."[74]

독립협회 연구의 최고 전문가인 신용하를 비롯한 연구자들이 "독립협회운동과 관련된 기독교의 역할에 대해서 거의 관심을 기울이지 않았다"는 문제제기도 있다.[75] 박정신은 "신용하의 연구는 독립협회 지부 설치를 설명하는 데도 미흡한 부분이 있다"며 다음과 같이 주장했다.

"지부가 설치된 8개의 도시 가운데 …… 공주 지부는 중앙의 친기독교계 인사들의 요청에 의해 설치되었고 나머지 7개 도시는 유독 기독교가 급성장하던 지방이나 도시였다. …… 민중이 독립협회운동에 참여하게 된 매체가 토론회였다고 신용하는 밝히고 있는데, 이 토론회도 기독교계 학교인 배재학당에서 처음 실시하였고, 뒤에 독립협회에서 토론회를 개최하였는데, 이때도 배재학당에서 토론회를 가르치고 참여한 기독교계 인사들이 주축이 되었다."[76]

독립협회를 둘러싼 본격적인 논쟁은 나중에 만민공동회를 다루면서 자세히 소개하겠다.

'한국 최초의 근대 잡지' 논쟁

1896년 11월 30일 독립협회는 기관지로『대죠선독립협회회보』를 발간하였다. 이는 그간 한국 최초의 근대잡지로 간주돼 왔지만, 이보다 9개월여 앞선 1896년 2월 15일 일본 도쿄에서 활동한 '대조선인 일본 유학생 친목회'가 창간한『친목회회보』가 최초의 근대 잡지라는 주장도 있다. 한국잡지협회는 학계의 의견을 수렴해『친목회회보』를 우리 잡지의 효시로 삼고, 1996년을 '한국잡지 100년의 해'로 선포해 기념행사를 한 바 있다.[77]

2000년 11월 서울대 언론정보학과 교수 차배근은『개화기 일본 유학생들의 언론출판활동 연구(1)』(서울대출판부)에서『친목회회보』가 최초의 근대 잡지임을 다시 강력 주장하였다. 1896년 2월 15일에 창간되어 1898년 4월 15일까지 모두 6호를 발간한『친목회회보』의 자세한 내용과 회보 영인본을 최초로 실은 이 책은 회지가 단순한 친목 차원이 아니라 당시 유입되기 시작한 근대 학문과 외국 물정들을 소개하면서 근대 언론출판을 태동시켰던 배경이 됐다고 의미를 부여했다. 이들 6개호 본문기사 건수는 무려 803건이나 됐으며 내용도 사설, 논설, 강연 등 전문적 학술논문과 외보 등의 국제 정세 소개를 주로 담아 개화사상 전파에 큰 몫을 했다는 것이다. 차배근은 『독립신문』 등이 회보 발간 소식을 주요 기사로 싣는가 하면 국내에도 100부 이상이 배포돼 국내 지식인들에게 많은 반향을 일으켰다고 평가했다.[78]

그러나 "우리나라 잡지란 우리 영토에서 우리 문자로써 우리 힘으로 만들어져야 한다"는 이유를 들어 『대죠선독립협회회보』를 우리나라 최초의 근대 잡지로 보는 시각도 건재하다. 최덕교는 "우리 유학생 잡지 발간에 일본인 유지가 우리보다 더 많은 돈을 냈다는 사실을 어떻게 보아야 할지?"라는 물음을 던지면서 다음과 같이 말했다.

"자주성이 강조되는 신문·잡지의 일반적인 본질로 보더라도, 그 발행에 일본인들의 돈이 들어왔다는 것은 이 잡지의 큰 흠이 아닐 수 없다. 또 잡지의 발행 장소도 일본 도쿄이므로, 과연 이를 우리나라 최초의 잡지로 볼 수 있느냐는 의견이 나오는 것도 당연하다."[79]

애국가 · 창가의 등장

창가(唱歌)란 "서양식의 악곡에다 계몽사상, 반일감정, 애국사상 등 당시의 시대상을 반영한 가사를 붙인 노래"를 의미한다. 초기의 창가는 대부분 찬송가의 선율을 차용했다. 찬송가의 선율을 차용한 초기의 대표적인 창가로는 〈황제탄신경축가〉(일명 '애국')와 〈애국가〉 등이 있다. 〈황제탄신경축가〉는 찬송가인 동시에 영국 국가인데, 1896년 9월 9일 고종황제의 탄신일을 맞아 서울 새문안교회에서 축하예배를 볼 때 신도들이 만들어 불렀다.[80]

독립협회는 각종 집회에서 애국가를 식순에 넣어 '애국가 부르기 운동'을 전개했다. 『독립신문』 1896년 9월 22일자는 "우리 생각에는 조선 정부 학교에서들 국기를 학교 마당 앞에 하나씩 세워 매일 학도들이 그 국기 앞에 모여 경례하고 애국가 하나를 지어 각 학교에서 이 노래를 아침마다 다른 공부하기 전에 여럿이 부르게 하"자고 제안했다.[81]

1896년 11월 21일 독립문 정초식 때 배재학당 학생들은 창가식으로 〈애국가〉를 처음 불렀는데, 이는 당시 배재학당의 음악선생이던 번커가 스코틀랜드 민요 〈올드 랭 사인〉이라는 노래의 멜로디에 윤치호가 작사한 노랫말을 붙인 것이었다. 후일 안창호가 상해임시정부 시절 가사의 앞부분을 다시 고쳤다는 기록도 있으며, 〈애국가〉는 1936년 안익태가 지금의 애국가를 작곡하기 이전까지는 이 스코틀랜드 민요 가락에 맞추어서 불렸다.[82]

5~6000명의 내외 귀빈과 학생들이 참여한 가운데 부른 이때의 애국가는 어느 특정한 한 작품만을 가리키는 것이 아니라 '나라 사랑하는 모든 노래'를 지칭했다. 『독립신문』은 1896년 4월부터 1899년 6월 말까지 각계각층이 참여하여 발표한 32편의 애국가류의 가사를 소개했다.[83]

애국가와 더불어 국기의 중요성도 강조되었다. 『독립신문』 1896년 9월 22일자는 백성들이 태극기를 바라볼 때 존경과 애정의 태도를 가지지 않는다고 비판하면서, 태극기를 제 목숨보다 중요하게 여겨야 하며, 태극기를 향해선 애국가를 불러야 한다고 역설했다.[84]

또 『독립신문』 1897년 8월 14일자 논설은 "외국서는 국가에 무슨 경축한 날이 오거든 그날은 전국 인민이 일심으로 경축한 마음을 표하는데 동리마다 연설회요 인민들이 국기를 가지고 큰길로들 행진하여 군사 모양으로 일정하게 돌아다녀 남녀노소 아약같이라도 그날이 경축한 날인 줄 알고 집집마다 국기를 꽂아 그 집 안에 있는 사람이 그날을 경축한 것을 보이는 것이라 조선은 도무지 이것이 없어 ······ "라고 했다.[85]

운동회 붐

1890년대 후반부터 불기 시작한 '운동회 붐'은 애국 의식(儀式)의 좋은 기회가 되었다. 1896년 5월 2일 영어학교에서 최초의 운동회가 열린 이래로, 운동회는 소학교로까지 파급되었다. 소학교 최초 운동회는 1896년 5월 30일 훈련원에서 열렸다. 운동회는 태극기 게양과 함께 시작되었으며, 애국심을 고취시키는 유명인사의 연설이 따라 붙고, 운동회가 끝날 때에는 반드시 만세삼창을 외쳤다. "만세! 만세! 만세! 만만세!"[86]

운동회의 주요 메뉴 가운데 하나는 체조였던 것 같다. 『독립신문』 1896년 6월 25일자엔 외국어학교 학생들이 고종황제 앞에서 자신들이 배운 근대적인 교육 내용을 선보이면서 빚어진 해프닝을 소개했다. 이승원의 해설이다.

"고종이 학생들에게 뭘 배웠느냐고 묻자 학생들은 이상한 행동을 취했다. 일반적으로 근대적 교육을 받은 학생이라면 서구의 과학이나 의학적 지식에 대해 말하거나 외국어학교 학생답게 능통한 외국어 구사능력을 선보여야 하는데, 예상과 달리 학생들은 갑자기 줄을 맞춰 서더니 어설픈 춤을 췄다. 그때만 해도 상상할 수 없는 일이었다. 감히 군주 앞에서 남학생들이 춤을 추다니! 사실 그들은 춤을 춘 것이 아니라, 근대적인 체조를 선보였다. 고종은 매우 흡족하여 학생들에게 부채를 선물로 주고 그들의 학업을 격려했다. 학생들은 고종의 칭찬과 격려에 만세삼창으로 답했다."[87]

남학생들의 체조에 대해선 별 말이 없었으나, 여학생들의 체조는 그렇지 않았다. 이화학당도 1896년부터 체조를 가르쳤는데, 복장은 짧은 저고리에 긴 치마였다. 그러나 매스게임을 할 때엔 팔 다리를 조금 내놓았던가 보다. 훗날 순종이 참관한 '어전 운동회'에서 한성여고 학생들에 의해 그런 노출이 이루어지자, 다 큰 처자들이 팔다리를 내놓고 임금을 홀리려 들었다는 이유로 이 어전체조를 불궤(不軌, 당연히 지켜야 할 법이나 도리에 어긋남)의 대죄(大罪)로 다스려야 한다는 상소까지 올라왔다고 한다.[88] 애국심 고취를 위한 운동은 오직 남자들만의 몫이라는 것이었을까?

『독립신문』 1896년 12월 3일자 논설은 "어떤 사람들은 말하기를 조선이 암만 하여도 나라가 안 되겠다고 하여도 우리는 말하기를 조선이 암만 하여도 나라가 되겠다고 하노라"고 말했다. 이 논설은 조선이 잘 될 증거로 배재학당 학생들의 토론회와 영어학교 학생들의 축구 열기를 들었다. 학생들이 오후면 운동장에서 축구를 하는데, 달리기나 이기고자 투쟁심을 내는 활달한 거동이 일본 학생들보다는 '백배 낫고' 미국·영국 아이들과 '비스름하다'는 것이다.[89]

운동회·체조·축구의 공통점은 모두 활달성이었다. 오랜 세월 잠들어 있던 조선의 침체를 깨우게 할 수 있는 그 어떤 기력(氣力)의 상징이었다. 1897년 6월 16일 영어학교 학생들의 운동회에 참관한 1000여 명의 군중들 사이에서 "대군주 폐하 만세!"를 외치면서 감격의 눈물을 흘린 사람들이 많이 나온 것도 바로 그런 이유 때문이었으리라.

일본에선 1886년부터 전국적으로 퍼져나간 운동회는 "근대 일본의 구축을 위한 '집단적 광기'의 또 다른 형태"였다. 1894년 청일전쟁 발발이 운동회가 일본 학교의 주요 행사로 뿌리내리는 결정적 계기가 되었다는 건 운동회의 성격을 짐작케 한다.[90]

한국에서 운동회 열기는 1900년대에 최고조에 오르게 되는데, 일본으로부터 어떤 영향을 받았는지는 분명치 않다. 설사 영향을 받았다 하더라도, 그 성격은 전혀 달랐다. 일본의 경우엔 운동회가 호전성을 키우기 위한 장치였던 반면, 한국에선 그 반대로 국권사수 의지를 다지는 의례의 성격이 강했다.

04

배재학당의 성장과 이승만

배재학당의 정부 위탁교육

과거제도의 폐지는 많은 양반계급 젊은이들에게 새로운 진로 모색을 강요했다. 이승만의 경우 과거제도가 폐지된 다음에도 한동안 습관대로 서당에 나갔으나, 학생들이 흩어진 탓에 서당은 이미 공허한 장소가 되고 있었다.[91]

허동현은 "능력 본위와 평등사회의 구현을 꿈꾼 1894년의 갑오경장이 과거제도를 없애버리자 배재학당 같은 학교들은 미몽에 사로잡혀 있던 유생들의 굳은 머리를 녹여 근대적 개혁가나 사상가로 거듭나게 하는 용광로로 활활 타오르기 시작했다"고 말했다.[92]

서당은 쇠퇴한 반면 배재학당은 날로 성장하고 있었다. 조선 정부가 1886년에 세운 최초의 신식학교였던 육영공원이 1894년에 폐교되자 조선 정부는 이듬해인 1895년 2월 16일(음력 1월 22일)에 배재학당과 통역관 양성을 위한 협정을 맺었다. 협정의 주요 내용은 통역관 양성을 위해 조선 정부가 해마다 200명의 위탁생을 보내고, 학생들의 월사금과 학생 50명당 조선인 부교사 1명에 대한 봉급도 부담한다는 것이었다. 이것이 배재학당이 급성장하는 계기가 되었다. 그런데 이 협정에 따르면 만일에 학생이 200명을 채우지 못하는 경우에는 조선 정부의 보조금 지급조건에 차이가 있었기 때문에 배재학당은 위탁교육을 시킬 학생을 모집하는 데 진력했다.[93]

이승만의 배재학당 입학

이즈음 이승만은 아직 갈피를 잡지 못한 채 실의의 나날을 보내고 있었다. 이승만은 훗날 자서전 초고에서 "서당을 떠나 '새것'을 배우러 간 친구들을 반역자로 여기고 있던 나에게 친구들이 때때로 놀러와서 전보며 철도며 비행기 등등 서양에서 발명된 기괴한 것들에 대해 배우라고 역설했으나 나는 '그들이 천지를 개벽해도 나는 어머니의 종교를 저버리지 않겠다' 고 하면서 일축하곤 했다"고 말했다. 이승만은 그때까지도 신학문을 배우는 것은 천주학(天主學)쟁이가 되는 것이고, 따라서 그것은 '어머니의 종교'인 불교를 배반하는 일로 생각하고 있었다.[94]

어느 날 이승만에게 도동서당의 글동무 신긍우가 찾아왔다. 신긍우의 아버지 신면휴는 이승만의 아버지 이경선과도 허물없는 사이였는데, 신면휴는 일찌감치 기독교로 개종하고 개화당에 가담해 세 아들에게도 신학문 교육을 시키고 있었다. 신긍우는 이승만에게 배재학당에 같이 나갈 걸 권유했다. 우정과 더불어 배재학당이 강하게 추진하는 학생모집운동의 일환이었을 것이다. 이승만은 처음엔 펄펄 뛰었으나, 신긍우의 집요한 요청에 못 이겨 며칠 뒤 신긍우와 그의 동생 신흥우와 함께 배재학당을 방문했다. 긍우는 승만보다 세 살 위였고 흥우는 승만보다 여덟 살 아래의 소년이었다.[95]

신긍우는 이승만을 미국인 교사 노블(W. A. Noble)이 있는 곳으로 데리고 갔다. 1892년에 조선에 와서 배재학당의 교사가 된 노블은 웃는 낯으로 일어서서 이승만에게 조선말로 인사하면서 악수를 청했다. 그러나 악수를 아직 모르는 승만은 당황했다. 이미 신긍우로부터 이승만에 대한 이야기를 들은 노블은 "우리 학당에 오는 것을 싫어하신다더니 어떻게 오늘은 이렇게 반갑게 오셨소? 참 잘 오셨소. 부디 좀 잘 살펴보시고 좋으시면 우리 학당에 입학하시오. 그리고 우리 미국 사람들에게 조선말도 잘 좀 가르쳐주시오"라고 말했다.[96]

이승만은 미국인들의 조선말 선생을 겸하면 생활비는 벌 수 있다는 점에 매력을 느껴 다음 날 배재학당에 입학했다. 물론 가장 큰 목적은 영어공부였다. 이승만은 훗날 "내가 배재학당에 가기로 한 것은 영어를 배우려는 큰 야심 때문이었고, 그래서 나는 영어를 열심히 공부했다"고 회고했다.[97]

정병준은 이승만의 또다른 입학 동기는 "생계수단의 일환이었다"고 했다. 배재학당은 1887년부터 자조부(自助部)를 설치하여 고학생들이 생활비를 벌면서 공부할 수 있는 여건을 마련해주었는데, 찢어지게 가난했던 이승만으로서는 이 점에 마음이 끌렸다는 것이다.[98]

이승만의 배재학당 생활

이승만이 배재학당에 입학한 시기에 대해선 '1894년 말' 설과 '1895년 2월' 설 등 두 가지가 있다.[99] 이승만은 뒷날 1895년이었다고 회고했지만, 배재학당에 입학하고 나서 알게 된 제중원의 여의사 조지아나 화이팅(Georgiana E. Whiting)의 사진에 있는 이승만의 친필 사인에 1894년으로 적혀 있는 것으로 보아 배재학당 입학일은 1894년의 동짓달 어느 날이었던 것으로 보인다.[100]

이승만의 입학 시 배재학당에 등록된 학생 수는 모두 109명이었다. 학생들은 영어부·한문부·신학부의 셋으로 나누어져 있었는데, 이승만이 소속된 영어부에 등록된 학생들이 76명으로 가장 많았다. 이 무렵의 배재학당은 한국인·미국인·청국인·일본인이 두루 섞여 배우고 가르치는 국제적 분위기의 학교였으며, 이 학교의 가장 큰 장점은 우수한 교사진이었다.[101]

이승만은 곧 학생들 사이에서 두각을 나타내어 서양인 선교사들에게도 알려지게 되었다. 그런 유명세 덕분에 이승만은 서양인 병원인 제중원의 여의사 화이팅에게 조선어를 가르치고 또 그녀로부터 영어를 배우는 기회를 얻게 되었다. 화이팅에게 조선어를 가르친 지 꼭 한 달이 되던 날 이승만은 그녀로부터 사례비로 은화 20달러를 받는데, 이는 배재학당의 조선인 교사 월급과 같은 액수였다. 이 돈이면 가족의 생계문제를 넉넉하게 해결할 수 있어 이승만은 뛸 듯이 기뻐했다. 이승만이 돈이 든 봉투를 어머니 앞에 내놓으면서 그간의 경위를 설명하자, 너무나 엄청난 돈에 기겁을 한 어머니는 울음을 터뜨리며 "아가야. 굶어 죽어도 좋으니 행여 천주학은 하지 마라"고 말했다. 이에 이승만은 "어머니 나를 믿으세요!"라고 말했다.[102]

배재학당의 학생들(사진은 1900년대 초). 교사진이 우수했던 배재학당은 미국인·청국인·일본인이 두루 섞여 배우고 가르치는 국제적 분위기의 학교였다.

 이승만의 영어 실력은 빠르게 발전하여 공부한 지 6개월 만에 배재학당의 신입생반을 맡아 영어를 가르칠 정도가 되었다. 주위 사람들로부터 천재라는 평까지 받았다. 이승만은 훗날 "영어공부를 시작한 것이 6개월밖에 되지 않았는데, 영어선생이 되었다고 하여 사람들의 칭찬이 자자했다"고 회고했다. 이승만은 배재학당에서 영어뿐만 아니라 신학문을 공부하면서 개화파 이념에 다가서게 되었다. 그는 훗날 다음과 같이 회고했다.
 "(배재학당에서) 나는 영어보다도 더 귀중한 것을 배웠는데, 그것은 즉 정치적인 자유이다. 한국의 대중이 무자비한 정치적 탄압 속에 살고 있다는 것을 조금이라도 아는 사람이 기독교 국가에 사는 사람들은 법에 의해서 그들 통치자의 독재로부터 보호받고 있다는 말을 처음 들었을 때에 이 젊은이의 마음속에 어떠한 혁명이 일어났을 것이라는 것을 쉽게 상상할 수 있을 것이다. 나는 혼자서 우리도 그런 정치이론을 채택할 수만 있다면 짓밟혀 사는 나의 동족에게 크나큰 축복이 되겠구나 하고 생각했다."[103]

그러나 이승만도 처음에 그랬듯이 학생들을 유치할 수 있는 최상의 방법은 영어였기에, 배재학당은 신문광고를 통해서도 그 점을 강조했다. 나중에(1905년) 배재학당이 선교에 치중하고자 영어 과목을 없애자 학생들의 절반이 자퇴할 정도로 학생들의 영어에 대한 집착은 강했다.[104]

『독립신문』 1898년 7월 4일자엔 학교 다닐 사정이 안 되는 사람들을 위해 외국인이 특별 영어교습을 한다는 광고가 실릴 정도로 영어 바람이 제법 세게 불었다.[105] 1903년에 생긴 YMCA(Young Men's Christian Association)도 영어학습의 좋은 기회를 제공했다. 1904년 미국 유학을 마치고 돌아온 김규식은 YMCA 운동에 관여하면서 이곳에서 직접 영어를 가르치기도 했다.[106]

협성회 발족

서재필은 『독립신문』을 창간한 지 40여 일 후인 1896년 5월 21일부터 배재학당 교장인 아펜젤러 목사의 요청을 받고 배재학당에 가서 매주 목요일마다 특별 연속강의를 하였으며, 이는 1년간 지속되었다. 서재필의 특강은 학생들의 큰 호응을 얻었는데, 배재학당의 교사 벙커(Dalziel A. Bunker)는 1896년 8월 감리교 선교부 연례회 석상에서 배재학당에 대한 보고를 하는 가운데 다음과 같이 말했다.

"몇 달 전부터 서재필 박사가 학생들에게 실시하고 있는 연속강의에 대해 특별히 말하고 싶다. 이 강의는 예배당에서 실시되고 있는데, 언제나 학생들로 의자가 꽉 메워진다. 강의는 조선말로 하기 때문에 학생들에게 큰 도움을 주고 있다. 유럽을 설명하려고 할 때에는 지도 위에 그 지역을 표시하고 나서 일반 역사와 교회발달사를 훤히 알 수 있도록 설명한다. 우리는 서 박사가 앞으로도 이 강의를 계속하여 예정했던 계획의 전부를 학생들에게 들려주기를 바란다."[107]

서재필은 강의를 시작한 지 반년이 지난 다음엔 학생들로 하여금 토론회를 열도록 권했다. 서재필은 미국에서 고등학교에 다닐 때 과외활동으로 '리노니아(Linonia)'라는 문학토론회에 참가하여 많은 영향을 받았는데, 그것을 본떠 배재학당의 학생들로 하여금 민주적인 토론방식을 통하여 자발적으로 개화의식을 함양하도록 하고자 했던 것이다. 예컨대, "머리를 깎아야 옳으냐"라든가 "색깔 옷을 입는 것이 좋으냐"와 같은 주제를 주고 양편으로 나뉘어 토론을 하게 했다.[108]

서재필은 토론회의 활성화를 위해 학생들로 하여금 회(會)를 조직케 하였는데, 그것이 바로 11월 30일에 첫 모임을 연 협성회(協成會)였다. 남과 더불어 마음을 하나로 해 모은 민심으로 개화된 세상을 이루겠다는 뜻으로 붙인 이름이었다.[109]

그러나 아직 토론이 익숙하지 않았던 탓인지 협성회 발족 시 창립회원은 재학생 160명 가운데서 13명밖에 되지 않았다. 협성회의 제1차 임원진을 구성할 때에 회장은 학당의 선임 교사인 양홍묵이 맡았고, 이승만은 서기로 뽑혔다. 협성회 규칙에 따르면 서기의 임무는 '회의 문서수발 업무를 관장하고 개회 때에 연설과 의사(議事)를 기록하여 다음 회의가 열릴 때에 낭독하는 것'이었다. 이승만은 토론에 매우 열성적이어서, "주상호(주시경)는 조선어를 연구하러, 이승만은 정치를 하러 배재를 다닌다"는 말이 나돌 정도였다.[110]

『독립신문』은 "배재학당 학도들이 학원 중에서 협성회를 모아 일주일에 한 번씩 모여 의회원 규칙을 공부하고 각색 문제를 내어 학원들이 연설공부들을 한다니 우리는 듣기에 너무 즐겁고, 이 사람들이 의회원 규칙과 연설하는 학문을 공부하여 조선 후생들에게 선생들이 되어 만사를 규칙이 있게 의논하며 중의를 좇아 일을 결처하는 학문들을 퍼지게 하기를 바라노라"고 말했다. 이틀 뒤에도 『독립신문』은 "배재학당 학도들은 근일에 협성회를 모아 의회원 규칙과 연설하는 법을 공부들을 하는데, 규칙을 엄히 지키고 속에 있는 말을 두려움이 없이 하며 일 의논할 때에 거조(擧措)가 제제창창하여 혼잡한 일이 없고 꼭 중의를 좇아 대소 사무를 결정하니, 우리 생각에는 의정부 대신네들이 배재학당에 가서 이 아이들에게 일 의논하는 법을 배워가지고 가서 일을 의논하면 좋을 듯하더라"며 대신들도 배재학당에 가서 학생들에게 배우라고 권유하기까지 했다.[111]

협성회의 토론회 활동

협성회 토론회는 1896년 11월 30일부터 1898년 7월 16일까지 모두 50회가 열렸는데, 토론회 주제는 처음에 '국문과 한문을 섞어 씀이 가함(제1회)' '학도들은 양복을 입음이 가함(제2회)' '학원(學員)들은 매일 운동함이 가함(제4회)' 등의 구체적이고 실제적인 것으로 시작하여, '우리나라 종교를 예수교로 함이 가함(제7회)' '노비를 속량함이 가함(제8회)' '국민이 이십 세 된 자는 일제히 병정(兵丁)으로 택함이 가함(제13회)' '사농공상(士農工商) 학교를 세워 인민을 교육함이 가함 (제17회)' '우리나라에서 상하의원(上下議院)을 설립함이 급선무로 결정함(제24회)' '재정과 군권(軍權)을 남에게 맡기는 것은 곧 나라를 남에게 파는 것으로 결정함(제42회)' '각 고을마다 우체를 설치하고 인민의 서신을 종편 왕래케 하는 것이 요무로 결정함(제47회)' '나라를 개명하자면 신문국(新聞局)을 각처에 설시하는 것이 요무로 결정하는 문제(제50회)' 등과 같이 사회구습의 타파·정치제도의 개혁·실업교육의 실시·체신제도의 확충·언론 창달 등 근대 시민사회의 필수적인 주요 문제들을 망라했다.[112]

"협성회는 매주 토요일 오후 공개적인 토론회를 개최했다. 당시 협성회 토론에서 사용하던 구두표결 진행방식, 예를 들면 가(可)하면 '예' 하시오. 부(否)하면 '아니오' 하시오"라는 가부를 묻는 방식이 이 때 고정됐다."[113]

서재필은 회의하는 법과 토론하는 법 이외에 "여러분은 아직 모르지만 미국에는 남이 연설할 때, 손바닥을 마주 때려 박수라는 것을 합니다. 여러분도 잘한다고 생각되거든 그렇게 해보시오"라면서 박수치는 법까지 가르쳤다.[114]

토론회가 흥미 있게 진행되자 협성회 회원 수도 급증했다. 회원은 배재학당 학생뿐만 아니라 일반인의 가입도 권장하여, 1년 뒤인 1897년 12월에는 200명, 이듬해 3월에는 300명을 헤아리게 되었다. 협성회의 활동은 지방에까지 알려지게 되고, 그에 따라 지방 협성회가 조직되기도 했다. 이처럼 일반인도 회원으로 가입할 수 있게 된 것은 협성회가 학생회의 범위를 벗어나서 개화운동을 위한 사회단체가 되어가고 있었음을 말해주는 것이었다.

협성회는 독립협회의 모든 활동에도 적극적으로 참가하고 그것을 지원함으로써 가장 강력한 자매단체의 구실을 수행했다. 그리고 협성회의 토론회는 독립협회에도 영향을 주어, 독립협회도 정기적인 토론회를 중요한 활동으로 채택하고 1897년 8월 29일부터 이듬해 12월 3일까지 34회에 걸쳐 토론회를 개최했다.[115]

1897년 숭실학교 개교

이승만은 입학한 지 2년 반 남짓한 때인 1897년 7월 8일에 배재학당을 졸업했다. 그런데 배재학당의 역사서에 따르면 배재학당에서 정규졸업생을 배출하기 시작한 것은 1909년부터이며, 이승만을 포함한 그 이전의 수료자는 명예졸업생으로 간주되었다. 방학예식(放學禮式)으로 불린 이 졸업식은 배재학당이 설립되고 나서 처음으로 거행하는 공식 졸업식이었기 때문에 큰 사회적 이벤트가 되었다. 『독립신문』은 한글판 '잡보'란과 영문판의 머리기사로 이 방학예식(영문판에서는 'commencement exercises'라고 했다) 광경을 자세히 보도했다.[116]

예식은 정동 예배당에서 거행되었다. 식장에는 조선 국기와 미국 국기가 높이 게양된 가운데 왕실을 비롯하여 각부 대신들과 중추원 의관(中樞院 議官) 등 조선의 정치인들과 관리들, 각국 외교관들, 그리고 외국 부인들을 포함한 600여 명의 내빈들이 참석했다. 이승만은 졸업식 행사의 일환으로 '조선의 독립'이라는 제목의 영어 연설을 했는데, 이에 대해 『독립신문』은 "리승만이가 영어로 조선 독립문제를 연설을 하는데, 뜻이 훌륭하고 영어도 알아듣게 하여 외국 사람들이 매우 칭찬들 하더라"라고 보도했다.[117]

배재학당의 성공에 자극받아 1894년 이후 평양의 광성학교(1894년 감리교), 숭덕학교(1894년 감리교), 정의여학교(1894년 감리교), 정진학교(1896년 감리교), 숭실학교(1897년 장로교) 등의 기독교계 사립학교가 설립되었다.[118] 부산의 일신(1895), 재령의 명신(1898) 등도 문을 열었다.

숭실학교는 평양에 최초로 설립된 신식 중등교육기관이었다. 1897년 10월 10일 미국 북장로회 선교사 베어드(W. N. Baird, 한국명 배위량) 목사가 자신의 사랑방 두 칸을 교실로 삼아 13명의 기독교인 자제들에게 초등학교 수준의 교육을 실시하면서 시작되었다. 숭실학교는 이듬해 중등 교육반을 개설했으며, 1900년도 새 학기부터는 정부에서 발표한 중학교 관제에 따라 5년제의 중학교 교과과정을 적용했다.

처음엔 교명도 없이 평양학교 또는 예수교학당으로 불리던 학교는 1901년 평양 신양리에 새로 지은 2층 한옥 교사로 이전하면서, 학교다운 면모를 갖추고 진실을 숭상한다는 뜻의 숭실학당이라는 이름을 갖게 되었다. 1904년 5월 15일 제1회 졸업생으로 최광옥 등 3명을 배출했다.[119] 숭실학당은 1938년 신사참배를 거부해 자진 폐교했으나, 6·25 전쟁 이후 1954년 서울에서 다시 개교했다. 2007년 10월 10일 숭실중고등학교는 서울 은평구 신사동 교내 숭실 100주년 기념관에서 개교 110주년 기념식을 가졌다.

제3장

대한제국 시대의 개막

01

고종의 경운궁 환궁

러시아 군사교관단 파견

러시아공사관에서 생활하는 고종에게 러시아 황제 니콜라이 2세의 대관식은 결코 가볍게 넘길 사안이 아니었다. 1896년 6월 고종은 니콜라이 2세의 대관식에 참석하는 특명전권공사 민영환을 통해 니콜라이 2세에게 다음과 같은 내용의 친서를 보냈다.

"짐의 나라는 관습은 물론 언어와 문자도 고유해 외국과는 판이하게 다르다. …… 불행하게도 짐 나라의 동쪽 이웃나라가 일본이다. 일본은 섬나라이며 관습은 짐의 나라에서 유래됐고 문자와 제도도 짐의 나라에서 가르쳐주었다. …… 그 때문에 일본은 짐의 나라를 자기의 조상과 주인의 나라로서 섬겼다. …… 최근에 일본이 서양의 제도를 흉내 내고 배워 동양의 맹주가 되려한다. …… 짐은 폐하가 짐의 나라의 실정을 동정하고 정의를 토대로 세계 열강제국이 짐의 나라에 대한 일본의 불법적인 행위를 꾸짖고 나라의 독립을 침해하지 못하게 모든 조약규정 위반을 즉시 중지하도록 권고하여 주시길 바라고 바란다. 끝으로 짐은 눈물로 폐하께 호소하며 만수무강을 기원한다."[1]

　1896년 6월 13일 민영환은 러시아 외무장관 로바노프를 만난 자리에서 러시아군대 파견·군사교관단 파견·차관제공·재정고문 초빙·전신선 가설 등 5가지 요청 사항을 제시했다. 이중 러시아군 및 군사교관단 파견요청에 대해 두 사람이 주고받은 문답은 다음과 같다.

민영환　고종의 호위를 위해 러시아 군대를 파견해줄 수 있는가.
로바노프　왕이 러시아공사관에 있는 동안 러시아 해군이 호위할 것이다. 공사관에 체류하고 싶은 만큼 체류할 수 있다.
민영환　조선 군대를 훈련시키는 동시에 왕을 호위할 군사교관 200명을 파견해줄 수 있는가.
로바노프　군사교관은 파견할 것이나 빠른 시일 안에는 곤란하다.[2]

　고종의 '눈물의 편지'를 읽은 니콜라이 2세의 마음이 움직였는지 러시아는 조선의 요청대로 4개월 만인 1896년 10월 24일 군사교관단과 재정고문을 파견했다.[3]
　제1차 러시아 군사교관단은 13명으로 고종이 요청했던 200명에는 턱도 없이 모자란 숫자였지만 군사교관단의 상징적 의미는 컸다. 당시 서울에는 조선군 5개 대대병력 4000여 명이 있었지만 병력 중 많은 숫자가 식비를 횡령하기 위해 숫자를 부풀린 '유령 병력'이었다. 대부분이 군인 신분을 창피하게 여겨 밖에 나갈 때는 사복으로 갈아입을 정도였건만, 30대의 젊은 한국인 대대장이 부대에 출근할 때는

부하들의 부축을 받으며 '영감행세'를 하기 일쑤였다.[4]

러시아 교관단은 조선군 1600여 명을 선발해 2개 대대로 조직해 군사조련을 시켰다. 1897년 6월 9일 고종과 각부 대신 그리고 주한외교사절단이 참석한 가운데 열린 조선군 의장대 사열식은 참석자들에게 큰 감격을 안겨주었던바 러시아 교관단 산하부대로 들어가려는 조선 군인들의 경쟁이 치열했다.[5]

로바노프-야마가타 의정서

앞서 말했듯이, 러시아 황제 니콜라이 2세의 대관식이 거행된 1896년 6월의 모스크바에선 (러시아와 일본은 겉으론 으르렁대고 싸우는 것과는 달리) 한반도를 놓고 비밀협상을 벌였다. 러시아 외상 로바노프와 일본의 축하사절인 전권대사 야마가타(山縣有朋)는 5월 24일부터 4차에 걸쳐 가진 비밀협상 끝에 6월 9일 로바노프-야마가타 의정서에 합의하였다. '조선을 사이좋게 잘 나눠먹자'는 걸 확인한 것이었다.[6] 이에 대해 송우혜는 다음과 같이 말했다.

" '양국이 조선을 38도선에서 분할 점령하자'는 제의가 이때 처음 나왔다. 이로부터 50년 후 실제로 한반도는 그렇게 분할되고 말았다. 얼마나 무서운 역사의 교훈인가. 러시아와 일본이 비밀협상을 시작한 것은 1896년 5월 24일. 고종이 러시아공사관으로 옮겨간 날로부터 불과 100여 일 뒤다. 당시 모스크바에는 민영환을 비롯한 조선 정부의 축하사절도 있었다. 물론 이들은 러일 비밀협상에는 깜깜이었다. 국제 외교의 비정함을 서릿발처럼 보여준다."[7]

1년 만에 끝난 러시아공사관 생활

독립협회는 1890년대 말부터는 외국에 대한 각종 이권의 할양을 반대하는 동시에 이미 침탈된 이권을 되찾을 것을 주장하였다. 또 아관파천으로 러시아공사관에 가 있던 고종의 환궁을 요구하였다.[8]

고종은 독립협회를 중심으로 한 국민의 환궁 요구에 따라 아관파천 후 약 1년 만인 1897년 2월 20일 경운궁(지금의 덕수궁)으로 돌아오게 되었다. 당시 환궁 모습을 『독립신문』 1897년 3월 4일자는 다음과 같이 묘사했다.

"이월 이십일 오정 일각. 대군주 폐하께서와 왕태자 전하께서 아라사공사관을 떠나셔서 경운궁으로 환어하시는데 아관에서 경운궁까지 가는 길에 길 좌우로 친위대 병정들과 순검들이 늘어서고 혹간 옛적 의장들이 섞여 어가를 호위하고 가더라. 배재학당 학도들이 독립신문사 건너편에 정제하게 서서 어가 지나실 때에 갓들을 벗고 만세를 부르며 학도 셋이 좋은 꽃들을 가지고 어가 지나시는 길에 뿌려 학도들의 애군하는 마음과 나라가 꽃같이 향내 나고 보기 좋게 되기를 바라는 뜻을 보이더라. 조선 인민들이 대군주 폐하께 이렇게 지성으로 충심을 세계 인민에게 보이는 것은 조선 사람들이 되어 마음이 기꺼워지더라."[9]

고종이 경복궁이 아닌 경운궁으로 간 것은 러시아를 비롯하여 미국·영국 등 경운궁을 에워싼 외국 공사관의 보호에 의지하려고 하였던 것이었다.[10] 이민원은 고종의 환궁을 가능케 했던 결정적인 조건은 러시아 군사교관의 파견이었다고 했다. 그는 "고종이 환궁을 해야 하느냐 아니냐의 당위적 논쟁에 앞서 환궁을 가능하게 했던 현실적 조건의 하나는 분명 궁궐 경비병의 확보였다"며 다음과 같이 말했다.

아관파천 후 고종이 환궁한 경운궁(지금의 덕수궁). 경운궁 근처에는 외국 공사관이 많았다.

"그런데 이것은 러시아의 또 다른 의도가 가미된 군사교관의 파견에 의해 가능하였다. 따라서 한러 간의 근본 의도가 달랐더라도 환궁의 현실적 조건을 구비하기 위한 준비는 러시아 군사교관의 파견으로부터 본격화된 셈이라고 하겠다. 따라서 아관파천 당시 조선 정부 측이 민영환 특사를 러시아에 파견하고, 그를 통한 교섭에서 얻은 구체적 성과가 있었다면 바로 이 점이었다."[11]

정부의 『독립신문』 탄압

1897년 2월경부터 러시아공사관과 친미 개화파 사이의 관계가 악화되면서 『독립신문』은 친러 수구파 정부에 대하여 매우 비판적으로 변했고, 정부의 탄압을 받게 되었다. 정부는 『독립신문』의 판권을 취소하고 싶었지만 법규가 없어서 그렇게 할 수도 없었다. 그저 이런저런 탄압을 가하는 수밖에 없었다.

정부의 탄압은 『독립신문』의 논조를 영 마땅치 않게 여긴 러시아공사관의 압력 때문이었다. 러시아는 서재필을 모함하여 고종이 불신임하게 만들었고, 미국공사관에 그의 신문간행을 중단토록 해달라고 요청하게 했다.[12]

특히 1897년 9월 초에 새로 부임한 러시아공사 알렉세이 스페이예르가 전임 공사 칼 웨베르의 온건노선을 버리고 침략간섭정책을 강화한 것도 『독립신문』에겐 큰 위협이었다. 그는 "부임 초부터 독립협회를 미국 당으로, 『독립신문』을 미국 신문으로 지목하여 공개적으로 비판하는가 하면, 러시아의 간섭에 비판적이었던 『독립신문』의 정간과 서재필의 추방을 획책"했다.[13]

신용하는 정부가 『독립신문』을 탄압한 이유로 "수구파 정부에 대한 비판, 제정 러시아의 침략간섭정책 비판, 탐관오리의 부정부패 고발, 전제군주권에 대한 비판, 국정개혁과 민권신장 주장, 서재필의 오만한 처신" 등을 들었다.[14]

서재필 개인의 서구화된 행태도 수구파 인사들의 반감을 불러일으키기에 충분했다. 황현의 『매천야록』엔 "임금을 뵈올 때 안경을 끼고 권연을 피며 뒷짐을 질 뿐만 아니라 외국인의 세력을 업고 임금을 모욕하고 조정의 세력자를 핍박했다"고 쓰여 있다.[15] 서재필은 이와 같은 비방이 이범진의 모함에 의한 것이라고 주장한 바 있다.[16] 이런 비방을 그대로 믿을 순 없을 것이나 사상을 떠나 서구화된 그의 행태가 조선의 미풍양속과 갈등을 일으켰다는 건 분명하다.

서재필과 같이 일했던 윤치호의 일기엔 서재필이 갑신정변 뒤 약을 먹고 자결한 본처의 무덤을 찾지 않았다든가, 길거리에서 감히 자신에게 접근하는 쿨리(노동자)를 발로 걷어찼다든가, 옛날의 친지들을 멀리했다는 이유 등으로도 세인의 비난을 받았다고 쓰여 있다. 윤치호는 이런 말도 했다.

"서재필 박사는 모든 것을 명령하기를 좋아하는 야심가이다. 그는 정력적이고 빈틈이 없다. 확실히 그는 한국이 자랑할 만한 인물이다. 대신이든 협판이든, 그리고 늙은이든 젊은이든, 어린애인 것처럼 타일러 다룬다. 대부분의 사람들은 멋대로 하는 그의 조종(操縱)에 외축(畏縮)된다. 그런데 미국 국적을 갖고 있다는 것이 그들의 보복으로부터 보호해주고 있고, 또 월봉 300달러, 10년간의 계약은 그들의 비위를 맞출 필요를 없애주었다."[17]

서재필의 그런 강한 성격도 많은 사람들의 반발을 불러일으켰을 것이니, 그의 서구화된 행태에 대한 세간의 여론이 어떠했을지 짐작하기는 어렵지 않다. 심지어 서재필이 부인 암스트롱과 더불어 당시 한성 사교계에서 크게 활약해 인기가 좋았다는 것도 수구파 인사들의 반감을 불러일으켰다 하니,[18] 이와 같은 '문화 충돌'이 미친 영향도 무시할 수 없을 것이다.

02

'대한제국'과
'황제'의 탄생

'국왕 전하' → '대군주 폐하' → '황제 폐하'

경운궁으로 환궁한 고종에게 조야(朝野)는 칭제건원(稱帝建元)할 것을 상소했다. 내각의 입장에선 땅에 떨어진 내각에 대한 불신과 위신을 조금이라도 회복해보려는 생각이 작용했던 까닭이다.[19] 왕실 관료들과 향촌 선비들이 고종에게 칭제건원을 요청하는 상소를 올리기 위해 몰려드는 바람에 대혼란이 빚어졌다. 그들은 3일 내내 궁중의 뒤뜰에서 하루에 네 시간씩 무릎을 꿇고 간청하면서 아홉 번의 상소를 올렸다.[20] 고종은 여덟 번을 물리친 뒤 아홉 번째 상소를 받아들여 그해 10월 12일(음력 9월 17일) 마침내 황제의 자리에 올랐다.[21]

임금이 황위에 오름을 하늘에 고할 목적으로 원구단(환구단)이라는 제단이 만들어졌다. 대한문 건너편 남별궁(南別宮) 터(현재 서울 중구 소공동 조선호텔 자리)에 들어선 원구단은 잘 다듬은 돌을 쌓아올린 3층의 원형 제단으로 각층의 높이가 석 자, 지름은 1층 140미터, 2층 72미터, 3층 36미터의 거대한 건축물이었다. 베이징의 천단(天壇)을 본뜬 것이었다. 아름다운 부속 건물인 황궁우(皇穹宇)와 긴 담장과 사면의 홍살문들까지 갖추느라 1000여 명의 숙련된 인원들이 거의 한 달 동안 쉴새없이 일해서 완성시켰다.[22]

원래 남별궁 터는 영은문을 통과해서 서울로 들어온 중국 칙사 일행이 숙박하던 건물이 있던 곳이었다. 이태진은 "그런 자리에다가 건물을 헐고 원구단을 세웠다는 것은 중국으로부터의 독립성을 표시하는 특별한 의미를 가진다"고 했다.[23]

즉위식 전날, 원구단을 세심하게 둘러보던 의정대신(議政大臣) 심순택은 "허어! 불과 삼 년 동안, 세상이 이리도 크게 바뀔 줄 누가 짐작이나 했으리. 일각이 여삼추라는 말이 있기는 하지만, 당금의 동양 각국 형세로는 요즘의 삼 년이 과거의 삼백 년에 맞먹고도 남음이 있겠구나"라며 찬탄을 금치 못했다.[24]

이에 대해 송우혜는 "불과 삼년 전인 갑오년(1894) 음력 12월 13일의 일과 비교하면 지금 세상의 움직임은 차라리 꿈을 꾸는 듯할 지경이었다. 아직 청나라 세력의 영향력이 강하게 남아 있던 갑오년 당시, 일본의 강요로 추진해야 했던 이른바 개혁의 일환으로 '대군주'라는 위호를 앞세워 오로지 황제에게만 쓰는 '폐하'라는 존칭을 쓰기로 하고 종묘에 전알하여 고하는 예식을 거행할 때, 그 상황이 어떠했던가"라며 다음과 같이 말했다.

"그 일은 애당초 조선 조정의 대소 신료들 거의 모두가 반대했을 뿐더러, 막상 종묘에서 고제(告祭)를 거행할 때도 국왕을 포함하여 대소 신료들이 모두 줄초상이라도 치르듯 처참한 기색들이었다. 혹시라도 그동안 종주국으로 받들어온 청나라에서 그 일을 두고 '한 하늘 아래 두 해(太陽)가 없는 법'이라면서 시비를 걸고 무력으로 징치하자고 들어 온 나라가 전란에 휘말리게 될까봐 두려웠던 것이다. 이백육십년 전에 겪었던 병자호란 때, 조선의 강토가 청나라의 강력한 철기병(鐵騎兵) 발굽에 여지없이 짓밟히고 무수한 백성들이 죽고 다치고 포로가 되는 생지옥에 빠져들었던 참혹한 전란을 치른 까닭이 무엇이었던가. 바로 청나라 태종이 '황제'의 위에 오르겠다는 것을 조선에서 끝내 인정해주지 않으려다가 겪은 참화가 아니던가."[25]

1897년 10월 12일 오전 2시, 대군주(고종) 부자는 경운궁을 나와 원구단으로 갔다. 최상의 예복으로 성장한 관리들과 군사들로 이루어진 긴 행렬을 거느린 장엄한 행차였다. 대군주는 원구단에 올라가서 자신이 제위(帝位)에 오름을 하늘에 고함으로써 황제가 되었다. '국왕 전하'가 2년 전 홍범 14조 반포로써 '대군주 폐하'가 되었고 이제 '황제 폐하'가 된 셈이었다. 국호도 이날부터 '대한제국(大韓帝國)'으로 바뀌었으며, 연호를 '광무(光武)'로 정했다. 마한·진한·변한의 삼한을 아우르는 '큰 한'이라는 뜻에서 '대한'이요, '외세의 간섭에서 벗어나 힘을 기르고 나라를 빛내자'는 뜻에서 '광무'였다.[26]

고종은 황제에 오른 다음 달인 11월 22일, 2년 2개월간 미뤄왔던 명성황후(추존)의 국장을 성대하게 치르는 것으로 지난 세월의 아픔을 씻어버리고 새로운 출발을 다짐하였다.[27] 명성황후의 장례비 예산은 당시 일등미로 4만 4300여 섬 규모로 현 시가로는 110억여 원에 해당됐다.[28]

칭제건원 찬반논쟁

칭제건원을 모두가 찬성한 건 아니었다. 일부 유림들의 반대가 있었다. 최익현·유인석 등은 "소중화(小中華)의 나라에서 황제를 칭하는 것은 망녕되이 스스로 높이는 행위"라며 황제 즉위를 반대했다.[29]

일부 개화파도 반대 의사를 표했다. 서재필은 대한제국의 설립을 위해 국권의식을 고조시키는 데 크게 기여하였음에도 대한제국의 설립 자체에 대해서는 미온적이었다. 그는 대한제국 선포 11일 전『독립신문』1897년 10월 2일자 논설을 통해 다음과 같이 주장했다.

"나라가 자주독립되는 데는 꼭 대황제가 계셔야 자주독립되는 것은 아니다. 왕국이라도 황국과 같이 대접을 받으면 권리가 있는 것이다. 지금 조선에 제일 긴요한 것은 자주독립의 권리를 잃지 아니하여야 할 터인즉, 관민이 대군주 폐하가 황제 되시는 것을 힘쓰는 것도 옳거니와 제일 자주독립 권리를 찾으며 지탱할 도리를 하여야 할 것이다."[30]

윤치호도 "나라의 독립을 보장해주는 것은 국가의 힘이지 군주의 존호(尊號)가 아니다. 외국의 군대가 왕궁을 유린하고 국모를 살해하는 마당에 황제 즉위가 무슨 의미가 있느냐"며 반대했다.[31] 그는 자신의 일기에서 "도대체 정부 대신들 가운데 어떤 작자가 이렇듯 애처로운 생각을 국왕의 머리에 집어넣었단 말인가?"라고 개탄했다.[32]

그러나 장지연·정교 등은 최익현 등의 주장을 "어리석은 자들의 망령된 소리로 일고의 가치도 없다"고 비난하며 "청나라와 일본 모두 황제, 천황을 칭하는 데 우리만 왕(당시는 대군주 폐하)을 칭하여 스스로 비하할 이유가 없다. 황제가 없으면 독립도 없다는 일반의 의식을 고려할 때 황제 즉위는 반드시 필요하다"고 주장했다.[33]

독립협회와 만민공동회 등 진보세력과 내각을 중심으로 한 보수세력이 "나라의 위엄을 높이고 자주독립의 기틀을 마련하기 위해서"라는 명분론적 지지가 반대를 압도했다. 『독립신문』도 대세를 따랐다.

『독립신문』 1897년 10월 14일자는 "광무 원년 10월 12일은 조선 사기(역사)에 몇 만 년을 지내더라도 제일 빛나고 영화로운 날이 될지라"라고 감격해했다. 이 신문은 "이달 12일에 대군주 폐하께서 조선 사기 이후 처음으로 대황제 위에 나아가시고, 그날부터 조선이 다만 자주독립국뿐이 아니라 자주독립한 대황제국이 되었으니 나라가 이렇게 영광이 된 것에 어찌 조선 인민이 되어 하나님을 대하여 감격한 생각이 아니 나리요"라면서 "우리 신문에 대개 긴요한 조목을 기재하여 몇 만 년 후라도 후생들이 이 경축하고 영광스러운 사적을 읽게 하노라"고 했다.

또 『독립신문』은 즉위식이 하늘에 제사 지내는 행사여서 야밤인 오전 2시에 거행됨에 따라 도성 안의 궁궐과 관청의 전각은 물론 백성들의 집까지 모두 석등을 밝게 내달아 밤이 낮 같이 밝았던 일과 행사 중 비가 와서 참가자들의 의복이 젖고 찬 기운이 성하였으나 국가의 경사로움을 생각하여 맡은 직무를 착실히 수행했다는 것 등을 상세히 보도했다.[34]

일본의 한 영자 신문이 "제국을 선포했다 하나 대한이 과연 독립국이냐"며 조롱하는 기사를 내보내자, 『독립신문』은 "대한은 약소국이기는 하나 남의 속국이 아니다. 벨기에나 그리스, 네덜란드, 터키나 마찬가지이다. 대한은 어느 나라와 마찬가지로 동등한 권리를 가지고 있다"고 강력 반박했다.[35]

이민원은 "이러한 정황으로 볼 때 고종의 황제 즉위와 대한제국 선포가 일본이 시켜서 한 일이라는, 과거와 현재의 근거 없는 소문은 참으로 맹랑하기만 하다"고 주장했다.[36]

칭제건원 평가

정선태는 "황제라는 칭호는 만국공법이 전파한 유행을 좇아 내건 한갓 액세서리에 지나지 않았다고 해도 좋을 듯하다. 황제 고종은 이 무거운 치장에 힘겨워하며 자신을 둘러싼 이른바 '간세배'들의 말에 따라 고개를 주억거릴 따름이었다"고 주장했다.[37]

이이화는 "자주독립의 시대정신을 인정한다고 할지라도 근대적 관점에서 평가하면 군주제의 반동적 강화였다고 볼 수 있다. 주권재민의 국민국가를 건설치 않고 의회제도를 설치하지 않았으며, 오히려 전제군주제를 강화한 것이기 때문이다. 더욱이 아무런 국력이 받쳐주지 않고 반식민지 상태에서 겉치레만 번지르르하게 치장한 꼴이었다"며 다음과 같이 말했다.

"아무튼 열강은 대한제국을 공식 명칭으로 사용하게 되었고 이를 줄여 '한국'이라 했다. 한편 유생들과 인민 대부분은 조선이라는 호칭을 고집스럽게 사용했다. 그러나 재야의 변혁세력인 활빈당은 외국 상인이 시장에 나오지 못하게 할 것 등 시정개혁 13조목을 발표하면서 '대한'이라는 국명을 사용했다. 항일 논설로 이름을 떨친 『대한매일신보』, 최초의 민족은행인 대한천일은행 등이 출현하기도 했다. 안중근 의사는 조국 독립을 지키겠다는 혈서를 썼는데 거기에 '대한 독립'이라 했다. 국명 사용을 두고 일대 혼돈을 겪은 시기였다. 한편 국제조약을 맺으면서 당사국을 표시할 때 '한'으로 표시했다. 일본과 강제로 맺은 조약에 조일(朝日)이 아닌 한일(韓日)로 바꾸어 표기한 것이다."[38]

대한제국 밖의 냉소적 시선

대한제국 밖의 시선은 냉소적이었다. 1897년 10월 20일 러시아 대리공사 스페이예르는 또 무라비요프 외무장관에게 "고종황제의 즉위식이 있은 다음 날 정부에서는 앞으로 우리의 국호는 조선이 아니고 대한제국(大韓帝國)이며 여기서 대한(大韓)이란 고대의 3국인 마한(馬韓), 진한(辰韓), 변한(弁韓)을 상기하는 큰 왕국을 뜻한다고 밝혔다. 국호의 변경 목적을 전혀 이해할 수 없으며 대신들도 만족할 만한 설명을 하지 못하고 있다"며 대한제국 국호의 기원에 대해 다소 비아냥거리는 보고서를 올렸다.

또 스페이예르는 1897년 10월 28일 러시아 외무부에 띄운 비밀 전문에서 "고종이 황제의 존호를 쓰기로 단호한 결심을 하였다. 나는 세계 어느 나라도 고종을 황제로 승인하지 않을 것이라고 확신, 고종에게 칭제건원을 하지 않도록 백방으로 권고했다"며 다음과 같이 말했다.

"그러나 고종은 열강이 황제존호 사용을 승인해줄 것으로 기대하진 않지만 대원군과 대비의 음모 때문에 황제즉위식을 갖는 것이 부득이하며 영국에 체류하고 있는 대원군의 손자(이준영)를 왕으로 옹립시켜 자신을 퇴위시키려는 가능성을 차단하고 싶다고 했다. 특히 황제에 즉위하면 백성들의 눈에 자신이 대원군이나 대비보다 상좌에 있는 것으로 보이지 않겠느냐는 것이다. 고종은 무엇보다 러시아가 황제존호를 거부하지 않을까 걱정하고 있다. 때문에 니콜라이 2세 황제

황제 복장을 한 대한제국의 고종황제.

가 자신을 황제로 승인하지 않는다 하더라도 곧바로 거부하지 말고 현재의 호칭인 '대군주(大君主) 폐하'로 불러주기를 바란다고 했다."[39]

고종에겐 다행스럽게도 니콜라이 2세(1868~1918)는 대한제국으로의 국호변경과 황제 즉위 등 칭제건원(稱帝建元)을 열강 중 가장 먼저 승인하고 축하전문을 보내왔다. 눈치를 보던 일본·미국·프랑스·영국이 줄줄이 뒤를 따랐다.[40] 이와 관련, 노주석은 "고종과 러시아의 니콜라이 2세는 '먹고 먹히는' 약육강식의 제국주의 침탈외교사에서 다소 의외라고 여겨질 만큼 특별한 관계를 유지했다"며 다음과 같이 말했다.

"고종(1852~1919)은 1907년 헤이그 밀사 사건으로 강제로 대한제국의 황제 자리를 아들 순종에게 양위했지만 조선왕조의 마지막 군주였다. 니콜라이 2세 또한 1917년 2월 혁명에 의해 퇴위당한 뒤 유배지에서 처형당한 러시아 로마노프왕조의 마지막 황제였다. 두 사람이 조선과 러시아의 '마지막 황제'였다는 점에서 동병상련의 정서가 통했다는 분석도 가능하다. 물론 두 사람의 관계가 황제 대 황제의 동격 관계는 아니었다는 점은 분명하다. 꺼져가는 국운을 붙잡기 위해 안간힘을 쏟은 고종이 일본을 밀어내기 위해 러시아에 매달리는 입장이었다면 니콜라이 2세는 만주에서의 이익 등 국익에 반하지 않는 수준에서 '외교적'으로 고종을 대했던 것으로 볼 수 있다."[41]

대한제국·광무개혁 평가 논쟁

새로 탄생된 대한제국은 갑오개혁과 을미개혁의 뒤를 이은 또 한 차례의 근대적 개혁을 실시하였다. 황실 중심의 근대화정책 추진이었다. 이를 광무개혁이라 부르는데, 광무개혁의 이념은 구본신참(舊本新參, 옛것을 근본으로 삼아 새로운 것을 참작한다)이었다. 당시 갑오개혁으로 인해 폐지된 옛 제도와 새로운 제도의 갈등과 부조화가 있었기 때문에 이를 반성하면서 구본, 즉 옛 체제를 기본으로 새로운 제도를 참작해 나간다는 의미였다.[42]

광무개혁은 『독립신문』까지 껴안는 개혁은 아니었다. 조병식이 외부대신으로 취임한 1897년 11월부터 『독립신문』 탄압은 더욱 격화되었다. 미국에게 압력을 가하고 부탁을 하는 등 서재필의 추방공작까지 진행되었다. 이광린은 "러시아는 방관하지 않고 있었다. 우선 국왕이 자기 공사관에 피난하고 있음을 이용하여 손을 뻗쳤다. 모함을 하여 국왕으로 하여금 서재필을 불신임하게 만들었고, 이 때문에 실상 서재필은 국왕과의 사이가 점점 멀어지게 되었다"며 다음과 같이 말했다.

"국왕은 1년 동안 러시아공사관에서 머문 뒤에 1897년 2월 20일 환궁하였으나, 여전히 정계는 러시아의 세력 아래 있었다. 그리하여 그해 여름에는 국왕이 서재필의 신문간행을 중단토록 해달라는 말을 몇 차례 미국공사관에 보내기까지 했던 것이다."[43]

광무개혁과 독립협회의 역할은 어느 쪽에 더 의미와 무게를 두느냐를 놓고 훗날 역사학자들 사이에 열띤 논쟁이 벌어지게 된다.

대한제국과 광무개혁은 오랫동안 부정적인 평가를 받아왔으나, 1968~1973년에 김용섭은 토지문제, 김영호는 기술도입, 강만길은 상공업 문제 등을 중심으로 하여 일정 부분 긍정 평가를 내렸다. 이들은 대체로 독립협회의 사상과 활동이 광무개혁의 뒷받침이 되었다고 보았다. 이에 1976년 신용하는 독립협회 활동과 대한제국 정부가 완전히 이해관계를 달리하는 것으로 보면서 광무개혁의 역사성을 부정하였다.[44]

1970년대 후반에 벌어진 강만길-신용하 논쟁에서도 강만길이 광무개혁의 의의를 평가한 반면, 신용하는 광무개혁을 '허구'에 지나지 않는다고 보면서 다음과 같이 주장했다.

"필자는 대한제국 멸망의 가장 중요한 '내부' 요인 중 하나가 대한제국 성립 후 '개혁'이 꼭 필요한 시기에, 그리고 국제 세력 균형이 이루어진 절호의 기회에 집권한 친러 수구파 광무정권이 '개혁'을 하지 않고 오히려 구국할 수 있는 개혁운동을 탄압해버린 것에 있다고 보고 있으며, 재야 개혁파의 '개혁운동'이 집권하여 '정책'으로 집행되지 못하였기 때문에 국권을 지키지 못하고 그것이 '국권회복운동'과 '독립운동'으로 이어지게 되었다고 본다."[45]

또 신용하는 김용섭이 광무개혁의 구본신참을 긍정 평가한 것에 대해 "친러적이고 외세 의존적인데도 불구하고 그들이 복고의 명분으로 내세운 문자를 풀이하여 주체적이라고 해석하고 있으니 딱한 일이다"며 다음과 같이 주장했다.

"독립협회 · 만민공동회는 우리나라를 둘러싼 열강 사이의 국제 세력 균형을 형성 강화시키는 데 성공하였으며, 결국 이 균형이 6년간 유지되어 이 기간만큼의 시간을 벌게 만들었다. 이 귀중한 기간에 독립협회 · 만민공동회는 대대적 개혁을 단행하여 언젠가 국제 세력 균형이 깨어지더라도 나라의 독립을 지킬 자강의 실력을 갖추려고 하였으며, 친러 수구파 정부는 오히려 개혁운동을 탄압하고 수구 고식책(姑息策)만 집행하면서 구국에 필요한 개혁을 하지 않아 자강(自强)을 실시하지 못한 채 이 기간을 보내버리고 만 것이었다."[46]

강만길은 광무개혁의 의의는 평가했지만 김용섭의 광무정권 주도 개혁론이나 신용하의 독립협회 주도 개혁론 모두 문제가 있다고 보면서, 대한제국이 식민지로 전락한 이유는 바로 '대한제국 자체'에 있었으며 그것은 군주권 배격의 불철저함, 즉 민권사상의 결여였다고 주장했다.[47]

1990년대 말부터는 대한제국과 광무개혁의 역사적 의의를 일정 부분 인정하는 수준을 넘어서 공격적으로 그것을 옹호하는 주장들이 본격적으로 나오게 되었다. 2000년 전우용은 "최근 대한제국과 광무개혁의 역사적 의의를 인정하려는 견해가 적지 않게 나오고 있음에도 불구하고 그에 대한 평가는 대체로 냉소적이다. 그것이 '근왕(勤王) 사학'이라는 비난을 받을 소지는 곳곳에 널려있다. 또 1970년대 이래 30년간 어렵게 부각시켜온 '민중적 근대'와 동떨어진 근대상을 제시하는 점도 문제로 지적될 수 있다"며 다음과 같이 주장했다.

"그렇지만 '근대'에 대한 전면적 재검토가 전제된다면, 그리하여 '식민지 근대'와 '자주적 근대' 사이에 만리장성을 쌓을 이유가 없음을 확인한다면, 자본주의 근대화는 언제 어느 곳에서나 수탈과 착취와 반동, 그리고 처벌과 학대를 동반하였음을 고려한다면, 대한제국과 광무개혁을 더도 덜도 아닌 '외세의 침략 앞에서 국권(=君權)을 지키기 위해 지배계급이 주도하여 마지막으로 시도한 근대화 개혁, 또 그 과정과 결과로 성립한 국가체제'로 규정할 수도 있을 것이다."[48]

2006년 신동준은 "(일부) 학자들이 '광무개혁'을 높이 평가하고 있으나 약간 지나친 감이 있다. 일제를 비롯한 열강은 '광무개혁'을 최대한 활용해 각종 이권을 얻어냄으로써 대한제국을 경제적으로 예속시키는 절호의 기회로 삼았다"고 주장했다.[49]

이후에도 다양한 이론·주장이 제기되지만, 어떤 논쟁에서건 멸망에 이른 왕조라는 결과론이 행사하는 압도적인 영향력을 피해가기는 어려웠다. 이는 이후 만민공동회 활동과 '고종 논쟁'을 살피면서 더 이야기해보기로 하자.

환구단의 흔적을 찾아서

일제는 한일병합 후인 1913년 환구단을 허물고 그 자리에 조선호텔의 전신인 총독부 직영의 조선철도호텔을 지었다. 해방 후 그 호텔은 헐렸으나, 조선호텔 등 그보다 더 큰 호텔들이 다시 사방에 들어섰다. 서울시 중구 소공동에 있는 환구단 터에는 현재 신위(神位)를 봉안했던 3층 8각 건물인 황궁우(皇穹宇) 팔각당과 석고(石鼓) 3개만 남아 있다.[50]

2007년 8월, 40여 년간 종적이 묘연했던 환구단(사적 157호)의 정문을 찾았다. 한국문화유산정책연구소장 황평우는 8월 24일 "환구단 정문은 현재 서울 강북구 우이동 옛 호텔 그린파크 땅 안에 세워져 있다"며 "1910년대나 1967년쯤에 촬영한 환구단 정문 사진과 비교할 때 동일한 것으로 판단된다"고 밝혔다. 문화재청 용역으로 환구단 중장기복원계획을 세우고 있는 서울시립대학교 서울학연구소 연구원 박시용도 "새로 칠한 단청 등 미세한 부분이 일부 달라졌지만 환구단 정문인 것은 확실해 보인다"고 했다. 이들은 "호텔 그린파크에서 일했던 옛 직원들의 증언을 종합해 보면, 환구단 정문은 1967년 조선호텔을 다시 지을 때 이곳으로 옮겨진 것으로 보인다"고 했다.

호텔 그린파크에 있는 이 문은 정면 3칸의 맞배지붕(건물 모서리에 추녀가 없이 용마루까지 측면 벽이 삼각형으로 된 지붕)이다. 대목장(궁궐 등 큰 건축물을 짓는 목수) 인간문화재 신응수는 "기와에 봉황과 용 무늬를 새기는 등 궁궐 건축 양식을 잘 갖추고 있다"고 말했다. 문화재청 사적과는 "환구단의 정문 이름이 무엇이었는지, 어디로 옮기거나 훼손됐는지 등에 대한 기록은 현재까지 파악된 바가 없었다"며 "곧 현장조사를 벌인 뒤 보존 대책을 논의할 것"이라고 했다.[51]

03

개신교 성장의 정치학

개신교의 충군애국

1890년대의 개신교는 충군애국(忠君愛國)을 지향하였다. 일요일엔 교회는 물론 개신교인의 집에까지 태극기를 게양하였다.⁵²⁾ 1896년 9월 2일 고종의 탄신일 절기를 맞아 개신교회는 교파를 초월하여 모화관에 모여 축하식을 열었다. 1897년 8월에도 대군주 폐하 탄일 경축회를 훈련원에서 거행하였다.『독립신문』1897년 8월 26일자는 다음과 같이 보도했다.

"이 달 이십삼일 오후 세 시에 서울시 교하는 백성들이 대군주 폐하 탄일 경축회를 훈련원 안에서 고행하였는데 인민 천여 명이 모여 …… 대청 위에서와 아래 각처 교당 교우들과 부인네들과 그 외 정부 대신네들과 다른 높은 관원들이 많이 모여 …… 배재학당 교장 아펜젤러 씨가 개회하고 인민이 합하여 찬미를 한 후에 배재학당 조선 교사 하나가 기도하고 그다음은 한성판윤 이채연 씨가 연설하되 ……
그다음은 전 협판 윤치호 씨가 연설하다. …… 그다음은 독립신문 사
장 제손(서재필) 씨가 한시 동안을 연설하는데 …… 그 후에 배재학당
교관 하나가 있어서 대군주 폐하와 왕태자 전하를 위하여 …… 모두
만세와 천세를 부르더라. 거의 저물 제야 다 파하여 돌아가더라."[53]

이와 관련, 강돈구는 "숙명의 경쟁상대라고 할 수 잇는 천주교가
무군무부(無君無父)의 종교로 비난을 받고 있던 상황에서 천주교와 달
리 개신교는 무군무부의 종교가 아니라는 점을 보여줄 필요가 있었
다"고 분석했다.[54]

그런 충군·애국적 자세 덕분이었는지는 몰라도 1898년 6월 정부
가 북장로회 선교사 스왈른(W.L. Swallen)에게 전도하는 일을 공식허
가하면서 개신교는 공식적인 종교 행위를 할 수 있는 기반을 더욱 탄
탄하게 갖추게 되었다.[55]

1898년 10월 '한국 감리교의 어머니 교회'로 불리는 정동제일교회
(서울 중구 정동 34, 사적 제256호)의 초석이라 할 '벧엘예배당'이 건립
되었다. 2년 반에 걸친 공사 끝에 세워진 벽돌 예배당은 500명을 수
용할 수 있는 전통적인 라틴십자형 고딕양식이었다.

『아펜젤러 연례보고서(1897년)』는 "교회당에 지붕을 올린 후 8개월
동안 고종황제를 비롯해 시골에서 온 농부들까지도 교회당의 구조에
대해 경이로움을 갖고 구경하러 왔다. 교인들과 외국인들도 감격에
겨워 교회당 주변을 맴돌았다"고 했다. 또 『정동제일교회 구십년사』
는 "주로 이화학당 학생들로 구성된 성가대와 찬송 소리를 듣기 위해
주일마다 교회 창문은 구경꾼들로 메워졌고 제단에 나와 남녀 교인들
이 나란히 무릎 꿇고 예수의 피와 살을 받아먹고 마시는 그 거룩한 모

서울 감리교의 신자들. 신도들은 의자 없이 마룻바닥에 앉아 예배를 보았으며 남녀의 좌석은 가운데 휘장을 쳐 구분했다.

습은 많은 사람들의 동경의 대상이 되었다"고 했다.[56]

신도들은 의자 없이 마룻바닥에 남녀가 따로 앉아 예배를 보았으며 남녀의 좌석 가운데는 휘장을 쳐 구분했다. 휘장은 1910년대에 철거되었지만, 그 정도만 해도 큰 진보였다. 그간 남자들은 교회이자 학교인 아펜젤러의 집에서 모였고 여자는 함께 파송된 스크랜턴 여사의 집과 이화학당에서 모였기 때문이다.[57]

이덕주는 "한 지붕 아래서 남녀가 함께 예배를 드린다는 사실만으로도 여성들에겐 감격적이었다. 당시 여성들은 남성과 같은 공간을 사용하는 것만으로도 남녀평등을 이뤘다고 인식하였다"고 말했다.[58]

3장_ 대한제국 시대의 개막 119

교회의 치외법권적 보호 기능

'벧엘예배당'의 건립은 기념비적인 사건이긴 했지만, 당시 개신교의 본산은 서울이라기보다는 서북지방이었다. 1897년 로버트 스피어는 서북지방에서 전개되고 있는 선교 상황에 대해 "서북지방 교회의 발전은 세계 어느 곳에서도 볼 수 없으리만큼 확대되었다. 교회당들은 초만원을 이루고 확장의 기회는 무제한적이다"고 평가했다.[59]

실제로 1885년부터 1910년까지 한국에 설립된 교회 683개 중 서북지방과 해서지방에 설립된 교회가 362개소(평북 98, 평남 162, 황해도 102)로 전체의 50퍼센트 이상을 차지했다.[60] 또한 1898년 북장로회의 평양선교 보고서의 통계에 따르면, 전체 장로교인 7500명 가운데서 평안도와 황해도 교인 수가 5950명으로서 전체 교인의 79.3퍼센트를 차지했다.[61]

1897년 미국 북장로회 선교사 베어드는 "서북인들은 남한의 사람들보다 훨씬 남성적인 것 같다. 이 까닭이 무엇인가 하는 것을 탐색하다가 나는 그것이 이 지역에 이른바 양반계급이 없다는 사실을 알아냈다. 남쪽 지방에서는 상류층과 아랫것들의 가난 사이에서, 위세 당당한 양반과 허리를 굽히고 아첨만 하는 농노(農奴)들 사이에서 독립적인 중산층은 짓눌려버리고 만다. 서북지방은 밝은 미래가 빛난다"고 말했다.[62]

손세일도 "서북지방에서 기독교가 급속히 전파될 수 있었던 것은 조선왕조 초기부터 오랫동안 지역적 및 신분적 차별을 받아왔던 역사적 사실과 깊은 관계가 있다. 서북지방은 오랜 기간의 차별대우로 말미암아 정치적으로 소외되었으나 오히려 그 때문에 반상차별의 유교적 전통이 약했으며, 활발한 상업활동으로 새롭게 성장한 이른바 '자립적 중산층'은 기존 질서를 대체할 새로운 이데올로기로서 기독교를 수용하는 데 적극적이었다. 이들은 영혼의 구원이라는 신앙적 차원보다는 기독교를 통하여 나라의 모든 모순을 타파하고 개화를 이룩할 수 있을 것으로 믿었다"고 분석했다.[63]

이와 관련, 황해도에서 선교활동에 종사한 선교사 샤프(C. E. Sharp)도 "기독교를 찾는 사람 가운데에는 그 중요 동기가 보호와 힘의 획득인 경우가 많다. 그러나 좀 더 정직한 동기라고 볼 수 있는 것은 …… 기독교국이 대개 다 강대국인 것을 보고, 그 고도의 문명과 문화에 끌려 개종하는 것이라 보겠다. 그러나 정신적인 본래의 기독교와 기독교가 가지게 된 힘 그것과의 차이를 이들은 알지 못한다. 그래서 영적 이야기를 하면 이들은 교회를 떠나고 만다"고 말했다.[64]

김상태는 1894년 5월 평양감사 민병석의 명령으로 김창식, 한석진 등 한국인 교인들이 체포되었을 때 처리 과정에서 기독교의 힘이 유감없이 발휘되었다는 점과 또 1894년 청일전쟁의 격전지가 바로 평안도 지역이었다는 점을 지적하면서 다음과 같이 말했다.

"이때 선교사들은 영국 및 미국 총영사의 힘을 빌려 교인들을 석방시키는 데 성공했다. 외국 공사관의 치외법권적 힘이 선교사와 교회에도 적용되었던 것이다. 이에 따라 민중들 중에서 관리에게 빼앗긴 토지를 찾아달라, 부당한 집세의 징수를 막아달라, 자신의 토지와 가옥의 명의를 선교사 이름으로 이전하여 재산을 보호해주면 기독교 신자가 되겠다는 사람들이 나타났다. …… 전쟁이란 극한 상황 속에서 사람들에게는 자연스럽게 절대자에게 의존하려는 심리가 발생한다. 더욱이 청일전쟁 중 가장 치열한 전투가 벌어졌던 평양의 경우 교회는 피난민 수용소가 되었고, 일본군조차 교회만은 보호해주었다. 즉

전쟁 중에도 교회는 치외법권 영역이었다. 또한 전쟁을 피해 평양 교인들이 지방으로 피난 가면서 평안도 전역에 교회가 설립되고 교인 수가 늘어났다."[65]

안중근이 1897년 18세 때 부친 안태훈의 권유로 천주교에 입교한 것도 천주교의 그런 '보호 기능'과 무관치 않았다. 안태훈은 동학농민전쟁 당시 농민군으로부터 탈취한 양곡 500석을 군량미로 사용한 일이 있었는데, 이게 문제가 돼 상환해야만 하는 곤경에 처하게 되었다. 그때 안태훈은 천주교당으로 피신하여 신변보호를 받은 것은 물론이고 프랑스인 신부의 도움으로 그 문제마저 해결할 수 있게 되었다. 안태훈은 천주교회당에 머무르는 동안 강론을 듣고 성서를 읽으면서 천주교 신자가 되었고, 1897년 1월엔 안중근과 가족 등 36명을 영세 받게 하였다.[66]

외국인을 보호막으로 삼는 건 이미 1880년대부터 유행하였던 현상이다. 1885년에서 1886년까지 2년간 조선에 머물렀던 청국 상인 허오는 자신이 편찬한 『조선잡술(朝鮮雜述)』에서 일반 백성은 관원들을 매우 두려워하지만 "그러나 일단 외국인에게 고용이 되고 나면 매우 우쭐되며 교만해져 원래의 모습을 볼 수 없게 된다"고 주장했다.[67]

『죠션크리스도인회보』 『그리스도신문』 창간

『독립신문』이 창간되고 나서 다음 해인 1897년엔 『죠션크리스도인회보』와 『그리스도신문』 등과 같은 개신교 신문들이 창간되었다. 『죠션크리스도인회보』는 감리교가 주체가 되어 2월 2일에 창간한 한글 전용의 주간신문으로 격주간지 『교회』를 발전시킨 것이 었는데 발행인은 아펜젤러였다. 이 신문은 12월 8일부터는 국호(國號)의 변경에 따라『대한크리스도인회보』로 개제하였는데, 1900년의 경우 810여 부가 배포되었다. 반면『그리스도신문』은 감리교의 그런 시도에 자극받은 장로교가 주체가 되어 4월 1일에 창간한 신문이었고 발행인은 언더우드였다.[68]

아펜젤러는 이미 1894년 6월 서울 종로구 향정동에 최병헌을 책임자로 해서 대동서시(大東書市)라는 서점을 개설해 개신교 서적을 포함한 각종 서적을 보급하는 일에 나설 정도로 출판선교에 탁월한 선교사였다.[69] '한국 최초의 근대적인 서점' 또는 '최초의 전문적인 서적상'으로 평가받는 대동서시의 개점 이후 서점이 많이 늘어나, 일제강점 직전까지 서울 50군데를 포함해 전국에 70여 군데의 서점이 생겨난다.[70]

『죠션크리스도인회보』와『그리스도신문』은 미신 타파는 물론 불교 배척에도 앞장섰다. 예컨대, 『죠션크리스도인회보』1897년 9월 1일자는 "형제들아, 저것이 다 쓸모없는 우상이니 섬기면 점점 죄를 더 지으려니와 독일(獨一) 무이하신 진신(眞神)과 그의 아드님 예수 크리스도를 믿은즉 …… 부처를 섬기던 죄를 지었더라도 다 사(赦)하심을 얻으리라. 형제들이 …… 지옥에 결박지어 갇힌 걸 보니 답답하도다. 지옥은 곧 절이오 죄는 곧 부처라"고 주장했다.[71]

『그리스도신문』은 한국 신문사상 최초로 사진의 뉴스화를 시도했다. 이 신문은 창간호 별쇄판으로 고종의 어진(御眞, 임금의 화상이나 사진)과 이홍장(李鴻章)·장지동(張之洞)의 인물사진들을 본 신문과 같은 크기의 지면에 석판으로 인쇄해 독자들의 큰 호응을 얻었다. 이후『그리스도신문』은 사진을 목판 또는 석판으로 본 지면에 직접 인쇄하는

방법을 채택했으며, 사진의 직접 인쇄를 시험하기도 했다.[72)]

『그리스도신문』은 1897년 8월 22일에는 고종의 탄일(誕日)을 맞아 호외(號外)를 발행하였으며, 구독료 1년간 선불자에겐 고종의 석판사진을 증정했다. 또 구독료 선납자 15명을 뽑아 재봉틀을 한 대씩 무료로 주는, 당시로선 파격적인 독자 유치술을 구사하였다. 1898년 2월 1일자부터는 한 면에 각종 상품의 물가 소개를 하였다.[73)]

『죠션크리스도인회보』와 『그리스도신문』은 각기 8년 동안 발행되다가 두 교파의 통합 움직임에 힘입어 1905년 6월 24일에 각각 폐간호를 내고, 7월 1일부터 통합된 『그리스도신문』을 주간으로 내게 되었다. 이 신문은 1907년 12월 10일부터 『예수교신보』로 개제하면서 격주간으로 나오다가 1910년 2월 21일에 폐간되었고 이후 따로 신문을 내게 되었다. 장로교는 1910년 2월 24일에 『예수교회보』를 창간하였으며 감리교는 1911년 1월 31일에 『그리스도회보』를 창간하였다. 두 교파가 다시 연합해 신문을 내게 된 건 1915년에 나온 『기독신보』였다.[74)]

크리스마스 문화의 확산

기독교의 성장에 따라 크리스마스를 기념하는 문화도 확산되었다. '크리스마스(Christmas)'는 1880년 프랑스 파리외방전교회 소속 신부들이 편찬한 『한불자전(韓佛字典)』에 '성탄(聖誕)'이라는 번역어로 처음 나타났으며, 개신교 선교사 언더우드가 헐버트의 도움을 받아 1890년에 펴낸 『영한자전』에는 '예수의 탄일, 예수의 생신'이라고 번역되었다.[75)]

기독교 신자였던 윤치호는 한문으로 쓴 1885년 12월 25일자 일기에 "이날은 곧 야소성탄(耶蘇聖誕)이다. 방학하다"라고 썼으며, 이듬해인 1886년 12월 25일자 일기엔 "이날은 곧 야소탄신(耶蘇誕辰)이다. 방학이다. 상오에 책 읽다. 정오에 나가 미군과 더불어 본넬 선생 초청으로 그의 집에 가 점심을 먹었다"고 기록했다.[76]

개화기 시절 『독립신문』(1896년 창간)과 『대한매일신보』(1904년 창간)는 기독교 전파에 앞장섰기 때문에,[77] 이 두 신문에도 크리스마스에 관한 이야기가 꽤 실렸다.

『독립신문』 1896년 12월 24자 1면 논설은 "내일은 예수 크리스도의 탄일이라 세계 만국에 큰 명일이니 내일 조선인민들도 마음에 빌기를 조선 대군주 폐하께와 황태자 전하의 성체가 안강하시고 나라 운수가 영원하며 조선 전국이 화평하고 인민들이 무병하고 부요하게 되기를 하나님께 정성으로 빌기를 우리는 바라노라"고 했고, 이틀 후인 12월 26일자는 배재학당 학생들이 여러 가지 색깔의 등과 조선 국기를 높이 달고 '예수 탄일 경축회'를 했다고 보도했다.[78]

『독립신문』 1897년 12월 23일자 사고(社告)는 "요다음 토요일은 예수 크리스도 탄일이라 세계 각국이 이 날을 일년에 제일 가는 명일로 아는 고로 이날은 사람마다 작업을 쉬고 명일로 지내는데 우리 신문도 그날은 출판 아니 할 터이요 이십팔일에 다시 출판할 터인즉 그리들 아시오"라고 했다.[79]

04

전화를 향해
큰절을 네 번 하다

1896년 10월 2일 최초의 전화 개통

미국의 알렉산더 그레이엄 벨이 전화를 발명한 건 1876년이었지만, 한국에서 그 '요물'을 구경하기까진 20년을 더 기다려야 했다. 전화는 소통을 위한 것이었겠지만, 그 정치사회적 의미는 '소통'을 넘어서는 것이었다. 전화는 조선에서 무엇보다도 근대화의 상징이었다.

전화기 실물은 1882년 3월 청나라에 영선사 일행으로 다녀온 김윤식과 천진 남국전기창에서 전기 원리를 학습한 유학생 상운이 들여왔다.[80]

그런데 1890년 말에 조선을 방문한 영국인 새비지-랜도어는 자신의 기행문에 전화에 관한 이야기를 남겨놓았다. '믿거나 말거나' 식 이야기다. 그는 자신이 서울을 방문하기 몇 달 전에 한 외국인이 전화가설에 대한 주문을 간청하기 위해 왕을 방문했다며, 다음과 같이 주장했다.

"이 신기한 발명품에 대한 이야기를 듣고 매우 놀라면서도 한편으로 흡족해진 왕은 거대한 비용을 들여 왕궁에서 몇 마일 떨어진 왕후의 무덤과 왕궁 간에 전화를 가설하기 시작했다! 임금과 그의 신하들은 전화 끝에서 나는 소리를 듣기 위해 하루에 몇 시간씩 소비했고 혹시나 왕후가 영원한 잠에서 깨어날 경우를 대비해 야경꾼으로 하여금 밤새 지키게 했지만, 말할 필요도 없이 어떠한 기별이나 음성은 물론 심지어 속삭임조차 들리지 않았다. 결과적으로 조선의 임금은 전화를 사기꾼이라고 저주하게 되었다."[81]

기록상 한국 최초의 전화 개통은 1896년 10월 2일 궁중과 인천 간에 이루어졌다. 전화가설 시초에 한성·인천 간의 시외전화가 먼저 개통된 것은 해관(海關) 수입이 국가 재정상에 차지하는 비중을 반영한 것이라는 주장이 있다.[82] 앞서 보았듯이, 바로 이 전화 덕택으로 김구는 사형 직전 목숨을 건질 수 있었다.

전화를 거는 예절

1897년엔 고종황제 침소와 정부 각 부처를 연결하는 전화가 설치되었다. 궁내부에 교환대가 설치되고 궁중에 3대, 각부에 7대, 평양과 인천에 2대, 도합 12대였다. 왕실 전화과장 이재찬은 오늘날의 청와대 비서실장보다 더 막강한 권력을 행사할 수 있었다.[83] 이때엔 전화를 거는 게 기술로 여겨졌다. 전화 감도도 형편없어 귀뚜라미 소리 같아 그걸 알아듣는 게 가장 중요한 '기술'이었다. 게다가 전화엔 귀신이 붙는다는 미신도 떠돌았으니 전화 '기술자'는 귀신과도 싸워야 했다.[84]

남자 전화교환원과 교환대. 전화가 처음 설치된 1897년도 당시엔 전화를 거는 것과 전화 감도가 형편없어 귀뚜라미 같은 소리를 알아듣는 것이 곧 '기술'이었다.

처음에 전화는 '텔리폰'이란 말을 음역(音譯)해서 덕진풍(德津風)이라고도 했고 의역(意譯)해서 전어기(傳語機)라고도 했다. 다리풍·어화통·전어풍 등으로도 불렸다. 영어 '텔레폰'의 차음이거나 신조어다. 당시 일반인들은 "하늘의 전기바람은 비구름을 말리고 땅의 '덕진풍'은 땅 위의 물을 말린다"며 전기와 전화를 싸잡아 경원시했다.[85] 진용옥은 덕진풍이라고 하는 경우가 많지만, 텔레폰의 한역이므로 '덕률

풍(德律風)'이 맞다고 주장했다.[86]

이규태는 당시 전화를 거는 예절은 대단히 까다로웠다며 다음과 같이 말했다.

"상투를 단정히 고쳐 세우고 덕진풍 앞에서 두 손을 맞잡아 머리 위에 쳐드는 읍(揖)을 하고서 전화 딸딸이를 돌렸던 것이다. 상대방이 나오면 자신의 직함·품계·본관·성명을 다 말하고 상대부서의 판서·참판·참의의 안부를 물은 다음 전화 받는 당사자의 부모들 안부까지 묻고서 안건을 말했던 것이다. 만약 궁내부에서 전화할 일이 있으면 절차는 더 복잡해진다. 벗어놓았던 관복·관모·관대로 정장을 하고 전화를 향해 큰절을 네 번 하고 무릎을 꿇는다. 그리고 엎드려서 수화기에 대화를 했던 것이다."[87]

신하들이 본격적으로 고종에게 전화를 걸기 시작한 것은 1898년 만민공동회 기간이었다. 이때엔 시국의 위급함을 알리고 만민공동회 내용을 보고하는 동시에 신속한 윤허를 얻기 위해 걸었던 전화인지라 매번 전화기 앞에서 네 번이나 큰절을 했는지는 의문이다.[88]

'대청전화'의 위력

박성수는 "덕수궁에서는 고종황제가 기거하는 함녕전(咸寧殿) 대청마루에 전화기가 놓여 있었다. 황제는 언제든지 필요할 때 이 대청마루 전화를 들어 정부 각 부처에 지시를 하였다. 그러니 이 대청마루 전화가 한번 울리면 국가 대사가 다 결정되는 만능의 요술단지와도 같았다. 그래서 사람들은 이 전화를 일러 대청전화(大廳電話)라 했다"며 다음과 같이 말했다.

"고종황제는 임오군란이 일어난 1882년부터 18년 동안 밤에 잠을 이루지 못하는 심한 불면증에 걸려 있었다. 밤에는 11시까지 눈을 뜨고 있다가 잠시 1시간쯤 눈을 붙였다가 다시 일어나 새벽까지 정사를 보았다. 이윽고 날이 새면 그때서야 비로소 침소로 들었으며 일어나는 것은 대낮인 12시였다. 이때 아침을 들었으니 아침이 아니라 점심이었다. 그러니 모든 정부 관리들은 낮에는 자고 저녁에는 등청하여 업무를 보게 되었다. 마치 밤일하는 사람들처럼 남들은 다 잠들었는데, 벼슬아치들은 덕수궁에서 걸려오는 전화소리만 기다렸다. 대청전화는 법원(平理院) 판사들에게도 난데없이 걸려왔다. 내일 판결하기로 되어 있는 사형수를 풀어주라는 분부 전화인 경우도 있었다. 이것은 분명 위법이었으나 황제의 명을 거역할 수 없어 십중팔구 순종하게 마련이었다. 그러나 주정기라는 판사는 그렇지 않았다. 아무리 대청전화라고 하나 모두가 고종황제의 전화가 아닌 가짜 전화인 때도 많아 하루는 크게 화가 났다. 주 판사는 가위를 들어 전화선을 끊고는 황제에게 사표를 냈다. 주 판사는 그 뒤 변호사로 개업했는데, 세상 사람들이 그를 가장 깨끗한 법조인으로 칭송하였다는 것이다."[89]

그러나 그런 대청전화 덕분에 김구가 목숨을 건졌으니, 문제는 이미 외세의 지배를 받고 있는 상황에서 엄격한 준법이 갖는 한계일 것이다. 먼 훗날에도 한국 사회가 법치와 준법정신의 약화로 인한 문제를 드러내는 건 바로 그런 불행한 유산과 무관치 않을 것이다.

05

개발권 양여,
매관매직

미국의 무관심

1897년에는 종래의 부산·인천·원산에 더하여 목포·진남포가 새로이 개항되고, 1898년에는 평양 개시, 1899년에는 성진·군산·마산의 개항이 이루어졌다.(1906년 용암포, 1908년 청진, 1910년 신의주 개항) 개항·개시와 더불어 개발권 문제도 주요 이슈로 부각되었다.

조선의 철도건설 문제는 1882년에 제기되었다. 조선 정부에 철도 부설 이권을 여러 나라가 요청했으며 그중에는 영국과 일본이 들어있었다. 조선 정부는 철도건설자금이 없어 연기할 수밖에 없었으나 철도문제와 더불어 광산 및 탄광 이권이 또다시 1885년과 1895년에 제기되었다.[90]

아관파천 이후 고종은 경인철도와 경의철도 부설권을 각각 미국과 프랑스에 주는 등 열강 간의 역학관계를 이용하여 일본을 견제하고 주권을 지키려고 했지만, 모두 다 부질없는 일이었다.[91] 무엇보다도 미국의 무관심이 문제였다.

미국 외교관들에게 서울 공사 자리는 '너무도 하찮은' 것이었다. 푸트 이후 1897년 7월 알렌이 공사로 일하기까지 공사직을 거쳐 간 이들은 주로 은퇴하기 직전 소일거리 삼아 왔다고 해도 과언이 아니었다. 그간 서울 주재 미국공사들은 푸트(1883년 3월~1885년 1월), 파커(William Parker, 1886년 6월~9월), 딘스모어(Hugh Dinsmore, 1887년 4월~1890년 5월), 허드(Augustine Heard, 1890년 5월~1893년 6월), 실(John M. B. Sill, 1894년 4월~1897년 9월), 알렌(Horace N. Allen, 1897년 7월~1905년 6월) 등이었다.[92]

조선에 사는 미국인들도 많지 않았다. 1892년 조선 거주 외국인은 1만 587명이었는데, 이 가운데 9132명이 일본인이었다. 반면 미국인은 총 78명에 불과했으며, 그나마 그중 44명이 선교사와 그 가족이었다.[93]

게다가 미국 국무장관 존 셔먼은 1897년 11월 알렌 주한공사에게 한국의 국가 운명에 관계되는 문제에 상담역을 맡지 말고 한국과 어떤 종류의 보호동맹도 맺지 않도록 하라는 훈령을 내렸다.[94]

일본의 독식화

이권 양여는 일본 쪽으로 기울기 시작했다. 이 무렵 한국에서는 정치적으로는 러시아가 압도적인 영향력을 행사하고 있었으나 경제적으로는 일본이 여전히 한국시장을 지배하고 있었다. 1896년 현재 한국에 있는 외국 상사 258개 가운데에서 210개가 일본 상사였다.[95]

일본과 미국의 국기를 매단 경인철도의 기관차. 일본은 미국이 따낸 철도부설권을 이양받아 수탈 물자의 수송에 이용했다. 경인철도는 1899년에 일부 개통되었다.

한국 거주 일본인의 수도 계속 늘어났다. 1898년 당시 한국에 와 있는 외국인 가운데 일본인은 1만 5062명으로 압도적으로 많았다. 청국인은 2530명, 그 밖의 나라 사람들은 220명에 지나지 않았다.[96] 1893년 인천-오사카 간의 정기항로가 개설되고, 이어 1902년 원산-오사카를 정기항로가 개설되면서 한일 간의 거리는 점점 더 좁혀지게 되었다.[97]

경의선은 프랑스가 경인선은 미국이 1896년에 부설권을 따냈으나 일본이 부설권을 재매입해 1901년과 1906년에 각각 완공시켰다. 러시아는 경의선의 경우 프랑스를 대리국으로 내세워 실질적인 관리권을 유지하면서 시베리아철도와의 연계를 꿈꾸었지만 러일전쟁(1904~1905)의 패배로 일본에 권리를 양보할 수밖에 없었다. 러시아는 미국 측으로부터 경인선, 독일로부터는 경원선(서울-원산) 부설권을 각각 재매입하기 위해 안간힘을 쏟기도 했다.[98]

이권문제에 대한 『독립신문』의 변화

이런 이권문제에 대해 한국의 조야가 처음부터 결사반대하고 나선 건 아니었다. 『독립신문』만 하더라도 1896년 11월 5일자 사설에서 러시아에 대한 두만강변의 벌목허가가 한국에도 이롭다고 주장하였는가 하면, 1898년 6월 9일자 논설에선 철로를 모두 타국인에게 주는 것은 해로우나 하나는 무방하다고 주장하기도 했다.[99] 이 6월 9일자 논설의 일부는 다음과 같다.

 "개항(開港)함이 필경 이익이 많고 해가 적은 것은 동서고금 역사를 보아도 알지라. (대한제국이) 본래 있는 다섯 항구 외에 또 세 항구를 연 일로 해 혹 국가에 유해무익할까 염려하는 사람이 있기로 대강 아래 의견을 말하노라. 외국 물건이 들어오더라도 억지로 파는 것이 아닌, 즉 대한 사람이 자기에게 이롭지 아니하면 살 이치가 만무하니, 무명옷 한 벌 하여 입을 돈으로 서양목 옷 두 벌이나 한 벌 반이나 하여 입는 것이 이득 있는 방책이라. 그리하면 대한의 무명 짜는 사람은 결판날 것이라 하니 그와 같은 일은 과연 민망하나, 다시 생각하면 무명 짜는 사람은 불과 몇 천 명 혹 몇 만 명이요, 서양목 입어서 이익

보는 사람은 천백만 명이니 다른 것도 마찬가지라."[100]

또 1898년 9월 15일자 논설은 "광산과 철도를 외국에 준 것을 시비하나 그것으로 나라가 망할 리가 없다"고 전제하고 외국의 기구·법률·규제·부강한 것을 배워서 정치를 일신해야 한다는 무기명 기고를 논설 대신에 싣기도 하였다. 『독립신문』이 개발 이권의 양여에 관한 소극적인 자세를 버리고 이권양여에 관한 적극 반대론을 전개한 건 1890년대 말부터였다.[101]

윤치호는 1898년 11월 3일자 일기에서는 "몇 백 달러나 몇 병의 샴페인 혹은 맥주 몇 병만으로도 일본 사람 혹은 러시아인, 아니 누구든지 한국 내에서 가질 만한 가치가 있는 것에 대해 이권을 살 수가 있다"고 개탄했다.[102]

그러나 이태진은 『고종시대의 재조명』에서 "외국 회사의 광산개발은 사용료로 순익의 25퍼센트를 징수해 이권 침탈이란 표현이 부당한 것도 알게 됐다"며 "대한제국은 무능으로 망한 것이 아니라 근대화 사업의 빠른 성과에 대한 일본의 조기 박멸책에 희생되었던 것이다"고 주장했다.[103]

고종의 매관매직과 미신 사랑

어쩌면 내부 이권문제가 더 큰 문제였는지도 모를 일이었다. 무술년(戊戌年, 1898년)과 기해년(己亥年, 1899년) 사이에 국가 재정이 아주 어려워 매관매작(賣官賣爵) 또는 매관매직(賣官賣職)으로 날을 지샜다. 그때 전국의 수령(守令, 군수) 방백(方伯, 도지사) 중 3분의 2가 벼슬을 돈으로 산 관리들이었다.[104]

고종도 매관매직에 가담했다. 윤치호의 부친 윤웅렬은 고종이 자기의 직책을 자주 바꾸는 것을 매우 싫어했는데, 자리가 바뀔 때마다 고종에게 대가를 지불해야 하는 것이 한 이유이기도 했다.[105]

고종이 미신에 심취한 것도 문제였다. 윤치호는 1898년 5월 6일자 일기에서 "몇 해 전 무당들이 환궁에서 득세할 때 상감께서 무당 앞에 엎드린 것을 보는 것은 흔히 있은 일이었다"며 다음과 같이 말했다.

"무당들은 저세상의 영혼들과 중계자로서 행세했는데, 영혼들은 무당을 통해 그들이 원하는 것을 왕과 왕비께 전하곤 했다. 예로 어느 날 저녁 무당이 마른 참나무 가지를 왕의 머리 위에 흔들면서 춤을 추다가 '나는 태조대왕이다. 네가 왕위에 오르게 된 것은 누구 덕이냐?'고 소리를 질렀다. 태조의 영혼이 무당에게 들어온 것이다. 그러자 상감마마는 그 무당이 실제로 그의 조상인 양 엎드려 큰절을 하고 안절부절하고 있었다. 그리고는 상궁에게 명하여 선왕께서 원하시는 바가 무엇인지 알아보라고 지시했다. 물론 무당은 태조의 이름으로 제사를 드리고 제물을 제공하라고 명하였는데, 많은 양의 돈과 비단을 주라는 것이었다. 안타까운 일은 폐하께서는 그런 어처구니없는 일에 아직 흠뻑 빠져 계신다는 점이다."[106]

고종의 미신 사랑은 1900년대에까지 계속되었다. 박성수는 "점쟁이 가운데는 1천금의 복채를 놓아야 보아준다는 대무(大巫)가 있고, 단 몇 푼으로 쉽게 점쳐주는 소무(小巫)들이 있다. 세상이 어지러울수록 장래에 대한 불안이 심하고 그럴수록 대무들의 활약은 눈부셨다. 20세기의 문이 열리던 1900년처럼 불안한 때도 없었다. 그래서 그런지 고종은 적지 않은 대무들을 궁궐 안에 들여 몰래 점을 쳤다"며 다음과 같이 말했다.

"고종에게 불려갔던 대무는 한둘이 아니었는데, 그중의 하나가 충주 사는 성강호였다. 성강호가 돌아가신 명성황후의 귀신을 불러들일 수 있다 하여 고종이 끌어들인 것이다. 어전에 불려나온 성강호는 갑자기 앉아 있던 의자에서 일어나 땅에 내려앉았다. 그런 다음 '지금 죽은 명성황후의 혼령이 이 의자에 와 앉으셨습니다'라고 하니 고종은 의자를 붙들고 대성통곡을 했다. 성강호는 한술 더 떠서 '그렇게 요란을 떠시면 귀신이 놀라 떠나버리실 것입니다. 조용히 하십시오'라고 했다. 그래서 고종은 울지도 못하고 바라보기만 했다는 것이다. 강원도 통천에 사는 또 하나의 사기꾼 김원동이란 자는 요술병 하나를 갖고 서울에 왔다. 그리고는 고종에게 불려가서 어린 영친왕(엄비의 소생)의 병이 언제 나을 것인가를 정확히 알아맞히었다. 그래서 고종의 총애를 받았다가 강원도 금화군수로 발령받고 앞의 성강호도 벼슬이 협판(協判, 차관급)에 이르렀다고 하니 대한제국의 인사행정이 얼마나 엉터리였는가를 알 수 있다."[107]

이정식은 "고종이 호인형(好人型)이고 진취적인 인물이면서도 내성적이고 결단력이 없는 사람"이라며 그렇게 된 이유에 대해 다음과 같이 말했다.

"그는 1864년 열한 살의 나이로 갑자기 왕좌에 오르게 되었는데, 당시까지만 해도 그는 몰락한 왕족의 아들로서 극히 가난하게 지내고 있었으므로 권세 있는 양반집 자손들처럼 우수한 교육을 받지 못하였을 것이다. 그러므로 그는 왕좌에 오른 후에도 오랫동안 열등의식에 잠겨 있었을 가능성이 높다. 그런데 그의 부친은 남보다 유별나게 호방하고 과감하였으므로 고종은 반사적으로 내성적인 인간이 되었을 가능성이 강하다."[108]

제4장 민권의식의 성장

01

배재학당
『협성회회보』의 창간

협성회의 성황

만들어진 지 1년 만에 회원이 200명이 될 정도로 협성회는 성황을 이루었고 토론회엔 많은 사람들이 몰려와 방청을 하기도 했다. 서재필은 회원들의 글을 『독립신문』에 게재해주는 등의 방법으로 그들의 활동을 격려했다. 이에 자극을 받은 협성회는 독자적으로 더욱 많은 사람들에게 자기들의 주장을 널리 알릴 목적으로 회보를 발간하게 되었다.[1]

그게 바로 1898년 1월 1일을 기하여 발행된 주간신문 『협성회회보』(당시의 표기는 『협성회회보』)다. 1월 30일자(제5호)부터는 '광무 이년 일월 이십륙일 농샹공부 인가'라고 제호 바로 밑에 정부의 인가를 받은 정식 신문임을 밝혔다. 『협성회회보』의 발행에 대해 아펜젤러가 발행하던 영문 잡지 『코리언 리포지터리』는 다음과 같이 보도했다.

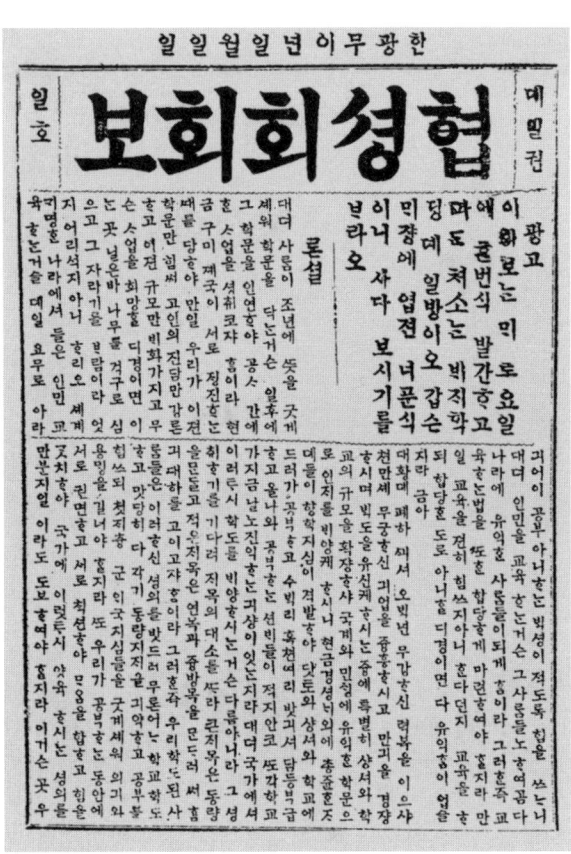

이승만이 창립에 관여했던 『협성회회보』의 창간호.

"새해 들어 서울에 또 하나의 새로운 주간신문이 나타났다. 배재학당의 협성회는 200여 명의 회원들 사이의 유대를 더욱 강화해야 할 필요성을 느껴 소형의 주간신문을 발행하기로 결정했다. 한국에서 발행되는 모든 신문들이 외국인의 지원과 감독을 받고 있으나, 이 신문은 오로지 한국인의 손에 의해 발행되었다. 이 신문의 이름은 『협성회회보』이다. 신문은 모두 4면으로서 규격과 모양은 『대한크리스도인회보』와 비슷하다. 1면에는 일반적인 사안과 당면 문제에 대한 편집자의 논설을 싣고, 2면과 3면에는 국내외 뉴스, 그리고 4면에서는 주로 사회의 관심사를 다루었다. 편집진은 아홉 명으로 구성되어 있는데, 그것은 한국 정부의 각 부를 연상시킨다."[2]

이승만의 주도

『코리언 리포지터리』가 『협성회회보』를 한국인의 손에 의해 만들어지는 최초의 신문이라고 말한 것은 『독립신문』의 발행인 서재필이 미국 시민권을 가진 사람이고 한국 정부의 지원을 받아 신문을 발행하고 있음을 시사한 것으로 보인다. 이승만도 『협성회회보』를 발행한 일과 관련하여 자서전 초고에서 다음과 같이 말했다.

"나는 몇몇 청년들의 도움을 받으면서 신문을 시작했는데, 『협성회회보』는 한국 사람들만으로 제작되는 신문으로서는 우리나라에서 최초의 것이었다. 작은 신문이기는 했으나 나는 그 지면을 통하여 자유와 평등이라는 위험한 사상을 나의 힘을 다해서 역설했다. 아펜젤러 씨나 그 밖의 사람들이 내가 급진적인 행동을 계속하다가는 목을 잘리게 될 것이라고 여러 번 충고해주었으나 그 신문은 친러파 정부와 러시아공사관의 위협으로 생겨난 여러 가지 재난과 위험을 겪으면서도 계속 발간되었다."[3]

최초의 배달제

『협성회회보』 창간호의 '논설'은 "우리가 지금 배운 학문이 넉넉해서 전국 동포를 가르치자하는 것이 아니라, 우리는 오늘날 천은을 입어 학교에서 몇 해씩 공부를 하는 고로 혹 깨달아 아는 것이 더러 있는지라. 우리 배운 대로 유익한 말이 있으면 전국 동포에게 같이 알게 하고, 또한 우리의 작은 정성으로 전국 동포를 권면하여 서로 친목하고 일심으로 나라를 위하고 집안을 보호하여 가자는 주의라"고 했다.[4]

『협성회회보』는 순한글 신문이었으며, 구두점은 사용하지 않았지만 띄어쓰기를 했다.[5] 최덕교는 『협성회회보』를 '최초의 시사주간지'로 보았다.[6]

『협성회회보』는 학생회의 기관지인 동시에 일반에 판매하는 신문이었다. 『협성회회보』 1월 15일자(제3호)의 '회중잡보'에는 "회원은 회보를 친히 찾아다 보고 그 외 회보 보는 사람에게는 갖다주기로 작정되었더라"는 기사가 눈에 띄는데, 이는 우리나라에서 처음으로 구독자들에게 배달까지 하고 있었음을 말해준다.[7]

02

대원군 사망, 명동성당 완공

"주상이 보고 싶다"

1898년 2월 22일 대원군이 사저 운현궁에서 숨을 거두었다. "주상이 보고 싶다"는 짤막한 말을 마지막으로 남긴 것으로 전해졌다.[8] 69년간, 그야말로 파란만장한 일생이었다. 무슨 뜻에서였건 그는 죽는 날까지 권력에 대한 미련을 버리지 못했다. 최근 공개된 러시아 비밀문서에 따르면 대원군은 죽기 직전, 아마도 1898년 1~2월 사이에 러시아 아무르 동부지역 총독 그로데코프에게 다음과 같은 내용의 편지를 보냈다.

"세상 어느 곳에서나 부모와 자식 간에는 화목하게 산다. 그런데 수십년 전 4명의 신하가 고종 임금 앞에서 늙은 아비를 비방한 일이 있었다. 하늘에 맹세코 말하지만 우둔한 자들이 음모를 꾸며 부자지간을 이간시켜놓음으로써 나는 지금도 아비 취급을 받지 못하고 있

흥선대원군의 장례식. 그에 대한 평가는 지금까지도 현재진행형이다. 한편에서는 서원철폐나 호포제를 도입한 개혁가라고 하지만, 다른 한편에서는 조선의 근대화를 늦춘 인물로 평가절하한다.

다. 고종은 천성은 선량하나 나쁜 신하들의 영향을 받고 있다."[9]

요컨대, 러시아에게 원한을 풀어달라고 요청한 편지였다.

후쿠자와는 『시사신보』 2월 25일자에 쓴 「대원군 훙서(薨逝)하다」는 제목의 사설에서 "대원군의 약력을 보면 이는 대원군 한 몸 부침(浮沈)의 역사만이 아니다. 조선의 운명사라고 볼 수밖에 없다"며 다음과 같이 말했다.

"조선은 완전한 유교주의 국가로서 마치 중국의 오랜 역사의 반복과 다름없다. 어린 천자(天子), 국부(國父)의 섭정, 외척의 전권, 궁중의 음모, 이적(夷狄)의 서용, 외래종교 금지. 이 모두 순전한 동양 전제국의 각본으로서 유교주의에서 나온 유물이다. 신하들은 평소 충의와 신의를 말하지만 실제는 달라 군을 매도하는 충신이 있고 부모를 고통스럽게 하는 효자도 있다. 유교의 해독은 인심을 부패시킨다. 따라서 국민의 운명은 스스로 명백하다. 지금의 세계 대세로 보면 조선은 유교주의 최저국을 유지하는 데도 모자란다는 사실을 알아야 한다. 대원군이 100년 전에만 태어났더라도 중흥의 명군(名君)으로 역사에 이름을 남길 만한데 희대의 영웅호걸도 문명 대세는 거스를 수 없다. 일은 마음과 달라서 일거일동이 더욱더 자가(自家)와 나라의 쇠운을 불러와 가엾게도 허무한 말로를 고하게 되었다."[10]

명동성당 완공

대원군이 죽은 지 3개월여 만인 1898년 5월 29일 명동성당이 완공되었다. 1892년 5월 8일 정초식을 한 뒤 6년 만이었다. 블랑(M. J. G. Blanc) 주교가 산 땅에 코스트(E. Coste)와 프와넬(Poisnel)이 설계와 감독을 맡아 지은 명동성당은 건평 427평, 종탑 높이 47미터의 고딕식 건물로 본당의 색유리창은 프랑스의 한 수도원에서 제작하였다.[11]

명동성당은 공사가 진행되면서 멀리 10리 20리 밖에서 구경꾼이 날마다 산 같이 몰려들었다는 등 수많은 일화를 안고 있다. 바로 엊그제가 '천좍을 할 놈'이란 말이 가장 끔찍하고도 무서운 욕으로 통용되던 시절이었다. "천주학(천좍)을 하다 참형을 당해 죽으라"는 뜻이었다.[12] 그랬던 천주학이 수많은 구경꾼을 불러들이는 명소를 당당하게 짓는 주체가 되다니!

대원군의 혹독한 천주교 박해를 생각하면 묘한 아이러니였다. 구시대가 가고 새 시대가 온 걸까? 이민원은 "흥선대원군의 극심한 천주교 박해가 있은 지 불과 30년 만에 서울시와 황궁을 굽어볼 정도로 높은 성당 건물이 들어선 것"이라며 다음과 같이 말했다.

"독실한 신자였던 그의 부인(여흥부대부인, 민 마리아)은 홍선대원군이 운명하기 한 달 전, 뮈텔 주교에게 남편의 영혼을 구제해달라는 간절한 부탁을 남겼다. 어떻든 '뾰죽집'은 준공 이래 많은 구경꾼이 몰려드는 장안의 명물이 되었다. 이후 한 세기 동안 명동성당은 격동하는 한국의 역사를 묵묵히 지켜보아왔다."[13]

대원군에 대한 평가

대원군은 1907년 대원왕(大院王)에 추봉됐다. 김정기는 대원군을 '민심을 휘어잡은 카리스마의 소유자'로 평가하면서 다음과 같이 말했다.

"세 번 집권하고 세 번 하야하는 이 진기록의 소유자는 하야 동안에도 격변을 예고하는 태풍의 핵처럼 고종 부부와 민씨 척족에게는 경계를 넘어 전율의 대상으로 인식되고 있었고, 반면 백성에게는 백성의 수호자로, 나아가 민족의 수호자로 각인된 경애의 대상이었다. 밖에서도 이하응(홍선대원군)은 중국의 이홍장(1821~1901), 일본의 이토 히로부미(1841~1909)와 함께 동아시아의 3걸로 추앙되고 있었다."[14]

신복룡은 "대원군은 인간의 선악을 함께 갖춘 야누스적인 인물이었다. 그는 후대의 사가(史家)들에게 비난받을 처사도 저질렀지만 그와 동시에 칭송받을 처사도 많았다"며 다음과 같은 평가를 내렸다.

"그럼에도 불구하고 적어도 식민지 사학 이후 현대에 이르기까지 그의 평가는 대체로 부정적이었다. 그러나 그를 재평가할 시점인 오늘에 이르러 그를 다시 조감해본다면 그는 한 시대를 풍미했건 걸출한 개혁가였으며 이러한 평가는 오늘의 사학에서만 가능한 것이 아니오, 당시로서도 긍정적인 평가가 가능했다. 그는 한국의 역사상 가장

영악한 개혁자였고 성공한 개혁자였다."[15]

대원군에 대한 평가는 지금까지도 현재진행형이다. 한편에서는 서원철폐나 호포제를 도입한 개혁가라고 주장하지만 다른 한편에서는 쇄국정책으로 조선의 근대화를 늦춘 인물로 평가절하 하는 양극단의 시각이 존재한다. 2006년 8월 25일 KBS 1 〈역사스페셜〉의 '흥선대원군, 왜 그를 개혁가라 하는가?' 편은 대원군에 대해 비교적 긍정적 평가를 내렸다.[16]

반면 이태진은 "나는 고종시대의 정치를 군주 자신이 아니라 그 아버지인 대원군이 그르친 면이 아주 많다고 생각합니다. 1880년대 초반에 군주가 중심이 되어 우수한 신하들을 뽑아 개화정책을 추진했는데, 그 사업이 그대로 진행되었다면 한국의 근대사는 조금 달라졌을지도 모릅니다"라고 아쉬워했다.[17]

대원군 평가와 민비 평가

대원군에 대한 평가는 민비에 대한 평가와 병행할 때에 비교적 객관성을 확보할 수 있을 것이다. 두 사람에 대한 평가는 상당 부분 상극 관계이기 때문이다.

2007년 서울대 국사학과 교수 이태진은 「역사소설 속의 명성황후 이미지」라는 논문에서 명성황후에 대한 부정적 인식의 계보를 추적했다. 그는 '대원군-민비-고종'의 3자 관계를 처음으로 제시한 책은 일본의 저널리스트 기쿠치 겐조(菊池謙讓)가 1910년 10월에 발표한 『조선최근외교사 대원군전』이었다고 밝혔다.

이태진은 기쿠치의 책은 수많은 허구로 가득 차 있으며 이 책의 왜곡된 명성황후의 이미지는 이후 장도빈의 역사서 『명성황후와 대원군』(1927), 호소이 하지메(細井肇)의 다큐멘터리 소설 『여왕 민비』(1931) 등을 거쳐 국내 역사소설 정비석의 『민비』(1981)로까지 계승되었다고 주장했다. 그는 TV 드라마 〈명성황후〉(2001~2002)의 줄거리도 이 소설에서 크게 벗어나지 않았고, 이 소설은 시중에 나도는 수많은 청소년용 만화의 텍스트가 되고 있다는 점에서 커다란 문제점을 안고 있다고 지적했다. 그는 『민비』가 드라마 방영 이후 『소설 명성황후』로 이름을 바꾸어 시중 서점가에 나와 있다며 "국민의 바른 역사의식 확립을 위해 이 소설은 독서계로부터 폐기처분 선고를 받는 게 옳다"고 주장했다.[18]

이태진의 주장에 대해선 대체적으로 수긍할 수 있지만, 일본인들 이전에 그들의 영향을 받지 않은 조선인들이 민비에 대해 부정적인 평가를 내린 건 어떻게 보아야 하느냐는 문제는 여전히 남는다. 이태진은 바로 이 점을 염두에 두고 민비에 대해 비판적인 황현의 『매천야록』을 분석의 대상으로 삼았다.

이태진은 우선 "이 책은 어디까지나 '야록(野錄)'인 만큼 2차 사료로 간주해야 한다는 한계를 발견할 수 있다"고 했다. 또 이태진은 이 책이 비판한 민씨 척족의 발호에 대해서도 민비와 관계가 없는 대원군의 처남 그룹 쪽 민씨들까지 포함시켜 부풀렸다고 지적했다. 그는 황현의 민비 비판은 "대원군 지지의 척양, 척왜의 입장에서 황후를 폄하하려는 의식의 소산"이라고 결론 내렸다.[19]

그럼에도 여전히 문제는 남는다. 반일(反日)과 민비 비판 입장을 동시에 표출한 조선인은 비단 황현에만 국한되지 않는다는 점이다. 민비에 대한 비판이 일제에 의해 과도하게 부풀려졌다는 것엔 얼마든지 수긍할 수 있지만, 일제의 그런 악용(惡用)에 대한 반작용으로 생겨날 수 있는 민비 재평가의 위험도 동시에 경계하는 게 좋을 것 같다.

03

제1차 만민공동회

1만 명이 모인 '만민공동회'

한편 1898년 들어 독립협회의 활동은 더욱 큰 힘을 얻게 되었다. 신용하의 조사에 의하면, 독립협회 등록 회원 수는 1896년 11월에 2000명 내외, 1897년 7월 3000명, 1898년 11월 4173명으로 급증했다.[20] 독립협회의 활동 가운데 가장 돋보였던 게 1898년 크게 3차례에 걸쳐 열린 만민공동회였다.

  1898년 2월 27일 독립협회 임원진 선출에서 이완용이 회장에 선출되었지만, 그는 3월 11일 전라도 관찰사로 전출되어 이후 지도부는 부회장인 윤치호가 이끌었다. 이태진은 이러한 개편이 독립협회가 1898년 2월 21일에 올린 구국선언 상소와 관련이 있을 것으로 보았다. 이 상소는 반(反)러시아운동이라는 새로운 움직임의 시작이었다는 것이다.[21]

제1차 만민공동회는 3월 10일 오후 2시 종로 네거리에서 열렸다. 이 날짜 『독립신문』은 "오늘 오후 두 시에 종로에서 유명한 유지각한 이들이 좋은 연설을 한다고 뜻있는 군자들을 청하였다더라"는 예고 기사를 게재했다.

이 집회는 서재필 · 이완용 · 윤치호 등 독립협회 간부들이 은밀히 준비한 것이었는데, 이들은 이날의 집회엔 나서지 않고 배재학당과 경성학당의 젊은 교사와 학원(學員)들을 연사로 내세웠다. 연사인 이승만과 홍정후는 배재학당 대표였고, 현공렴은 경성학당 대표였다. 집회에는 주최 측이 기대한 것 이상으로 많은 사람들이 운집했는데, 그 수가 1만 명에 이르렀다. 이는 그날 이후 대중집회를 가리켜 '만민공동회(萬民共同會)'라고 일컫게 된 이유가 된다.

이날의 만민공동회는 먼저 민중의 참여를 과시하기 위해 미전(米廛)의 쌀장수 현덕호를 회장으로 선출했다. 집회의 목적은 외교 현안인 러시아의 군사교관과 재정고문을 철수시키자는 여론을 조성하고, 이 집회의 이름으로 그러한 주장을 담은 메시지를 정부에 보내기 위한 것이었다.[22]

만민공동회의 러시아 규탄

연사들은 백목전(白木廛, 옷감 파는 상점)의 다락을 연단 삼아 연설했다. 연사들이 규탄한 러시아의 월권 중 하나는 부산 절영도(영도) 조차(租借) 요구였다. 이미 삼국간섭 이후부터 절영도의 조차(租借)를 요구해온 러시아는 아관파천을 계기로 요구 수위를 높였다. 친러파 정부는 이를 허여하려고 했는데, 이는 독립협회를 중심으로 한 한국 민중들의 강력한 저항에 부딪쳤다. 독립협회가 2월 21일에 올린 상소에서 가장 먼저 문제 삼은 것도 이 러시아의 절영도 조차 요구였다.[23] 연사 이승만은 러시아의 절영도 조차 요구를 강하게 비판했다. 이는 먼 훗날까지 지속된 이승만의 강한 반러의식이 처음으로 표출된 것이기도 했다.[24]

이승만 외에 현공렴·홍정후·조한우 등의 비분강개 연설을 들은 참가자들은 "정부가 부산 절영도에 러시아 저탄소(貯炭所, 석탄 저장소) 땅을 조차해주기로 허가한 것을 취소할 것" "러시아 군사교관과 재정 고문 및 러시아 자본이 세운 노한은행(露韓銀行)의 철수"를 요구했다.[25]

이 만민공동회의 참관자들 중에는 러시아공사 스페이예르, 배재학당 교장 아펜젤러 등 외국인들도 있었다. 이날의 집회는 정부와 서울의 외교계에 충격을 주었고, 독립협회의 간부들은 대회가 질서정연하게 진행된 것에 만족했다.[26]

서재필은 만민공동회의 성황에 감격해 "보시오! 내 말이 그대로 맞지 않았소! 우리 민족은 워낙 자질이 뛰어난 민족이기에 교육만 제대로 받으면 아무 민족에게도 뒤떨어지지 않을 거라고 했던 말 그대로가 아니오!"라고 외쳤다.[27]

만민공동회는 외부대신에게 보내는 회중의 일치된 뜻을 밝힌 편지를 채택하고 이승만, 현공렴, 장봉 세 사람을 총대위원(대표)으로 선출하여 그들의 이름으로 이 편지를 외부에 전달하도록 했다. 외부대신 민종묵은 이튿날 세 총대위원 앞으로 "공동한 의론을 알았으며 러시아 고문관과 사관을 보낼 일은 탁지부와 군부의 소관이요 또한 정부에서 어떻게 의판하기를 기다릴 것이라"는 답장을 보냈다.[28]

독립협회의 자기역량 과대평가

이승만은 이 답장을 사람들에게 알리기 위해 3월 12일에 종로 네거리에 나가 붙였다. 그런데 이날 이틀 전에 만민공동회가 열렸던 자리에 독립협회와는 관계없는 시민들의 자발적인 만민공동회가 다시 열리고 있었다. 서울 남촌에 사는 평민 수만 명이 출동한 군인들을 투석전으로 물리치면서 다시 한 번 만민공동회를 열었는데, 북도 사람 네 명과 시위대 사관 두 명이 반대연설을 하려다가 시민들에게 제지당하기도 했다.29)

『독립신문』 1898년 3월 12일자엔 평북 구성군에 사는 한 독자의 글이 실렸다. 이 독자는 "수백 년의 고질든 양반 창자는 다 내어버리고 다시 평등 관리에 문명 자유의 오장육부를 새로 집어넣어야" 한다고 역설했다.30)

한편 정부는 3월 15일 황제의 특명으로 이원긍, 지석영 등 독립협회 회원 네 명을 갑자기 구속했고, 자신을 체포하려 한다는 것을 미리 안 정교는 도피했다. 지석영 등의 죄명은 "마음가짐이 음비(陰秘)하고 민심을 선혹(煽惑)한다"는 애매한 유언비어 유포 혐의였는데, 독립협회는 특별회의와 토론회를 잇달아 열어 정부의 횡포를 강력히 규탄하고 항의 편지를 보내는 등의 투쟁을 벌였다.(이들은 6월 29일에 석방되었다)31)

그렇게 한쪽으론 탄압이 일어나고 있었지만, 만민공동회의 현실적인 힘은 무시하기 어려웠다. 만민공동회의 영향으로 러시아가 절영도(부산 영도) 대신 청국의 요동반도(랴오둥반도)로 해군기지를 이동하기로 결정했고, 3월 17일에는 재정고문과 군사교관의 철수를 통고했으며 노한은행(3월 1일 설립)도 철폐하였다.

이와 관련, 손세일은 "독립협회는 승리감에 넘쳤다. 러시아의 이러한 조치는 때마침 러시아의 극동정책이 한국문제보다도 만주문제에 '모험적 진출'을 도모하던 때였기 때문이었는데, 이러한 기묘한 사정이 독립협회로 하여금 자신들의 역량을 과대평가하게 만들었다"고 했다.[32]

게다가 만민공동회 덕분에 독립협회의 회원 수도 급속히 늘어났고, 공주·평양·대구·선천·의주·목포·인천 등 각지에 지회가 설립되었다. 이에 고무된 독립협회는 4월 3일 제25회 토론회에서 의회설립의 필요성을 논의하였으며, 『독립신문』 4월 30일자는 의회가 설립되어야 하는 이유에 대해 장문의 논설을 게재하였다.[33]

만민공동회의 배후는 일본?

앞서 지적했듯이, 스페이예르는 전임자인 웨베르와는 달리 침략간섭 정책을 밀어붙였다. 웨베르는 1903년에 쓴 수기 「1898년 전후 대한제국」에서 스페이예르가 러시아공사관에 375일 동안 피신해 있던 고종이 환궁한 지 1년도 채 안된 1898년 2월 21일 전문에서 "고종에게 러시아공사관으로의 피신을 권했다"라고 보고하는 등 제2, 제3의 아관파천을 꾀했다며 이를 비판하기도 했다. "스페이예르가 대한제국 정부와 독립협회, 그리고 일본과 자주 충돌하는 경솔한 행동을 해 러시아의 영향력이 상실됐다"는 것이다.[34]

그러나 이태진은 "러시아공사의 새로운 태도에 대한 독립협회의 비판은 새로 출범한 대한제국의 자주성을 지키기 위한 순수한 운동으로 볼 수 없게 하는 측면이 많다"며 다음과 같이 주장했다.

"처음 시작하는 정치운동이기 때문에 당초에는 대부분이 순수하게 자주성을 의식하여 비판활동에 참여했을지도 모른다. 그러나 그 배후에 일본이 러시아세력의 한반도 진출을 막기 위해 독립협회에 영향을 끼친 사실이 명백하게 확인된다. 일본 측이 이전부터 내통하고 있던 안경수 계열을 움직인 것이다."[35]

러시아의 입장

한편 러시아의 입장은 어떠했던가? 1차 군사교관단의 성공에 고무된 러시아는 제2차 군사교관단을 파견했지만, 독립협회의 활동과 친일파의 득세 등으로 인해 조선 내 정세는 급격하게 반(反)러 감정이 확산되고 있는 것에 당황하고 있었다.

1898년 3월 3일 러시아 외무장관이 스페이예르 대리공사에게 보낸 전문에 따르면, "최근 여러 보고서로 미뤄볼 때 대한제국의 정세가 매우 불안하다는 결론을 내릴 수 있다. 관직에 있는 사람이나 모든 당파가 러시아에 적대적이며 친러적인 성향을 갖고 있는 고종황제 역시 매우 의심스럽게 되었다. 이러한 상황 때문에 러시아가 대한제국 국내문제에 적극적으로 개입할 수 없는 것이다. 니콜라이 황제께서 고종황제와 대한제국 정부가 향후 러시아의 지원을 더 이상 필요로 하지 않는지 문의하라고 하셨다. 대한제국의 요청으로 파견된 군사교관단과 재정고문이 필요치 않다면 러시아는 마땅히 소환하겠다."

스페이예르의 3월 12일자 회신은 "대한제국 정부가 공식적인 회답을 보냈다. 현재 러시아의 군사 및 재정고문(알렉세예프)이 더 이상 필요 없다고 했다. 러시아는 모든 외국인 고문의 파면을 요청하고 최근 통역관(김홍륙) 살해 음모자 처벌을 요구해야 한다. 대한제국 정부가 거부하면 공사관 기를 내리고 원산을 점령해야 한다"는 극단 처방을 내놓았다. 그러나 니콜라이 2세는 1898년 5월 4일 대한제국에서 군사교관단과 재정고문의 철수를 최종 허락했다.[36]

고종과 니콜라이 2세의 밀착관계는 이 사건으로 인해 금이 가는 것처럼 보였다. 고종은 "재정고문과 군사교관단의 소환으로 야기된 일련의 사태가 그동안 베푼 황제의 호의에 아무 영향이 없기를 바란다"고 조심스러워했으나, 니콜라이 2세는 "고종황제 개인에게 변함없이 호감을 갖고 있다는 사실을 알려 안심하도록 진정시키라"는 지시를 내리면서 일단 무마됐다. 니콜라이 2세는 내심 불쾌했지만 복심(腹心)은 드러내지 않았던 것이다.[37]

니시-로젠 협정

독립협회의 만민공동회 활동을 어떻게 평가하건, 일본과 러시아가 한통속인 건 분명했다. 1898년 4월 25일 일본의 도쿄에선 일본 외상 니시 도쿠지로(西德二郎)와 주일 러시아공사 로젠이 새로운 러일 협정에 조인하였다. 그 주요 내용은 "러시아는 조선에 있어서의 일본의 상업, 공업의 기업이 크게 발달한 사실과 일본 거류민이 많다는 사실을 인정하며 조선, 일본 양국의 상업상·공업상의 관계가 발전되는 것을 방해하지 않는다"는 것이었다.[38]

이와 관련, 송우혜는 "여순(뤼순)과 대련(다롄)을 움켜쥔 러시아의 양보로 일본은 한반도에서 가지고 있는 기득권을 상당량 인정받게 되어 다시 세력을 떨칠 토대를 확보했다"며 다음과 같이 말했다.

러시아 교관에게 군사 훈련을 받고 있는 대한제국의 군인들. 고종은 국내외 압력에 밀려 러시아 교관단을 철수하도록 한 자신의 '우둔한' 결정을 한없이 후회했다.

"과거 일본이 을미사변의 참극까지 감행하여 조선을 완전히 손아귀에 장악했을 때, 고종은 자신의 모든 것을 건 아관파천이란 카드로 그 상태를 분쇄했다. 그러나 이제 러시아와 일본이 전략적 제휴 관계에 들어가자 더 이상 '이이제이(以夷制夷)'의 전략은 통하지 않게 되고, 황제인 그는 대군주일 때보다 더 무력했다."[39]

러시아 군사교관단이 철수한 이후 대한제국군의 조직은 일본의 수중에 넘어갔다. 일본에서 군사교육을 받은 20명의 한국인 장교들이 교관이 되었다. 이와 관련, 노주석은 "1, 2차 러시아 군사교관단의 한반도 파견과 철수 시기를 전후해 일본과 러시아는 1896년 로바노프-야마가타 의정서(모스크바 프로토콜) 체결, 1898년 니시-로젠 협정(러일

특별협정) 등 대한제국의 운명을 결정짓는 중요한 협정을 맺었다"며 다음과 같이 말했다.

"러시아가 일본과 일련의 협정체결과 함께 군사교관단을 철수시킨 것은 대한제국을 지배하려는 야심을 사실상 접은 것이나 다름없었다. 고종은 이후 국내외 압력에 밀려 러시아 교관단이 철수하도록 등을 떼민 자신의 '우둔한' 결정을 한없이 후회했지만 때는 늦었고 돌이킬 수 없었다. '눈엣가시' 러시아군이 떠나자 일본의 한반도 점령 프로젝트 추진에는 더 이상 거칠 것이 없었다."[40]

04

최초의 일간지
『매일신문』창간

창간 주체 이승만의 긍지

1898년 4월과 6월 사이에 전국 각 군에 임시우체사가 설치되어 비로소 전국적인 우편망이 갖추어졌다.(우체사 33개소, 임시우체사가 343개소)『독립신문』1898년 5월 3일자는 우편을 통한 커뮤니케이션 망을 사람 신체의 각 기관에 영양분과 산소를 공급하는 핏줄에 비유하여 그 중요성을 매우 높게 평가하는 기사를 게재하기도 했다.(1900년 1월 1일부터는 국제우편이 정식으로 실시되면서 만국우편연합의 정식 회원국이 되었다)[41]

신문도 우편 망 못지않게 발전하고 있었다.『협성회회보』덕분에 협성회 회원도 급속히 불어나 300명을 헤아리게 되었다.『협성회회보』의 발행부수도 창간한 지 3개월 후엔 2000여 부를 넘기도 했다. 이에 힘을 얻은 협성회는 이 신문을 일간으로 발전시키기로 결의하

고, 4월 2일자 제14호를 마지막으로 4월 9일부터는 제호를『매일신
문』(당시의 표기는『미일신문』)으로 바꾸어 일간으로 발행하기 시작했
다.[42] 그때까지『독립신문』은 주3회 발행되고 있었기에, 이는 대단한
파격이었다.

『매일신문』 창간 주체 중 한 명인 이승만은 훗날『협성회회보』의
논지와 관련하여 아펜젤러 등 배재학당의 경영진과 협성회 간부들 사
이에 알력이 없지 않았음을 시사하면서『독립신문』을 경쟁지로 여기
는 듯한 발언을 했다.

"나는 배재학당에서 다른 학생들과『협성회회보』를 시작하였고, 그
주필이 되었다. 작은 학생신문이 정부 고관들을 비판하게 되자 곧 세
상 사람들의 관심을 끌었다. 그래서 아펜젤러 교장은 우리들에게 논
설을 검열받으라고 했다. 그렇지 않으면 학교신문으로는 발간할 수
없다는 것이었다. 독립정신이 강한 유영석과 나는 학교를 나와서 한
국 최초의 일간지를 내기 시작했다. 사람들은 우리더러 외국의 보호
를 받지 않고 그런 신문을 발간하면 위험하다고 했으나『매일신문』은
아주 호평을 받게 되어, 서재필 박사는 우리 신문 때문에 자기의 신문
(독립신문)을 팔 수 없다고까지 하게 되었다."[43]

이와 관련, 손세일은 "이승만은『매일신문』창간한 일을 생애를 두
고 자랑스럽게 여기고 있었"다며 "실제로 이승만은 귀국한 직후인
1945년 10월 23일에 열린 전조선신문기자대회, 11월 28일에 정동예
배당에서 있었던 임시정부영수 환영회 등에서 50년 전에『매일신문』
을 발행했던 일을 자랑스럽게 회고하고 있다"고 했다.[44]

『독립신문』과의 경쟁 선언

『매일신문』은 창간호 '논설'에서 창간 동기를 다음과 같이 밝혔다.

"우리 협성회 회원들이 일심 합력하여 금년 정월 일일부터 매토요일에 일차씩 회보를 발간하여 지나간 토요일까지 십사호가 났는데, 대략 본 회중 사무와 내외국 시세 형편이며 소문 소견에 학문의 유조할 만한 것을 기재하여 국가 문명 진보에 만분지 일이라도 도움이 하나님의 도우심과 회원들의 극진한 성의로 지금 이 회보가 거의 천여 장이 나가니, 우리 회보 보시는 이들에게 감사함을 치하하는 중, 일주일에 한 번씩 내는 것을 기다리기에 매우 지리한지라. 회원 중 유지각하신 몇몇 분이 특별히 불석신고(不惜辛苦)하고 열심으로 주선하였거니와 병(並)하여 회원들이 일심으로 재력을 모아 오늘부터 매일 신문을 내는데, 내외국 시세 형편과 국민에 유조한 말과 실적한 소문을 많이 기재할 터이니 ……"45)

그러면서 이 '논설'은 우리나라에서 처음으로 일간지를 발행하게 된 것을 다음과 같이 자부하였다.

"대범 서양 제국서는 국 중의 신문 다소를 가지고 그 나라 열리고 열리지 못함을 비교하거늘 돌아보건대 우리나라에 신문이 얼마나 되느뇨. 과연 부끄러운 바라. 만행으로 『독립신문』이 있어 영자로 발간하매 외교상과 나라 권리 명예에 크게 관계되는 영광이라. 그 외 『한성신보』와 두세 가지 교중(教中) 신문이 있으나 실상은 다 외국 사람의 주장하는 바요, 실로 우리나라 사람이 자주하여 내는 것은 다만 『경성신문』과 우리 신문 두 가지뿐인데, 특별히 『매일신문』(일간신문)은 우리가 처음 시작하니 우리나라 사천 년 사기(史記)에 처음 경사라, 어찌 신기하지 않으리오. 아무쪼록 우리 신문이 문명 진보에 큰 기초가 되

기를 우리는 간절히 바라노라."⁴⁶⁾

『매일신문』의 창간 주체 가운데 한 명인 유영석도 다음과 같이 자부심을 드러냈다.

"우리 백성들은 압제와 토색과 외국의 참혹한 짓밟힘에 거의 죽을 지경에 이르렀다. 그래도 대언하여 줄 사람이 없다. 지금 우리나라에는 신문이 둘이 있다. 하나는 일본 사람이 하는 『한성신보』 또 하나는 『독립신문』이다. 둘 다 격일간이다. 그래서 우리는 일간 신문을 하나 시작하여야겠다."⁴⁷⁾

『매일신문』 4월 12일자(제3호) '논설'은 두 면에 걸쳐 신문의 중요성을 특별히 강조하였다. 이 '논설'은 "신문이라 하는 것이 나라에 크게 관계가 되는 것으로 세 가지 목적이 있으니 첫째 학문(學問)이요, 둘째 경계(經界)요, 셋째 합심이라"고 전제하고 그 세 가지를 구체적으로 설명했는데, 첫째의 학문이란 신문의 계도의 기능을 말하는 것이고, 둘째의 경계는 비평과 고발의 기능, 셋째의 합심은 국민적 통합의 기능을 뜻하는 것이었다.⁴⁸⁾

『매일신문』은 『독립신문』에 대해서도 호전적이었다. 아니 좀 맹랑했다. 창간호 논설은 『한성신보』는 물론 『독립신문』까지 외국 사람이 내는 신문으로 규정하면서 자기네 신문만이 우리나라 신문이라고 주장하였다.⁴⁹⁾

또 1898년 4월 14일자 논설은 『독립신문』을 '선생 신문'으로, 자기네 신문을 '제자 신문'으로 부르면서 "아무쪼록 제자 신문에게 시비를 듣지 않도록 잘하여 가기를 바라오. 속담에 나중 난 뿔이 우뚝하다는 말 듣지 못하였오"라며 『독립신문』과의 경쟁을 선언했다.⁵⁰⁾

『매일신문』의 혈기 왕성

『매일신문』 1898년 5월 16일자는 1면 전면과 2면에 걸쳐 러시아와 프랑스가 한국 정부에 이권을 요구한 외교문서의 내용을 폭로하여 큰 파문을 일으켰다. 러시아의 요구는 목포와 진남포 조계지에 인접한 사방 10리 안의 땅을 섬들까지 빼지 않고 사겠다는 것이었고, 이미 경의선 철도부설권을 획득한 프랑스의 요구는 평양의 석탄광산을 채굴하여 경의선 철도부설공사에 사용하겠다는 것이었다. 『매일신문』은 이러한 사실을 폭로하면서 다음과 같이 주장했다.

"이 말을 들음에 치가 떨리고 기가 막히어 분한 마음을 억제할 수 없는지라. 우선 기재만 하거니와 이는 참 대한 신민의 피가 끓을 소문이라. 대소 인민 간에 대한의 신민된 이들이야 이런 소문을 듣고 잠시인들 어찌 가만히 앉았으리오. 우리 동포들은 일심으로 발분(發憤)하여 속히 조치할 도리를 생각들 하시오."[51]

이 기사가 나가자 외부의 관리들은 이승만에게 『매일신문』이 정부가 외국과 비밀로 공문 거래하는 일을 신문에 기재하여 반포함으로써 중대한 공사(公事)가 부질없이 누설될 염려가 있다고 항의했다. 이에 대해 이승만은 다음과 같이 반박했다.

"대신(大臣)이 외국 사람이 아니고 외부(外部)가 외국 관청이 아니거늘 나라 일을 외국 공영사(公領事)와는 몰래 의논하면서 그 백성을 모르게 할 이유가 어디 있소? 이같이 어려운 때에 나라를 위해 일을 하면서 이만한 일을 어렵다고 하면 설령 남이 군사를 내어 나라를 침노하면 국가를 위해 의리로써 죽으려는 생각이 어떻게 나겠소? 또한 신문 때문에 괴로운 일이 있다고 나를 불러가지고 걱정으로 말씀하시니, 우리가 신문을 나라를 위하지 말고 외국을 도와 말을 해야 옳단 말이오!"[52]

이 논란은 정부와 러시아 및 프랑스가 당초의 계획을 변경함으로써 『매일신문』의 승리로 끝났다. 이처럼 『매일신문』은 『독립신문』보다 혁신적이고 진보적인 성향을 나타냈다. 기존 문화와 풍토에 대해서도 '혈기 왕성'을 드러냈다.

예컨대, 1898년 6월 17일자 논설은 한글이야말로 나라가 문명부강한 근본이라고 밝히면서, 우리나라가 이처럼 쇠약한 지경에 빠지게 된 것은 조선의 지배층과 식자(識者)들이 지식을 독점했기 때문이라고 주장했다.[53]

또 1898년 9월 16일자 논설은 "유림이라 선비라 거유라 거벽이라 하는 류들이 관 쓰고 꿇어앉아 성경 현전을 공부한다면서 그 행세를 궁구하여 보면 잔인하게 토색질 아니 하는 자가 없다"며 양반계급을 격렬하게 비판했다.[54]

05

미국으로 돌아간 서재필

서재필의 출국에 반대한 만민공동회

1898년 4월 만민공동회에 당황한 수구파 정부는 서재필을 중추원 고문에서 해고하고 출국을 요청했다. 독립협회는 4월 25일에 그러한 조치는 부당한 일이라고 극력 반대하면서 서재필의 재고빙(再雇聘)을 요청하는 편지를 정부에 보냈지만, 정부는 사흘 뒤인 4월 28일에 "서재필은 이미 해고되었으므로 재류(在留) 여부는 본인의 의사에 달린 것"이라고 사실상 거절하는 답장을 보내왔다. 정부와 계약한 서재필의 임기는 7년 10개월이나 남아 있었는데, 정부는 알렌 공사와의 교섭 끝에 서재필이 출국 조건으로 요구한 남은 임기 분의 급여 가운데『독립신문』을 창간할 때에 대여해 준 3000원과 가옥 구입 대금 1400원을 공제하고 2만 4400원을 지급했다.[55]

오세웅은 "서재필은 미국공사 알렌이 그토록 얻고자 노력하였던 경인선 철도부설권의 미국 할양에 반대하였고, 그 결과 두 사람 사이에는 적대감이 생겨났다"며 "알렌은 후일 보수세력들이 서재필을 미국으로 추방하려 했을 때, 암암리에 이를 지지하여 지난 일을 보복하였다"고 주장했다.[56]

1898년 4월 30일에 숭례문(남대문) 안에선 이색적인 만민공동회가 열렸는데, 그건 미국으로 떠나려는 서재필의 재유(在留)를 요청하는 것이었다. 독립협회 회장 윤치호의 동의도 받지 않고 열린 이 집회에서 이승만이 주동적인 역할을 했다.[57]

이날의 만민공동회는 정부에 서재필의 재고빙을 요청하는 편지를 다시 보냄과 동시에 서재필에게도 재유를 요청하는 편지를 보내기로 결의하고, 이승만과 함께 최정식과 정항모를 총대위원으로 선출했다. 이들이 서재필에게 보낸 장문의 편지는 다음과 같이 주장했다. 정교가 쓴 편지라고 한다.

"지금 각하의 가고 머무름은 각하의 자유의 권(權)에 달린 바이오며, 각하가 이 부모 나라를 버리고 어느 곳으로 가서 천고에 썩지 않을 이름을 세우고자 하십니까. 어차어피에 각하의 총명과 재덕으로 반드시 깊이 헤아리는 바가 있을 것입니다. 만일에 각하가 고집하여 마음을 돌이키지 못할 지경이면 우리 이천만 동포 중에 반드시 강개격앙(慷慨激昻)하는 자가 있어서 각하가 단지 일신만 위하여 꾀하며 중의(衆議)를 돌아보지 않은 것이라 할 것입니다. 하물며 오늘 우리의 공동회가 특별히 각하의 행원(行轅)을 만류하려 하오니 오직 각하는 세 번 생각하시오."[58]

"흐르는 눈물이 한강을 이루었다"

서재필은 이 민중집회에 감격했으나, 정부가 재고빙을 하기 전에는 재유할 수 없음을 시사하는 답장을 5월 2일자로 이승만 등 총대위원 앞으로 보내고 1898년 5월 14일 부인 암스트롱과 맏딸을 데리고 용산에서 배를 타고 인천을 거쳐 미국으로 돌아갔다. 『독립신문』 5월 19일자에 따르면, 수많은 사람들이 떠나는 서재필을 환송했으며, 고별연설에서 서재필의 목소리는 떨렸고 얼굴은 눈물로 가득 찼다. 모든 참석자들의 눈에서도 "흐르는 눈물이 한강을 이루었다"고 한다.59)

서재필은 훗날 회고하기를 "매수에도 응하지 않고 압박에도 굴하지 않자, 그네들은 온갖 방법으로 나의 사업을 방해하기 시작한바 나중에는 우편물을 차압함으로써 신문의 지방 배달을 못하게 하였다"며 다음과 같이 말했다.

"어느 날 미국공사는 나를 보고 '황제와 정부에 대해서 적대적 태도를 취함은 현명하지 못한 일인즉 위험이 신변에 미치기 전에 가족과 함께 다시 미국으로 가라'고 권고하였다. 그 말에도 일리가 있으므로 나는 얼마 동안 더 신문을 내다가 '씨는 이미 뿌렸은즉 내가 떠난 뒤라도 거둘 이가 있으리라'는 생각을 품고 나는 하릴 없이 다시 미국으로 건너가기로 결심하였다. 나는 신문을 나의 친우인 윤치호에게 맡기고 떠났다."60)

결국, 서재필은 망명한 지 10년 10개월 만에 귀국해 『독립신문』을 창간하였지만, 그의 조선 체류는 약 2년 5개월 만에 끝나고 말았다. 서재필은 미국으로 돌아갔지만 그가 남긴 유산은 비단 『독립신문』에만 국한되지 않았다. 윤치호는 "내가 『독립신문』을 인수한 유일한 이유는 모든 가능한 방법을 다하여 오직 그 발행이 계속되어야 한다는 확신 때문이다. 『독립신문』의 국문판과 영문판을 통한, 특히 국문판을 통한 서재필 박사의 사업은 아무리 높이 평가해도 과하지 않다"며 다음과 같이 말했다.

"국문판을 통해서 그는 압박받는 한국인들에게 모든 인간이 태어날 때부터 평등하다는 사실—그것이 앵글로색슨이나 라틴 민족의 이론이기 때문이 아니라, 그것이 천부의 것이며 인류 보편적인 이론이기 때문에 진리인 사실—을 가르쳐주었다. 그는 한국인들에게 그들이 국왕과 양반을 위하여 짐을 지는 가축과 같이 부림을 당하는 우마가 아니며, 불가양의 권리들과 번영은 우연히 길에서 줍는 것이 아니라 오랜 노력과 연구와 투쟁을 통하여 획득되는 것이라는 사실을 가르쳐주었다."[61]

그러나 이건 어디까지나 『독립신문』 발간 이후의 활동에 대한 공적 평가이며, 윤치호도 서재필의 성격에 문제가 있다는 건 인정했다. 앞서 '강한 성격'이라고 했지만, 그것만으론 부족하다. 매우 모나고 몰인정한 성격의 소유자였다는 증언이 꽤 있다.

1893년 8월 14일 윤치호는 워싱턴 시를 방문해 서광범과 서재필을 찾은 적이 있는데, 두 사람은 이웃에 살고 있으면서도 거의 1년 동안 만나지 않았다고 한다. 두 사람은 일가(一家)인데도 그랬으니, 윤치호가 서재필의 매정한 태도에 놀란 건 당연한 일이었다. 윤치호는 자신의 일기에 다음과 같이 썼다.

"서재필 박사와 서광범 씨는 성격이 정반대였다. 전자는 인색하고 이기주의적이며 비애국적이었으나 후자는 관대하고 애국적이며 정이 깊었다. …… 서재필 박사는 행복하게 그리고 편하게 살아가고 있었으나 서광범 씨는 겨우 생활을 하고 있었다. 자연히 서재필 박사는 가난하고 당당한 친척을 피하고 있는 것같이 보였다."[62]

 서재필은 한국에 돌아온 뒤 러시아공사관에서 고종을 알현했을 때에도 다음과 같이 무례하게 이야기했다고 한다.

 "황제 폐하께서는 궁궐로 돌아가셔야 합니다. 한국은 폐하의 나라요, 백성은 폐하의 백성입니다. 폐하께서는 이 모든 것을 버리셨습니다. …… 만약 폐하께서 여기에 계속 머무신다면 모든 사람이 폐하를 비웃을 것입니다."[63]

서재필 평가 논쟁

려증동은 서재필 자신이 한국인으로 행세하지 않고 '필립 제이슨(Philip Jaisohn)'이라는 미국인으로 행세했다는 점 등을 들어 서재필과 『독립신문』을 비판하였다.[64] 주진오도 "서재필이 1885년 도미 후 1890년에 미국인으로 귀화, 1894년 미국 여인과 결혼해 완전한 미국인의 길을 걸은 사람으로 85년 동안의 생애 가운데 한국인 서재필로 살았던 것은 26세 때까지였고 나머지는 미국인 필립 제이슨으로 자처했다"고 비판했다.[65]

 이런 비판에 대해 신용하는 『독립신문』이 1896년 4월에 창간되었고 서재필은 1898년 5월에 미국으로 떠났다는 점에 주목해야 한다며 "도대체 갑신정변에 실패를 해서 미국으로 망명하고 거기에서 연애를 하고 결혼한 사람이 귀화해서 미국시민권을 갖는 게 무슨 대단한 문제가 되겠습니까. 더욱이 당시에는 국적 개념이 정립돼 있지 않은 상황에서 미국시민권을 갖는 것이 무슨 대단한 문제가 되겠어요"라고 반문했다.

"필라델피아에서 문방구점을 운영해서 독립운동 자금을 대고, 코리언 콩글레스 회의를 열고, 신문을 발행했고, 『프렌즈 오브 코리아』를 만들고 하는 활동은 서재필 박사가 만일 친일파였고 자기 조국을 사랑하지 않았더라면 할 필요가 없는 것들입니다. …… 그 당시 이미 없어진 나라, 언제 독립이 될지도 모르는 나라를 위해서 크든 작든 간에 자기 재산을 팔고 독립운동에 뛰어들고 하는 것은, 하기 힘든 일을 했기 때문에 더 높이 평가해야 되는 것입니다. 자기 국적과 가족이 한국인인 사람이 하는 것보다 그걸 하지 않아도 될 사람이 한 행동이 더 귀중한 것이죠."[66]

또 려증동은 갑신정변과 관련해 "재필 자신은 일본군의 보호를 받으면서 일본으로 달아났으니, 재필 아비·형·아우(재창, 14세) 세 사람이 모두 죽음을 당했습니다. 이런 상황에 놓인 재필에게 조국이 있을 리 없고, 아비와 형제가 사형당한 나라가 잘 되기를 바랄 리 만무한 것입니다"라고 주장했다.[67]

이와 관련, 이정식은 "삼족몰살(三族沒殺)이라고 하는 야만적인 형벌이 청년 서재필에게 준 상처는 상상하기조차 힘든 일이었다"며 서재필이 가진 원한을 인정함과 동시에 서재필의 애국심을 긍정 평가하면서 이를 '아이러니'라고 했다.

"서재필은 후에 고종 임금 앞에 나서서도 '신(臣)'이라는 말을 하지 않았고, 또 한국 사람들을 대할 때 'You, Koreans(너희들, 조선 사람들)'이라는 표현을 썼다고 해서 핀잔을 받은 일이 있는데, 아마도 이러한 태도는 삼족몰살에 대한 반응이었을 것이다. 삼족몰살을 당한 그는 아마도 조선이라는 나라를 저주했을 것이고, 그를 잊어버리려고 했을 것이다. 그러면서도 후에 그는 무슨 일이 일어날 때마다 조국을 위해서 나설 수밖에 없었으니 아이러니라고 할 수밖에 없다."[68]

서재필의 조선 폄하도 비판의 대상이 되었다. 서재필은 한때 "세계에서 제일 불쌍하고 더러운 백성은 조선 백성"이라 했고, 또 한국의 독립이 일본의 힘으로만 될 것이며 따라서 한국인은 이와 같은 일본의 덕택을 인정하여 일본에 감사해야 한다고 주장하기도 했다.[69] 이와 관련, 비판 찬드라(Vipan Chandra, 미국 휘튼대학 동양사 담당 교수)는 서재필·윤치호의 "몇 가지 극단적인 친일적 진술과 한국을 경멸하는 발언이 그들의 사상을 대표한다고 말할 수 없다고 생각한다. 이런 발언은 어떤 순간적인 좌절감이나 안타까움으로 인한 감정의 폭발이라고 여기는 것이 마땅하다고 생각한다. 나라의 힘이 압도적으로 약할 때 사람들은 가끔 이런 태도를 나타내기 마련이다"고 옹호했다.

"그들은 유교사상을 극력 반대하면서 적극적으로 서양문화를 도입하고 싶어 했던 사람들이었다. 그들은 개신교 신자이기 때문에 그런 경향이 더욱 강했다. …… 전체적으로 볼 때 필자는 그들의 애국심, 즉 민족주의적인 정신은 남에 뒤떨어지지 않았다고 생각한다."[70]

『독립신문』의 소유권 논쟁

주진오는 서재필에 대해 "그는 『독립신문』 설립 과정에서 단 한 푼의 자본을 댄 바가 없었음에도 신문사를 자기 명의로 등록했으며 1898년 미국으로 돌아가면서 소유권을 일본에 양도하려 했고 그것이 실패로 돌아가자 그 운영만 윤치호에게 넘긴 채 자신은 하는 일 없이 편집인의 명목으로 많은 연봉을 받기로 계약을 맺었다"고 비판했다.[71]

또 서재필이 조국에 빈손으로 와서 조선 정부의 돈으로 신문사를 운영하다가 미국으로 떠나면서 거액의 현금(2만 4400원)을 벌어갔다는 비판도 제기되었다. 주진오는 "『독립신문』의 판권은 하나의 이권 침탈이었다고 할 수 있다"고 주장했다.[72]

이에 대해 신용하는 "이 부채(2만 4400원)는 3·1운동 직후에 서재필이 독립운동을 위하여 사재를 모두 팔아서 7만 6000달러를 모두 독립운동에 투입함으로써 충분히 청산하였다"며 "이때 그는 미국에서 병원 외에도 60~70명의 종업원을 둔 문방구점과 분점들을 가지고 있었으나 부인의 반대를 무릅쓰고 이들을 모두 독립운동에 바치고 파산하였다. 여기서 그의 헌신적 애국심과 그의 인품을 볼 수 있다. 이 사실을 고려하면 이때 그가 가져간 2만 4400원은 비난할 만한 것이 되지 못한다고 말할 수 있다"고 반박했다."[73]

신문사를 서재필의 명의로 등록한 것에 대해 신용하는 "신정부의 각료들은 …… 각종의 이권이 구미열강에게 양여되고 침탈되는 것조차 막지 못하는 형편에 있었으므로 서재필이 독립신문사를 자기의 사유기업으로 등록하는 것쯤은 오히려 하찮은 일에 속한 것이었다"고 일축했다. 반면 한철호는 신용하의 이런 시각은 박정양·이완용 등을 주축으로 성립된 정동파 내각의 신문에 대한 인식을 고려하지 않는 데서 생겨난 오류라며 다음과 같이 말했다.

"그 이유는 …… 박정양 등이 미국의 신문들은 정부의 허가를 받는 민간지였으며, 또한 일본 외무성의 지원을 받는 『한성신보』도 민간지 형태를 취하였다는 사실을 염두에 두었기 때문이다. 즉, 정동파 내각은 『한성신보』에 효과적으로 대처하는 동시에 정부시책을 널리 국민에게 알리기 위해서는 정부의 입장을 노골적으로 드러내는 관보보다는 미국의 신문이나 『한성신보』와 같은 민간지의 형식을 취하는 것이유리하다고 생각하였던 것이다."[74]

서재필이 추방되기 전 독립신문사를 처리하려고 하는 과정에서 일본 정부에게 이를 팔려고 했던 것은 매국적인 행위였다는 비판도 제기되었다. 이에 대해 이정식은 "그러나 이러한 비판은 삼가야 할 것이다"며 다음과 같이 반박했다.

"서재필이 러시아공사관에서 1만 원을 줄 터이니 독립신문사를 팔라고 하는 제의를 거절한 것을 보아서 알 수 있듯이 그는 아무에게나 팔겠다고 생각한 것은 아니었다. 러시아 측의 제의를 거절한 후 그는 일본공사의 제의를 받고 4000원에 매각할 교섭을 한 바 있고 또 떠나기 직전에 이 문제를 가지고 일본공사에게 재촉도 한 일이 있었는데, 결국 이 교섭은 성립되지를 않았다."[75]

이어 이정식은 "일본에 대한 감정은 1904년 2월에 일본 군대가 러시아와 싸우기 위해 부산항에 상륙한 그날부터 완전히 전복되고 만다. 일본인들의 행태가 너무나 오만했고 야만적이었기 때문이다. 그러므로 우리는 러일전쟁 전과 그후 여론의 차이를 인식해야 한다. 1898년에 독립신문사의 매각을 둘러싼 교섭이 있었다고 해서 서재필이 매국적이었다고 하는 논리는 성립되지 않는다"고 주장했다.[76]

서재필의 제국주의 · 의병관 논쟁

주진오는 서재필에 대해 "『독립신문』 등을 통해 그는 동학혁명이나 의병운동을 철저하게 비난하고 있으며 열강의 이권침탈과 시장개방 요구를 '문명화'로 합리화하거나 옹호했고 심지어 독립신문사에서 각종 서양 물품을 판매하기도 했다"고 비판했다.[77]

그러나 신용하는 고종이 아관파천을 하면서 신내각을 구성함과 동시에 전국에 의병 해산령을 여러 차례 내렸으며, 각도별로 의병을 해산시키기 위해 대신들도 파견했다는 점을 지적하면서, 다음과 같은 반론을 폈다.

"내각도 바뀌었고 이제는 모든 문제가 해결됐고 대군주 폐하께서 의병을 해산하라고 조칙을 내리고 사절들을 각도에 파견했는데, 2달이 지났음에도 불구하고 아직 해산하지 아니한 의병들이 있었습니다. 그래서 '왜 해산하지 않는가. 끝까지 해산하지 아니하면 비도가 되는 것이다. 그러니 빨리 해산해서 본업으로 돌아가라'고 이야기를 합니다. 이게 무슨 친일입니까? 만일 그렇다면 그 해산을 명령한 고종이 친일이 되고 그 신정부가 친일정부가 되는 것이지, 어떻게 그것을 전달한 『독립신문』이 친일이 되겠어요."[78]

또 신용하는 친미 비판에 대해 미국이 제국주의 국가의 형태로 되거나 제국주의 정책을 채택하기 시작한 것은 1898년 미-스페인 전쟁이 발발할 때부터였으며 그전에는 가장 민주주의적이었고 한국에 대해서도 가장 우호적이었다는 점을 지적했다.[79] (스페인은 1898년 8월 12일 푸에르토리코와 괌, 12월 10일 필리핀의 소유권을 미국에 양도했다)

1898년을 전후로 미국의 자세엔 큰 차이가 있다는 신용하의 주장을 경청할 만하다. 그러나 엄밀히 말하자면, 미국은 1898년 스페인과의 전쟁 이전에도 약소국들에 대해 횡포를 저지른 나라였다. 미 국무성 자료인 「1798~1945년 사이의 미국의 군사력 사용 실태」에 따르더라도 미국이 1798년과 1895년 사이에 다른 나라 문제에 간섭한 횟수는 103회에 이르렀다.[80]

서재필을 어떻게 볼 것인가?

『조선일보』는 1996년 2월 26일부터 7월 2일까지 모두 13회에 걸쳐 '풍운의 세계인 서재필' 일대기를 연재하였다. 손석춘은 1997년에 출간한 『신문읽기의 혁명』에서 "'왜 느닷없이 서재필인가?' 하고 의아했던 독자 가운데는 『조선일보』와 『동아일보』가 신문의 날을 전후한 사설에서 『독립신문』의 정신을 이어받아 자신들이 일제 아래서 민족지였음을 강조한 대목을 접하면서 '이래서였구나!' 했던 분들이 있을 것이다"며 "독자들은 이제 왜 우리 신문들이 서재필을 그토록 찬양하는 편집을 했는지 이해했을 터이다"고 말했다.[81]

정진석은 이 세상에는 완벽한 인간이란 없다는 평범한 진리를 바탕으로 역사적 인물에 접근하고 그들의 업적을 조명할 줄 알아야 한다며 서재필을 옹호하면서도 "위대한 선각자라는 전제 조건을 가지고 볼 때에는 그의 행동에서 아쉬운 점을 발견하게 된다"며 다음과 같이 말했다.

"그가 1898년 5월에 미국으로 돌아가던 무렵 독립협회와 만민공동회의 많은 사람들이 그의 도미를 간곡히 만류했으나 냉정히 떠나고 마는 장면에서는 그가 위대한 서재필이 아니고 평범한 인간이었으면 충분히 납득이 될 행동이었음에도 불구하고 섭섭한 마음을 누를 길이 없게 된다."[82]

김민환은 "『독립신문』에 대한 긍정적이거나 부정적인 평가는 서재필이나 『독립신문』뿐 아니라 민영 신문 전반에 대한 평가에 연장하더라도 별로 문제되지 않을 것이다. 당시의 민영 신문은 사실상 『독립신문』이 제시한 사상의 틀을 크게 벗어난 것이 아니기 때문이다. 따라서 『독립신문』에 비판적일 경우 민영 신문 전체의 역할에 부정적일 것이며, 반대로 『독립신문』에 긍정적일 경우 민영 신문의 역할에 대해서도 대체로 긍정적이기 마련이다"고 했다.[83]

　서재필과 『독립신문』을 어떻게 보느냐 하는 문제는 곧 역사를 어떻게 보느냐 하는 문제이기도 할 것이다. 서재필에 대한 비판은 그가 그동안 지나치게 미화돼 온 것에 대한 반작용의 결과가 아니겠는가 하는 생각이 든다. 『독립신문』의 논조와 내용에 대한 평가도 마찬가지일 것이다.

제5장

만민공동회의 도전

01

독립협회의
의회설립운동

독립협회의 상원설립운동

1898년 7월 3일 독립협회는 윤치호 등의 이름으로 의회설립을 정식으로 제의하는 상소를 올렸다. 이 상소문은 한문 전용의 관습을 깨뜨리고 역사상 처음으로 국한문혼용으로 작성한 점에서 획기적인 것이었다. 고종은 이 상소에 대하여 "분수를 벗어나서 망언하지 말라"고 답했지만, 독립협회는 7월 12일에 다시 상소하였다.[1)]

전인권은 의회설립이 수구파 관료와 고종의 반대에 부딪치자『독립신문』과 독립협회는 노선을 수정하여 우선 갑오경장 때에 내각의 자문기관으로 설치되었다가 유명무실해진 중추원을 개편한 '상원'을 설립하는 전략을 채택하였으며,『독립신문』7월 27일자 논설「하의원은 급하지 않다」는 이 같은 배경에서 나왔다고 주장했다.[2)] 이 논설은 하원설립을 반대하며 다음과 같이 주장했다.

"하의원이라 하는 것은 백성에게 정권을 주는 것이라 …… 무식하면 한 사람이 다스리나 여러 사람이 다스리나 국정이 그르기는 마찬가지요. 무식한 세계에는 군주국이 도리어 민주국보다 견고함은 고금 사기와 구미 각국 정형을 보아도 알지라 …… 우리는 외국 사람과 통상 교제한 후에 몇 해 동안에 배운 것이 지권련(담배) 먹는 것 한 가지밖에는 없으니 무슨 염치로 하의원을 어느새 꿈이나 꾸리오. 이 망발을 하지들 말고 ……."³⁾

그러나 김동택은『독립신문』은 하원설립 의지를 적극적으로 부정했으며, 설립하고자 하는 의회도 서구의 의회가 아니라 의정부의 의정과 같은 전통적인 제도로 보았다.⁴⁾

이태진은『독립신문』이 제시한 의회원 또는 의정원은 황제권 견제에 목적을 둔 것이라며, 이를 안경수 계열과 연계시켜 다음과 같이 주장했다.

"안경수 계열은 개명 관료독재를 실현시키는 것이 목표였다. 이를 위해서는 군주권을 제한하는 것이 필수조건이었으며, 군주권 제한은 의회 개설을 통해 비로소 가능한 것이었으나 하의원은 처음부터 고려하지 않고 일본이 취하고 있는 추밀원에 해당하는 기구를 세워, 이를 통해 정부 대신 추천권을 장악하여 군주권을 견제 내지 약화하는 소기의 목적을 달성하고자 했던 것이다."⁵⁾

서영희는 "기존 연구들은 독립협회가 하원의회를 유보했고 단지 중추원을 상원의회처럼 개편하자고 주장했다는 것에서 민중관의 한계를 찾고 있다"며 다음과 같이 주장했다.

"그런데 19세기 말 세계 각국 의회의 상원은 공화국인 프랑스·미국에서만 선거에 의하고 입헌군주국인 영국·독일·일본은 모두 황

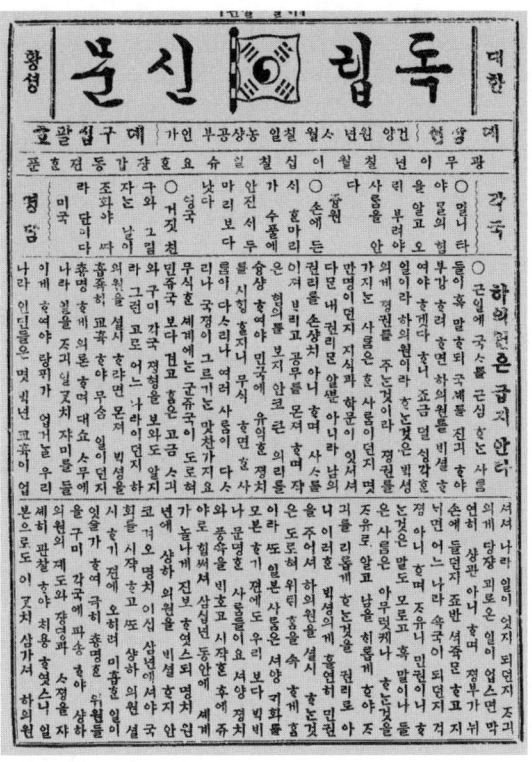

의회문제를 다룬 1898년 7월 27일자 『독립신문』 논설. 이날 『독립신문』
은 하원설립 반대를 적극 표명했다.

제임명제였는데, 독립협회의 중추원 개편 안에서는 인민 선거 조항이 삽입되어 있으므로 전자보다는 후진적이나 후자보다는 공화주의적이라는 평가도 있다. 이 시기는 세계사적으로도 보통선거의 시기는 아니므로 민의 범위를 한정하고 하층민에 대해서는 우민관을 표현하는 것은 어쩌면 당연한 부르주아적 인식이라고 볼 수 있겠다. 한편 윤치호의 견해에 대한 문제인데, 윤치호가 독립협회 회장을 역임하기는 했으나 그의 주장이 독립협회 회원 대다수의 의견을 대표한다고 할 수 있을지는 의문이다. 독립협회 내에는 다양한 분파가 존재하고 있었고 상층지도부와 평회원 간의 노선 갈등도 심했다. 따라서 윤치호가 쓴 『독립신문』의 논설만을 가지고 일관되게 독립협회세력의 주장이라고 못 박아 말하는 것은 무모하다고 생각된다."[6]

황국협회의 하원설립운동

독립협회의 본격적인 의회설립운동 직전 독립협회에 대항하기 위한 조직이 생겨났으니, 그건 바로 '황국협회(皇國協會)'였다. 궁정 수구파가 주동이 되어 보부상들을 회원으로 하여 1898년 6월 30일자로 갑작스럽게 조직한 단체였다. 황국협회의 지도부는 을미사변 이후 의병을 일으켰던 허위 등이 참여하고 정부 고관이 후원하였지만, 일반 회원은 대다수가 보부상이었다.[7] 회장은 법부의 민사국장 이기동이 맡았고 황실에서 경비조로 1000원을 하사했다.[8]

황국협회는 이기동·고영근·홍종우·길영수 등이 주도했다. 이기동과 길영수는 홍종우와 더불어 세간에서 그들의 성과 이름 중에서 한 글자씩을 따서 '홍길동' 이라 불렀다. 좋은 의미라기보다는 벼락출세를 했다는 비아냥에 가까웠다. 이기동과 길영수는 이용익의 오른팔로 지목받았는데, 이용익은 금광 투자로 번 막대한 돈을 왕실에 기부하여 고종의 신임을 얻은 후 1897년 황실재산을 관리하는 내장원경(內藏院卿)에 임명되었다.[9]

독립협회는 엘리트 지식인 중심의 상원을 먼저 설치하자고 주장한 반면 황국협회는 인민이 중심이 된 하원설립을 주장하였다. 조재곤은 "황국협회는 독립협회에 비해 보수적이자 황제권 강화에 동조적이었다고 평가됨에도 불구하고 보다 진보된 하원 개설을 주장한 이유는 무엇인가?'라는 물음을 던지면서 다음과 같이 주장했다.

"황국협회는 그 설립 취지에서 알 수 있는 바와 같이 황권강화를 통한 군주제의 절대화뿐만 아니라, 다양한 각 계층의 의견을 수렴할 수 있는 하원 개설을 통하여 부국강병을 계획했던 것으로 이해할 수 있다. 황국협회도 당시 독립협회와 마찬가지로 입헌군주제를 인정하지만, 그들과는 달리 서민 대중의 입장을 대변할 수 있는 하원을 중심으로 하는 정치체제를 구상하였던 것으로 판단된다. 또한 당시의 독립협회와의 갈등 속에서 미시적으로는 정치적 선전 또는 독립협회의 중추원 개편운동에 대응하기 위한 의도도 있었을 것이다."[10]

그러나 훗날 황국협회가 독립협회와의 갈등이 끝난 뒤 더 이상 하원 개설을 거론하지 않은 걸 보면, '정치적 선전 또는 독립협회의 중추원 개편운동에 대응하기 위한 의도'가 '미시적'인 것이라기보다는 오히려 본질에 가까웠던 게 아닌가 하는 의문을 제기할 수 있겠다.

안경수의 정변 미수사건

이 무렵 독립협회의 초대 회장이었던 안경수의 정변(政變) 미수사건이 일어났다. 1898년 7월 9일 안경수가 경무사를 지낸 김재풍, 이충구 등과 함께 친위대 병력을 동원하여 고종을 폐위시키고 황태자를 옹립하려고 모의했다가 적발된 것이었다. 이 사건으로 내부대신 박정양이 체포되고, 안경수는 일본으로 망명했다. 이 사건을 빌미로 의정부 참정 조병식은 독립협회 회원들을 안경수의 도당으로 몰아 협회 지도자들을 살해하고 독립협회를 해산시켜 황제의 신임을 얻으려 획책했다.

이에 격분한 독립협회는 7월 17일에 조병식에게 사직을 권고하는 편지를 보낸 것을 시작으로 그의 파면운동을 치열하게 전개하였다. 마침내 황제는 7월 21일에 조병식을 면직시켰다.[11]

독립협회의 조병식 파면운동은 치열한 정도를 넘어 사실 집요했다. 오세응은 "독립협회는 조병식을 물러나게 할 유일한 방법은 물러날 때까지 그를 괴롭히는 것뿐이라는 결론을 내렸다. 그리하여 독립협회는 조병식이 가는 곳이면 어디든 그를 따라다니기로 결정했다"고 했다.[12]

그런 '괴롭히기 작전'이 성공했으니 독립협회의 기쁨이 어떠했으랴. 『독립신문』 1898년 7월 25일자는 사설을 통해 자비로운 판단을 내려주신 고종에게 감사를 표하고 독립협회 회원들에게는 "가야 할 길이 멀다면 목적지를 향하여 너무 서두르거나 너무 게을리 해서는 안 된다"는 일본의 도쿠가와 이에야스의 말을 빌어 자만하지 말고 국가를 위해 애국하라고 주장했다.[13]

독립협회의 이토 히로부미 환영

그로부터 한 달 후인 1898년 8월 24일 일본의 전 총리대신 이토 히로부미가 서울에 나타났다. 한국에서 일본의 이권을 러시아가 인정한 니시-로젠 협약에 따라 경부선 철도부설권을 할양받기 위한 협상을 벌이기 위해서였다. 그런데 이상한 일이 벌어졌다. 오세응의 주장이다.

"독립협회 회원들이 그의 방한 목적을 이미 알고 있었음에도 불구하고 회장 윤치호를 비롯한 몇몇 회원들은 그를 환영하였을 뿐 아니라, 그가 성공적으로 할양건을 매듭짓고 돌아갈 때 독립문이 새겨진 은제 컵을 선물로 주었던 것은 이해할 수 없는 일이었다. 사실 『독립신문』은 이토 히로부미의 교육과 여론에 관한 연설 내용을 기사로 싣고 이를 호평하기까지 했던 것이다."[14]

9월 4일에 열린 독립협회 주례 토론회에서는 철도부설권의 일본 할양문제를 토론하였으나, 이승만·정교 등의 반일 측 견해와 남궁억 중심의 관망 측 견해가 팽팽하게 대립되었다. 협회 지도부의 반대에도 불구하고 다수결의 결의를 거쳐 조선이 이제까지 외국에 공여한 모든 이권 할양의 사실조사위원회를 구성하자는 정교의 동의안을 통과시켰다. 그간 독립협회의 회의 내용을 충실히 보도해왔던 『독립신문』은 이날의 사건이나 경부선 철도부설권 할양에 관해서는 한마디도 보도하지 않았다.[15] 그대로 다 믿을 순 없다 하더라도, 정교는 그 이유를 다음과 같이 기록했다.

"윤치호는 기독교인이었기 때문에 자신이 좋아하는 유럽인이나 일본인들과의 관계를 단절하고 싶지가 않았다. 그리고 윤치호의 옆에 붙어사는 남궁억은 절친한 정부 관리들과 좋은 사이를 유지하고 싶어 했기 때문이다."[16]

앞서 소개한 바와 같이, 『독립신문』이 이권양여에 관한 적극 반대론을 전개한 건 1890년대 말부터였다. 1898년까지도 개발이권의 양여에 관해선 소극적이다 못해 우호적이었다.

02

『제국신문』『황성신문』창간

1898년의 언론사적 중요성

만민공동회가 거리를 무대로 민심을 분출한 1898년은 개화기 언론사에 있어서 『독립신문』이 창간된 1896년 못지않게 중요한 해였다. 바로 이 해에 『매일신문』의 창간과 함께 『매일신문』에 자극받아 『독립신문』의 일간 발행(1898년 7월 1일부터)이 이루어졌으며, 8월 10일 『제국신문』과 9월 5일 『황성신문』도 일간지로 창간되었기 때문이다.

『제국신문』(뎨국신문)은 1898년 8월 10일자로 창간되어 1910년 3월 31일자까지 대략 3240호를 발행하였다. 『제국신문』은 재정난으로 1910년 3월 31일자까지 내고 휴간에 들어갔으나, 속간하지 못하고 1910년 8월에 공식 폐간이 이루어짐에 따라 3월 31일자가 종간호가 되었다. 제호는 '뎨국신문'으로 순한글을 사용하다가 1903년 7월 7일 '帝國新聞'이라고 한자로 바꾸었다.[17]

『황성신문』은 1898년 9월 5일자로 창간되어 1910년 9월 14일자까지 총3470호를 발행하였다. 『황성신문』은 합일병합 직후인 1910년 8월 30일자로 제호를 『한성신문』으로 변경하였으나 곧 폐간되었다. 따라서 『한성신문』을 『황성신문』과는 다른 신문으로 본다면, 『황성신문』은 1910년 8월 27일 제3456호를 끝으로 수명을 다한 셈이다.[18]

1898년에 창간된 또 다른 신문으로는 『대한신보』가 있었다. 『대한신보』는 '광무협회'에 의해 4월 10일에 창간된 순국문 주간지였다. 광무협회는 일본교회조합 전도국이 미국계의 선교사업에 대항하여 한국 선교에 손을 뻗치기 위해 한일기독교인을 규합하여 창립한 단체였다.[19] 『대한신보』에 관한 기록은 많지 않으며 학자들 간의 기록도 각기 다르다. 최준은 주간지라 하고 정진석은 격일간지라고 한다. 김민환은 개화파 진영의 신문으로 보는 반면 최준과 정진석은 일인(日人) 신문으로 본다.[20]

『제국신문』의 창간 배경

『제국신문』은 중류 이하의 대중과 부녀자를 대상으로 삼은 신문이어서 정치적 색채가 옅었으며 주로 사회적 계몽에 중점을 두었다. 이 신문은 순한글 사용으로 일반 민중과 부녀자들에게 인기를 얻었다. 『제국신문』은 창간사 격인 '고백'에서 대한제국의 선포를 경축하는 뜻으로 제호를 『제국신문』으로 삼았다고 밝혔다.

"본사에서 몇몇 유지한 친구를 모아 회사를 조직하여 가지고 새로 신문을 발간할 새 이름을 제국신문이라 하여 순국문으로 날마다 출판할 터이니, 사방 첨군자(僉君子)는 많이 주의들 하여 보시오. 대개 제국신문이라 하는 뜻은 곧 이 신문이 우리 대황제 폐하의 당당한 대한국 백성에게 속한 신문이라 함이니 뜻이 또한 중대하도다. 본래 우리나라 대한이 개국한 지 사천여 년 동안에 혹 남에게 조공도 하고 자주도 하였으나, 실로 대한국이 되고 대황제 존호를 받으시기는 하늘 같으신 우리 황상(皇上) 폐하께오서 처음으로 창업하신 기초라. 우리 일천이백만 동포가 이같이 경사로운 기회를 즈음하여 나서 당당한 대한제국 백성이 되었으니 동양반도국 사천여 년 사기에 처음 되는 경사라."[21]

창간 당시의 『제국신문』 사장은 이종일(1858~1925)이었고 편집에는 『매일신문』의 사장을 역임한 유영석과 이승만이 관여하였다. 이승만은 주필 격으로 『매일신문』을 제작하다가 협성회 회장이 되어 자동적으로 이 신문의 사장직을 맡기도 했으나 사내 분규로 7월 초에 물러나 한 달 후에 창간된 『제국신문』에 참여하였다.[22]

『제국신문』이 창간되자 『매일신문』은 8월 12일자(제91호)부터 23일자(제100호)까지 10여 차례에 걸쳐 『제국신문』을 『매일신문』과 혼동하지 말라는 사고(社告)를 내보냈다.

정진석은 이 점에 주목하면서 『제국신문』은 내분으로 『매일신문』에서 해임된 이승만과 유영석 등이 『일일신문』을 창간하였다가 그걸 『제국신문』이라는 이름으로 바꿔내게 된 게 아닌가 하는 의견을 제시했다. 『독립신문』 7월 12일자는 『일일신문』이 새로 창간되었다는 기사를 싣고 있지만 현재까지 『일일신문』이 어떤 신문이었느냐에 대해서는 알려진 바가 없거니와 지면이 보존된 것도 없는 걸로 미루어 볼 때에 『일일신문』의 수명은 불과 한 달이 채 못 되었으리라는 것이다.[23]

이승만은 『제국신문』 주필로서 일본인들이 만든 『한성신보』와 치열한 논전을 벌이기도 했다. 『제국신문』 1898년 8월 30일자가 「대한 사람 봉변한 사실」이라는 표제로 일본 사람이 조선 사람에게 행패를 부린 사건을 보도하자, 『한성신보』 9월 11일자는 『제국신문』이 조그마한 일을 침소봉대했다고 반박하고 기사를 쓴 '기자 이승만'을 지적하여 비난했다. 이에 이승만은 9월 14일자 논설을 통해 "기자 이승만이라고 성명을 들어 책망하였으니 이승만이가 이런 일에 책망 듣는 것은 나라를 위하여 대단히 영광으로 아노라"면서 『한성신보』의 비난을 반박하였다.

이에 대해 최서영은 "우리나라 저널리즘 역사에 기자라는 호칭이 사용된 것이 이것이 처음이다. 그때까지 우리나라에서는 기자를 탐사인, 탐보원 또는 기재원 등으로 불렀으므로 기자라는 호칭이 붙은 것은 『한성신보』에 의해 이승만이 호칭 1호가 된다"고 했다.[24]

『제국신문』과 외국인 용병 사건

『제국신문』은 외국인 용병 사건에도 적극 개입해 영향력을 한껏 발휘하였다. 1898년 9월 15일 퇴역군인 등의 외국인 30명(영국인 9명, 미국인 9명, 독일인 5명, 프랑스인 5명, 러시아인 2명)이 인천을 거쳐 서울에 도착했다. 이들은 황실을 호위할 외국인 용병부대였다. 고종이 황실을 호위하는 한국인 순검 등을 신임하지 않고 항상 불안해하고 있는 것을 기회로 장봉환, 주석면 등이 법부(法部) 고문인 미국인 그레이트하우스(Clarence R. Greathous)의 건의라면서 궁내부대신 서재순, 군부대신 심상훈, 탁지부대신 민영기 등의 동의를 얻어 고종에게 외국인 용병부대의 설치를 상주한 결과였다.[25]

독립협회는 9월 17일에 급히 특별회의를 열어 외국인을 고용하여 황실을 보호하는 것은 나라의 수치임을 논의하고 각부에 총대위원을 보내어 항의 질문을 하기로 결의하고, 이승만을 궁내부에 보내는 총대위원으로 선정했다. 이 역할과는 별도로 이승만은 『제국신문』 9월 18일자 논설을 통해 다음과 같이 주장했다.

"임금이 그 백성을 믿지 못하여 외국 사람을 청하여다가 대궐을 보호하는 일이 세계에 나라 되고서야 어디 있으리오 …… 우리는 생각컨대 …… 새로이 대소관인들과 지방관들이며 병정 순검까지도 모두 외국의 학문 있고 개명한 사람들을 청하여 사무를 맡겨 나라 일이나 개명하게 만들고 백성 교육이나 시켜 탐학이나 면하게 할 도리가 있으면 오히려 나을 듯하도다. 이것은 세상에 사람이 할 일이 아닌즉 그 후에는 세계에서 야만으로 대접할 터이니, 야만이야 누가 책망인들 하며 삼강오륜이 있고 없는 것을 누가 부끄러이 여기리오. 참아 절통하여 하는 말이니 짐작들 하여 보시오."[26]

고종은 이런 비판과 더불어 독립협회의 압력에 굴복하여 20일에 외국인 용병부대 설치계획을 포기했고, 외국인들은 1년치 급료 840원씩을 받고 9월 27일에 상해(상하이)로 돌아갔다.[27]

사장인 이종일은 필화사건으로 구금을 당하기도 했다. 『제국신문』이 고종의 탄신을 경축하는 기사 중에 황제폐하 '만세(萬歲)'를 '亡歲'로 잘못 오식(誤植)하자 정부는 경무청을 동원하여 이종일을 검속 구금시켰다.[28]

『황성신문』의 창간 배경

1898년 9월 5일에 창간된 『황성신문』은 『제국신문』과는 달리 국한문

장지연·유근·남궁억 등 한학에 조예가 깊은 사람이 중심이 돼 만들어진 『황성신문』은 개신유학적 전통을 배경으로 성장한 진보파의 대변지였다.

혼용 일간지로 중류계급 이상의 독자를 대상으로 삼았다.(皇城新聞에서 皇城은 '황제 나라의 서울'이란 뜻) 그런 이유로 『황성신문』은 '수(雄)신문', 『제국신문』은 '암(雌)신문'으로 불리기도 했다.

『제국신문』은 개인이 설립한 것임에 반해 『황성신문』은 합자(合資)로 설립되었다. 『황성신문』의 전신은 1898년 3월 2일 윤치호가 창간한 순국문 신문인 『경성신문』이다. 『경성신문』은 발행한 지 약 1개월 후인 4월 6일부터 자주독립국인 한국에서 신문을 발간하고 있음을 세계 각국의 사람들에게 알리기 위한 목적으로 제호를 『대한황성신문』으로 바꾸었다.[29]

『대한황성신문』은 우리나라 신문사상 최초의 주식제도라 할 고금제(股金制, 합자회사)를 채택했으며, 또 최초의 취재원 보호 논란에 휘말려들기도 했다. 1898년 7월에 『대한황성신문』이 경기도 과천군청의 관리 김성균의 투서로 군수 길영수의 비위 사실을 폭로했는데, 길영수는 그것이 사실무근이라고 하여 한성재판소에 소(訴)를 제기했다. 길영수는 공판날에 과천군 주민 수백 명을 서울로 데리고 와서 재판소 앞에서 위협적인 분위기를 조성했는데, 이런 분위기에 눌린 탓인지 『대한황성신문』 주필 유근은 재판정에서 길영수의 요구로 투서한 사람이 김성균임을 밝히고 말았다. 『매일신문』은 이 사실을 보도하면서 유근에 대해 "이렇게 투서한 사람의 성명을 경선(輕先, 경솔)히 발설하고 보면 종금 이후로 투서통이 비기가 쉽고 투서하려는 사람들이 각 신문사를 다 일반으로 알까 저어하노라"라고 비판했다.[30]

『대한황성신문』은 일본에서 수입된 인쇄기계의 설치와 사무 확장을 위해 1898년 8월부터 휴간에 들어갔다가 소유와 운영 주체가 바뀌게 되었다. 사장으로서 신문 발간의 책임을 맡아오던 윤치호가 8월에 독립협회 회장에 선임되면서 『대한황성신문』까지 맡아 운영하기에는 역부족이었기 때문이다. 이때 장지연, 남궁억, 유근 등이 윤치호로부터 신문의 운영권을 인수하여 『황성신문』을 창간하게 되었다.

『황성신문』은 이전의 순국문도 국한문혼용체로 바꾸었는데, 여기엔 경제적 고려도 작용했다. 안종묵은 "당시 서울에는 『독립신문』『협성회회보(일신문)』『뎨국신문』 등의 신문과 잡지가 순국문으로 간행되고 있었는데, 여기에 또 순국문으로 『황성신문』을 간행한다면 무의미한 일이었다. 왜냐하면 위의 신문들을 발행하던 사람들이 대부분 독립협회 회원이었으므로 신문들의 논조가 비슷했을 것이며, 또한 순국문을 구독하는 계층이 동일하였을 것이므로 더 이상 독자 확보에 어려움이 예상되었기 때문이다"며 다음과 같이 말했다.

"이와 같은 상황에서 『대한황성신문』을 인수한 사람들은 기존의 순국문 신문의 구독층에서 소외된 지식인층인 유생·양반계층을 새로운 구독자로 삼고자 하였다. 당시 신문들이 일반 대중의 계몽을 위해 순국문으로 발행하였지만, 유생·양반계층은 순국문을 언문(諺文)이라 하여 경시하고 있었다. 『황성신문』이 국한문혼용체의 신문을 발간하여 구독층을 차별화함으로써 순국문의 다른 신문들과 경쟁할 필요가 없게 되었다."[31]

『황성신문』의 필진

『황성신문』은 장지연(1864~1921), 유근(1861~1921), 남궁억(1863~1939) 등 한학에 조예가 깊은 사람들이 중심이 돼 만들어진 신문이었기 때문에 『독립신문』보다 보수적인 색채를 띠긴 했지만, "독립협회 내의 국내에서 개신유학적(改新儒學的) 전통을 배경으로 성장한 진보파의 대변지"가 됨으로써 『독립신문』과 함께 독립협회를 공동으로 대변하였다.[32] 『황성신문』은 『독립신문』과 마찬가지로 미국에 호의적이었으며, 1899년엔 일본에서 나온 『미국독립사』를 번역 출판하기도 했다.[33]

『황성신문』은 고루한 유생과 양반계층을 계몽함으로써 사회개혁을 이룰 수 있다고 보았다. 그래서 유교의 폐단을 비판했다. 유학은 종래의 전통만을 고집하고 발전하는 학문을 숭상하지 않으며, 자기의 가문을 유지하기 위하여 당파싸움이나 일삼고 있으며, 향리에 칩거함으로써 세계 대세와 세상사에 대해서 잘 알지 못해 국가와 민족에게 도움을 주지 못한다는 것이다.[34]

『황성신문』은 박은식·장지연·신채호 등 민족사학자들의 활동 무대이기도 했다. 박은식과 장지연은 1898년 주필로 참여하였고, 신채호(1880~1936)는 1905년에 장지연의 도움을 받아 논설위원으로 참여했다. 이들은 역사와 언론과는 서로 깊은 관계가 있으며 신문은 옛날의 실록(實錄)이며 신문인은 사관(史官)이라는 언론관을 갖고 있었다.[35]

『황성신문』은 경영이 어려울 때 고종으로부터 재정적 지원을 받기도 하였으며, 정부도 나서서 지방관청들로 하여금 『황성신문』을 구독하게끔 도와주었다. 이처럼 공공기관이 구독해준 부수는 전체 발행부수 2000부 정도의 절반을 넘었다.[36]

다른 신문들도 이와 같은 지원을 받았다. 이에 대해 채백은 "전쟁을 빌미로 일본이 한반도에 침략을 노골화하자 이에 대한 대응책의 일환으로 국내 신문들에 지원금을 하사하면서 국민 여론의 환기를 도모하려 시도했던 것이다"며 "개화기 한국 사회에서 공공기관들이 이렇듯 신문을 구독하게 된 것은 신문의 경영을 도와준다는 측면도 있었지만 그보다 앞서 지방관리들을 우선적으로 계몽하는 것이 필요하다는 생각에서였던 것으로 해석할 수 있겠다"고 평가했다.[37]

『황성신문』 사장 남궁억의 수난

개신교 신자인 남궁억은 초대 사장으로서 4년간 재임하였는데, 그 기간 중 세 차례나 큰 사건을 겪고 두 번이나 구속되는 수난을 당했다.

첫 번째는 1899년 4월 14일자 잡보란에 실린 「불입천교(佛入天敎)」라는 기사 때문이었다. 유명한 부처 하나가 천주교에 입교하여 영세를 받으려 하였으나 아직 교리 공부가 부족하다 하여 천주교에서 들어주지 않았다는 내용이었다. 기사를 천주교 비방으로 간주한 천주교도 수십여 명은 신문사로 몰려와 종현성당(명동성당)의 명예를 훼손하였으니 당장 신문을 정지하라고 요구하면서 남궁억을 명동성당으로 끌고 가는 등의 행패를 부렸다. 남궁억은 출처를 밝힌 후에야 풀려날 수 있었다. 언론의 '취재원 보호'에 실패한 셈이었다. 이 사건은 명동성당의 프랑스인 신부 뮈텔(Gustav Charles Mütel)이 남궁억을 찾아가 사과하는 것으로 일단락되었다.[38]

이 사건은 이미 10년 전인 1889년부터 불거지기 시작한 신·구교 간의 갈등이 표면화된 것이었다. 1889년 블랑 주교가 사망했을 때 개신교 측 선교사들이 장례식에 참석하려 했으나 천주교 측에 의해 거절당했다. 1888년 극심한 가뭄 시 천주교의 구호활동에 개신교가 뒤늦게 참여하려는 것을 놓고 쌓였던 감정 때문이었다. 이후 겉으로 드러난 첫 번째 충돌은 1894년 4월 이른바 '진고개 사건'이었다.

당시 장안에 화제가 되었던 종현성당의 신축현장에 구경갔던 개신교인 5명과 천주교인들 사이에 충돌이 있었는데, 아펜젤러는 뮈텔 주교 앞으로 "천주교 신자들은 천주의 계명을 멸시하고 마귀의 종 되기를 즐겨하는 자인가?"라는 격렬한 내용의 항의 편지를 보냈다. 이에 뮈텔은 그들은 단순한 구경꾼이 아니라 무기를 소지한 침입자들이었다며 "그 악당들이 당신의 제자라는 사실에 놀라움을 금할 수 없다"고 비난했다.[39]

『황성신문』이 겪은 두 번째 필화사건은 1900년 8월 8일자에 실린, 주한 러시아공사가 일본공사에게 한반도를 양쪽으로 분할하자고 제의했으나 일본 측이 거절했다는 내용의 기사로 인해 일어났다. 이 기사는 일본의 한 신문에 난 기사를 번역해 실은 것이었는데도, 당시 사장인 남궁억은 경무청에 검거되어 태형(笞刑)을 받았다.[40] 이 사건은 "정치문제를 다룬 기사로 인해서 정식 구속되어 재판에 회부된 최초의 필화사건"으로 기록되었다.[41]

세 번째는 1902년 5월 남궁억과 총무원 라수연이 함께 구속된 사건인데, 그 상세한 사정은 밝혀지지 않았다. 두 사람은 3개월간 구속된 후 8월 31일 열린 사원총회에서 사임하고 신문사에서 물러났는데, 후임 사장에는 장지연이 선출되었다.[42]

03

고종 독살음모 사건과 커피

고종의 커피 사랑

1898년 10월에 열린 제2차 만민공동회는 '김홍륙 독차사건'이라는 '임금 독살 미수사건'이 계기가 되었다. 여기서 '독차'라 함은 커피였다. 잠시 커피에 대해 이야기를 하고 넘어가자.

우리나라에 커피가 처음으로 들어온 시기는 대략 1890년 전후로 추정된다. 1888년 개항지인 인천에 우리나라 최초의 호텔인 대불호텔과 슈트워드호텔이 생겼고 여기에 커피를 파는 부속다방이 들어섰는데, 이게 바로 우리나라 다방의 선구가 되었다.

그러나 커피의 전파 경로에 대해서는 의견이 분분하다. 어떤 이는 러시아인이 전했다 하고, 또 어떤 이는 일본 사람이 전했다고도 한다. 당시는 한반도를 사이에 두고 러시아와 일본이 이권쟁탈전을 벌이던 때였으므로 외국의 상품들이 물밀 듯 밀려들어온 시기를 반영하는 쟁

덕수궁에 있는 서양식 건물 정관헌. 고종은 이곳에서 연회를 베풀거나 음악을 들으며 커피를 즐겼다. '가배차' 혹은 '가비차'라 불린 커피는 구수하고 향긋한 맛 때문에 금세 왕족과 대신들의 기호품이 되었다.

론이기도 하다.[43]

그런가 하면 1895년에 발간된 유길준의 『서유견문』은 커피가 1890년경 중국을 통하여 우리나라에 유입되었다고 적고 있다.[44] 또한 1892년 구미 제국들과 수호조약이 체결되고 외국 사신들이 궁중에 드나들면서 궁중과 친히 지냈던 알렌이나 왕비 전속 여의(女醫)였던 호튼 등이 궁중에 전했을 가능성도 거론되고 있다.[45]

특히 미국, 영국 등의 외교사절들이 들어오면서부터 커피의 음다풍속(飮茶風俗)은 점차 널리 보급되었다. 커피는 그 구수하고 향긋한 고유의 맛으로 곧 왕족들과 대신들을 사로잡아 그들의 기호품이 되었으며 이름도 영어발음을 따서 '가배차' 혹은 '가비차' 라 불렸다.

일반 민가에도 주로 외국인 선교사나 상인들을 통하여 커피가 파급되었는데 서민들 사이에선 보통 '양탕(洋湯)국' 으로 불러졌다. 이는 커피의 색이 검고 쓴맛이 나는 것이 마치 한약 탕국과 같다고 해서 붙여진 이름이다.

공식문헌에 나타난 기록상으로는 고종은 1896년 아관파천 때 러시아 공사관에서 커피를 처음 맛보았다. 고종은 손탁(Antoinette Sontag, 1854~1925)의 권유로 커피를 접하게 되었고, 당시 세자이던 순종과 함께 커피에 맛을 들였다. 그 후 덕수궁으로 환궁한 뒤에도 커피 맛을 잊지 못하고 커피를 계속 찾게 되었다. 고종은 덕수궁에 정관헌이라는 서양식 집을 짓고 그곳에서 커피를 마시며 서양음악을 즐겨 들었고, 외국 공사들과 연회를 갖기도 하였다.[46]

고종 독살음모 사건

커피는 1898년에 일어난 고종 독살음모 사건에도 등장했다. 아관파천 시절에 세도를 부렸던 역관 김홍륙은 하루아침에 세도의 날개가 떨어지게 되고, 전라도 흑산도로 유배를 당하게 되자 고종에게 앙심을 품었다.

김홍륙은 무식한 사람이었지만 블라디보스토크에서 고용살이를 하면서 익힌 러시아어 구사 능력으로 러시아공사관의 통역관으로 일했다. 그러다가 아관파천 시 고종의 총애를 받으면서 학부협판, 귀족원경, 한성부판윤 등 고위관직을 두루 거쳤다. 그런데 그는 통역을 빙자해 자기 마음대로 국정을 농단했고, 이를 알게 된 고종은 그를 암살하려고 한다. 하지만 실패하게 됐고, 고종은 김홍륙에게 적대적인 여론의 힘을 빌어 태형 100대와 종신귀양이라는 벌을 내린다.[47]

김홍륙은 유배를 떠나기에 앞서 그의 처 김소사를 통해 공홍식에게 독약을 전한 뒤 황제의 음식에 몰래 섞어 넣도록 하였다. 공홍식은 그전에 보현당의 창고지기로서 임금에게 올리는 서양 요리를 맡았다 쫓겨난 적이 있는 김종화를 큰돈을 주고 매수하였다. 9월 11일 김종화는 덕수궁 주방에 소매에 독약을 감추고 들어가 고종과 세자가 즐겨 마시는 커피에 독을 넣었다. 다행히 고종은 냄새가 이상하여 입에 품었던 독차를 뱉어내어 아무 일 없이 괜찮았지만, 한 모금을 마셔버린 세자는 그것을 토하며 고생을 하였는데, 독차사건의 여독으로 인해 무려 18개의 의치를 해 넣게 되었다.[48]

『독립신문』 1898년 9월 13일자에 따르면, "그저께 밤에 카피차를 황태자 전하께서 많이 진어하신 후 곧 피를 토하시고 정신이 혼미하샤 …… 황상폐하께서는 조금 진허하신 후 토하시고 근시 김한종, 김서태 양씨와 엄상궁이 퇴선을 맛본 후 김한종 씨는 곧 호도하여 불성인사하매 업어내어 가고 하인 넷이 나머지를 먹고 또 병이 들었다 하니 …… 수라 맡은 사람들의 조심 아니한 것은 황송한 일이로다."[49]

이 사건으로 김홍륙은 공홍식, 김종화와 함께 참수형을 당하고, 그의 시체는 순검 네 명이 바지를 잡고 종로 거리를 끌고 다니며 구경을 시키게 되었으며, 그의 처인 김소사는 태(笞) 100대와 3년간의 백령도 유배형에 처해졌다.[50]

그런데 이 사건을 심문하면서 경무사 민영기는 죄인을 잔악하게 고문했고, 9월 24일에 열린 중추원은 의관 34명의 이름으로 신법을 개정하여 이미 폐지된 나륙법(拏戮法, 대역죄와 같은 큰 죄를 지으면 그 자손들도 연좌하여 사형에 처하던 형법)과 연좌법(連坐法)을 부활시킬 것을 정부에 요구하는가 하면, 법부대신 겸 중추원 의장 신기선 등은 이를 주청하는 상소를 올렸다.

독립협회는 9월 25일의 회의에서 반역사건을 규탄하고 사건의 철저한 조사를 촉구하면서도 한편으로 죄인을 악형으로 고문한 사실과 중추원의 나륙법과 연좌법 부활기도는 국민의 생명과 재산의 자유를 침해하는 것이며 신법을 개악하는 것이라고 결의하고 이에 대한 반대 운동을 전개하기로 했다. 이에 대해 손세일은 "그것은 독립협회가 그만큼 정치적으로 성숙해 있었음을 말해준다"고 평가했다.[51]

손탁호텔과 커피

손탁이 세운 '손탁호텔'은 서울 내 호텔식 다방의 첫 번째가 되었다. 손탁은 1896년 고종의 아관파천을 도운 공으로 경운궁 밖의 한옥을 하사받아 외교관들과 조선 엘리트들의 사교장이 되는 정동구락부를 만들었다.[52] 손탁호텔의 건립연도에 대해선 여러 설이 있다. 그간 1902년 설이 유력했으나, 김원모의 새로운 고증에 따르면 손탁호텔은 1896년에서 1898년 2년 사이에 정동 16번지의 대지 418평에 세워졌으며, 고종이 외국인 접대의 필요성을 느껴 서양식으로 지은 영빈관으로 당시 고종의 외교 자문역으로서 특별대우를 받던 손탁에게 무상으로 하사된 건물이었다.[53]

고종이 일본세력을 견제하기 위해 외세의 결집 장소로 이 호텔을 지어주었다는 설도 있다. 그러나 아이러니컬하게도 이토 히로부미가 자주 드나들면서 친일파를 불러들여 조선을 집어삼킬 궁리를 하는 곳

대한제국 관리들과 외국 외교관들의 사교장 노릇을 했던 손탁호텔. 이화학당의 기숙사로 사용될 당시엔 학부모들로부터 스팀 난방 때문에 여학생들의 음기가 죽는다고 항의를 받았다.

으로 이 호텔을 이용하였다. 이 호텔엔 『톰 소여의 모험』으로 유명한 미국 소설가 마크 트웨인이 러일전쟁 종군기자로 왔다가 단골손님이 되기도 했고, 미국 대통령 시어도어 루스벨트의 딸 앨리스 루스벨트가 머물기도 했다.[54]

손탁은 1909년까지 호텔을 경영하다가 프랑스인 지배인 보헤르(J. Boher)에게 양도한 뒤 프랑스 칸느의 별장에 가서 살았다. 1925년 71세의 나이로 러시아에서 재산을 몰수당한 채 객사한 것으로 전한다.[55] 손탁호텔은 1918년 이화학당이 매입하여 기숙사로 사용했는데, 학부형들은 이 건물의 스팀 난방의 쇳김이 음기(陰氣)를 죽여 여학생들이 불임증에 걸릴 것이라고 하여 이를 거부하는 소동이 벌어지기도 했다.[56]

'사교계의 여왕' 배정자

손탁호텔을 무대로 활약한 또 다른 '사교계의 여왕'이 있었으니, 그녀는 바로 배정자(1870~1952)였다. 흔히 이름 앞에 '요화(妖花)'라는 수식어가 붙어 다니는 배정자는 1870년 경남 김해 고을에서 아전 노릇을 하던 배지홍의 딸로 태어났다. 부친은 1873년 대원군 실각 후 그 졸당(卒黨)으로 몰려 대구 감영에서 처형되었다. 모친은 이 충격으로 눈이 멀어버렸다. 배정자가 세 살 때의 일이었으니 그녀의 초년이 순탄했을 리 없다. 이후 그녀는 모친과 함께 유랑생활을 하다가 밀양에서 관기(官妓)로 팔렸으나 도중에 뛰쳐나와 양산 통도사에서 머리를 깎고 중이 되었다. 1885년 15세 되던 해 그녀는 일본인 밀정 마쓰오(松尾彦之助)의 도움으로 일본으로 건너갔는데, 그녀에게 뜻밖의 삶이 기다리고 있었다.[57]

일본으로 건너간 배정자는 갑신정변 실패 후 일본에 망명해 있던 개화파 인사 안경수를 만나게 되었고 그를 통해 김옥균과도 알게 되었다. 그녀의 인생에서 결정적인 전기를 만들어준 사람이 바로 김옥균이었다. 1887년 김옥균은 당시 일본 정계의 실력자 이토 히로부미(伊藤博文)에게 그녀를 소개해주었다. 그녀의 빼어난 미모에 끌린 이토는 하녀 겸 양녀로 자기 집안에 들여앉히고 '다야마 데이코(田山貞子)'라는 일본 이름을 지어주었다. 배정자(裵貞子)의 '貞子'는 여기서 생겨났다. 이토는 재색(才色)을 겸비한 그를 장차 고급 밀정(스파이)으로 키울 요량으로 수영·승마·사격술·변장술 등을 가르쳤다. 소위 '밀봉교육'을 시킨 셈이다.[58]

일본으로 간 지 9년 만인 1894년 배정자는 일제의 정탐원이 되어 조선으로 돌아왔다. 그녀는 일본으로 되돌아갔다가 1899년 주한공사로 발령받은 하야시 곤스케(林權助)의 통역으로 다시 입국했지만, 본분은 일제의 밀정이었다. 첫 임무는 당시 조선황실 내의 러시아세력을 몰아내는 것이었다. 그녀는 일본공사관에 머물면서 기회를 노리다가 엄비(嚴妃, 고종의 계비)의 친인척을 통해 황실과 선을 댔다.

고종은 미모에다 출중한 일본어 실력을 갖춘 그녀를 총애하였다. 당시 한 신하가 고종에게 "비기(秘記)에 가로되, 갓 쓴 여자가 갓 쓴 문(門)으로 출입하면 국운이 쇠한다 하였습니다. 통촉하옵소서"라고 아뢴 바 있다. 양장에 모자(갓)를 쓴 그녀가 대안문(大安門, 덕수궁의 정문)을 뻔질나게 드나드는 것을 꼬집은 것이었다. 나중에 대안문의 이름은 대한문(大漢門)으로 바뀌었는데, 배정자 때문에 그리 되었다는 설이 있다.[59]

사람들이 배정자의 정체를 의심이라도 하면 이토는 그 특유의 너털웃음을 지으면서 양녀라고 얼버무렸지만, 세상 사람들은 배정자를 그의 정부(情婦)로 보았다. 이토는 일본에서도 '메이지 시대 3대 호색가(好色家)' 중의 하나로 꼽힌 자였기 때문이다. 배정자는 손탁호텔을 무대로 정치활동을 벌였으며, 1905년 '을사조약'이 체결되고 이듬해 3월 이토가 초대 한국 통감으로 부임하자 배정자는 그의 인생에서 최대의 전성기를 맞았다. 오빠 배국태는 한성판윤(현 서울시장)으로, 동생은 경무감독관(현 경찰청장)으로 승진하였다. 이토를 등에 업은 그는 밀정이자 막후 권력자로 행세하였다.[60]

커피는 서양 문물·분위기의 상징

당시 커피는 서양 문물과 분위기의 상징이었다. 고종이 커피를 즐겨 마시게 되자 커피는 단지 왕실에서의 기호품으로만 그치지 않았고, 중앙의 관료, 서울의 양반, 지방의 양반으로 점차 확대되어 일반화되기 시작하였다. 그들은 커피를 마시면서 서양의 개화 바람을 흡입한다고 생각했을지도 모르겠다.[61]

이후 궁중에서는 관리들에게 선물을 내릴 때에 새로운 서양 문물의 상징으로 커피도 포함시켰다. 원로 다인(茶人) 이서구의 회고에 따르면, "내가 커피 맛을 본 것은 대한광무연간(大韓光武年間)이었으니 한 옛날 일이다. 그때 내 나이 겨우 십여 세. 내 조부(祖父)가 승지(承旨) 벼슬을 지낼 때였다. 승지란 황제의 비서였으니 높은 벼슬은 아니더라도 궁중에서 내리는 하사(下賜) 물건이 많았는데 그중에 커피가 있었다. 그때 내가 맛 본 커피는 각(角)사탕 속에 든 것으로 물을 끓여서 차종에 담고 게다가 각사탕 두, 세 개를 넣으면 사탕이 녹으면서 속에 들었던 커피가루가 울어나게 마련이다. 그러나 나는 그렇게 먹은 게 아니라 사탕을 먹느라니 자연 속에든 커피가루까지 함께 날로 먹은 것이다. 어쨌든 커피를 먹었다는 기록(記錄)으로는 오랜 편(便)이다."[62]

1903년 10월 28일에 설립된 기독교청년회(YMCA)도 커피의 전파 경로 중 하나였다. 기독교청년회관은 서양 문물 도입의 창구 노릇을 하던 곳으로 바로 이곳에서도 커피의 향기가 거리로 흘러나오고 있었다. 기독교청년회의 간부였던 윤치호의 집에서 일하던 요리사가 이 건물 안의 식당 옆 조그마한 방에서 케이크와 간단한 경양식을 비롯하여 커피를 파는 가게를 운영하였던 것이다.[63]

1910년 전후의 프랑스인 나무장수에 관한 일화는 이 당시 커피가 일반인들에게도 대단한 인기를 누렸다는 걸 말해준다. 부래상(富來祥)이란 한자명을 가졌던 이 나무장수는 주로 고양의 나무장수들에게 의

지하고 있었는데 지금의 세종로 중부소방서 뒤편에서 장사를 하고 있었다. 그런데 나무장수들이 고양에서 서대문에 오기까지 세 군데나 큰 시탄장(땔나무와 숯을 파는 곳)이 있어 늘 손님을 빼앗기고는 하였다.

이에 부래상은 무악재에서 서대문까지 오는데 백발 거리마다 "고양(高陽) 부씨(富氏)의 시탄장으로 오시오. 커피를 공짜로 줄 것이오"라는 광고를 줄줄이 붙여놓았다. 자신을 고양 부씨라 하여 한국인에게 억센 종씨 의식을 장사에 이용한데다 커피까지 상술의 일환으로 동원한 것이다. 또 그는 직접 화살통만 한 보온병에 커피를 가득 담아가지고 있다가 자하문(紫霞門)과 무악재를 넘어오는 나무장수들이 황톳마루(세종로 네거리)를 지날 때면 다가가 커피를 한 잔 따라주며 흥정을 하기도 했다. 처음 맛보는 서양 차에 사람들의 호기심이 쏠릴 것은 정한 이치이니 부래상은 자신의 장사에 크게 이득을 봄과 동시에 우리나라에 커피를 보급하는 일에 있어서도 한몫을 톡톡히 한 셈이 된 것이다.[64]

04

제2차 만민공동회

'평화적 혁명이 이루어졌다'

제2차 만민공동회는 1898년 10월 1일부터 12일까지 종로에서 12일 동안 철야집회를 하며 연좌법과 나륙법(연좌제의 일종으로 죄인의 아들에게 사형을 내리는 제도)을 부활시키려는 수구 친러 정부의 퇴진을 요구하였다.

　독립협회는 10월 1일엔 중추원 문 앞에서, 이튿날에는 고등재판소 문 앞에서, 6일에는 다시 고등재판소 문 앞에서, 그리고 7일에는 고종이 거처하는 경운궁의 인화문(仁化門) 앞에 나아가 상소를 올렸다. 아무런 반응이 없자 독립협회는 인화문 앞에서 대회를 해산하지 않고, 8일 악법의 부활기도에 찬성하는 수구파 7대신(신기선·이인우·심순택·윤용선·이재순·심상훈·민영기)을 규탄하면서 전면적 개각을 요구하는 두 번째 상소를 올렸다.[65]

이 철야투쟁이 광범위한 민중의 호응을 얻자 독립협회는 밤에는 50명의 대표를 남겨 인화문을 떠나지 않게 하고 낮에는 다시 모여 민중대회를 열면서 그들의 요구를 승낙하는 고종의 답을 기다렸다. 고종이 7대신에게 경고는 하되 교체는 않겠다고 하자 독립협회는 인화문 앞에서 집회를 더욱 확대하면서, 10일에 다시 7대신 파면과 전면 개각을 요구하는 세 번째 상소를 올렸다. 인화문 앞 농성에는 각 학교 학원들과 철시를 한 시전 상인들도 참석하여 규모가 더욱 커졌다.[66]

결국 고종은 10월 10일과 12일에 걸쳐 7대신을 모두 파면시켰다. 고종은 법무대신과 협판은 직무태만이 아니라 흥분한 군중들이 전날 처형당한 김홍륙의 시체를 서울 시내를 끌고 다니게 한 일에 대한 책임을 들어 파면했다. 고종은 독립협회가 신임하는 박정양을 정부수반으로 삼는 개혁파 정부를 탄생시켰다. 독립협회 회원들과 시민들은 12일 저녁에 만세를 부르면서 해산했으며, 미국공사 알렌은 본국 정부에 보낸 보고서에서 "평화적 혁명(a peaceful revolution)이 이루어졌다"고 썼다.[67]

10월 13일 독립협회는 박정양에게 편지를 보내어 의회설립에 대한 정부와의 연석회의를 제의했고, 정부는 이 제의를 받아들여 이틀 뒤에 연석회의를 열었다. 하지만 '혁명'을 말하기엔 아직 이른 시점이었다.

관민공동회 개최 결의

황국협회는 10월 12일 '민선의원 설립을 위한 건백서(建白書)'를 정부에 제출하였는데, 정부는 '민도(民度)가 아직 유치'하다는 이유로 불가하다는 입장을 표명하였다. 이에 10월 16일 황국협회 회원들은 박

독립협회에서 주최하는 강연을 듣기 위해 모여든 사람들. 고종이 독립협회가 신임하는 박정양을 수반으로 삼는 개혁파 정부를 탄생시키자 집회의 사람들은 만세를 불렀으며, 미국공사 알렌은 '평화적 혁명이 이루어졌다'고 말했다.

정양 집으로 몰려가서 황국협회도 민회(民會)인데 왜 정부는 독립협회만 상대하여 협의하느냐고 항의하면서 그의 사임을 요구했고, 그 여파로 연석회의는 시작되자마자 곧 중단되었다. 정부는 하원설립에는 부정적이면서도 황국협회의 대체적 활동은 적극 지지하였다.[68]

10월 17일 고종과 수구파는 독립협회의 규탄을 받고 물러난 조병식을 의정부 찬정(贊政)으로, 21일에는 역시 독립협회의 비판을 받고 물러난 전 의정부 참정(參政) 윤용선을 수반인 의정부 의정(議政)으로 다시 기용하여 개혁파와 일부 수구파의 절충 내각을 구성하는 반격을 가했다. 10월 20일에는 독립협회의 토론은 정치문제 이외의 것에만 한정하며 그 집회는 독립관에서만 허용하고 이차집회(離次集會, 원래 정한 장소를 떠나서 집회를 여는 것)는 금지한다는 조칙까지 내렸다.[69]

이에 독립협회는 10월 22일부터 정한 장소가 아닌 곳에서 집회를 열어 칙명을 위반했으므로 처벌을 받겠다는 뜻으로 경무청 문 앞에 나아가 대죄(待罪) 형식의 항의 농성을 시작했다. 그러면서 독립협회는 "독립협회는 …… 직언으로 죄를 지었으나 한 명이 죽으면 열 명이 그 뒤를 잇고, 열 명이 죽으면 백, 천 명이 그 뒤를 이을 것"이라고 단호한 결의를 보이며 언론과 집회의 자유를 강력히 요구하는 상소를 두 차례나 올렸다. 10월 25일 오후 결국 고종은 언론의 자유를 허락하겠다고 밝혔고, 이에 독립협회 회원들은 만세를 부르며 나흘 동안의 대죄농성을 풀고 해산했다.[70]

경무청 앞 철야 대죄농성이 진행되는 동안 고종은 다시 마음을 바꾸어 10월 23일에 의정부 찬정 박정양을 참정으로 승진시키고 중추원(中樞院) 의장에 한규설, 부의장에 윤치호를 임명하여 이들로 하여금 중추원 관제를 개정하게 했다. 독립협회는 24일에 새로운 중추원 관제 개정안을 정부에 제출했는데, 이 안에는 의관(議官) 50명 가운데 관선과 민선을 25명씩으로 하고 민선 25명은 독립협회가 회원 중에서 투표로 선출한다는 조항이 들어 있었다.[71]

독립협회는 역사적인 의회원의 개설을 앞두고 관(官)과 민(民)이 공동으로 국정개혁의 대강을 결의하는 대규모의 대중집회를 열기로 하고, 10월 28일에 종로에서 관민공동회를 개최할 것을 결의하면서 현직 및 전직 고급 관료들과 각계각층에 초청장을 발송했다.[72]

장지연과 최익현의 충돌

제2차 만민공동회는 여기에 참여한 장지연이 개화사상으로 경도된 계기가 되기도 했다. 그의 이런 변화는 최익현 비판에서도 나타났다. 그전까지만 해도 최익현을 극력 지지하던 장지연은 1898년 12월 매우 격한 논조로 최익현의 상소 내용을 공격했다. 공격의 이유는 임금에 대한 어투가 불경하다는 것이었고, 또 하나는 그 식견이 비루하다는 것이었다.

이에 대해 구자혁은 "장지연이 상황을 희망적으로 보고 있는 한 최익현에게 있어서 장지연은 '한갓 아첨하는 무리'였고, 장지연에 있어서 최익현은 '근거 없는 망발을 함부로 하여 임금을 욕되게 하는 자'였다"고 평했다.[73]

물론 최익현은 독립협회와 만민공동회에 대해 매우 비판적이었다. 그는 이들이 대신을 오라 가라 하며, 군부(君父)를 지탄 배척하고 정승을 모욕한다고 비난하였으며, 이들 오합의 무리로는 나라를 경영할 수 없다고 주장하였다.[74]

장지연과 최익현의 충돌은 이 시기의 지식인들은 의견의 합일을 보기가 매우 어려울 정도로 수많은 변수들에 시달려야 했다는 걸 말해준다. 특히 외세의 복잡성을 감안하면 더욱 그렇다고 볼 수 있다.

05

제3차 만민공동회

관민공동회와 '헌의 6조'

1898년 10월 28~29일 종로에서 열린 제3차 만민공동회는 관민(官民)공동회로까지 발전하였다. 10월 29일 총리대신 박정양 이하 몇몇 대신들까지 참석한 자리에선 개혁요구안인 '헌의(獻議, 윗사람에게 의견을 드림) 6조'를 채택해 고종에게 건의할 것을 결의하였다. 참석한 대신들도 모두 이 '헌의 6조'에 '가(可)' 자를 적어 서명했다.

'헌의 6조'의 내용은 "전제황권(專制皇權)의 공고화, 외국에 대한 이권양여나 조약체결 등은 각부대신과 중추원 의장이 합동으로 날인, 전국의 재정과 조세는 탁지부에서 관장하고 예산 결산은 인민에게 공개, 모든 중범죄도 공판을 하되 피고의 자백이 있어야 시행, 칙임관은 황제가 정부의 과반수 동의를 얻어서 임명, 장정(章程)의 실천" 등이었다. 6항의 장정 실천의 촉구는 갑오경장 이후로 새로 제정한 법률과

각 부의 장정을 정부가 제대로 실천하고 있지 않았기 때문에 들어간 것이었다.[75]

주진오는 '헌의 6조'의 제1조인 '전제황권(專制皇權)의 공고화'에 주목하면서 독립협회세력이 국민 참정권을 주장하였으며 의회설립운동이 그 실현을 위한 방안이라고 볼 수 있는가에 대해서는 의문의 여지가 있다고 주장했다.

"이들은 자신들의 회표(會標)에 '충군애국'이라고 써 붙였으며 그 밖에 국기에 대한 경례, 고종의 사진을 학교 교실에 붙여놓고 절하기 등을 계몽하였고 모임에서마다 만세를 부르고 있었다. 또한 이들이 주장한 중추원의 개편은 국민 참정권이라는 개념과는 거리가 먼 것이었다. 그들은 오히려 조선 민중은 무지하여 정치에 참여할 능력이 없다고 분명히 전제하고 있었으며 조선보다 훨씬 앞선 일본도 하지 못하는 것을 조선이 어떻게 하겠느냐고 야유하고 있다. 그들이 구상한 것은 개명 관료들의 정치 과정에의 참여를 위한 제도적 장치의 마련이었다."[76]

백정 박성춘의 연설

이때 『독립신문』은 이 사실을 1, 2, 3면에 걸쳐 대대적으로 보도하였다. 이 기사는 관원과 백성이 합동으로 상론하는 것은 처음 있는 일이며 이 모임에 참석한 민중은 1만 명이었다고 보도했다.[77] 이날의 관민토론회 장면은 드라마틱하기까지 했다. 정동주는 그 장면을 다음과 같이 묘사했다.

"오후 3시. 대회장인 윤치호가 먼저 만민공동회의 목적을 설명하고 인사말을 했다. 곧 이어서 군중은 만세를 불러 대회의 분위기를 고조시키는 한편 질서유지에 힘썼다. 그런 다음 만민공동회의 개막 연설자가 단상에 올랐다. 회의장은 순간 물을 뿌린 듯이 고요해졌다. 연단으로 올라서고 있는 사람에게 모든 눈길이 일제히 쏠렸다. 개막 연설자로 지명된 사람은 놀랍게도 백정 신분이자 새뮤얼 무어 목사한테서 세례 받은 곤당골교회 박성춘이었다. …… 회중은 연설을 끝낸 박성춘에게 뜨거운 박수갈채를 보냈고, 연단 아래 모였던 수십 명의 백정들은 눈물을 글썽이면서 만세를 불렀다. 이 광경은 여러 날을 두고 장안의 화제였다. 박성춘, 그는 이날의 연설로서 독립협회 주요인물인 안창호, 서재필 같은 큰 인물들과 함께 국가의 독립과 민족자립을 논의하는 자리에 서게 된 것이다."[78]

무어의 백정 인권운동

당시 백정은 어떤 사회적 대접을 받았던가? 1892년에 한국에 온 무어(Samuel F. Moore, 1846~1906)의 한국 이름은 모삼열(牟三悅)이었다. 소 울음소리 모(牟)자를 쓴 이유는 백정들의 애환과 고난을 자신의 삶 안으로 받아들이겠다는 의지를 표명한 것이었다. 무어는 1893년 지금의 조선호텔과 롯데호텔 중간쯤에 있었던 곤당골에다 교회를 열고 곤당골교회라 이름을 지었는데, 이는 장로교회로서는 두 번째 교회였다.(나중에 승동교회로 발전하였다) 또 1893년엔 선교사들이 처음으로 선교사공의회를 조직해 선교정책을 세우는 가운데 "모든 문서사업은 한자의 구속을 벗어나 순한글을 사용한다"는 결의안을 채택했으니, 1893년은 기독교사에서 뜻깊은 해라 할 수 있다.[79]

1895년 박성춘은 곤당골교회에서 무어로부터 세례를 받았다. 그러나 세례를 받기까지 차별이 만만치 않았다. 당시 박성춘이 받은 차별에 대해 정동주는 다음과 같이 말했다.

"그 무렵 첫 차별사건이 교회 안에서 일어났다. 교회에 나오던 양반 신도들이 발길을 끊는 일이 생긴 것이다. 사정을 알고 보니 양반 신도들은 백정들과 같은 자리에 앉아서 예배를 드릴 수가 없다는 것이었다. 심지어는 백정 같은 천민도 예수를 믿으면 죽은 뒤 천당에 갈 수 있다고 하는데, 백정이 가는 천당이라면 가지 않겠다는 말을 하는 양반 신도도 있었다. 백정이 믿는 하느님과 양반이 믿는 하느님이 동일하다는 것은 곧 양반을 능멸하는 짓이며, 더욱이 한 교회 지붕 밑에서 같은 자리에 앉아 천당을 생각하는 것 자체를 용납할 수 없다는 이도 있었다. 여러 날이 지난 뒤 자신들의 생각이 잘못된 것 같다며 뉘우치는 이들이 생겼다. 그들은 무어 목사에게 새로운 제의를 했다. 자기들을 앞자리에 앉게 하고 백정들을 뒷자리에 앉도록 좌석을 구별해 준다면 다시 교회에 나올 수 있겠다는 것이었다. 무어 목사는 단호하게 거절했다."[80]

이후 무어는 고종황제의 어의(御醫)인 애비슨(Oliver R. Avison)과 함께 뜻을 모아서 백정들에 대한 차별 철폐를 위한 운동을 시작했다. 정동주는 "이와 같은 선지자적인 무어 목사의 행동은 많은 선교사들의 불평과 비난의 대상이 되기도 했다"며 다음과 같이 말했다.

"서울에서 선교활동을 하던 이들은, 교회가 백정들의 인권문제를 해결해주는 곳으로 알려지게 되면 양반들에게 전도하기 어려워지게 되고 결국에는 교회가 성장하는 데 치명적인 장애가 된다는 불평을 서슴없이 털어놓았다. 또한 한국 사회에서 영향력이 있는 양반들을 교인으로 전도해야만 교회의 위상이 높아질 뿐만 아니라 미국에도 실익이 생길 수 있지만, 백정 같은 천민들이 아무리 교인으로 많이 들어온다 하더라도 교회의 권위와 영향력은 별로 커지지 않는다고 했다. 백정들의 인간해방 운동을 위하여 동료 선교사들과 아무 의논도 없이 임금에게 탄원서를 낸 것은 미 국무부 정책을 위반하고 다른 나라 정치와 관습에 간섭하는 것이라고 보았다."[81]

그런 어려움에도 불구하고 무어 등은 1895년에서 1896년까지 세 차례에 걸쳐 조정에 탄원서를 냈으며, 이들의 호소는 결국 받아들여졌다. 비로소 백정도 한국의 국민 자격을 얻어 호적에 오를 수 있었고 일반인들처럼 갓도 쓰고 두루마기도 입을 수 있게 되었다. 정동주는 "그동안 백정들은 머리에 갓 쓰는 것이 허락되지 않아 외출할 때에는 패랭이를 쓰고 다녀야 했기 때문에 어디서나 한눈에 백정 신분임을 드러내도록 했다"며 다음과 같이 말했다.

"2차 대전 이전 독일의 유태인들이 가슴에 노랑색 별을 달고 다녀야 하듯 했고, 인도의 최하층 노예 신분인 수드라가 항상 황토색깔의 옷을 입고 다녀야 하는 것과 같았다. 그러다가 갓을 쓸 수 있다는 법령이 공포되자 미국의 링컨 대통령이 노예해방령을 발표했을 때 기뻐했던 흑인들의 경우보다 훨씬 더 강도 높은 기쁨이 한국 전역의 백정들을 울부짖게 만들었다. 어떤 백정은 하도 좋아서 밤낮을 가리지 않고 갓을 쓰고 살았다는 이야기가 생겨났을 정도였다."[82]

"그러나 그는 조금이라도 자기 동료 선교사들이나 양반들에게 불평을 하거나 싸우고 반항한 흔적은 보이지 않는다. 그는 어디까지나 겸손한 종의 모습으로 묵묵히 그러나 용감하게 자신의 사명을 다했을 뿐이다. …… 그런데 오늘날 우리의 소위 민중신학자들은 다른 나라

해방신학은 곧잘 알면서도 우리나라 민중신학의 뿌리는 통 모르고 있으니 안타깝다. 또한 일반 신학도들 중에는 무어와 같은 선교사가 있었다는 것은 모르고 외국 선교사라면 다짜고짜로 배척하고 선교사들의 업적을 높이 평가하는 사람들에 대해서 식민사관·선교사관 운운하면서 경시하는 것을 볼 때 참말로 딱하기만 하다."[83]

비록 상징적인 조치였을망정 백정을 차별하지 않은 또 한 명의 선구자가 있었으니, 그는 바로 고종이었다. 고종은 백정 출신인 길영수와 홍태윤을 중용하였다. 홍태윤은 정3품 양주목사로 발탁되었고, 길영수는 상주 군수 등을 거쳐 1903년 정2품 한성판윤까지 지내게 된다. 길영수는 황국협회를 지휘하면서 독립협회와 대항했던바 나중에 일진회가 생겨나면서 다음과 같은 속요가 유행하였다.

"내 주머니 양반(兩半) 중/닷 돈은 길영수가 먹고/닷 돈은 일진회가 먹고/닷 돈을 쪽발이(일본)가 먹어서/양반(兩半=兩班)은 없어졌소"

임종국은 "이것은 양반들의 세도가 땅에 떨어진 것을 비꼬는 말이요 또 새로운 세도 층의 대두를 풍자한 것"이라며 "홍태윤·길영수가 백정이 출세한 시초라면 고종은 그들을 해방시킨 선구자"라고 평했다.[84]

중추원 의관 선거 공고

백정 박성춘 연설의 드라마틱한 상징성은 '헌의 6조'의 다음 단계 실시로 구현되었다. 고종은 1898년 10월 31일 새벽에 30일자로 '헌의 6조'의 공포와 함께 조칙오조(詔勅五條)를 내렸는데, 조칙은 첫 조항에 "(갑오경장으로) 간관(諫官, 사간원과 사헌부의 관원)을 폐지한 뒤로 언로가 막히어 상하가 권면경려(勸勉警勵)의 뜻이 없기로 중추원 장정을 정하여 실시할 것"을 규정했다.

  만민공동회 측은 계속 집회를 통한 압박을 가함으로써 드디어 11월 4일에 11월 2일자로 된 중추원신관제(中樞院新官制)가 공포되는 걸 볼 수 있었다. 이날 공포된 신관제에 따르면 중추원은 "법률과 칙령의 제정과 폐지 또는 개정에 관한 사항들을 심사의정(審査議定)하는" 기관이었다. 이날 정부는 독립협회에서 25명의 의관을 선거하여 그 명단을 보내달라는 편지를 보냈고, 독립협회도 이튿날(11월 5일) 독립관에서 중추원 의관 선거를 한다고 공고했다.[85]

제6장 만민공동회의 좌절

01

익명서 조작 사건

독립협회 간부 20명 체포령

이처럼 고종은 일단 '헌의 6조'를 받아들였지만, 집권세력인 친러 수구파는 이를 저지하기 위한 음모를 꾸몄다. 이른바 '익명서(匿名書) 조작 사건'이었다.

1898년 11월 4일 밤 서울 시내 거리에는 익명의 벽보가 나붙었는데, 그 내용은 독립협회가 고종을 몰아내고 공화국을 세운 후 대통령에 박정양, 부통령에 윤치호, 내부대신에 이상재, 외부대신에 정교 등 간부들을 고관에 앉히려고 한다는 것이었다. 이는 조병식·유기환·이기동 등 당시 조정 대신들이 독립협회를 모함하기 위하여 꾸민 일이었다.[1]

이 익명서가 고종에게 보고된 가운데, 조병식 등은 고종에게 독립협회가 다음 날(5일) 독립관에서 대회를 열어 박정양을 대통령, 윤치호를 부통령, 그 밖의 독립협회 간부들을 각부 대신과 협판으로 선출하고 국체(國體)를 공화정으로 바꾸려 한다고 무고했다.

고종은 즉각 독립협회 간부 20명에 대해 체포령을 내렸다. 11월 4일 밤부터 5일에 걸쳐 부회장 이상재를 비롯한 간부 17명이 체포되었다. 20명 가운데서 체포되지 않은 세 사람은 회장 윤치호와 최정덕, 안영수였다. 또 고종은 박정양 등 독립협회가 주최한 관민공동회에 참석했던 고위 관료를 모두 해임했으며 조병식을 의정부 참정에 임명했다.[2]

아펜젤러 집으로 피신한 윤치호는 자신의 일기에 다음과 같이 썼다. "오늘의 관보는 독립협회의 해산과 '헌의 6조'에 서명한 대신들을 면관시킨 칙령을 공포했다. 이것이 국왕이라니! 거짓말을 능사로 하는 배신적인 어떤 비겁자라도 대한의 대황제보다 더 천박한 일을 하지 못할 것이다. 이제 정부는 친일 노예 유기환과 친러 노비 조병식의 수중에 있다. 러시아인들과 일본인들이 이 사건에 개입해서 의심할 여지없이 모종의 알짜 이권을 위하여 그들의 노예들을 지원하고 있다."[3]

윤치호는 민중의 무관심에도 낙심했다. 아니 저주마저 퍼부었다. 그는 11월 6일자 일기에서 "그들은 우리의 투쟁을 몇몇 독립주의자들과 정부 측과의 개인적인 다툼으로 간주하고 있다. 수세기 동안 억압을 받으며 노예적 삶을 살아온 이 사람들은 합의된 6개 항목이 그들 모두의 나라와 개인적인 이익에 어떻게 영향을 미친다는 사실을 모르고 있다. 이런 유형의 사람들에게 희망을 걸었다니 우리는 참으로 어리석었다. 임금이 그렇듯이 국민들도 모두 마찬가지이다. 그들이 노예로 사는 것은 당연한 일이다"고 주장했다.[4]

11세 소학생 장용남의 '피를 토하는 연설'

윤치호의 막말은 피신생활의 스트레스 때문에 나온 분노였으리라. 모든 운동가들이 윤치호 같지는 않았다. 독립협회 측에서는 연일 만민공동회를 열어 투옥 인사의 석방과 독립협회의 부활, 그리고 헌의 6조의 시행을 강력히 요구하였다. 이때의 지도자 중 한 명인 이승만은 훗날 다음과 같이 회고했다.

"만민공동회가 밤낮으로 계속되었다. 나의 선친이 오셔서 나더러 '너는 6대독자'라고 강조하셨다. 때때로 아펜젤러 교장은 구석에 서서 만민공동회의 상황을 구경하곤 했는데, 그는 배재의 학도들이 이 운동의 지도적 역할을 하고 있는 것을 매우 자랑스럽게 여기는 듯했다. 그때에 별의별 풍문이 나돌았다. 정부가 병정들을 보내어 우리들에게 총격을 가하여 공동회가 해산되도록 할 것이라느니, 또는 정부는 나에게 높은 관직을 주어 회유할 것이라느니 등등 걷잡을 수 없는 말이 돌았다. 실제로 고영근과 김종한이 밤중에 내밀히 나를 만나러 배재학당에 나타났다. 화톳불이 밤새도록 타오르고 있었고, 나는 계속 연설을 해야 했다. 제일 힘들 때는 동트는 새벽이었다. 그때는 사람들이 얼마 되지 않았고 모두들 지쳐 있었으며, 춥고 졸렸다."[5]

종로 집회 시 11세 소학교 학생 장용남의 '피를 토하는 연설'도 화제였다. 장용남은 "이것은 붙잡힌 10여 명만이 죄지은 것이 아니라 2천만 동포가 함께 받아야 할 죄입니다. 우리도 함께 붙잡혀 벌을 받는 것이 옳습니다"라고 외치면서 통곡하며 땅에 쓰러졌다. 이승원은 "용남이의 똘망똘망한 두 눈에서 흘러내린 눈물은 만민공동회장을 뒤덮었고, 회중은 일대 울음바다가 되었다"며 다음과 같이 말했다.

"남녀노소, 지휘 고하를 막론하고 사람들은 서로를 부둥켜안고 눈물을 흘렸다. 장용남의 연설은 여기저기서 또 다른 연설들로 분열하여 전국을 웅성거리게 만들었다. 군중은 살아가면서 처음으로 미약하게만 여겼던 자신들의 존재가 무한히 확대되는 느낌을 맛보았다. 더욱이 소학교 학생의 '순결한 절규'는 시위대의 마음을 사로잡았다. 그들은 장용남의 연설을 듣고 자신들 가슴속 깊이 잠복해 있는, 지금까지 억눌려 웅크리고 있던 삶에 대한 열정을 발견했다. 이 사건이 있은 후 『독립신문』 『매일신문』 『황성신문』 등은 앞다투어 장용남의 행동을 격려하였고, 2천만 동포가 모두 그를 본받아야 한다고 핏대를 세웠다."[6]

보부상의 만민공동회 습격

비록 장용남과 또 다른 소학생 연설원 태억석은 학교에서 퇴학처분을 받았지만, 만민공동회의 열기에 놀란 고종은 11월 10일 17명의 독립협회 간부들을 석방했다. 동시에 조병식과 민종묵은 해임되고 유기환은 주일공사로, 이기동은 수원지방 참경(參經)으로 전임되었다. 구속자를 석방했음에도 만민공동회는 계속되었다. 이에 대해 헐버트는 다음과 같이 말했다.

"일이 이렇게 되자 독립주의자들은 이 사건을 계기로 위협을 느끼기는커녕 마치 자기들의 정책이 만천하에 공인된 것처럼 환성을 올렸으며, 더 나아가서는 이번 독립협회의 회원들을 옭아 넣는 데에 주동적인 역할을 한 사람들을 체포해 처벌하라고 주장함으로써 보수주의자들을 타도하려고 노력했다. 그러나 이들은 황제가 신임하는 고위 관리들이었기 때문에 독립협회가 요구한 보수주의자들의 제거는 달

성될 수가 없었다."[7]

오히려 수구파의 반격 움직임이 일고 있었다. 수구파들은 11월 14일부터 보부상 패를 동원하여 만민공동회를 분쇄할 준비를 은밀히 추진하기 시작했다. 각 도에서 줄을 이어 서울로 모여든 보부상들은 11월 19일부터 농상공부 앞에서 집회를 열고 과천군수 길영수와 김옥균 암살자 홍종우 등을 지도자로 삼아 조직을 정비했다. 이들은 보부상들에게 폐지된 특권을 허용하는 상무규정 인가장의 발급을 강력히 요구하면서 연좌시위를 벌였다. 고종의 특명으로 인가장이 발급되자, 보부상들의 사기가 충천했다.[8]

11월 21일 새벽 만민공동회의 철야시위가 17일째 되는 날, 2000명의 보부상들은 몽둥이로 무장한 채 홍종우와 길영수의 지휘를 받으며 인화문 앞의 농성장을 습격했다. 이승만은 회중이 동요하지 않도록 연단에 올라가서 연설을 계속했다.

"우리가 여기 진복(進伏)하여 풍찬노숙하는 것이 옷들을 탐하는 것이오이까 밥을 탐하는 것이오이까! 다만 한다는 일이 모두 나라를 위하고 동포를 사랑함이외다. 지금 들은즉 못된 간세배가 부상패를 불러 우리 만민을 치라고 해서 부상패들이 지금 목전에 당도하였소이다. 우리가 죽더라도 충애(忠君愛國)하는 의리는 가지고 죽을 터이니, 신민의 직분에 죽어도 또한 천추에 큰 영광이오이다!"[9]

이 사실을 알게 된 일부 학생들은 공부를 포기하고 만민공동회장으로 달려갔다. 숭례문(남대문) 밖에 사는 어린이 서형만(14세)은 동네 아이들 40여 명을 규합하여 '자동의사회(子童義士會)'를 조직하여 만민공동회장에 들어가 충군애국에 관한 연설을 해 어른들로부터 열렬한 환호를 받았다.[10]

6장_만민공동회의 좌절 227

2배로 늘어난 만민공동회 인원

그러나 보부상 패의 몽둥이에 맞아 이내 부상자가 속출했고, 어떤 사람들은 바로 옆 프랑스공사관의 담을 넘어 피신하기도 했다. 길영수를 보자 격분한 이승만은 그를 붙잡고 "너도 명색이 국록을 먹는 신하요 너도 소위 대한의 백성이 아니냐! 네 어찌 간세배와 부동하여 부상패를 모집하여 충애하는 우리 만민을 친단 말이냐!"고 외쳤다.[11]

우여곡절 끝에 현장을 빠져나와 배재학당 앞길로 가던 이승만은 아버지 이경선을 만났다. 두 사람은 부둥켜안고 통곡했다. 어떤 사람이 이경선에게 "어찌하여 아들을 그런 위태한 데 다니게 하오?"라고 묻자, 이경선은 "내 자식이 만일에 패려(悖戾)한 일을 하게 되면 아비 된 도리에 마땅히 엄금하려니와 당당한 충애의 의리로 나라를 위하고 동포를 사랑하여 다니는 것을 어찌 금할 수 있소!"라고 답했다. 이 광경을 보도한 『독립신문』의 기사는 "이승만 씨의 충애에 열심 하는 것은 고사하고 그 부친의 당당한 의리는 세계에 더욱 드문 줄로 공론이 있다더라"하고 말했다.[12]

그날 오후 종로에서 다시 만민공동회가 열렸는데, 이때에 모인 회중의 수는 인화문 앞 집회의 곱절이나 되었다. 이승만과 양홍묵 등이 등단하여 정부가 보부상을 동원하여 회중을 습격했다고 규탄하는 연설을 했다. 이에 흥분한 회중의 일부는 보부상 패가 몰려 있는 서대문 밖으로 몰려가기도 했다. 고종은 경무사 민병한과 한성부판윤 이근용을 만민공동회에 보내어 회중을 회유하며 해산을 종용했지만, 격앙된 시민들이 돌팔매로 응수했으며, 이어 조병식 등 보부상 패를 조종하는 대관들의 집을 때려 부쉈다.[13]

02

김덕구 장례식 사건

황국협회의 의병 선언

1898년 11월 22일 아침 더 많은 민중이 종로로 모여들었다. 일부는 보부상들이 물러나 있는 마포로 쳐들어가 싸우기도 했지만, 모진 몽둥이 공격에 신기료 장수 김덕구가 사망하고 부상자 10여 명이 생기고 시민들은 패퇴했다. 이는 만민공동회의 전의를 더욱 불태우게 만들었다.

서울 시내는 병정들과 순검들마저 독립협회와 만민공동회를 지지하여 제복을 벗는 등 혁명 전야와 같은 분위기가 되자, 고종은 각국 공사들을 입궐시켜 궐내에 머물게 하면서 자문을 구했다. 고종은 윤치호를 불러들여 공동회를 해산시킬 것을 종용하기도 했으나, 그건 이미 윤치호의 능력 밖의 일이었다. 결국 고종은 독립협회의 부활과 보부상들의 단체인 상무사(商務社)의 폐지를 칙령으로 승낙했다.[14]

11월 23일 오후 8시를 기해 만민공동회는 이틀 동안 해산하기로 했다. 이날 고종은 박정양, 민영환 등 만민공동회의 지지를 받는 인사들을 주축으로 하여 각료를 개편했다. 이에 보부상들이 강력 반발하였다. 각 지방에 통문을 돌리는 등 물리력으로 대응할 인력을 모집하고 나섰다. 11월 24일 홍종우는 대중연설을 통해 정부가 초기의 약속을 실천하지 않은 데 대해 다음과 같이 비판했다.

"이는 곧 정부가 중민(衆民)에게 신의를 잃은 것이다. 우리들이 처음에는 부상(負商)으로서 명명되었으나 지금은 의병(義兵)이다. 부상은 실로 정부의 명령을 따르나, 의병은 자유의 권리가 있으니 물러날 수 없다. …… 우리들은 차라리 정부의 명령을 거스를지언정, 맹세코 계속해서 몰려오는 부상들에게 신의를 저버리지 않을 것이다."[15]

이에 정부는 13도에 보부상들의 상경을 금지하는 훈령을 내려보냈지만, 이미 '의병론'까지 나온 마당에 실효가 있을 리 없었다. 급기야 11월 25일 보부상의 만민공동회 습격사건이 다시 일어났고, "당시의 분위기는 마치 임오군란 직후의 상황과 유사하였다."[16]

의관 50명의 중추원 성립

만민공동회 측도 동요하고 있었다. 고종이 했던 약속을 이행할 기미가 보이지 않자 11월 26일 아침부터 군중들이 다시 종로로 모여들었다. 사태가 다시 심각해지자 고종은 하오 1시에 경운궁의 돈례문(敦禮門) 군막(軍幕)에 친히 나타나 공동회 대표 200명에게 독립협회의 부활 등 공동회의 요구 조건을 대체로 허락하면서, 다만 "독립협회는 앞으로 국내의 문명진보에 관한 일만을 토론할 것이며, 정부의 조치에 대한 말참견을 불허한다"고 했다. 공동회 대표들은 만세를 부르고 나와서 해산했다. 고종은 오후 4시에는 또 보부상 대표 200명을 불러 모호한 약속을 하면서 역시 해산을 권유했다. 보부상들도 만세를 부르고 나와서 해산했다.[17]

이에 대해 이정식은 "이 아이디어를 만들어낸 천재가 누구였는지는 알려지지 않고 있지만, 고종은 매우 현명한 조치를 취했다"고 평가하며 다음과 같이 말했다.

"약속을 지킬 줄 모른다는 자신의 평판을 생각해서인지, 아니면 사건의 중대성을 강조하기 원해서였던지 고종은 서울에 주재하는 외국 사절들을 한국 역사에서 특이한 사건에 증인이 되도록 초청하였다. …… 그 자리에 참여했던 미국공사 알렌은 '그 면담은 완전한 성공이었다'고 워싱턴에 보고했다."[18]

11월 29일 고종과 정부는 의관 전원을 관선으로 하여 중추원을 성립시켰다. 선임된 의관(議官) 50명은 독립협회 및 만민공동회 계열이 17명, 황국협회 계열이 16명, 전직 관료와 도약소(都約所) 등 고종의 직계가 17명으로서 수구파가 3분의 2 의석이 되도록 배정한 것이었다. 그리고 이들 의관들에게는 연봉 360원을 지급하기로 했다. 이때에 이승만도 종구품(從九品)의 의관으로 선임되었다. 독립협회는 정부의 일방적인 중추원 의관 선정 발표에 대해 특별히 이의를 제기하지 않았는데, 그것은 '헌의 6조' 등 정부가 약속한 사항을 빨리 실시하게 하는 것이 주된 운동 목표였기 때문이다.[19]

의사 김덕구의 탄생

12월 1일 독립협회는 그런 목표를 실현하기 위해 신기료 장수 김덕구의 장례식을 장례식의 형식을 빈 대규모의 대중시위로 준비했다. 시위운동의 희생자를 '의사(義士)'라고 호칭한 것은 이때가 처음이었다. 이와 관련, 『독립신문』은 다음과 같이 보도했다.

"명정에다 '대한제국 의사 김공 덕구지구(大韓帝國義士金公德九之柩)'라 써서 상여 앞에 높이 들고 …… 각 학교 기호와 각 동리 기호는 의기 있게 특별히 들었는데, 동서양 각국의 점잖은 손님들도 김씨가 충의(忠義)에 죽은 것을 모두 흠애하여 다 와서 보며 …… 칙주판임관(勅奏判任官)들이며 각 학교 학도들이며 각처 사농공상 하는 이들이 서로 다투어 몸소 상여를 메고 전후좌우로 벌여 서고, 또 두 분은 상여 위에 앞뒤로 올라서서 요령을 흔들며 충의 두 글자로 노래를 지어 애국가 일체로 소리를 높이 질러 서로 화답하고 나아가는데, 동양 각국 만고 사기(史記)에 처음 있는 일이라. 그 충의로운 기운과 영화로운 광채는 이루 다 형언할 수 없더라."[20]

정선태는 "민중 김덕구는 한국 근현대사가 낳은 열사의 계보에서 맨 앞자리에 놓여야 마땅하다"고 했다. 그는 "물론 무명의 백성을 일약 '국민적 영웅'으로 만들어 숭배의 대상으로 삼는 '죽음의 정치학'이 안고 있는 문제점을 간과해서는 안 된다. 근대 국민국가는 수많은 '무명전사'들을 희생양으로 하여 그 자체의 존립을 위한 이데올로기를 강화해왔다"고 지적하면서도 다음과 같이 주장했다.

"하지만 권리와 정의를 위해 자발적으로 싸우다 죽음을 맞이한 이들의 '뜻'을 평가절하해서는 아니 될 것이다. 김덕구는 국가가 아니라 민중의 이름으로 '의사'의 반열에 오른 사람이기에 더욱 그렇다.

> **별보**
> ○ (의ᄉ 쟝례) 대한 뎨국에 혼 의ᄉ(義士)가 잇스니 셩은 김씨요 일홈은 덕구라 만민 공동회에셔 춍군 인국 ᄒᆞ눈 목적으로 더번에 상쇼 ᄒᆞ노라고 인화문 밧괴 진복ᄒᆞ야 잇슨디 못된 간셰비들이 난 티 업눈 부상들을 모집 ᄒᆞ야 별안간에 엄습 ᄒᆞ야 짓쳐 들어 오눈지라 공동회 만민이 잠간 물너 낫다가 다시 죵로로 모혀 츙분호 울 참지 못 ᄒᆞ야 문밧그로 나아가 공덕리에셔 부상패들과 쓰호다가

김덕구 장례식 관련 내용을 다룬 1898년 12월 2일자 『독립신문』. 김덕구는 한국 역사에 있어서 최초의 의사로 평가받는다.

우리의 역사에 수많은 의사들과 열사들이 있었지만, 그들의 맨 앞자리에 놓여 있는 김덕구만큼 관심에서 멀어진 사람도 드물다. 지금 우리가 의사 김덕구를 다시금 기억해야 하는 이유도 여기에 있다."[21]

그러나 이는 훗날의 평가일 뿐, 이 장례식이 독립협회 측에 도움이 되었던 것 같지는 않다. 이정식은 "장례식이라고 했지만 이는 개혁파의 힘을 과시하는 이벤트였다. 장례식을 통한 개혁파의 힘의 과시는 고종의 우려와 수구파의 위기감을 고조시키기에 충분한 것이었다"며 다음과 같이 말했다.

"개혁파가 저지시킬 수 없을 정도로 세력을 팽창하고 있다는 사실은 고종에게 위기감을 주었을 것이다. 따라서 그가 한 약속을 신속히 집행하는 것은 그의 손과 발을 묶는 일이 될 수 있었으므로 보부상을 신속히 해산시킬 수는 없었다. 따라서 12월 3일 내각을 개편하였을 때 고종은 독립협회가 강력히 반대하였던 수구파 인물 몇 명을 포함시켰다. 고종은 확연히 독립협회 측에 대한 저항자세로 들어간 것이다."[22]

03

박영효의 배후 조정

온건파와 강경파의 갈등

그러나 정부는 약속한 사항을 실시할 기색을 보이지 않았고, 항간에는 보부상들이 성내 각처에서 집회를 열고 독립협회 간부들을 암살할 것이라는 풍문이 떠돌았다.[23] 이런 상황에서 독립협회와 민중들은 12월 6일 오후부터 종로에 모여 다시 만민공동회를 열고 철야 상소시위를 재개했다. 이때의 시위 주동세력은 박영효 일파였다. 이들은 박영효의 집권을 위해 독립협회 지도부의 만류에도 불구하고 집회를 재개했다.[24]

여기서 온건파와 강경파의 의견 차이가 나타났다. 온건파에 속하는 윤치호는 시위 자금을 걱정하고 있었다. 그는 나중에 쓴 일기(12월 27일자)에서 매일 "투석전을 위해 배치된 700명에서 1000명에 이르는 인원을 먹이는 데 2~300냥이 소요되었"다고 했다. 지도급 인사들은 돈 마련을 위해 서울의 부자들을 찾아다니면서 기부를 구걸했는데, 이는 "서울 장안 유지들이 군중집회를 탐탁치 않게 여기게 만들어놓고 있었다"는 것이다. 반면 강경파는 "집회가 시작되면 국민들의 동조와 돈은 자연히 생길 것"이라고 낙관했다.[25]

1895년 7월에 두 번째로 일본에 망명해 있던 박영효와 그 일파가 강경파를 이끌고 있었다. 이들은 1898년 9월경에 시모노세키(下關)에 집결하여 국내 정세를 주시하면서 독립협회에 의연금을 보냈으며, 10월엔 일본으로 망명해온 안경수와 함께 거액의 자금을 국내에 밀송한 뒤에 그 자금으로 독립협회의 젊은 열성회원들을 포섭하였다.[26] 이런 상황에서 벌어진 군중집회는 이미 독립협회의 통제를 벗어나고 있었다. 독립협회 지도부의 윤치호·정교 계열의 의회개설 운동에 찬성하지 않았기에(남궁억 계열은 안경수),[27] 과연 누구의 통제냐가 문제였다. 윤치호의 증언이다.

"군중집회는 이미 독립협회가 다룰 수 없도록 되었으며, 그들의 뜻에 반대되는 지나친 충고를 하자 그들은 12월 6일에 다시 집회했는데, 그때 그들의 언성은 분별이 없고 오히려 오만했다. 12월 6일 중추원은 일본으로부터 박영효를 소환하도록 권고했다. 군중집회는 아무런 생각도 없이 그의 소환을 지지했다. 국민들 중에서 보수주의적인 경향에 흐르고 있는 사람들은 그 사람의 이름만 꺼내도 반대했다. 군중들이 박영효를 지지하는 입장에서 소란을 피우기 시작했다는 기미가 돌게 되자 그들은 곧 국민들의 동정을 잃었다."[28]

박영효 일파에 포섭된 이승만

이승만도 박영효 일파에게 포섭되어 박영효의 귀국운동을 전개하는 데 동참했으며, 만민공동회에서 나타난 이승만의 과격한 행동은 바로 이러한 배경에서 나온 것이었다. 훗날 이승만은 이를 다음과 같이 인정했다.

"몇몇 망명객들이 일본에서 돌아와 서울 장안의 일본인 거주지역에 살면서 돈을 물 쓰듯 썼다. 나는 당시에 너무 어리고 천진난만해서 그들의 돈이 어디서 나왔는가 하는 생각을 못했는데, 뒤에 그들이 미국 영향 밑에 있는 한국 지도자들을 자기 쪽으로 끌어들이려고 애를 썼다는 것을 발견했다. 나는 대동합방론(大東合邦論)을 주창하는 사람들과 여러 번 비밀회견을 한 일이 있다."[29]

12월 9일과 10일에는 기독교도들도 만민공동회에 참가하여 합세했으나, 고종은 알렌 공사와 아펜젤러에게 압력을 넣어 기독교도들을 철수시켰다. 알렌도 자신이 기독교도들의 소요를 저지시켰다고 본국에 보고하였다.[30]

만민공동회가 재개되자 조병식, 민영기 등 수구파들은 고종에게 독립협회가 기어이 공화정치를 실현하려 한다고 모함했고, 고종은 길영수와 홍종우 등에게 비밀리 명을 내려 보부상 패를 다시 소집하게 했다. 만민공동회가 갈수록 과격해지자 고종은 12월 15일 밤에 독립협회 회장 윤치호를 한성부판윤으로, 그리고 자신의 측근인 장연 군수 김영준을 경무사로 임명했다. 김영준은 만민공동회 대표로 선정된 이승만에게 만민공동회의 자제를 요청했으나 받아들여지지 않았다.[31]

이승만의 과격성

한편 중추원은 12월 15일에 개원하여 고종의 요청에 따라 윤치호를 부의장에 선출했다. 이튿날 속개된 중추원이 '헌의 6조'와 '조칙 5조'를 빨리 실시할 것을 촉구한 것은 당연한 일이었지만, 12월 18일 중추원의 대신 임용 적임자 추천 결의가 문제가 되었다. 이에 대해 손세일은 다음과 같이 말했다.

"이날 중추원이 정부 고관에 임용할 인망 있는 인재 11명을 정부에 천거하기로 의결하고 투표까지 한 것은 자신들의 묘혈을 판 처사가 아닐 수 없었다. 투표한 결과 민영준·민영환·이중하·박정양·한규설·윤치호·김종한·박영효·서재필·최익현·윤용구가 선정되었는데, 추천자 11명의 수는 당시의 대신급 직위의 수에 맞춘 것이었으므로, 사실상 이들로 거국내각을 구성할 것을 제청한 셈이었다. 이 11명이 당시에 보수파와 개혁파를 망라한 유능하고 인망 있는 인물들인 것은 사실이었으나, 불행하게도 이승만 등 주동자들은 권력투쟁에서의 자신들의 힘의 한계를 고려할 줄 몰랐다. 이 11명 가운데 박영효와 서재필을 포함시킨 것은 문제가 아닐 수 없었다. 특히 공식적으로 대역 죄인으로서 일본에 망명해 있던 박영효를 포함시킨 것은 무모했다. 이 제의를 한 사람은 독립협회 출신 의관 최정덕이었는데, 이승만은 이에 적극적으로 동조했다."[32]

이어 손세일은 "무모했던 것은 중추원 의관들만이 아니었다. 중추원의 결의에 대해 만민공동회는 박영효를 소환하여 재판에 회부한 다음 죄가 있으면 다스리고 없으면 징계를 사면해서 서용(敍用)하게 하자고 주장하면서 박병응 등 13명을 고발위원으로 선정했다"며 다음과 같이 말했다.

"이 무렵 항간에는 박영효가 황제를 폐위시키고 스스로 대통령이 되려 한다는 풍문이 나돌기도 했다. 그러나 박병응이 위원직을 사퇴한 것으로도 알 수 있듯이 박영효의 귀국에 대해서는 만민공동회 안에서조차 의견이 일치하지 않았다. 실제로 박영효의 귀국을 언급한 이후로 공동회의 회중은 크게 줄어들었다. 그러자 공동회는 더욱 과격해졌고, 그런 공동회를 이끄는 이승만도 더욱 과격해졌다. 20일에 종로에서 열린 공동회에서 이승만은 보부상 패의 모주(謀主)는 민영기라면서 그를 잡는 데 현상금 1000원을 걸자고 제의하여 채택되었다. 그것은 법의 권위를 완전히 무시한 행동이었다. 사흘 전에 전라남도 관찰사로 임명된 민영기는 이 소문을 듣고 궁궐로 도망쳐 밖으로 나오지 못했다."[33]

만민공동회 폭력화의 배후

12월 21일 고종은 "박영효를 등용하는 것에 대한 문제를 가지고 버젓이 상소를 올린 것이 한두 번이 아니라고 하니 너무도 놀랍고 한스러워서 오히려 말이 나오지 않는다"고 탄식하며 모종의 결심을 굳히게 되었다.[34]

주진오는 "만민공동회의 폭력화에는 박영효 지지세력의 책동이 주된 배경이 되었다"며 다음과 같이 주장했다.

"안경수가 고종을 폐위시킬 계획을 세웠던 일, 그의 추종자들이 폭력시위의 주동자였다는 윤치호의 일기, 박영효의 추종자들이 그를 소환하여 정권을 맡길 것을 제의한 일, 최초의 중추원 회의에서 박영효를 추천하고, 잇단 상소문이 나온 일, 만민공동회에서의 박영효 지지

선언, 일부 세력이 윤치호의 반대에도 불구하고 뚜렷한 명분 없이 시위의 재개를 강행한 일, 박영효의 귀환 준비와 선발대의 암약, 자금 지원 등은 구체적인 증거가 된다. 즉 박영효세력은 만민공동회의 폭력시위로 말미암은 무정부 상태에 편승하여 귀국, 정권을 장악하려고 하였던 것이다."[35]

04

만민공동회 · 독립협회 불법화

종로는 '조선의 아크로폴리스'

1898년 12월 23일, 드디어 고종은 군대를 동원하여 만민공동회를 강제로 해산시켰다. 이때의 군대 동원에는 외국 공사들도 적극적으로 반대하지 않았으며, 일본공사 가토는 군대 동원을 강력히 권고했다.[36] 12월 24일 황제의 해산령을 앞세우고 돌연 들이닥친 군대의 총검과 보부상 패의 몽둥이에 쫓겨 만민공동회의 수만 군중은 해산되었다.[37]

12월 25일 고종은 조칙으로 만민공동회를 불법화시켰다. 독립협회를 이미 허락한 이상 만민공동회를 여는 것은 불법이라는 것이 이유의 하나였기에, 독립협회를 해산시킨 것은 아니었다. 그러나 독립협회 자체도 사실상 해체되어 12월 31일로 예정되었던 통상회도 무산되고 말았으며, 이어 지방의 지회들도 해산되었다.[38]

조선의 아크로폴리스라 불리는 당시의 종로. 만민공동회는 '한국의 직접적 민주주의' 또는 '대중의 정치적 의사표현'의 원형을 보여주었다고 평가된다.

전인권은 "당시 서울 인구는 17만 명으로 추산되는데 그중 1~2만 명이 모이는 것은 보통이었으며, 종로의 상인들도 가게 문을 닫고 시위에 참여하였다. 밥장사는 장국밥을 300그릇 500그릇 날라오고, 술장사는 가게에 있던 모든 술을 가져오고, 어떤 부자는 집 판 돈 500원을 모두 기부하고, 심지어 거지조차 닷 푼의 기부금을 내놓는 등 일종의 운동공동체가 형성되었다. 서대문, 자하문 밖은 물론, 과천에서 배를 타고 건너온 나무꾼들이 기부한 장작은 밤하늘을 훤하게 비추었고, 구경꾼까지 포함하여 사람들이 산처럼 모이자 조병식 등 수구파는 두려워하였다"고 했다.

또 전인권은 "이 당시 종로는 '조선의 아크로폴리스'였으며, 이들의 투쟁은 단기적으로 대성공을 거두었다"며 "만민공동회는 종로에 연단을 만들고 신분과 나이의 구별 없이 어린이조차 연단에 올라 연설을 하는 등 '한국의 직접적 민주주의' 또는 '대중의 정치적 의사표현'의 원형을 보여주었다"고 평가했다.[39]

'신문지 조례'의 제정

전인권의 주장은 훗날의 평가일 뿐, 당시 개혁파에게 독립협회와 만민공동회의 강제 해산은 큰 좌절이었다. 비록 실행되진 않았지만, 친러 수구파들 사이에선 심지어『제국신문』『독립신문』『매일신문』『황성신문』이 모두가 독립협회와 관계가 있으니 폐간시키는 것이 좋겠다는 의견까지 나왔다. 고종이 '헌의 6조'를 받아들임과 동시에 조칙(詔勅)을 내려 첨거해 내려보낸 5개조 가운데엔 신문 조례를 내부와 농상공부에서 각국의 예를 본떠 제정하여 시행하라는 것이 들어 있었는데, 이를 논의하면서 나온 이야기였다.

이와 관련, 이광린은 "흔히 신문 탄압을 말할 때는 누구나가 1907년 (광무 11년) 7월 이완용 내각에서 공포한 신문지법(보통 광무신문지법이라고 한다)을 든다. 그러나, 그보다 10년 전에 이처럼 신문 조례를 제정하려는 움직임이 있었음을 잊어서는 안 된다"고 했다.[40]

그 움직임은 1899년 1월 '신문지 조례'의 제정으로 이어졌다. 비록 시행되진 않은 채 폐기되었지만, 한국 최초의 언론 통제를 위한 법령이었던 셈이다. '신문지 조례'의 원안은 2001년 9월에 발견되었다. 장지연기념사업회 이사이자 한국외국어대교수인 정진석이 위암 장지연(韋庵 張志淵, 1864~1921)의 편지묶음 속에서 찾아낸 '신문지 조례'

는 총 36조로 구성돼 있으며 한지에 초서로 쓰여 있다.[41]

대강의 내용을 소개하면 이렇다. 첫째, 신문발행은 허가제이다. 허가를 받고도 발행인이나 편집인이 바뀌면 다시 허가를 받아야 한다. 둘째, (액수가 명시되지는 않았으나) 신문을 발행하려면 보증금을 내야 한다. 법규 위반 시 보증금에서 벌금을 떼게 되며 일정기간 동안 벌금을 채우지 못하면 발행 정지 처분이 내려진다. 셋째, 신문발행 전에는 사전검열을 위해 납본을 제출해야 한다. 넷째, 누구든 피해자가 요구하면 반드시 정정보도를 실어줘야 한다. 정정보도 분량은 원래 기사 크기와 동일해야 하고 피해자가 원할 경우 초과분에 대한 광고료를 내고 더 크게 실을 수 있다. 다섯째, 언론 보도를 금지한 사항들이 많다. 실례로 재판에 계류 중인 사건은 보도할 수 없다. 법에 저촉되는 내용을 비호하는 논설을 실을 수 없다 등 그 밖에 행정처분권에 따르면 치안 방해, 풍속괴란의 경우 정·폐간 처분을 할 수 있다. 또 사법처분권에 따라 언론인은 명예훼손, 정치체제의 변괴 등의 혐의에 대해 6개월~2년의 실형이나 50~300원의 벌금형을 받을 수 있다.

사실상 언론을 통제하려는 목적으로 만들어졌던 조례는 당시 신문들의 비판적인 사설, 기사를 통해 제정 사실이 공개되기도 했다. 『독립신문』 1899년 1월 10일자 사설은 "언론자유는 하늘이 주신 권리인데 어찌 진중히 보존하지 않겠는가. 어느 정부든 언론자유를 무시하면 공론이 없어지고 정부 관리들이 인민을 압제하여 국가가 위태하게 된다"고 주장했다. 『황성신문』 3월 3일자에는 조례가 1891년 일본에서 시행하던 것이며, 국내 실정에 맞지 않아 결국 36조를 33조로 수정했다고 실려 있다. 그런데 조례가 중추원의 심의까지 거쳤으나 어떤 이유로 시행이 되지 않았는지는 정확히 알려지지 않고 있다.[42]

정진석은 "그간 '신문지 조례'가 있었다는 것은 이를 비판한 『독립신문』 등의 사설로 알 수 있었지만 실제 내용은 전해지지 않았다"며 "신문지 조례와 광무신문지법의 조항을 대조해본 결과 광무신문지법이 '신문지 조례'의 내용을 거의 그대로 계승했음을 확인했다고 말했다.[43]

독립협회·만민공동회의 역사적 의의

신용하는 만민공동회와 독립협회의 실패 이유로 "고종과 수구파세력과 일본을 비롯한 외세의 야합에 의한 무력탄압, 만민공동회와 독립협회 내의 과격파·급진파의 사려 깊지 못한 행동, 지도자들의 지도력의 부족, 조직의 비철저성과 비능률성, 대중들, 특히 농민층에 파고들어가는 노력의 부족, 신흥사회세력의 성장 미흡" 등을 들었다.[44]

그러나 신용하는 만민공동회와 독립협회가 비록 실패로 돌아가긴 했지만, "그 계몽운동으로서의 자주민권자강운동은 큰 성공을 거두어 그후 민족운동의 전개에 원동력의 하나를 공급하였다고 볼 수 있다"고 평가했다.[45]

비판 찬드라는 독립협회의 최대 공헌은 문화적인 측면에 있다고 평가했다. 『독립신문』을 한글 전용으로 간행함으로써 민족주의 정신을 배양했다는 것이다. 그는 독립협회의 한글전용운동은 중국에서 시작된 신문화운동 당시의 백화문 보급운동보다도 훨씬 앞섰다고 높게 평가했다.[46]

'만민공동회는 일본이 사주해 일으킨 소요'?

앞서 소개한 바와 같이, 그러나 이태진은 독립협회의 관민공동회와 만민공동회를 일본공사관이 협회 지도부의 일부 친일분자들을 사주해 일으킨 소요라고 보았다. 그가 2000년에 출간한 『고종시대의 재조명』은 주장의 파격성 때문에 큰 학술 뉴스가 되었다. "독립협회의 일부 민권운동을 독립협회 친일분자들이 주도했다는 주장도 이채롭다"는 기자의 질문에 이태진은 다음과 같이 답했다.

"고종이 왕정을 정상화해 본격적인 개혁을 시도한 기간은 아관파천을 계기로 다음 해 대한제국을 수립해 광무개혁을 시도하다가 1904년 러일전쟁이 일어나면서 좌절된 8년간이다. 특히 이 기간에 일어난 독립협회의 의회개설운동이나 관민공동회, 만민공동회 등 민권운동은 광무개혁의 성과에 놀란 일제가 협회 지도부의 일부 친일파를 사주해 일으킨 소요다."

이에 대해 기자는 "이 교수의 주장은 갑신정변과 독립협회의 민권운동을 능동적인 개혁과 독립운동의 큰 줄기로 해석한 신용하 서울대 사회학과 교수나 강만길 고려대 명예교수 등 학계 중진들이 내세운 학설과 크게 배치되는 부분이어서 격론이 예상된다"고 토를 달았다.[47]

2004년 이태진은 "뒤늦은 사업이었지만, 8년 정도의 시간에 괄목할 만한 성과가 나타나자 일본은 이를 방치할 경우, 그들의 오랜 꿈인 한반도 장악이 수포로 돌아가고 말 것이라고 판단했다"며 다음과 같이 주장했다.

"이에 미국 · 영국을 끌어들여 러시아와의 전쟁을 일으키고, 그 군사력으로 한국의 국권을 강제로 탈취하기 시작했다. 대한제국은 무능해서 망한 것이 아니라 많은 가능성 때문에 일본의 노골적인 침략주의에 부딪혀 자초하고 말았다는 얘기다."[48]

이태진의 주장이 옳다 하더라도, 왜 그 '많은 가능성'이 일본의 눈에만 보이고 조선 민중에겐 보이지 않았는지 안타까운 일이 아닐 수 없겠다. 만민공동회의 '장작불 집회'는 먼 훗날 성행한 '촛불집회'의 원조로 자주 거론된다. 아직도 '불'이 필요할 만큼 언로(言路)가 열리지 않았다는 말일까? 그때나 지금이나 언로의 폐쇄나 협애가 문제였다.

05

박영효 쿠데타 음모 사건과 이승만 체포

박영효의 쿠데타 음모

1898년 12월 25일 독립협회가 해산당한 뒤, 이승만은 다른 젊은 의관 네 명과 함께 맨 먼저 1899년 1월 2일자로 중추원 의관에서 파면되었다. 이승만은 곧 피신했지만, 이때에 400여 명의 중견회원들이 체포되었다.[49] 300명이 구속되었다는 주장도 있는데, 주진오는 "이는 전혀 사실이 아니다"고 반박했다.[50]

이승만은 남대문 앞에 있던 미국 선교사들이 경영하는 감리교 병원 단지에 피신해 있으면서 비밀활동을 하고 있었다. 당시 박영효 추종자들은 독립협회와 만민공동회를 통한 박영효의 소환과 서용(敍用)운동이 좌절되자 고종을 폐위시키고 의화군(義和君)을 황제로 추대하는 쿠데타를 기도하고 있었던바 이와 관련된 비밀활동이었을 가능성이 높다.[51]

이 쿠데타 계획은 사전에 발각되었으며, 이승만은 이 혐의로 1899년 1월 9일 검거되었다.[52]

이승만은 최초의 권총 탈옥수

이승만은 1월 30일 한국 역사상 최초의 권총 탈옥수가 되었다가 2월 1일 다시 체포되었다. 경무청에서는 당장 심한 고문이 가해졌다. 심문의 초점은 권총의 출처였다. 손세일은 다음과 같이 말했다.

"처음 며칠 동안 이승만은 매일 끌려나가서 고문을 당했다. 고문은 잔인했다. 무릎과 발목을 묶은 뒤 두 다리 사이에 주릿대를 끼워 경리(警吏) 두 명이 힘껏 틀었고, 세모난 대나무 조각을 손가락 사이에 단단히 묶어 살점이 떨어져나가도록 비틀기도 했으며, 마루 위에 엎드려 놓고 대나무 몽둥이로 살이 해어지도록 때렸다. 이때에 받은 고문의 후유증으로 이승만은 뒷날 흥분하거나 초조할 때면 손가락을 후후 부는 버릇이 생겼다."[53]

감옥 생활에 대한 이승만 자신의 증언이다.

"17개월 동안 나는 10kg 정도 무게의 나무로 만든 형틀 칼을 목에 걸고 있었고, 두 발은 족쇄에 묶이고 양손에는 수갑을 찬 상태로 앉아 있어야 했다. 다른 죄수들은 여러 차례 몰래 들여온 아침신문에서 내가 밤 사이에 처형되었고 내 부친이 내 시신을 찾아가 묻기 위해 감옥소로 왔다는 기사를 눈물로 읽어주곤 했다."[54]

이승만이 기독교에 입교한 것은 이 무렵이었다. 이승만이 사형될 것이라는 소문이 나자 이승만의 처인 박승선은 우리 역사상 정치범 가족이 공개적으로 구명운동을 벌인 최초의 인물로 기록될 활동을 전

체포된 이승만이 기독교로 개종한 경위를 밝힌 「옥중전도」라는 글이 실린 『신학월보』. 1899년 당시 받은 혹독한 고문의 후유증으로 이승만은 훗날 흥분하거나 초조할 때면 손가락을 후후 부는 버릇이 생겼다.

개하였다. 그녀는 스스로 구명상소를 지어 3월 23일부터 27일까지 5일 동안이나 경운궁 인화문 앞에 엎드려 자신을 가두고 남편을 석방해달라고 요구하였다. 이 사실을 보도한 당시의 신문은 "부인이 남편을 위하야 상소하는 뜻은 뉘 장하다 아니하리오"라며 칭찬했다.[55]

당시 재판장은 이승만의 정적(政敵)이었던 홍종우였기 때문에 이승만의 사형 가능성은 높았다. 선교사들의 적극적인 구명운동 덕분이었을까? 7월 11일 홍종우는 뜻밖에도 '태(笞) 일백과 종신형'이라는 판결을 내렸다. 같이 탈옥했다가 나중에 붙잡힌 최정식에게는 사형이 선고되었다.[56]

박영효의 집념

1899년 4월 신기선 내각이 들어서면서 정국이 더욱 보수적인 분위기로 흘러갔다. 이에 1899년 6월 독립협회 회장을 지낸 고영근을 중심으로 한 인물들이 박영효의 집에서 폭탄을 제조해 신기선·이유인·조병식·홍종우·이용익 등의 집에 폭탄을 투척하는 사건이 벌어졌다. 이에 극도로 당황한 고종이 외국 공사관으로의 피신을 고려할 정도였다. 이는 박영효와 무관하게 일어난 일이었지만 박영효의 귀국을 더욱 어렵게 만드는 결과를 초래했다.[57]

안경수는 고종황제 폐위음모와 을미사변의 배후로 지목받아 일본에 망명 중이었는데 사면을 바라고 귀국했다가 권형진과 더불어 1900년 5월 1일 전격 처형되었다. 망명자들의 귀국으로 국내 정세에 혼란이 올 걸 두려워한 고종의 위기의식의 표현이었다. 안경수에 대해

집념의 사나이 박영효(1861~1939). 일본에 있던 박영효는 독립협회 인물들을 포섭해 귀국운동을 벌였다.

동지의식을 갖고 있던 이승만은 옥중에서 그의 죽음을 애석해했다.[58]

박영효는 집념의 사나이였다. 그는 다시 1900년 7월 일본 고베에서 정부를 전복시키기 위한 자금조달 목적으로 사람을 국내로 밀파했지만, 이 또한 적발돼 무산되었다. 궐석재판에서 박영효는 교수형의 처분을 받음으로써 귀국 가능성은 완전히 사라졌다.[59]

06

윤치호·이완용의 변절

윤치호의 덕원부윤직 임명 수락

윤치호는 독립협회 탄압·해산 시 외국인 집에 은신하고 있다가 1899년 1월 7일자로 덕원감리 겸 덕원부윤에 임명되었고 윤치호는 2월 2일 이를 수락하였다. 이에 대해 유영렬은 "민중지도자들에 대한 대옥사(大獄事)가 준비되는 과정에서, 민중운동의 최고지도자였던 윤치호에 대한 이 같은 조처는 당시 법부대신으로 있던 부친 윤웅렬의 노력과 윤치호에 대한 고종의 친애감, 그리고 평소 대인관계가 원만했던 윤치호의 일부 수구인사들과의 친분관계가 크게 작용했던 것으로 보인다"며 다음과 같이 말했다.

"윤치호에 대한 감리직의 임명은 일종의 회유적 추방이었으며, 윤치호의 감리직 수락은 자신과 가족의 안전을 위한 일종의 자구책이었던 것이다. 우리는 반정부 민권운동의 최고지도자가, 그것도 민중지도자들이 대거 체포 구금되는 상황에서, 극복의 대상인 수구반동정권 하의 지방관직을 수락한 사실은 일종의 변절적 자세로 보지 않을 수 없으며, 전통적 통치체제에 대한 비판의식의 불철저성을 지적하지 않을 수 없다."[60]

윤치호는 1899년 원산으로 떠난 이후 어떻게 지냈나? 양현혜는 "윤치호는 '독립협회' 운동의 좌절을 민중의 어리석음 탓으로 규정함으로써 민중에 대한 증오심을 더욱 증폭시키고 있었다"며 다음과 같이 말했다.

"원산에 도착했던 윤치호는 '원산 사람들은 공공정신이 없고 구습과 미신에 강하게 집착하고 있다. 다른 지방의 사람들과 같이 무지하고 게으르다'라고 하고 '이 인종의 피는 새로운 교육과 새로운 정부 그리고 새로운 종교를 갖고 변화되지 않으면 안 된다'라고 확신했다. 민중을 철저한 갱생의 대상으로밖에 생각하지 않았던 윤치호의 민중관은 파국을 향해 가는 조선의 식민지화를 당연한 벌로서 받아들이게 된다. 러일전쟁이 발발하자 윤치호는 새로운 사태에 대응하기 위해 1904년 3월 내각의 외부협판(외무부 차관)으로서 다시 중앙 정계로 불려지게 되었다."[61]

윤치호의 유교 비판과 친일 논리

1911년에 일어난 '105인 사건'의 최고 주모자로 지목된 윤치호는 가혹한 고문과 더불어 3년간 옥고를 치르게 된다. 독립협회 해체 시 변절한 바 있는 윤치호가 왜 이 사건에 연루되었던 것일까? 윤치호는 1904년 외부협판에 임명되기까지 5년간 지방관직을 전전했는데, 그가 개혁의 꿈까지 버린 건 아니었다. 이에 대해 유영렬은 다음과 같이 말했다.

"윤치호는 중앙 정계에서 좌절된 민중을 위한 개혁정치의 이상을 제한된 지방에서나마 실현시키고자 진력했던 것이다. 그러나 윤치호의 이와 같은 치적도 결과적으로는 독립협회 해체 후에 강화된 보수반동정치에 협조하는 것이었음을 간과할 수 없을 것이다."[62]

결과적으로야 어찌됐건 윤치호는 여전히 보수반동정치에 대해 적대적이었으며 그 이념적 지주라 할 유교에 대해서도 비판적인 자세를 견지하고 있었다.

윤치호는 1900년 12월 18일자 일기에서는 전통적인 유교 교육이 진보와 생동하는 내용도 없거니와 한국에 관한 내용도 없는, 진부한 중국의 고전과 역사 위주의 교육으로 곧 중국인화(中國人化)하는 교육이라고 비판했고, 1900년 12월 28일자 일기에서는 "현명한 정부가 가장 먼저 해야 할 일은 소학교에서 중국 서책을 금지시키는 일"이라고 말했다.[63] 또 윤치호는 1904년 5월 27일자 일기에선 다음과 같이 말했다.

"유교는 국가에 대하여 국왕을 압제자로, 가족에 대하여 아버지를 압제자로, 며느리에 대하여 시어머니를 압제자로, 아내에 대하여 남편을 압제자로, 노예에 대하여 주인을 압제자로 만들어 가정과 국가에서 모든 자유정신과 기쁨을 말살시켰다. 따라서 유교는 압제적 계서(階序)체계라 할 만하다."[64]

윤치호는 이 5월 27일자 일기에서 공자가 "사람은 관직에서 군주를 섬기는 것이 최고의 의무"라 가르쳤고, 자기 스스로 "상가지구(喪家之狗)"처럼 관직을 추구했던 사실을 지적하고 유교적 조선 사회의 이기적 관직추구열을 신랄하게 비판했다.[65] 그 이유가 꼭 유교 때문인지는 알 수 없으나 한국인의 이기적 관직추구열은 오늘날에까지 계속되고 있다.

윤치호가 유교만을 일방적으로 문제 삼은 건 아니었다. 윤치호는 기독교를 포함한 어떠한 종교도 처음엔 인민을 진작시키다가 그것이 절대화되면 예외 없이 인민을 퇴화시키고 억압한다고 보았으며, 그래서 조선의 모든 잘못을 유교에 책임지우는 것은 불공정하다고 했다.[66]

윤치호가 현실에 굴복해 변절했을망정, 그에게 국가·사회를 생각하는 그런 정신은 남아 있었던 것이다. 그래서 윤치호는 을사조약이 체결되자 즉시 관직을 버리고 애국계몽운동에 뛰어들었다. 그는 1906년에 결성된 대한자강회의 회장에 추대되었고, 1907년에 조직된 비밀단체 신민회의 주도 멤버로 활약했다. 그는 그런 활동을 하다가 105인 사건으로 옥고를 치르게 된 것인데, 출감 후 그는 『매일신보』 사장과의 회견에서 이후 일선동화(日鮮同化)를 위해 노력할 것을 천명했다.[67]

이완용의 독립협회 활동

만약 서재필이 미국으로 가지 않고 계속 남아 있었더라면 어떠했을까? 그도 윤치호처럼 굴복하지 않았을까? 또 일제강점 이후 윤치호가 끌려들어간 것처럼 서재필 역시 친일행각에 나서지 않았을까? 그랬다면 서재필이라는 이름이 지금처럼 화려하게 대접받을 수 있을까?

역사적 인물에 대한 이런 궁금증은 이완용에 이르러 더욱 강해진다. 독립협회에서 가장 핵심적인 역할을 한 사람 가운데 하나는 이완용이었는데, 이에 대한 시각은 엇갈린다. 앞서 지적했듯이, 1898년 2월 27일 간부진 개편 시 부회장이던 이완용은 회장으로 선출되었다. 신용하는 "이완용은 독립협회가 민중주도하에 민족운동을 전개하는 것을 반대하고 3월 11일 전라북도 관찰사로 전직하였다. …… 독립협회 회원들은 1898년 7월 17일 외국에의 이권양여에 간여한 이유로 이완용을 회원에서 제명하여 추방하고 ……" 등과 같이 이완용의 역할을 부정적으로 평가했다.[68](독립협회가 정부의 정책을 신랄히 비판하자, 이완용이 스스로 탈퇴했다는 설도 있다)[69]

반면 윤덕한은 이완용이 독립협회 전체 존속기간의 3분의 2 이상을 위원장, 회장, 부회장으로 활동했음에도 독립협회의 활동과 관련하여 거의 거론되지 않고 있다고 지적했다. 이어 윤덕한은 "우리 학계는 독립협회 내에서의 이완용의 역할과 활동을 의도적으로 외면하거나 축소하고 있다"며 "이것이 과연 '애국적'인 행동이며 학자로서의 올바른 자세인가"라는 질문을 던졌다.

"물론 매국노라는 이름을 천추에 남기게 된, 그래서 매국노와 동의어가 되어버린 인물이 독립협회 운동의 핵심 주역이었다는 사실은 분명 우리 현대사의 비극이자 수치임에 틀림없다. 독립협회 활동에 엄청난 역사적 의미를 부여하면서 그 협회 전체 존속기간의 대부분을, 매국노가 되어버린 인물이 실질적으로 주도했다고 쓰기는 계면쩍기도 하고 쑥스럽기도 했을지 모른다. 그것은 독립협회의 의미와 성격 자체를 재검토해야 할 정도로 심각한 문제가 될 수도 있다. 그러나 그렇다고 해서, 독립협회의 민족사적 의미가 훼손되는 것이 두렵다고 해서, 이완용의 독립협회 활동을 의도적으로 외면하거나 축소하는 것은 결코 애국적인 행동도 아니며 학문을 연구하는 학자의 자세는 더

욱 아닐 것이다.[70]

흥미로운 건 1927년 이완용의 생질로 일찍부터 이완용의 비서 역할을 했던 김명수가 편집한 이완용 관련 자료집인 『일당기사』에도 독립협회 활동이 전혀 언급되지 않는다는 사실이다. 임대식은 "독립협회에서의 활동은 이완용의 행위 중 유일하게 민족운동에 참가한 경우인데 편집자가 일제시기에 편집했기 때문에 이 부분을 뺀 것은 친일파로서의 이완용의 경력에 흠이 된다고 생각했기 때문일 것이다"고 분석했다.[71]

이완용에 대한 긍정 평가

아주 드물게나마 이완용의 어떤 행위를 긍정 평가하는 글도 만날 수 있는데, 두 가지만 소개하겠다. 러시아 학자 바츨라프 셰로셰프스키는 한국의 노비제도는 1894년에 공식적으로 폐지되었지만, 실제로는 오늘날까지도(1903년) 존재하고 있다며 다음과 같이 말했다.

"1897년에는 서울의 독립협회가 그 문제를 공개토론의 쟁점으로 삼기도 했는데, 그때 협회 부회장이었던 양반 출신의 이완용은 일단 자신의 노비 30명을 해방시키고 노비문서까지 불태워버린 후 토론에 임하여 노비제의 폐지를 열렬히 주장했다고 한다. 하지만 반대자 편에서는 노비제도란 하인제도의 한 형태에 지나지 않는 것으로, 양반은 하인 없이는 살 수 없는 존재라고 강력히 반박했다."[72]

일본의 통감정치가 시작된 이후 고관대작들의 점심문제가 대두되었을 때의 일이다. 종전에는 점심을 먹고 출사했지만 이젠 아침 일찍 출근을 해야 했으므로 점심문제로 골치를 앓게 되었다고 한다. 이규태는 그 풍경을 다음과 같이 묘사했다.

"그 점심 행차가 가관이었다. 20~30가지나 되는 반찬을 교자상에 차려서 하인 대여섯 명이 운반을 하는데, 그 앞에는 무관이 앞장을 서서 '대감 밥상' 하고 소리 높여 외쳐 행인들이 길을 비키게 했다. 또 교자상 행렬 끝에는 술병과 물 주전자를 든 여종이 뒤를 따랐다. 그야말로 대감행차나 다를 바 없는 큰 소동이요, 장관이었다. 그런데 그 많은 음식을 혼자 먹기란 불가능한 일이어서 늘 대부분의 음식이 고스란히 남았다. 남은 음식은 관인(官人)이나 하인들 차지가 되었는데, 파리 떼처럼 모여드는 하인배들 때문에 관아는 식당으로 변하기 일쑤였다. 이 식당 소동은 매일 오후 3~4시가 되어야 겨우 끝나곤 했다. 그리고 이 소동은 날이 갈수록 더욱더 심해졌다."[73]

그런데 당시 학부대신이던 이완용은 이 문제를 거론하면서 달걀이나 빵 등으로 도시락을 싸와 서랍에 넣어두었다가 점심때가 되면 꺼내어 먹었다고 한다.

"처음에는 이 도시락에 대한 비방과 비난이 여간 구구하지 않았으나 하나둘씩 뒤를 따르는 사람이 생기기 시작했고 덕분에 관아의 점심 소동은 점차 조용해졌다. 동시에 거창한 '대감 밥상' 행렬도 점차 볼 수 없게 되었다. 매국노 이완용도 이 일만큼은 잘했다고 칭찬해줌 직하다. 어쨌든 한국 최초로 도시락을 들고 등청한 관리가 이완용이라는 건 틀림없는 사실이다."[74]

문명개화론의 함정

한때 애국적인 개화파였다가 1900년대 들어 그리고 일제감정 이후 변절한 인물들은 수없이 많다. 윤치호의 경우, 유영렬은 "윤치호가 이처럼 대일협력을 천명한 배경에는 일제의 가혹한 고문과 강요 그리고 그 자신의 심경의 변화가 작용했음은 물론이거니와, 논리적인 면에서는 개화기의 그의 의식 속에 내재되어 있던 비관적 국사관에 의한 민족패배주의와 현실 상황론에 의한 대세순응주의 그리고 사회진화론에 의한 개화지상주의가 작용했던 것으로 보인다"고 말했다.[75]

정용화는 "그러한 변화가 그들이 상황에 따라 애국에서 매국으로 '변절'한 결과가 아니라 그들이 문명개화론적 세계관을 분별 수용하고 그것에 일관되게 충실한 결과"라며 다음과 같이 말했다.

"바꾸어 말하면 그들의 세계관, 즉 문명개화론에는 이미 당시 문명선진국의 '지도' 또는 더 나아가 '지배'를 적극 끌어들이는 '비애국적'인 덫이 내재되어 있었다는 것이다. 필자는 이것이 한국의 초기 근대화가 실패하게 된 원인 중의 하나(사상적 원인)라고 생각한다."[76]

07

최시형 처형, 영학당 사건

1898년 최시형 처형

정세가 누그러들자 동학교주 최시형은 1895년 겨울 원주 치악산 밑 수레마을로 옮겨가 살았다. 그는 세 명의 문도 곧 김연국에게 구암, 손천민에게 송암, 손병희에게 의암이라고 호를 내리면서 "너희들 세 사람이 마음을 합하면 천하가 이 도를 흔들고자 할지라도 어찌하지 못하리라"고 말했다. 이렇게 해서 삼암(세 암자 돌림)이라는 동학의 새로운 지도자가 탄생하였다.[77]

최시형은 봉기를 꾀하는 세력과의 접촉을 거부하고 그들과의 연결 고리를 끊었다. 1896년 남접 두령 중 하나인 손화중의 제자들이 숨어 있는 최시형을 방문하여 재차 봉기를 건의하였지만 쫓겨나고 말았다. 이와 관련, 이영호는 다음과 같이 말했다.

"농민전쟁 이후 내려진 수배령은 흔적 없는 일반농민이 아니라 동

원주에서 체포된 후 수감생활할 당시의 최시형. 그는 서울 단성사 뒷켠 육군 법원에서 교수형을 당했다.

학의 꼬리표를 붙인 동학교단과 신도들에게 집중되었다. 혐의의 해소, 그리고 교단을 공인받는 일은 기독교를 비롯한 외래 종교가 왕성한 포교활동을 벌이고 있는 현실에서, 생존을 위한 유일한 길이었다. 동학의 창도가 서학의 차단에 있었는데 거꾸로 서학의 왕성한 포교와는 달리 동학은 존망의 기로에 놓인 것이다."[78]

최시형은 의도적으로 삼남지방을 피하고 서북지방에 포교를 집중

했지만, 그럼에도 불구하고 피신생활 중인 1898년 7월 원주에서 체포되어 서울 단성사 뒷켠 육군법원에서 교수형을 당했다. 최시형은 처형당하기 1년 전인 1897년 손병희에게 도통을 전수했기 때문에 최시형의 사후 김연국은 새까만 후배를, 손천민은 여섯 살 아래 종조카를 교주로 받들어야 하는 불편한 상황이 초래됐다. 게다가 최시형의 죽음을 두고 김연국·손천민은 스승을 좇아 순도하자고 주장했고, 손병희는 "살아남아 복수해야 한다"고 주장했기에 갈등은 중첩되었다.(손천민은 1900년 8월 관군에 체포되어 처형되었고, 김연국은 1901년 6월에 체포되어 종신형에 처해졌기 때문에 손병희의 교권은 강화되었다)[79]

영학당의 봉기

한편 최시형에게 쫓겨났던 손화중의 제자들은 영학당(英學黨)이라는 이름으로 세력을 확대했다. 1898년 11월 16일 전북 흥덕의 농민 300여 명은 이화삼이라는 두령을 앞세우고 흥덕 관아를 습격해 무기를 거두어들이고 관아를 차지해 있다가 반격을 받아 퇴각했다. 이 사건은 영국인 목사가 말목장터에 세운 교회에서 비롯됐다. 교회를 중심으로 '영학계'라는 조직이 이루어졌는데, 이들 영학계 계원들이 흥덕민란 또는 영학당사건이라 부르는 관아 점령을 주도한 것이다. 이들의 지도자 이화삼은 농민군 지도자 출신이었다.[80]

이듬해 정읍의 최익서 등은 정읍을 비롯하여 고부·흥덕·무장·고창·장성 등지로 조직을 확대하여 4월 농민 400여 명을 이끌고 고부 관아를 습격했다. 이때 농민군은 '벌왜' '벌양' '보국안민'의 깃발을 내걸고 나섰다. 이들은 1차로 고부의 무기를 접수한 뒤 흥덕 관아를 차지했고 이어 무장으로 진출하여 무기를 빼앗았다. 이달 22일에는 고창읍성을 에워싸고 공격을 벌였다. 그러나 날이 어둡고 비가 쏟아져 수성군에 패전하고 주력부대가 해산하였다. 이것은 동학농민군의 잔여세력이 다시 규합해 벌인 최대의 사건이었다. 이때 수백 명이 잡혀 지방 관아에서 맞아 죽거나 굶어 죽었으며 또 서울까지 끌려가 재판을 받았다.[81]

이영호는 "놀라운 것은 이들이 1894년 농민전쟁을 그대로 모방하여 봉기했다는 점이다. 봉기의 지역뿐 아니라 진군의 과정, 서울 점령이라는 진군의 목표, 영학을 표방한 동학의 조직적 기반, 보국안민의 기치 등에서 거의 똑같다. 농민전쟁의 정신을 계승한 변혁운동의 재현이라고 할 수 있다"며 다음과 같이 말했다.

"동학과 농민전쟁의 관계 못지않게 중요한 것은 농촌공동체의 해체문제라고 나는 생각한다. 농민의 처지에 밀착해 들어가 볼 때 농민전쟁 이후 농촌의 보수 유생층과 농민층은 화해할 수 없는 대립관계에 놓이게 되고, 농민층은 동학이나 농민전쟁에 가담한 것으로 혐의만 씌면 모든 재산을 빼앗기고 고향에서 쫓겨나고 가족들은 흩어졌다. 농민층 분화에 의해 점진적으로 해체되어 가던 농촌공동체는 농민전쟁을 통해 일거에 붕괴와 재편의 사회적 대변혁을 겪게 된 것이다."[82]

일본에 체류하고 있던 박영효·안경수 등의 망명자들은 영학당 봉기에 편승하고자 했다. 안경수는 이들에게 서한을 보내 봉기를 선동하였으며, 고영근 등 만민공동회세력도 박영효와 연결하여 거사를 도모하고 있던 중 고부에서 영학당이 봉기하자 사람을 보내 선동하는 한편, 서울에선 일부 대신들의 저택에 폭탄을 투척했다. 그러나 이들의 시도는 모두 실패로 돌아갔다.[83]

현광호는 "이는 한국 군대가 진압할 수 없을 정도로 과격한 민란을 야기시킨 뒤 일본군이 출병하도록 하여 망명자를 귀국시키려 한 것이다. 이들은 동학농민전쟁 당시 일본군이 농민군 진압을 이유로 출병한 것과 유사한 상황이 도래하기를 기대했다"고 말했다.[84]

강일순의 증산교

동학의 불씨는 쉽사리 꺼지지 않았다. 비록 봉기에까지 이르지 못하고 모의 단계에서 발각되고 말았지만, 동학당은 1900년경까지도 활동을 계속했다. 동학에 이어 새로 대두한 종교 가운데 선두에 자리잡은 증산교도 동학의 정신을 이어받았다. 고부군 출신으로 31세의 청년 증산 강일순(1871~1909)이 1901년 전주 모악산 대원사에서 세운 증산교는 사상은 달라도 그 형성 배경은 동학이었다. 동학혁명을 직접 목격하고 자란 강일순은 자신을 최제우의 사상적 후계자이며 후천개벽의 실천적 계승자라고 주장했다. 그리고 전봉준을 극찬하는 동시에 자신의 사상을 '참 동학'이라 했다.[85]

강일순은 1899년 한반도를 무대로 한 세계 열강의 각축전을 바둑에 비유해 압축적으로 설명했다. 그는 "조선은 바둑판이요, 조선 인민은 바둑돌이다. 현하(現下)의 대세가 다섯 신선이 바둑을 두는 형국(五仙圍碁)인데, 두 신선은 판을 대하고 두 신선은 각기 훈수하고 한 신선은 주인이다. 네 신선이 판을 대하여 서로 패를 들쳐서 따먹으려 하지만, 주인은 어느 편도 훈수할 수 없어 수수방관하고 공궤(供饋, 손님 대접)만 할 따름이라 ······"고 했다. 한반도라는 가로 세로 19줄짜리 바둑판에서, 조선 사람들은 흑과 백의 바둑돌이자 '4 신선들(4 강대국)'을 접대하는 주인이건만, 주인으로서 '말발'도 제대로 세우지 못하는 가운데, 일본·청·러시아·미국이라는 네 신선들의 바둑판(조선) 따먹기 놀이에 휩쓸릴 따름이라는 것이다.[86]

조동일은 "무속에 뿌리를 두었다고 할 수 있는 해원(解冤) 사상을 민중 종교의 여러 교조 가운데 강일순이 특히 강조해서 말했다"며 다음과 같이 설명했다.

"강일순은 후천개벽의 천지공사(天地公事)를 한다면서, 우선 상극·억압·원한을 특징으로 하는 선천시대의 폐단에서 과감하게 벗어날 것을 촉구했다. 나라는 충 때문에, 집은 효 때문에, 몸은 열 때문에 망했으니, '망하는 세간은 아낌없이 버리고 새 배포를 꾸미라'고 했다. 그동안 귀신이나 하늘에까지 쌓인 원한을 두루 풀고, 다가오는 시대인 후천에는 천대받고 억눌린 사람들이 아무 거리낌 없이 기를 펴고 살도록 하는 것이 자기가 이루어야 할 최상의 과업이라고 했다."[87]

신정일은 "증산 강일순처럼 여러 가지 평가를 받는 사람도 흔치 않을 것이다. 사이비종교의 교주라거나 혹세무민했다거나 하는 비판에서부터 근현대사에 지대한 영향을 끼친 사상가라는 평을 동시에 받고 있지만 분명한 것은 그는 진실로 이 땅과 인간에 대한 사랑을 실천하다 간 선각자라는 것이다"라며 다음과 같이 평가했다.

"강일순은 동학농민혁명의 3대 지도자였던 전봉준, 김개남, 손화중과 더불어 19세기 암울했던 시대에 조선의 정읍에서 태어나 화엄적 후천개벽을 꿈꾸었던 선각자였다. 동시에 동학농민혁명이 실패로 끝나고 실의와 좌절에 빠져있던 조선의 민중들에게 하나의 꿈과 이상을 심어주었던 종교 사상가로서 큰 위치를 점하며 오늘도 이 땅의 사람들에게 지대한 영향을 끼치고 있다."[88]

이이화는 "강일순은 증산교의 교리에 따라 의병항쟁이 일어났을 때에도 초연했다. 친일단체인 일진회의 활동을 옹호했는데, 일제의 침략이 노골적으로 전개되어도 '땀 흘려 일해주고 빈손으로 돌아갈 것'이라는 말로 민족현실을 외면한 채 신비주의에 싸여 있었다. 1909년 그가 죽은 뒤에도 민중에게 끼친 영향이 대단히 커서 그의 제자들은 신흥종교의 여러 유파를 만들었다"고 했다.[89]

2007년 김용휘는 "요즘 길거리에서 '도(道)에 관심 있습니까' 하며 붙잡는 사람은 99퍼센트 증산 계열인 대순진리회 소속이라고 보면 된다. 요즘은 그 말보다는 '기운이 맑으시네요' 하면서 뭘 아는 것처럼 접근한다"며 다음과 같이 말했다.

"대순진리회에서 내세우는 주장의 골자는 19세기 말 전라도 땅에서 40년을 살다간 강중산이라는 인물을 우주의 창조주이자 절대자인 구천상제(九天上帝)로 믿어야 한다는 것이다. 그가 세상을 창조했지만 당시에 이르러 너무나 혼란해졌으므로 처음 세상을 만든 이가 부득이 직접 내려와서 하늘과 땅을 바로잡는, 이른바 천지공사(天地公事)를 10년간 하고 그의 나이 마흔이 되던 해에 홀연히 다시 하늘로 올라갔다는 것이다."[90]

강일순이 살던 시대나 지금이나 민중의 심금을 파고드는 건 해원(解冤)인 것 같다. 한(恨) 많고 스트레스 많은 한국인들이 해원을 위해서라면 무엇을 망설이겠는가.

제7장

전차 · 철도와 조혼 · 축첩

01

전차 개통과 '전차 소각 사건'

한성전기회사 설립

1898년 1월 26일 한성전기회사가 설립되었다. 전기사업에 깊은 관심이 있던 고종은 열강의 간섭을 피하기 위해 극비리에 한성전기회사의 사업 신청과 허가가 이뤄지도록 조치했다. 한성전기회사는 서울 시내의 전등·전차·전화 사업의 시설 및 운영권을 갖게 됐다. 고종과 콜브란(H. Collbran), 보스트위크(H. R. Bostwick) 등 미국인과의 합작회사였다.

그런데 1990년 한국전력이 출간한 『전기 100년사』는 기존 통설과는 달리 한성전기회사는 고종의 단독출자 회사였다는 새로운 주장을 폈다. 자본금은 일화 30만 엔 규모였으며, 미국 콜로라도 중부철도회사 사장을 지낸 콜브란 등은 동업자가 아니라 용역계약을 맺고 전차, 전등의 건설과 운영을 위탁받았을 뿐이라는 것이다.[1]

어찌됐건 고종은 한성전기회사를 통해 전차를 놓고 싶어 했다. 당시 주한 미국공사 호러스 알렌은 미 국무부에 보낸 전문에서 "황제(고종)는 서울에 전차궤도 설비가 공급된 모습을 볼 수 있기를 오랫동안 고대해왔다. 특히 황제는 홍릉(洪陵)에 행차할 때 편리한 교통수단을 갖기를 간절히 소원해왔다"고 말했다.[2]

홍릉은 고종이 자주 찾던 명성황후의 무덤이었다. 고종이 이곳에 행차할 때마다 막대한 경비가 들고 매우 번거로웠다. 고종은 그 돈도 절약하고 백성에게도 편리한 대중교통을 제공하고 싶었다. 고종은 남대문에서 홍릉까지 전차노선을 부설하는 공사비로 10만 달러를 투자하겠다는 계획을 갖고, 그 목적으로 한성전기회사를 만든 것이다.[3]

다른 설도 있다. 손정목에 따르면, 건양 원년(1896년) 인천을 거쳐 서울에 들어온 두 명의 미국인 콜브란과 보스트위크는 고종의 홍릉 나들이를 보고 전차 도입을 생각했다. 이들은 가마를 탄 많은 신하가 뒤따르는 고종의 홍릉 행차에 당시 돈으로 10만 원 안팎의 경비가 든다는 사실을 알고, 전차를 이용하면 경비와 시간을 크게 줄일 수 있을 것이라고 판단했다. 두 사람은 전차 운행을 위한 전차 · 전기부설권 허가를 황실에 요청했으며, 이에 따라 황실에서 75만 원을 투자한 한미 합작 한성전기회사가 설립되었다는 것이다.[4]

1899년 5월 17일 전차 개통식

고종은 황실의 안전도 보장받을 겸 한성전기회사의 사업 파트너로 미국을 원했다. 1898년 2월 한성전기회사와 미국 측은 '남대문-종로-동대문-홍릉' 노선의 전차 건설계약을 체결하였다. 그로부터 1년 3개월 후인 1899년 5월 17일 성대한 전차개통식이 거행되었다. 이어 1899년 8월에 서대문에서 청량리까지 총 5리의 선로가 완성되고, 12월에 종로-남대문, 남대문-용산의 연장 선로가 완공되었다. 1900년 7월에는 남대문에서 의주로를 거쳐 서대문 밖에 이르는 선로가 개통되었다.[5]

노형석은 "전차는 당시 조선을 찾았던 외국 사람들조차 놀랄 정도로 도입 시기가 빨랐다. 아시아에서 일본의 교토와 도쿄 다음으로 도입된 경성 전차의 역사는 중국보다도 앞선다"고 했다.[6] 이태진은 "서울에 전차가 달린 것은 도쿄보다 3년 먼저"라고 했는데,[7] 도쿄보다 빨랐건 늦었건 당시 조선 형편에 비추어 전차 도입이 빨랐다는 건 분명한 것 같다. 이태진은 전차의 빠른 도입을 대한제국의 업적으로 긍정 평가했지만, 이를 부정적으로 보는 시각도 있다.

김정기는 운산 금광에서부터 전차에 이르기까지 모든 걸 알렌의 작품으로 보았다. 그는 알렌이 "고종의 빈번한 민비 능, 즉 홍릉 행차를 보고 전차가설을 제의하여 서울 시내 전차가설권을 앗아갔으며, 또한 전기사업에 관계되는 이권과 수도공사권까지 챙겨갔다"며 다음과 같이 주장했다.

"이쯤 되면 그는 이미 복음을 전파하러 온 선교사가 아니었다. 의식했건 의식하지 안 했건 간에 그는 조선 민중을 어루만지는 양치기에서 착취하는 제국주의 외교의 이리로 둔갑되고 있었다. 하기야 당대 조선의 헐벗은 민중들이 선교사들을 '장사꾼 선교사' 또는 '백만장자 선교사'라고 불러댄 것을 보면, 알렌은 오히려 가장 솔직한 인간이었는지 모른다."[8]

그런데 정작 전차가 운행되자 황실에서는 전차를 거의 이용하지 않앉다. 황실 전용 전차가 특별히 제작되긴 했지만, 황제가 평민의 것과 같은 모양의 차를 탈 수 없다는 전통 때문이었다고 한다.[9]

전차에 대한 호기심과 반감

그 배경이야 어찌됐건, 전차는 근대화의 상징으로 간주되면서 많은 사람들에게 서구 과학기술의 위력을 실감케 한 '대사건'이 되었다. 9월 중 하루 평균 승차인원은 약 2000여 명으로 당시 서울 인구의 1퍼센트를 차지할 정도였다. 한 번 타면 내리지 않고 종점과 종점 사이를 몇 번이나 오가는 사람들, 전차를 타기 위해 생업까지 쉰 사람들, 전차를 타러 지방에서 상경하는 사람들도 많았다. 인기가 높다 보니 전차를 타느라고 파산한 사람이 있다는 소문까지 나돌 정도였다.[10]

그러나 동시에 전차에 대한 원성(怨聲)도 만만치 않았는데, 어쩌면 전차는 '개화'에 대한 상반된 당시 민심을 반영했던 것인지도 모르겠다. 당시 서울 시민들에게 전차의 속도는 경이로운 것이어서 도깨비라는 별명이 붙여졌다. 그러나 하루에도 아이들이 몇 명씩 깔려죽는 사고가 발생하자, 민중이 들고일어나 전차에 불을 질러 태우는 사건까지 일어났으며 그 후에도 전차에 돌을 던지며 반감을 나타내는 일이 자주 벌어졌다.[11]

F. H. 해링튼은 "당시 증오의 대상이 되어 있던 일본인을 전차 운전수로 고용한 것은 반대자들에게 반대하는 좋은 구실을 주었던 것이다"며 다음과 같이 말했다.

"어떤 한국인이 전차 선로를 베개로 사용하여 누워 있다가 목이 잘려나갔는데, 그 뒤로 우발사건이 꼬리를 물고 일어났다. 그 결과로 폭동

전차를 신기하게 여긴 사람들은 전차를 타기 위해 지방에서 상경하기도 하고, 하루 종일 타기도 했는데 하루 평균 승차인원이 약 2000여 명이었다.

이 있었지만, 그 옆에 서 있던 한국 병사들은 이를 제지하지도 않았다. '외국놈들 죽여라'고 외치는 폭도들은 전차를 때려 부수고, 이를 소각해버리고 말았다. 동시에 차고를 파괴하고 전차승무원을 부상시켰다. 그 후 전차에 대한 배척운동이 일어났고, 심지어 전차 선로 건설을 도운 바 있는 한국 관리들에게 폭행까지 하였다."[12]

1899년 5월 26일에 일어난 '전차 소각 사건'의 전말은 이렇다. 종로 2가에서 전차가 다섯 살짜리 어린아이를 치어 죽이자 아이의 아버지가 도끼를 들고 전차에 달려들었다. 전차가 멈추지 않고 지나가려 하자 이를 지켜보던 군중들이 차장과 운전수를 향해 돌진했다. 그들이 도망가자 군중은 방치된 전차에 돌을 던져 파괴하고 그 위에 석유

를 붓고 불을 질렀다. 또한 뒤에 달려오던 다른 전차도 전복시키고 태워버렸다.[13]

고종이 특별담화까지 발표할 정도로 이 사건의 파장은 컸다. 겁을 먹은 일본인 전차 운전수들은 만일을 위해서 유족들의 생활비를 은행에 공탁할 것, 승무원에게 호신용 권총을 휴대하게 할 것, 각 전차마다 순검 한 명씩을 승차케 할 것 등을 요구하고 나섰다. 회사 측이 공탁금 조항만을 수락하고 다른 걸 거절하자, 일본인 운전수·사무원들은 모두 사직한 채 귀국해버리고 말았다. 이로 인해 전차는 운휴(運休)에 들어갔고, 미국인 운전수 여덟 명이 고용된 약 3개월 후에야 비로소 운행을 재개할 수 있었다.[14]

기독교인 도륙비지 사건

1900년엔 이른바 기독교인 도륙비지(屠戮秘旨) 사건이 일어났다. 친러파 군부대신 김영준과 내장원경 이용익이 전차의 운영으로 조선의 재원이 고갈될 것이라 염려하여 시민들에게 전차를 타지 말 것을 명령했다가 고종으로부터 크게 꾸중을 듣자 일어난 사건이다. 이 사건에 대해 서정민은 다음과 같이 말했다.

"이에 원한을 품은 두 사람은 기독교 박멸을 계획하여 12월 1일을 기해 국내의 선교사와 기독교인들을 살해해야 한다는 비지(秘旨)를 각 도 지방에 밀포하였다. 마침 해주에 거하고 있던 언더우드 선교사는 이 일을 알게 된 한 신도를 통해 그 절박한 소식을 처음으로 듣게 되어 충격에 휩싸였다. 그는 곧 서울에 있는 애비슨 선교사에게 라틴어로 전보를 쳤고, 사정을 접한 미국공사 알렌은 곧바로 고종을 알현하여 선교사들과 기독교인들의 보호와 구출을 호소하였다. 이에 고종은 외국인과 기독교인을 일체 가해해서는 안 된다는 칙전(勅電)을 전국에 공포하여 풍전등화와 같은 위기 상황 속에서 참변을 간신히 면할 수 있었다."[15]

　이처럼 개화기의 전차는 말도 많았고 탈도 많았다. 그런 이유 때문이었는지 아니면 수익률이 낮았기 때문이었는지는 알 수 없지만, 전차는 대중교통 수단으로 크게 발전하지 못했다. 한성전기는 전차사업이 신통치 않자 곧 전등사업으로 눈을 돌리게 된다.

02

대한국 국제(國制) 반포

'대한제국의 정치는 전제정치'

1899년 8월 17일 '대한국 국제'가 제정·반포되었다. 1897년 10월의 황제 즉위를 법적으로 보장하는 조치로서 명실상부한 황권을 확립하기 위한 것이었다.

대한국 국제 제1조~제9조는 "대한국은 세계 만국이 공인한 자주독립국이다, 대한제국의 정치는 전제정치이다, 황제는 무한한 군권을 향유한다, 신민이 황제의 군권을 침손할 경우는 신민의 도리를 잃은 자로 본다, 황제는 육·해군을 통솔하고 편제를 정하며, 계엄과 해엄의 권한을 갖는다, 황제는 법률을 제정하고 그의 반포와 집행을 명하며, 국내 법률을 개정하고 대사·특사·감형·복권의 권한을 갖는다, 황제는 행정 각부의 관제와 문관의 봉급 제정 혹은 개정권의 행정 칙령을 내릴 권한을 갖는다, 황제는 문무관의 임명을 행하며 작위·훈장 및 기타 영전을 수여 혹은 박탈할 권한을 갖는다, 황제는 각 조약국에 사신을 파견·주재하게 하며 선전·강화 및 제반 조약을 체결할 권한을 갖는다" 등을 규정했다.[16]

이광린은 "이 국제는 국가 통치의 조직과 통치권의 행사를 규정한 국가의 근본법, 즉 헌법이라고 할 수 있다"며 "그런데 헌법이란 명칭을 사용하지 않고 국제라고 한 것은 국민대표로 구성된 의회의 승인을 얻어서 제정된 외국의 헌법과는 달리 황제가 친히 제정한 것으로 되어 있었기 때문일 것이다"고 보았다.[17]

앞서 소개한 바와 같이, 실제로 '대한국은 세계 만국에 공인돼온 바 자주독립하온 제국이니라'라고 한 제1조를 빼면 오로지 황제의 절대적인 권한만을 규정하는 내용이었다. 2조에서는 '대한국의 정치는 만세불변(萬世不變)하오실 전제정치'라고 밝히고 3조부터는 '무한한 군권(君權)' '군권에 대한 도전행위의 불용(不容)' '육해군 통수권 및 계엄권' '입법 사법권' '행정명령권' '관리의 임면권' '외교권' 등을 규정하였다.[18]

대한국 국제 평가 논쟁

이에 대해 여규병은 "민권은 없고 황권만이 존재했다. 갑오개혁 후 커오던 민권의식의 싹을 잘라버리는 조치였다. 거죽은 최초의 근대적 헌법이었으나 속은 전근대로 후퇴하는 내용이었다. 이 시기 조선, 대한국의 염원은 자주독립이었다. 1876년의 강화도조약, 1895년의 홍범 14조, 대한국 국제의 제1조는 모두 '자주'를 밝히고 있다. 그러나 제국이 스러지던 그날까지 자주는 모습을 드러내지 않았다"고 주장

했다.[19]

이태진은 "학계의 일각에서는 고종 시대에 대한 긍정적 평가 작업에 대해 냉담한 반응을 보이고 있기도 하다. 특히 대한제국의 성격을 가늠하는 '대한국 국제가 무한한 전제군주권을 표방했다고 해서 봉건체제로의 후퇴라고 판정하면서 긍정적 재평가는 헛된 일이라는 반응을 보이고 있다"며 다음과 같이 주장했다.

"그러나 이런 반론은 좀 더 신중을 기했어야 했다. 일본의 메이지 천황제 국가를 근대국민국가 창출의 성공 사례로 보지 않는 학자는 거의 없다. 그런데 그 메이지 천황제 국가의 기틀인 '대일본 제국헌법'도 천황의 신성한 절대통치권을 규정하고 있다. 그렇다면 같은 법 조항을 놓고 한쪽은 성공 사례, 한쪽은 실패 사례로 판정하는 것은 불공정하지 않는가?"[20]

이민원은 "언뜻 보면 황제가 절대권력을 행사한 것처럼 보인다. 그러나 전제군주시대에 군주의 권한을 명문화한 것 자체는 말이 절대권력이지, 사실은 그동안 실추되었던 군권을 복구하자는 의미였다"며 다음과 같이 주장했다.

"청일전쟁 이후 일본이 가장 심하게 훼손한 것은 군주의 권위였다. 물론 군주의 권한이 법에 의해 규정되고, 국민 개개인의 권리와 자유가 확대되는 것이라면 마땅히 발전적이다. 그러나 고종의 권위와 권력을 추락시킨 뒤 그 자리를 대체한 것은 조정의 대신도 국민도 아닌, 일본의 고문관들이었다. 한마디로 내정개혁이라는 미명하에 한 나라의 구심점을 와해시킨 것이다. 그래서 군권의 복구는 오히려 일본에 의해 손상된 국가의 구심력을 회복하려는 의미로 해석해야 할 것이다."[21]

정부보다는 개신교가 더 나은 보호막

전제군주권을 표방했건 하지 않았건, 문제는 대한제국이 자국 국민조차 보호하지 못하는 무능을 드러내고 있었다는 점이었다.『독립신문』 1899년 8월 14일자는 관을 믿을 수 없으니 "외국교에나 들어서 각기 생명과 재산을 보호받게 하자"고 했다.[22] 실제로 일반 민중의 입장에선 정부보다는 개신교가 더 나은 보호막이었다.

강돈구는 "초기 개신교인들의 상당수는 치외법권적인 선교사들과 결부되어 있는 외래 종교를 신봉하며 자신들의 생명과 재산을 보호받기 위해서 개신교의 문을 두드린 것"이며, 초기 개신교인들이 교회나 자기 집에 국기를 게양한 이유는 "민족의식이나 국가의식의 발로에서였다기보다는 오히려 국기를 개신교의 표시로 사용한 것이다"고 했다.[23]

03

경인철도 개통 · 자전거 · 인력거

"철도가 공간을 살해했다!"

세계 최초의 기차가 출현한 건 영국의 조지 스티븐슨이 손수 제작한 증기기관차 로코모션호가 약 40킬로미터 구간을 시속 7~13킬로미터로 달린 1825년 9월 27일이었다. 승객과 화물을 실어 나르는 철도는 1830년 9월 15일에 운행을 개시했다. 이날 스티븐슨의 로켓호가 승객 36명을 태우고 리버풀과 맨체스터 사이 50킬로미터를 시속 46.8킬로미터로 달렸다.[24]

영국 역사학자 에릭 홉스봄은 "철도의 도래는 그 자체가 혁명적 상징이자 혁명적 성취였다"고 말했다.[25] 1843년 열차를 타본 독일 시인 하이네는 "철도가 공간을 살해했다! 무시무시한 전율과 전례 없는 공포감이 엄습했다"고 탄식했다.[26]

일본에서 처음 도쿄와 요코하마 간 철도가 개통된 것은 1872년, 중

경인선을 운행했던 최초의 기차(1899). 전차·철도·자전거 등 근대적 수송수단의 등장은 당시 조선 사람들에게 충격 그 자체였다.

국에서 철도가 처음 등장한 것은 1881년이었다.[27] 1877년 일본에 수신사로 파견된 김기수는 『일동기유』에서 기차에 대한 놀라움을 다음과 같이 표현했다.

"앞 차의 두 바퀴가 구르면 여러 차의 바퀴가 따라서 구르게 되니, 우레와 번개처럼 달리고 바람과 비 같이 날뛰었다. 한 시간에 300~400리를 달린다고 하는데, 차체는 조금도 움직이지 않으며, 다만 좌우에 산천초목과 가옥, 인물이 보이기는 하나 앞에 번쩍 뒤에 번쩍 하므로 도저히 잡아보기 어려웠다."[28]

'불을 뿜어내는 수레'

1899년 (광무3년) 9월 18일 오전 9시. 노량진과 제물포를 잇는 경인철도가 개통되었다. 최신식 모굴 탱크 기관차가 목제 객차 3량을 달고 질주했다. 다음 날 『독립신문』은 "화륜거(기차) 구르는 소리는 우레 같아 천지가 진동하고 기관차의 굴뚝 연기는 반공에 솟아오르더라. …… 수레 속에 앉아 영창으로 내다보니 산천초목이 모두 활동하여 달리는 것 같고 나는 새도 미처 따르지 못하더라"고 보도했다.

화륜차(火輪車)라 함은 '불을 뿜어내는 수레' 라는 뜻이었다. 그러니 '화륜거' 로 읽는 게 옳을지도 모르겠다. 당시 기차의 시속은 20~30킬로미터에 지나지 않았기에 33.2킬로미터를 1시간 40분이나 걸려 완주했지만, 당시 사람들에게 기차는 경이와 전율의 대상이었다.[29]

경인선은 1900년 7월 5일 난공사 구간이었던 한강 교량 준공과 함께 7월 8일부터 경인 간 약 42킬로미터에 이르는 전 구간의 영업을 개시했으며, 11월 12일 남대문 정거장에서 경인철도의 완전 개통을 기념하는 성대한 개업식을 열었다. 경인철도합자회사 사장 시우자와 에이치는 개업식 연설에서 일본이 조선에 새로운 문명을 전파해주었다는 자부심을 드러냈지만, 철도가 많은 한국인에게 재앙이 되리라는 건 말하지 않았다.[30]

윤치호의 축지법?

전차 · 철도라고 하는 근대적 수송수단의 등장은 당시 사람들의 속도감에 큰 충격을 주었다. 심지어 자전거마저 속도감에 충격을 준 요물이었다. 자전거는 사람들 사이에 '개화차' 로 불렸다.[31] 가마꾼 없이 스스로 가는 수레라 해서 '자행거(自行車)' 라고도 했다.[32]

자전거는 1890년대 초 프랑스 선교사와 독일 기술자들이 들여온 것으로 추정되며, 1890년대 후반에는 완제품은 물론 부속품까지 이미 상품으로 팔리고 있었다.[33] 알렌은 서울 거리에서 처음 자전거를 타고 다닐 때 몸소 체험한 충돌 사고를 『조선학회지』 1896년 8월호에 기고했다.

"서울의 거리에도 자전거가 등장하게 되었다. 이미 14대가 운행되고 있으며 수십 대를 주문해놓고 있다. 또한 자전거를 타는 여성도 4명이나 된다. 조선에는 엉성한 짐수레 말고는 굴러다니는 차량이 없기 때문에 어떤 종류든 바퀴차가 다닐 도로가 제대로 닦여 있지 않았다. 어느 날 남녀 각각 3명이 함께 자전거를 타고 동대문 쪽으로 향하던 중 갑자기 커다란 모자를 눌러쓰고 술이 얼큰하게 취한 시골 사람들이 앞을 가로막았다. 이들은 팔 물건들을 다 처분하고 술을 한 잔 마시고 몸이 풀린 채 무거운 다리를 이끌며 귀가하는 길이었다. 따라서 별안간 당한 일에 놀라 혼비백산하며 괴성을 지르며 망연자실해했다. 갑작스럽게 들이닥친 용 같은 괴물 행렬의 출현에 깜짝 놀란 그들은 아마 다시는 술을 입에 대지 않았을 것으로 생각된다."[34]

유명인사 중 자전거의 선구자는 윤치호였다. 1898년 8월에 독립협회 회장이 된 윤치호의 연설회장은 언제나 초만원이었는데 연설보다 자전거를 구경하러 온 사람도 많았다.[35] 임종국은 "일반의 경악은 대단하였다. 도대체 근대 이후 축지법을 쓴다고 소문이 자자했던 사람이라곤 이 윤치호뿐인데 이것인즉 자전거를 타고 축지법을 쓰는 이상으로 빠르게 달아났기 때문에 생긴 이야기였다"며 다음과 같이 말했다.

"옥관자(玉冠子)에 두루마기를 입고 앉아서 설렁거리고 다녔는데 가마 타던 솜씨에 혼자 다니기가 쑥스러웠다. 그래서 하인 두 사람을 교군처럼 앞뒤로 거느렸는데 진창을 만나면 점잖게 내려서 하인들로 하여금 앞뒤로 자행거를 들게 하였다. 이리하여 윤치호는 수고스럽게 걸어서 진창을 건넜으니 사람의 발보다도 소중한 것이 자행거의 타이어였던가 싶다. 타는 사람의 소견이 이 모양이니 보는 사람들이야 말해 뭣하랴? 윤치호가 축지법을 쓴다는 소문은 꼬리에 꼬리가 붙어서 나중에 명동성당을 뛰어넘었다는 신화까지 낳았다."[36]

이처럼 전차 · 철도 · 자전거 등이 조선 민중에게 안겨준 충격감은 20세기로 넘어가기 직전의 19세기 말 조선사회의 전반적인 모습을 상징하는 것이기도 했다. 늘 밖으로부터 밀려드는 새로운 바람에 따라 춤을 출 수밖에 없었던 게 조선의 운명이었다.

인력거의 보급

새로운 교통수단으로 인력거도 점차 보급되기 시작했다. 인력거(人力車)는 일본인들이 1869년에 발명한 것으로 조선엔 1870년대 중반에 들어온 것으로 추정되는데, 김옥균이 1차 일본 방문(1882년 4월~8월)을 마치고 귀국할 때 후쿠자와가 김옥균에게 인력거 50대와 마차 두 대 구입을 알선해준바 있다. 인력거 사용은 김옥균의 도로 개혁방안이기도 했다.[37]

인력거는 1894년 하나야마라는 일본인이 인력거 10대를 들여와 영업을 시작하면서 대중 교통수단으로 선을 보였다. 청일전쟁이 터지면서 경인 간 교통이 폭주하자, 이 노선을 뛰게 하려고 들여온 인력거였다. 인력거 모는 것도 기술이었는데, 초기엔 그 기술이 영 신통치 않았던 것 같다. 최초의 인력거꾼은 모두 일본인들이었는데, 한국인은 서툴러서 인력거를 뒤집곤 했다.

1895년 2월 5일 서울을 떠날 때 인천까지 인력거를 타고 간 비숍은 "때마침 일본에서 처음으로 수입되어 나는 반가운 마음으로 그것을 탔다. 허나 인력거꾼이 서투른 데야 어쩌랴? 도중에 인력거가 뒤집어져서 그후 약 1년간은 통증이 멎지 않았다"고 썼다.[38]

조선에 인력거와 비슷한 교통수단이 없었던 건 아니다. 초헌(軺軒)이라는 게 있었다. 세종 때 중국의 양(梁)나라 것을 본따서 들여온 것으로, 외바퀴가 밑으로 달리고 앉는 데는 의자처럼 돼 있으며 앞뒤에서 끌고 미는 인력거였다. 초헌은 정2품 이상인 문관만 탈 수 있었는데, 이건 너무도 비효율적인 교통수단이었다. 한 사람을 태우기 위해 여섯 명의 하인이 동원되어야만 했기 때문이다. 그 후 철종 때 안동 김씨 대감댁에서 초헌을 모는 종 하나가 초헌의 외바퀴에 나무로 만든 톱니바퀴를 붙여 지렛대를 위아래로 작동해 바퀴가 자동으로 굴러가게 만든 발명품을 내놓았다. 그러나 기계화된 이기(利器)는 선비의 뜻을 상하게 한다 하여 이걸 만든 종은 태형을 받았다고 한다.[39]

일부는 기록 없이 구전으로 전하는 이야기지만, 조선에서 교통수단이 발달하기 어려웠던 배경을 시사해준다. 이처럼 속도·편의·효율성을 멀리하는 습속은 왜 생겨난 걸까? 외침의 우려가 있다는 이유로 길을 내는 것마저 꺼려했던 조선이다. 자주 당하고 살다보면 과잉방어 의식을 갖게 되는 걸까? 조선인의 취락구조를 보면 가급적 해안을 등에 대고 산 속으로 들어가 있으며 주요 도시 또한 예외 없이 오지로 기어 들어가는 형태인데, 이는 조선인들의 '배면성 체질'이 생겨난 까닭을 짐작할 수 있게 해준다.[40] 조선은 과거의 부정적인 학습효과로 인해 정착 기질을 넘어서 고착과 침체로 가는 길을 스스로 택했다고 볼 수 있겠다.

04

『독립신문』『매일신문』 폐간

『시사총보(時事叢報)』의 창간

만민공동회·독립협회 불법화는 신문계에도 그대로 반영되었다. 1899년 독립협회 계열의 『매일신문』과 『독립신문』이 폐간되고, 황국협회 계열의 『시사총보』와 『상무총보』가 창간되었다.

황국협회는 1899년 1월 22일 기관지로 격일간 국한문혼용의 『시사총보』를 창간하였다. 최준은 "보부상들을 회원으로 한 보수반동적인 황국협회에서까지도 신문을 가졌다는 것은 그만큼 신문에 대한 인식이 넓어졌음을 말하는 것이다"고 평가했다.[41)]

한원영은 "『시사총보』가 불과 반년여 만에 단명했으나 독립협회와 같이 개화사상을 가진 단체가 아니라, 이와 대항하기 위하여 보부상까지 동원하여 이루어진 보수세력의 모임인 황성협회에서까지 신문을 발간했다는 것은 시대적으로 그만큼 신문에 대한 인식이 넓어졌다

는 증거도 된다"고 평가했다.[42]

그런데 묘한 건 『시사총보』의 편집인·주필은 장지연이 맡았다는 사실이다.[43] 당시엔 한 사람이 하나 이상의 신문에 관여하는 일이 많았다. 그러나 정진석은 "장지연은 독립협회의 편집부장급 간부였으며 이미 『황성신문』에 참여하였다는 사실을 놓고 볼 때에 이 신문이 황국협회의 기관지라는 주장은 납득하기 어렵다"며 "『시사총보』의 창간에 앞서 독립협회는 이미 혁파되었고 그 임원들이 구속된 상황이었으므로 굳이 독립협회에 대항하는 신문이 필요하지도 않았을 것이며 신문의 내용 가운데에도 황국협회의 기관지라는 흔적은 보이지 않는다"고 주장했다.[44]

『시사총보』 5월 23일자는 '구행개화호접래(狗杏開花虎蝶來)'라는 글귀를 싣고 그 대구(對句)를 현상을 걸어 모집하였는데, 최준은 이것을 "신문이 문예작품을 현상 모집한 첫 기록"으로 보았다.[45]

『매일신문』 폐간, 『상무총보』 창간

한국 일간신문의 효시가 된 『매일신문』은 1898년 12월에 독립협회가 강제 해산되고 1899년 1월에 이승만이 투옥된 뒤에도 계속 발행되다가, 결국 내분의 후유증을 이겨내지 못하고 1899년 4월 4일에 폐간되었다.

보부상의 상업기구 복설 운동은 1899년 4월 상무사라는 새로운 기구를 정부에게 인정받고, 같은 해 6월에 상무회사를 설립함으로써 마무리되었는데, 이는 독립협회와 만민공동회 타파 공로를 인정받은 결과였다.[46] 아이러니컬하게도 『매일신문』의 인쇄시설 일체는 황국협회의 보부상 모임인 상무회사(商務會社)로 넘어갔다.

상무회사는 그 인쇄시설로 1899년 4월 14일 격일간 국한문혼용의 『상무총보(商務總報)』를 창간하였다. 이 신문사의 사장은 독립협회 탄압에 앞장섰던 길영수였다. 이 신문은 일반의 지지를 받지 못하여 곧 없어지고 말았지만, 미곡과 포목, 주단, 생선 시가 등 물가 시세표를 4개면 중 1개면에 싣는 등 경제 기사를 비중 있게 다루는 등 "한국에서 상업신문(경제신문)으로는 최초의 신문"이었다.[47]

『상무총보』는 그동안 문헌상으로만 발간 사실이 언급돼 왔는데, 2003년 5월 한남대 언론홍보학과 교수 박정규가 『상무총보』 1899년 4월 29일자와 5월 4일자를 최초로 발굴해 공개했다. 공개된 상무총보는 104년 된 병풍 뒤에 붙어 있던 것을 박정규가 3년 전 충남 천안의 골동품상으로부터 구입한 것이었다.[48]

『독립신문』 폐간과 고종의 언론관

한편 『독립신문』은 1898년 7월 1일부터 일간으로 내다가 1899년 1월부터 아펜젤러, 6월부터 영국인 선교사 엠벌리(H. Emberley)에게 넘어갔다. 윤치호가 손을 뗀 이후 아펜젤러는 한동안 명의상 사장이었을 뿐 실제 경영은 그때부터 폐간까지 엠벌리가 맡았다.

이광린은 엠벌리에 대해 "그 사람됨이 야비한데다 잔인하였고 또 무식하였다. 자연히 전 사원으로부터 미움을 받아 불신의 대상이 되었다. 사원들은 한글판에 대해서는 일종의 사명을 갖고 일을 하여 제대로 간행하였다. 그러나 영문판에 대해서는 성의를 보이지 않음으로 해서 그 신문은 엉망이 되었다. 일주에 한 번도 똑똑히 못 나왔고, 또

그것마저도 기사에 쓰인 문법이나 철자, 구두점 모두가 착오 투성이 였다"고 평가했다.[49]

결국 『독립신문』은 그런 방황을 거쳐 창간된 지 3년 만인 1899년 12월 4일에 폐간되고 말았다. 『제국신문』은 『매일신문』과 『독립신문』이 폐간됨에 따라 한동안 유일한 한글신문이 되었다. 『제국신문』의 발행부수는 한때 4000부에도 이르렀지만 대개 2~3000부 수준이었다.[50]

『독립신문』의 폐간은 고종의 언론관에 대한 궁금증을 불러일으킨다. 고종은 『독립신문』을 적극 지원했지만, 결국엔 『독립신문』과 적대관계로 돌아서고 말았다. 신문에 대해 고종은 과연 어떤 생각을 갖고 있었을까?

최준은 "고종은 비교적 커뮤니케이션의 공개성에 호의를 가지고 있었으나 그를 둘러싸고 있던 궁정 수구파들의 완강한 반격으로 말미암아 모조리 붕괴되고 말았다. 이는 전제군주에 충성을 바치는 궁정 수구파들의 본능적인 발작이라 하겠다. 말하자면 커뮤니케이션의 공개성의 폐쇄는 그들 전제주의 아래 궁정 수구파들의 하나의 생리였다. 그러나 고종은 신문의 발간에는 항상 호의적이었다. 이것은 일찍이 프로이센에서 프리드리히 대왕이 신문의 자유를 허용하여 계몽전제주의를 쓴 것과도 비슷하였다"며 다음과 같이 주장했다.

"말하자면 국가적인 일반사항, 특히 정치적인 문제를 제외하는 한 신민의 계몽을 촉구하는 데는 아무 이의가 없었던 것이다. 이러한 점에 있어서는 확실히 고종은 공개적인 커뮤니케이션을 지지한 군주였다 하겠다. 그러나 조정 내지 정체(政體)의 변혁이라든가 또는 조정의 일정한 행동에 관하여 현실적으로 반대 혹은 비난하는 것은 원치 않았다. 여기에 고종은 비교적 공개적인 커뮤니케이션을 이해하고 지지한 군주였으나 폐쇄성을 완전히 탈각(脫却)치 못한 점에서 이른바 이율배반성을 지니고 있었다고 지적되는 것이다."[51]

북한의 『독립신문』 평가

북한에서 『독립신문』을 보는 시각은 어떨까? 북한 김일성대 교수 리용필은 "말로는 '불편부당' '엄정중립'을 표방하였지만 실지에 있어서는 절대군주제도를 옹호하고 군주정치를 받들어나가도록 인민들을 설복하려 하였으며 당시 동학란이라 불리운 농민전쟁과 의병이라 불리운 인민들의 무장적 진출에 대해서는 분명히 억제하는 립장에 서 있었다"며 다음과 같이 평가했다.

"이것은 『독립신문』의 정치적 배경으로 되어 있는 부르죠아 민족운동자들이 아직 독자적인 정치세력으로 나서리만큼 그 력량이 준비되지 못하고 있었고 또 그들이 많은 경우 '위국충군' 사상의 고루한 관념에서 벗어나지 못한 계급적 제한성과 관련되어 있었다. 신문의 제한성은 다음으로 나라의 근대화와 독립자주정신에 대하여 많이 론하기는 하였으나 그것을 주체 있게 들고나가지 못하고 숭미사대의 경향을 많이 나타낸 것이다. 당시 미제국주의자들은 조선침략의 음흉한 목적을 달성하기 위하여 박애와 평등의 방패를 뒤집어 쓴 선교사들을 우리나라에 들이미는 한편 저들의 앞잡이 노릇을 할 수 있는 친미분자들을 육성하기에 급급하였다. 동시에 조선침략의 발판을 닦기 위하여 숭미사상과 기독교 선전에 열을 올리었다. 『독립신문』에는 일부 진보적인 지식인들이 관계한 반면에 바로 미제에 의하여 육성된 서재필, 윤치호와 같은 친미배족분자들이 관계하였다. 그리하여 신문은 개화문명에 대하여 떠들 때면, 미국 시민사회의 본을 따르도록 권고하였으며 자주 '구미문명'의 소개와 기독교 선전에 골몰하였다. 신문 제4면을 영문으로 편집한 것도 미제를 비롯한 구미제국에 우리나라 실정을 하소연하여 독립을 유지해보려는 외세의존, 숭미사대의 립장에서 출발한 것이었다. 이렇게 숭미사대주의를 부식시킨 것은 이 신문의 본질적 약점이며 심중한 부정 면이다. 신문이 가진 이러한 부정 면을 가리면서 근대 일간신문의 체제를 갖추고 일정하게나마 자유민권사상을 제창하였다고 하여 그 력사적 지위와 역할을 일면적으로 과장하거나 지어 우리나라 신문의 '전통창시자'로 분식하는 것은 부질없는 일이다."[52]

『독립신문』, 『황성신문』의 인종주의·아시아주의

러시아의 영향력이 커지는 것에 대한 강한 반감과 더불어 서양 국가들에게 뜯어 먹히는 청에 대한 실망 때문에, 1899년 『독립신문』과 『황성신문』엔 인종주의·아시아주의 색채가 뚜렷한 논설들이 실렸다. 박성진은 "1890년대 후반, 『독립신문』의 논설들에 나타나는 인종주의 논의들은 사회진화론과 강하게 연결되면서 전개되었다"며 다음과 같이 말했다.

"『독립신문』의 논설에서 사회진화론에 기초한 인종주의는 약육강식과 강자의 권리만이 인정되는 사회진화론적 관점에 입각해서 국제사회의 인종이나 국가 간의 갈등을 설명하고, 국민에게 약자의 입장에 있는 한국의 현실을 인식시키며 국가 근대화의 긴급성을 계몽시키

기 위한 이론적 수단으로 사용되고 있었다."⁵³⁾

『독립신문』은 이미 1897년 12월 28일자 기사에서 "지난 1년 동안 중국이 한 일이라고는 자국의 영토를 포기한 일, 자국의 권리를 타국에 양도한 일, 문명을 향한 진보의 발자국을 전혀 남기지 못했다는 점뿐이다"고 지적했다.⁵⁴⁾

『독립신문』 1899년 11월 9일자 논설은 열강으로부터 분할의 위험에 처한 중국의 사정과 관련하여 "동양의 황인종이 하나로 뭉쳐 일본을 맹주로 하여 백인의 농락과 침탈에 맞서지 않는다면 다들 서양인의 노예가 될 것"이라고 주장했다.⁵⁵⁾ 그러면서도 『독립신문』 1899년 8월 18일자 논설은 아프리카에 대해선 아프리카인을 야만인으로 비하하면서 유럽의 백인들을 은인으로 미화하는 이중성을 드러냈다.⁵⁶⁾

당시 조선인들은 흑인에 대해선 인종주의와 더불어 거의 공포에 가까운 호기심을 갖고 있었던 것으로 보인다. 미국공사관 앞을 지키던 흑인 해병대원들과 관련된 해프닝이 그걸 잘 말해준다. 이규태에 따르면, "이 흑인이 있는 덕수궁 뒷길은 대낮에도 지나다니는 사람들이 없었고, 이들이 던져주는 캔디를 주우러 들어가려는 아이들을 어른들이 장대를 들고 막았다 한다. 다만 흑인을 구경하려는 군중이 새끼줄을 쳐놓은 100여 미터 앞에 인산(人山)을 이루었는데 이 흑인 병사가 새까만 얼굴에 하얀 이빨을 드러내고 꽥! 하고 소리를 지르면 이 인산은 마치 돌산이 무너지듯 우왕좌왕 흩어져버렸다."⁵⁷⁾

1899년 4월 『황성신문』은 "백인들의 침략으로부터 동양을 지키기 위해서 동양의 맹주 일본이 청국과 조선을 지원·계도해야 한다"고 주장했다.⁵⁸⁾ 또 『황성신문』 1899년 5월 24일자 논설은 인종주의적 세계 인식에 기초한 삼국제휴론을 다음과 같이 주장했다.

"삼국은 같은 대륙, 같은 인종, 같은 문자로서 연대가 가능하다. 중국의 4억, 한국의 2000만, 일본의 4000만 국민이 힘을 합치면 황인종은 백인종에 대적할 수 있다. 지금부터 동아시아 삼국이 연합해야 동아시아 문명과 황인종 보호가 가능하다."[59]

『독립신문』『황성신문』 등의 아시아주의는 이들이 중화주의적 관점으로부터 완전 이탈했음을 보여주었다. 『제국신문』 1900년 7월 5일자 논설은 청국에 대해 "우리는 저들처럼 되지 않기를 바란다"고 선언함으로써 중국으로부터 더 이상 배울 게 없다는 걸 분명히 했다.[60]

05

조혼·축첩 청산운동

여성단체 찬양회 조직

1898년 9월 1일 서울 북촌(상류층 거주지역)에 사는 상민 신분의 몇몇 기혼여성들이 여학교를 설립하기 위해 다음과 같은 내용의 통문을 발표하였다.

"어찌 우리 여인들은 일향 귀 먹고 눈 어두운 병신 모양으로 구규(옛 규범)만 지키고 있는지 모를 일이로다. 혹자 신체와 수족과 이목이 남녀가 다름이 있는가. 어찌하여 병신 모양으로 사나이가 벌어주는 것만 먹고 평생을 심규(깊숙이 들어앉은 방)에 처하여 그 절제만 받으리오. …… 어찌하여 사지육체가 사나이와 일반이어늘 이 같은 압제를 받아 세상 형편을 아지 못하고 죽은 사람 모양이 되리오."[61]

강재언은 "이날은 근대 조선 여성사에 있어서 여성 측에서 사회를 향하여 발언한 최초의 날이었다"고 평가했다.[62] 그렇게 볼 만도 했다.

『독립신문』과 『황성신문』은 이 통문의 전문을 게재하였으며, 특히 『독립신문』은 지지 논설까지 게재하였다.

곧 여학교 설립의 추진 주체이자 최초의 여성단체인 찬양회(贊揚會)가 400여 명의 회원으로 조직되어 여성의 교육권을 요구하면서 여학교 설립운동을 벌여나가기 시작했다. 남성 측의 후원단체(책임자 윤치호)도 조직되었다. 윤치호 외에도 장지연과 이종일 등이 남성 찬양원으로 관여하였다.

찬양회 회원 100여 명은 1898년 10월 11일 용감하게 경운궁 문 밖으로 몰려나와 국비에 의한 관립여학교의 설립을 호소하는 상소를 올렸다. 이이화는 "이것이 우리나라 역사에서 처음으로 여성들이 집단으로 올린 상소문이 된다"고 했다. 비록 곧 받아들여지진 않았지만, 찬양회는 1899년 2월 '관립여학교가 설립될 때까지' 라는 전제 아래 여학생 50명으로 순성여학교를 개교하였다. 찬양회의 활동은 여성교육과 여성운동의 획기적인 사건이었다.[63]

찬양회는 곧 여권운동단체라 할 수 있는 여우회(女友會)로 발전했는데, 여우회는 상소를 올려 "여성에게도 관직을 열어줄 것, 여자들의 장옷(얼굴을 가리는 쓰개치마)을 없애줄 것, 내외법을 없애줄 것, 남편이 고질병으로 신음할 때 부인이 남편을 버리고 가도록 허락해줄 것" 등을 요구했다. 이와 관련, 박성수는 "네 가지 요구사항 가운데 내외법을 폐지하라는 것은 참으로 혁명적인 선언이었다"며 다음과 같이 말했다.

"조선시대 내외법에 따르면 집을 지을 때 반드시 내외를 구별하여 남자는 밖의 사랑채, 여자는 안의 안방에 거처하고 남자는 함부로 안에 들어가지 않고 여자는 임의로 밖에 나가지 않아야 했다. 또 남자는 안의 일을 말하지 않으며 여자는 밖의 일에 참견하지 않는다고 되어 있었다. 따라서 우연히 노상에서 외간 남녀가 서로 마주치면 내외하여야 했는데 특히 여자는 쓰개치마로 얼굴을 가리는 것이 예의였다."[64]

『독립신문』의 조혼 풍습 비판

여성교육과 여성운동 차원에서라도 반드시 청산해야 할 것 중의 하나는 조혼(早婚) 풍습이었다. 세종과 세조 때 나온 경국대전(經國大典)에 따르면, 허혼(許婚) 연령은 남자 15세, 여자 14세였다. 1894년 7월 30일 군국기무처에서 가결된 조혼금지령은 남자는 20세, 여자는 16세 이후에 결혼을 하라고 규정했지만, 이는 잘 지켜지지 않았다. 이에 『독립신문』은 여러 차례에 걸쳐 조혼을 비판하고 나섰다.[65]

예컨대, 『독립신문』 1898년 2월 12일자 논설은 "그 아이들이 아직 기혈도 자라지 못한 것들이 합하여 아이들을 낳으니 이것은 어린아이들에게 몹쓸 학정이요, 또 그 어린아이에게서 난 어린아이가 무슨 뛰어난 재주와 강한 체격이 생기리오. 그러한즉 전국 인종이 자연히 좀 아져 못생긴 인물이 많이 나는 것은 생물학 이치에 자연한 일이라"고 했다.[66]

또 『독립신문』 1899년 10월 7일자 논설 「조혼 풍습은 청산돼야 할 폐습이다」는 다음과 같이 개탄했다.

"문명의 발달과 위생의 연구를 주밀케 하는 나라의 인민들은 대개 남자는 25세부터 35세, 여자는 20세부터 26~27세에 이르러서 비로소 혼인들을 행하나, 오히려 그 학문과 사업에 방해가 된다 하여 그 혼인할 기한을 늘이는 자들도 많이 있거늘, 대한서는 혼인하는 기한

어린 티가 역력히 드러나는 신랑 신부. 『독립신문』은 '기혈도 자라지 못한 것들이 합하여 아이들을 낳'는 것이 몹쓸 학정이라며 비판했다.

을 더 늘려서 물기는 고사하고 도리어 혼인할 기한을 재촉하여 남녀 간에 겨우 10세 내외가 되거드면 빈궁하여 사력(事力, 힘)이 미치지 못하는 자들은 어찌할 수가 없거니와, 그 외에 부하고 귀한 사람들의 자제들은 반드시 장가를 보내고 시집보내기를 재촉하여 아직 털도 덜 마른 어린 남녀들로 하여금 그 부모의 무릎 아래서 쌍쌍이 놀게 하는 것을 인간의 비할 데 없는 제일 낙사(樂事, 즐거운 일)라 칭하나니 생각지 못함이 어찌 그리 심한고."

이 사설은 조혼으로 인한 건강문제와 색욕 중독의 문제를 제기했다. "어린아이들의 점점 자라는 기관이 먼저 상하여지고 이어서 기혈의 운동하는 것이 노둔(魯鈍, 재주가 없고 미련함)하여 평생 활발한 생기를 다시 회복하지 못하게 하며, 이뿐 아니라 마음과 정신의 신령한 뿌리를 찍어 상케 하여 무슨 생각이든지 더디고 둔하여 피어나지 못하게 하더라 …… 설혹 천품 기질이 뭇 사람보다 특별히 월등하게 뛰어나서 비록 큰 병에 걸림은 면한다 할지라도 방향을 정치 못하는 물 같은 성품과 구름 같은 마음이 이미 방탕한 색계(色界, 정욕의 세계)상에 침혹하여 아침과 저녁마다 생각한다는 것이 모두 색욕에 벗어나지 못함이라."[67]

일제강점기에도 지속된 조혼

그럼에도 조혼은 이후 한 세대 기간 이상 지속되었다. 일제강점기인 1912년 조혼금지법이 나와 허혼 연령은 남자 만 17세, 여자 만 15세로 높아졌지만 의미 있는 변화는 아니었다. 여성의 평균 초혼 연령은 1925년 16.7세, 1930년 17.0세, 1940년 17.5세였으며, 도시 여성은 평균보다 두 살 정도 높아 1925년 18.6세였다.[68]

1921~1930년간의 한국인의 혼인 풍습을 조사한 김두헌의 연구에 따르면, 그 당시 법정 허혼연령 남 15, 여 15세 미만의 조혼율은 결혼 총수의 남 7.1%, 여 6.1%에 달했다. 이 수치는 "인도를 제하고 세계의 유례가 드문 것"이었다고 한다.[69]

조혼의 부작용도 지속되었다. 조혼 풍습은 1920년대에 성행한 아내의 남편·시부모 살해의 가장 큰 이유가 되었다. 1925년부터 1929년까지 아내에 의한 남편 살해는 69건에 간부(姦夫) 등을 합해 90명이 연루되었다. 1929년의 살인범 중 여성이 106명이었고 그중 남편 살해범이 63퍼센트였다. 같은 시기 다른 나라의 범죄 통계와 비교해보면 여성이 살인죄를 저지르는 경우는 남성의 10퍼센트 이내에 지나지 않는데, 조선의 경우 88퍼센트를 차지했다. 가장 큰 원인은 조혼이었다. 남편 살해 여성의 81.3퍼센트가 16세 이전에 결혼한 것으로 나타났다.[70]

『독립신문』의 축첩제 비판

조혼과 더불어 축첩도 큰 문제였다. 축첩은 아니더라도 중혼(重婚)이 큰일 아니라는 듯이 저질러지곤 했다. 훗날 헤이그 밀사로 널리 알려질 이준(1858~1907)의 경우를 보자. 이계형은 "1893년 이준이 서구의 근대문명에 눈을 뜨게 될 즈음 (이조참판) 김병시가 조용히 그를 불러 결혼문제를 꺼냈다"며 다음과 같이 말했다.

"어느덧 35세의 중년에 이른 이준은 고향에 처자식을 둔 몸으로 재취를 한다는 것이 마음에 내키지 않아 한사코 사양하였으나, 김병시의 계속된 권유에 무턱대고 마다할 수 없는 일이었다. 고민 끝에 이준은 김병시의 제의에 따라 새롭게 결혼하였는데, 신부는 17세의 이일정이라는 이화학당을 갓 졸업한 신여성이었다."[71]

1894년 갑오개혁으로 신분제가 폐지된 후에도 신분과 직책, 경제력에 따라 축첩은 여전히 유지되고 있었다. 1894년 1월에서 1897년 3월까지 조선을 네 번이나 방문하였던 영국의 여행가 이사벨라 비숍은 남자들의 방탕한 외도와 축첩을 개탄하면서 조선 사람들에게는 집(하우스)은 있으나 가정(home)은 없으며 조선의 딸들은 '아버지에 손에 처형되며 아내는 남편한테 살해당한다'고 비난했다.[72]

비숍은 "한국의 여성들은 항상 멍에를 짊어지고 산다. 그들은 남자와의 차별을 자신의 자연적인 몫으로 받아들인다. 그들은 결혼에서 애정을 기대하지 않으며 구습을 타파하겠다는 생각은 결코 할 수가 없다"고 안타까워했다.[73]

『독립신문』은 축첩제 비판에 앞장서는 동시에 기생제도의 폐지를 역설했다.[74] 일본인들의 성매매 업소에 드나드는 조선인들을 비판하기도 했다. 『독립신문』 1896년 7월 11일자는 "음녀들이 각처에 많이 있어 빈부를 물론하고 어리석은 사나이들을 유인하여 돈들을 빼앗으며 …… 무뢰한 배들이 남의 계집아이들을 사다가 오입을 가르친다니 이런 일은 경무청에서 마땅히 엄금할 일이더라"고 했다.[75]

『독립신문』의 축첩제 비판을 몇 가지 살펴보기로 하자. 『독립신문』 1896년 4월 21일자 논설은 "조선남녀의 행실을 비교하여 볼진대, 여편네가 사나이보다 백 배 나은 것이, 첫째는 사나이 중에 음행하는 자가 더 많고 첩 둔 사람이 많이 있으되, 여편네 중에는 음행하는 이도 적고 간부(姦夫) 둔 여편네도 적은즉 어찌 사나이보다 높고 정결치 않으리요. 무뢰한 사나이들이 풍속 만들기를 저희는 음행하며 장가든 후 첩을 두어도 부끄럼에 없고, 자기 아내는 음행이 있든지 간부가 있으면 대변(大變)으로 아니, 그런 고로지 못한 일이 어찌 있으리요"라고 공박했다.[76]

『독립신문』 1896년 5월 7일자는 "인천 항구 해관 주사 박은호는 작년 시월에 첩을 얻었는데, 그전 사나이에게서 밴 아이를 동짓달에 낳으니, 박가의 말이 불편타하고 밤에 내다버렸더니, 웬 사람이 기르다가 그 부모를 찾아주니 또 내다버리거늘 주창호가 기르다가 그 부모를 찾아줌에 또 해관 선창에 버려 영중 사람이 주워갔다 하니, 박가 같은 이런 사람은 본 경무서에서 잡아 법률대로 다스리기를 바라노라"고 했다.[77]

『독립신문』은 이처럼 축첩제를 비난하면서도 첩이 되는 여자들의 절박한 현실을 잘 몰랐던 건지 양비론을 펴기도 했다. 예컨대, 『독립신문』 1896년 6월 16일자 논설은 "첩을 얻는 사람이든지 첩이 되는 계집들은 세계에 제일 천한 사람으로 대접하여야 마땅할 것이더라"고 했다.[78] 물론 『독립신문』만 그런 건 아니었다. 『제국신문』 1898년 11월 7일자는 다음과 같이 개탄했다.

"남에게 첩 노릇하는 여인은 하늘이 같이 풍부한 권리를 지키지 못하는 인생이라 불가불한 천한 사람으로 대접하여야 세상에 명분이 발라서 사람이 비로소 천정(天定)한 명분을 흐르기를 부끄러이 여길지라. 대저 사나이가 첩 두는 것은 제일 괴악한 풍속이어늘 우리나라에서는 여편네가 남의 첩 노릇 하는 것을 부끄러이 여기지 않고 의례히 마땅한 일로 알아 무슨 일이며 어느 좌석이든지 거리낄 것이 없으니 ……."[79]

1899년 4월 여우회(女友會)는 덕수궁 앞에서 축첩 반대 플래카드를 세우고 1주일 이상 상소 데모를 하기도 했다. 이 데모는 큰 화제가 되어 여우회라는 이름에서 비롯된 엉뚱한 유언비어까지 유포되었다. 그런 유언비어 중의 하나는 "덕수궁 앞에는 여우들이 둔갑해서 여편네로 변하여 날마다 수십 명이 진을 치고 있다"는 것이었다. 여우 구경을 하러 몰려든 사람들 때문에 덕수궁 앞은 인산인해(人山人海)로 대혼잡을 이루었다.[80]

축첩제 기득권세력이 워낙 막강한 탓에 이들의 데모는 아무런 성과를 거두지 못한 채 끝나고 말았다. 나중엔 첩의 국제화마저 이루어져 고관인 이윤용은 서양 첩을 거느렸고, 송병준은 일본 첩을 거느렸다. 송병준은 일본 첩을 시켜 서울 저동에 요릿집 청화정을 열었는데, 회현동 일대를 요릿집 골목으로 만든 장본인이 바로 송병준이라고 한다.[81]

일제강점기에도 지속된 축첩제

그러나 축첩도 조혼처럼 한 세대 기간 이상 지속되었다. 1923년 법률혼주의가 도입되었지만, 이후에도 축첩은 계속 성행했다. 『동아일보』 1924년 7월 5일자는 "사치품 일체에 대하여는 세금을 비싸게 할 작정인데 …… 장래는 기생의 노름채뿐만 아니라 유객이 요릿집에 지불하는 총 금액을 과세의 표준으로 할가한다 하며 …… 그다음에 이목구비가 남과 같이 멀쩡하여가지고 사람으로 물품 취급을 받는 남의 집 첩을 일종 사치품으로 인정하여 축첩세를 신설하여 볼가 한다"고 보도했다. 이 신문은 경성부의 축첩세 구상에 대해 강한 지지를 표명했다.[82]

축첩세 구상이 말해주듯, 첩은 실제로 사고팔 수 있는 상품이었다. 1920~30년대엔 귀족과 부호 이외에 관리·교원·학생들도 첩을 두었다. 첩을 두는 데에 연애지상주의가 이용되기도 하였다.[83]

이혼의 자유가 법적으로 인정된 것은 1918년부터였지만, 아내가 남편을 상대로 이혼소송을 제기한 사건으로 재판상 이혼이 성립된 사례는 1921년이 처음이었다. 1924년 경성지방법원엔 하루 평균 5~6건의 이혼소송이 접수되었으며, 1932년엔 이혼 총수가 6712건으로 하루 평균 18건에 이르렀다. 당시 이혼 사유는 배우자의 중혼, 간통, 부부간 성격 차, 경제적 이유, 폭행 등이었다.[84]

축첩은 서얼(庶孽) 문제를 낳았으며, 이런 풍습은 오랜 기간 지속되었다. 유영익은 "거시적으로 볼 때, 한국 사회에서 반상(班常) 및 적서(嫡庶)의 차대(差待) 그리고 남존여비(男尊女卑)의 관념 등은 해방 이후까지 끈질기게 존속하다가 산업화·도시화가 촉진된 1960년대 이후에야 비로소 본격적으로 자취를 감추기 시작한 것이다"고 말했다.[85]

신복룡은 "기독교가 우리에게 끼친 가장 큰 공헌은 그것이 한국의 민권의식을 높이는 데에 공헌했다는 사실이다. 본질적으로 한국 사상에는 평등의 개념이 없다. 유교적 애민(愛民)사상과 불교적 자비가 있으나 이것은 평등의 유사 개념이지 동일 개념은 아니다. 한국의 개화운동이 시대적으로 기독교의 전래와 때를 같이 하고 있다는 사실은 결코 우연이 아니다"며 다음과 같이 말했다.

"기독교의 평등사상을 통해 가장 큰 혜택을 본 계층은 여성이었다. 기독교가 전파되기 이전의 한국은 여성으로서는 저주받은 땅이었으며 그들의 삶은 비참했다. 보쌈이라는 약탈혼·축첩·종부(種婦, 씨받이)·기처(棄妻)·은둔(隱遁)·학대·전(錢, 여자는 남자와 겸상을 하지 못하고 남자가 물린 상에서 음식을 먹는 풍습) 등의 풍습이 서서히 무너지기 시작한 것은 기독교가 자리잡기 시작한 1880년대부터였다."[86]

06

1890년대 말의
식산흥업 · 양전사업

조선은행 · 한성은행의 설립

1890년대 후반 신문들은 화폐 · 국제법 · 복지시설 등과 같이 국가와 개혁에 관한 논의를 근대적 자본주의라는 틀 안에서 이해하는 걸 돕기 위해 새로운 용어들의 개념을 소개했다. 『제국신문』 1898년 8월 20일자 논설 「돈이란 무엇인가?」가 그 대표적 사례다.[87]

그런 사회적 분위기에 발맞춰 1890년 후반에 추진된 식산흥업운동은 은행 설립, 각종 회사 설립으로 구체화되었다. 은행 설립은 1880년대부터 조선 정부의 역점사업 중 하나였지만 청의 간섭으로 뜻을 이루지 못했다. 1896년 6월 25일 설립된 조선은행은 최초의 민간 은행이며, 1897년 2월 19일에는 한성은행(조흥은행의 전신)이 설립되었다.

조선은행은 독립협회운동과 관련돼 운영되었기에 그 흥망성쇠를 독립협회와 같이 했다. 조선은행과 한성은행은 1897년 정부의 잉여금 110만 원을 각각 반씩 예치할 수 있었지만, 은행에 대한 이용자들의 의식수준은 낮았다. 한성은행의 경우 서울 안국동 20간 기와집에서 일을 시작했는데, 장성한 딸을 데리고 와서 인신 담보를 잡히고 돈을 빌려달라는 사람들 때문에 골치깨나 앓았다고 한다.[88]

그런 수준이나마 조선은행의 설립은 일본의 제일은행(다이이치은행)이 부산에 지점을 설치했던 1878년에 비해 18년이나 늦은 것이었다. 제일은행은 1880년에 원산, 1883년에 인천, 1887년에 서울에 지점을 개설했다.(1898년 목포, 1903년 진남포·군산 지점 개설) 제일은행은 일본에서는 일반 상업은행이었으나 조선에 진출해서는 조선의 세관업무를 위탁받았고(1880년), 우편환자금의 보관업무를 담당했으며(1889년), 청일전쟁과 러일전쟁 때는 군용금의 보관 및 출납업무를 맡았다. 은행권을 발행하는 등 특수 업무도 담당했다.[89]

나중에 제일은행권의 강제 유통으로 한국의 상업계가 심각한 문제에 봉착하자 1902년 12월 전후 보부상이 중심이 되어 결성한 공제소(共濟所)가 결성돼 제일은행권 유통반대운동을 벌였다. 1903년 2월 4일 보부상 100여 명은 은행권 통용의 책임을 물어 면직된 전 외부대신 조병식의 집을 습격하기도 했다.[90]

대한천일은행 설립

1899년 1월엔 대표적 민족은행인 대한천일은행이 설립되었다. 대한천일은행은 서울의 유력한 대(大)상인인 김두승·김기영 등에 의해 최초로 논의된 뒤 고종황제의 적극적인 지원 아래 설립됐다. 창립총회에 참여한 발기인들도 거의 전부가 고종의 신임이 두터운 고위관료

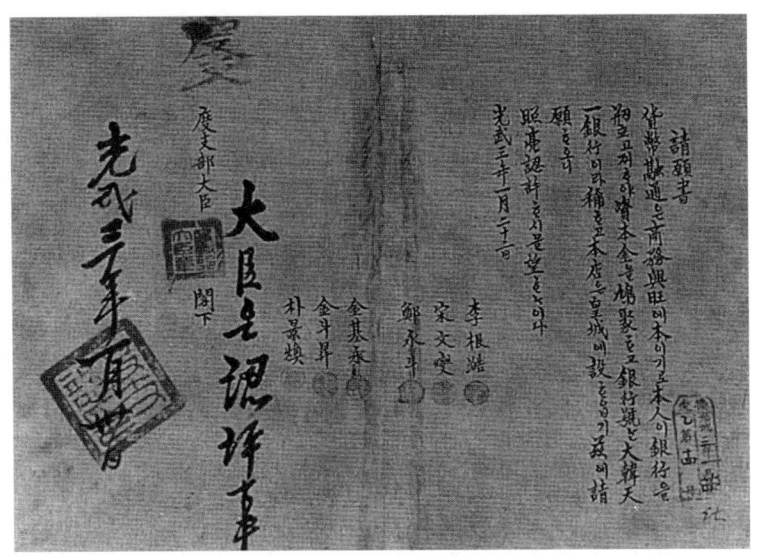

1899년 창설된 대한천일은행의 창립청원서. 대한천일은행은 대표적인 민족은행으로 이용자들 대부분이 서울 상인이었다. 후에 조선상업은행으로 상호를 바꿨다.

와 황실을 호위하고 재산을 관리하는 중견 관료들이었다.[91]

대한천일은행은 말썽 많은 백동화 유통문제를 맡았다. 대한제국 전환국(典局)에서 1892년 발행한 액면가 2전 5푼의 동전인 백동화는 개항 이후 만성적인 적자를 타개하기 위해 주조됐으나, 남발로 인해 불법·불량 백동화가 유통되면서 심각한 인플레이션을 일으키기도 했다.[92] 그러나 이태진은 "대한천일은행을 출범시켜 백동화 유통지역을 확대함으로써 인플레이션의 폐단을 극복"했다고 주장했다.[93]

대한천일은행의 대출활동은 은행이 자기앞 어음을 받은 뒤 선이자를 떼고 현금을 주는 어음대부(지금의 어음할인) 방식이었다. 정일기(正日記) 등 회계장부에 기재된 대출자들은 대부분 서울 상인이었고, 대출자 370명 중 일본 상인은 4명에 불과했다. 또 정일기에는 1899년

306 한국 근대사 산책 3

4~5월 126회의 외환거래 사실이 기록돼 있다.

황실의 관심은 1902년 2대 은행장에 영친왕이 임명되고, 이를 보좌하기 위한 부장에 내장원경(황실 재정책임자) 이용익이 임명된 데서도 알 수 있다. 고종은 러시아에서 차관을 도입해 천일은행을 중앙은행으로 육성하려는 계획을 세웠으나 일제의 방해로 실패하고 말았다. 결국 이 은행은 1905년 일제의 강압적인 화폐교환 과정에서 영업을 정지당했다가 1906년 영업 재개 후 1911년 조선상업은행으로 상호를 바꿨다.[94]

이승렬은 "은행 설립은 단순히 근대적 금융기업의 설립이라는 의의만 있는 것이 아니라 한국 정부에 개혁을 위한 자율적 영역이 있었는가를 알 수 있는 지표의 의미를 지니고 있었다"고 평가했다.[95]

광무 양전·지계사업

대한제국 정부는 1898년부터 1904년까지 6년 동안 토지조사 및 소유권증서 발부 사업을 했다. 이른바 광무 양전(量田)·지계(地契)사업으로 광무개혁 중 핵심적인 것이다. 이를 통해 근대적인 토지소유권을 확립하고 국가 재정이 개선될 수 있는 토대를 마련하고자 했다.[96]

원래 조선왕조에서는 20년마다 규칙적으로 양전을 실시하여 과세의 기준이 되는 토지소유를 분명히 해왔으나, 임진왜란·병자호란 이후 양전을 제대로 실시하지 못함으로써 토지 경계가 불명확해지면서 이에 따른 많은 문제가 발생했다. 이른바 전정(田政)의 문란은 바로 이 양전의 불이행과 관련이 있다.[97]

1895년 봄부터 전국의 토지를 일시에 양전하려는 계획이 수립되었지만, 그해 삼국간섭으로 인한 친일 내각의 동요, 명성황후 시해사건, 의병의 항쟁 등이 일어나 추진하지 못했다.[98]

1898년 7월 양지아문이 설치돼 이듬해인 1899년 6월부터 약 3년간 전국적인 양전이 실시되었다. 그러나 토지의 소유권 분쟁이 끊이지 않고 흉년까지 겹치자 1901년 양전을 일시 중지하고 지계아문을 설치해 1902년부터 지계발급을 실시했다. 이와 같은 지계 발급은 소유권의 법적 인정이라는 근대적 성격을 지니는 것이긴 했지만, 소유권자에 대한 파악이 부정확하고 등기제도가 없었기 때문에 배타적 소유권을 확립하지는 못했다.[99]

양지아문은 지계아문과 합쳐지면서 지계발급과 양전사업이 동시에 이루어졌지만, 사업이 한창 진행되던 중에 러일전쟁이 일어나면서 전국의 3분의 2에 해당하는 218개 군에서만 양전이 이루어진 채 중단되었다.[100]

1899년 전해부터 시행되어오던 양지아문견습생 제도의 규정이 마련되어 체계적인 교육·운영을 하게 되었으며, 이곳 졸업생은 다른 사람보다 기술 분야에 우선적으로 채용될 수 있었다. 김근배는 이를 1899년 4월 27일에 마련된 관립 상공학교 관제와 더불어 한국의 근대과학 역사에서 매우 중요한 의미를 지닌다고 평가했다. 1899년은 한국에서 근대 과학기술이 본격적으로 추구되기 시작한 원년이었다는 것이다.[101]

광무 양전·지계사업에 주목해 그간 부정적으로만 평가받아온 대한제국과 광무개혁에 새로운 시각을 제시한 이는 김용섭이다. 그는 1968년에 발표한 「광무연간의 양전사업에 관한 일연구」라는 논문에서 대한제국 시기의 농토측량사업이 여러 가지 제약성을 가지고 있었지만, 구본신참에 의하여 진행되었다며 다음과 같이 말했다.

"양전에 있어서의 제규정이 국조구전(國朝舊典)을 그대로 따른 점이라든가 지계의 원칙이 입안(立案)제도와 양안(量案)의 형식에서 이루어지고 있음은 구(舊)를 본(本)으로 삼은 것이 될 것이고, 양전의 정확을 기하기 위하여 미국인 기사를 고빙함으로써 서구의 측량기술을 이용한 것이라든가, 근대적인 소유권증서로서의 지계제도를 채택함으로써 구래(舊來)의 소유권을 근대 사회에 적응할 수 있는 소유권으로 전환시킨 것은 신(新)을 취한 것이라 하겠다."[102]

이에 대해 신용하는 광무개혁의 주체인 친러 수구파 정권의 정책은 구본신참이라는 표어를 내걸어 개혁파운동을 탄압하면서 시대착오적인 수구 고식책으로 일관하였고, 양전 · 지계사업도 농업개혁이나 토지개혁이 아닌 조세증가정책이었다고 반박했다.[103]

앞서 지적한 바와 같이, 이 문제를 둘러싼 논쟁은 오늘날까지도 전문 사가들 사이에서 활발하게 이루어지고 있다. 그렇기 때문에 전문가가 아닌 사람이 끼어들어 논평하기가 매우 어렵게 되었지만, 양극단의 견해 가운데 중간쯤 어디에 답이 있는 게 아닌가 하는 생각을 떨쳐버리기 어려운 것도 사실이다.

제8장

외세 지배의 심화

01

활빈당의 출현

중국 의화단의 난

1900년 초 외세에 대한 중국인들의 해묵은 감정이 반기독교운동으로 전개되면서 화북지방에서 '의화단(義和團)의 난(북청사변)'으로 폭발했다. 원인(遠因)은 1898년 황하강의 범람으로 인한 산동지방의 기근이었다. 굶주린 농민들이 의화단 운동에 참가해 청조를 겨냥했지만, 중국 관리들의 노련한 공작으로 의화단의 분노는 청조에서 외국인들을 향하게 되었다.[1]

의화단의 기원은 아편전쟁 이후 자발적으로 반기독교운동을 벌이던 백련교의 일파인 의화권(義和拳)으로 거슬러 올라간다. 이들은 권법(拳法)만 익히면 탄환이나 도검(刀劍)도 막을 수 있다고 믿고 있던 신흥종교집단이었다. 의화권은 청일전쟁 이후 열강의 침략이 격화되면서 일반 민중들 사이에 급속히 확대돼, 1898년에는 그 명칭을 의화단

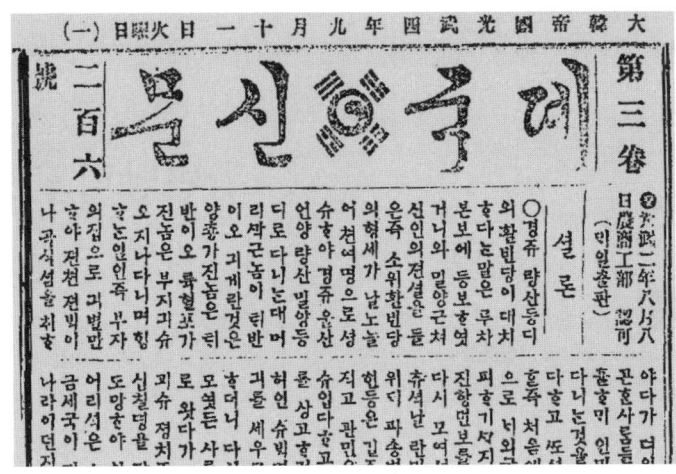

경주, 양산 등지에 출현한 활빈당 관련 내용을 다룬 1900년 9월 11일자 『제국신문』.

으로 바꾸고 투쟁이념도 종래의 '반청복명(反淸復明)'에서 '부청멸양(扶淸滅洋)'으로 바꾸어 본격적인 반제국주의 투쟁을 전개하기 시작했다.[2]

1900년 의화단은 산동성에서 봉기하여 외국 선교사와 기독교 신자들을 공격하였다. 의화단원의 수는 20만 명에 이르렀다. 청국 정부는 의화단에 대한 생각을 통일하지 못했다. 여러 가지 사정으로 열강에 대해 분노하고 있던 서태후(西太后)는 광서제(光緖帝)의 반대에도 불구하고 6월 21일 열강에 대해 선전포고를 하면서 각국 공사관을 포위 공격하도록 하였다. 바로 그날 북경 외교단을 청군과 의화단이 포위해버렸다. 이 포위 기간에 베이징에서 66명, 수도 밖의 중국 북부지역에서 약 250명의 외국인이 살해되었다. 그러나 '55일 천하'에 불과했다. 일본·영국·미국·프랑스·독일·러시아·이탈리아·오스트리아 등 8개국 연합군 1만 6000여 명은 55일 만에 공사관 구역을 해방시켰다.[3]

중국은 값비싼 대가를 치러야 했다. 사죄와 관련자들의 처벌, 4억 5000만 냥의 배상금 지불 등을 주요 내용으로 하는 '의화단 의정서'가 이홍장과 연합군 정권 대표들 사이에 체결되었다. 러시아는 의화단 사태의 와중에서 만주의 철도를 보호한다는 구실하에 18만 명의 병력으로 만주 전역을 사실상 점령해버렸다.[4] 또한 이 사건을 계기로 중국 내 보수파세력이 몰락하고 혁신세력이 등장하였으며, 이런 사회적 분위기는 1911년 신해혁명으로 연결된다.[5]

의화단 사건은 조선에도 영향을 미쳐 국내 친중국·반기독교세력은 도처에서 선교사와 기독교인을 해치려는 계획을 세웠다. 이를 염려한 고종은 자신이 의화단의 반기독교 주장에 동조하지 않는다는 사실을 보여줄 수 있는 여러 가지 조치를 취했다. 고종은 그런 조치의 하나로 의화단과 싸우고 있는 서양 연합군에게 보급품을 보내주었다. 알렌은 이를 두고 외국인들에 대한 "우호적인 감정을 증명하려는 거의 설명할 수 없는 욕망"을 보여주는 사례라고 말했다.[6]

의화단 사건은 조선 신문들의 집중적인 주목을 받았다. 이 사건은 이미 포기하기는 했지만 중국에 대해 갖고 있던 조선 지식인들의 마지막 실낱같은 기대마저 포기하게 만들기에 충분한 것이었다. 신문들은 중국의 혼란이 조선에까지 전염될 걸 우려하면서 국경을 철통같이 방어해야 한다고 역설했다.[7]

경제적 침탈에 대한 저항

그러나 국내에선 의화단이 문제가 아니라 활빈당이 문제였다. 조선의 1900년대는 의적(義賊)을 자처하는 활빈당이 본격적인 활동에 나서는 것으로 시작되었다. 이들은 주로 양반·관료·지주 등만 공격해 재물을 약탈한 뒤 빈민들에게 나눠주곤 했다.[8]

원래 활빈당은 허균의 『홍길동전』에 나오는 의적단의 이름이다. 『홍길동전』의 시대적 배경은 조선 초기 세종 때인데, 광해군 때 형조판서를 지낸 허균(1569~1618)이 꿈꾸었던 활빈당이 300여 년이 지난 1900년대에 환생한 셈이다.[9]

'활빈당'이라는 이름이 최초로 사용된 건 음력 1885년 3월 6일의 『고종실록』 기사다. 이때 호남지방에서 활빈당이라는 비적이 상당한 규모의 조직을 가지고 활동하고 있었다고 하나, 그 구체적인 내용은 알 수 없다. 그 뒤 1886년 1월 충청도 음성에서 결성돼 충청도를 무대로 활동한 박순길 집단은 총칼을 들고 음성·괴산 등지의 양반 집들을 습격 약탈하였다.[10]

이런 산발적인 이름 차용이 있긴 했지만, 조정을 긴장시킬 만한 규모로 활동한 활빈당은 1900년대 들어서 나타났다. 이 시기의 활빈당은 선언문과 투쟁 강령까지 발표하였는데, 선언문의 일부 내용은 다음과 같다.

"우리들은 본디부터 어리석은 백성으로서 몸을 초야에 두고 혹은 경서를 읽고 밭을 갈았다. 그럼에도 마음은 항상 조정에 걸어 만세의 일월을 받들었다. 중흥 이후 하늘이 어찌 재앙을 품어 요괴한 저 왜놈들이 와서 개화를 읊고 조정의 간신들과 부동하여 궁궐을 범하고 난을 일으키는데도 사직을 도울 사람이 없다. 어찌 통탄을 금치 못하랴. 무릇 사방의 오랑캐와 통하여 온 이후 시장의 중요한 이권은 모두 저들이 약탈하고 그뿐만 아니라 백폐를 갖추어서 삼천리강산의 많은 민중이 이산하여 원성이 끊어지지 않는다. 이보다 억울한 일이 있으랴."[11]

활빈당은 투쟁 강령을 통해 구체적으로 미곡 수출의 금지, 미가의 안정, 농지를 파괴하는 금광 및 철도 부설의 금지, 외국 상인의 상권 확대 반대, 지주제의 철폐, 가혹한 세금의 폐지 등을 요구하면서 경제적 침탈에 대한 저항의 성격을 강하게 드러냈다.[12]

정부는 이들을 체포하기 위해 오가작통법을 강화할 정도로 큰 신경을 썼다. 활빈당 조직은 대체로 상하 조직원들끼리만 연결되고 횡적으로는 알 수 없는 일종의 점조직 형태로 운영되었다. 입단식은 살벌했다. 신입단원은 선배들이 둘러선 가운데 칼을 입에 물리고 결박하여 땅에 무릎을 꿇고 매를 맞으면서 충성 서약식을 했다. 조직 기밀을 유지하고 체포되었을 때 동료들을 실토하지 않게 하기 위한 목적이었다.[13]

활빈당 평가 논쟁

오가작통법이 강화되었지만 활빈당은 자신들을 체포하거나 고발하는 사람들에게 잔인하게 복수하였기 때문에 백성들은 도리어 음식을 장만하여 대접하기도 했다. 활빈당은 한동안 맹위를 떨치다가 1904년 이후 국내 치안을 일본 군인들이 담당하였고, 1906년에는 고문경찰제가 확대 시행되면서 조선인 경찰의 수도 크게 늘어나는 등 치안이 강화되자 몰락의 길로 들어섰다. 사실상 1906년에 활동을 마감했으며, 일부는 의병운동에 흡수되었다. 1908년부터 1910년 사이에 봉기한 의병장들 중에서 30여 명이 출신성분을 알 수 없거나 화적 출신자들이다.[14]

이영춘은 "이들은 민족운동사적으로 어느 정도 의미 있는 활동이었다고 할 수 있다. 그러나 이는 본질적으로 토벌당하여 궁지에 처했던 그들의 자구적인 처신이었다고 할 수 있다. 따라서 이를 항일민족운동의 일환이었던 것처럼 적극적으로 해석하는 것은 무리라고 할 수 있다"고 평가했다.[15]

반면 배항섭은 "활빈당의 활동은 1895년 을미의병 이후 1905년까지의 의병전쟁의 공백기를 메워주는 반외세적 의병활동으로도 볼 수 있을 것"이라며 "활빈당은 그들이 가진 반봉건의 성격으로 말미암아 아직까지도 유교적 관념에 젖어있던 유생 의병장 휘하에 들어가기보다는 독자적으로 의병을 조직하거나 평민 의병장 대열에 합류하였다"고 평가했다.[16]

강재언은 "활빈당의 에너지는 사회발전의 법칙에 맞는 새로운 사상과 결합하지 못했다"며 "그럼에도 불구하고 그 에너지는 다음의 의병운동으로 연결되는 귀중한 저수지가 되었다"고 평가했다.[17]

일본 우익단체 흑룡회 창립

중국에서 일어난 의화단 사건은 근대 일본 최대의 국가주의 단체인 흑룡회(黑龍會)의 창립에 자극을 주었다. 1901년 2월 3일에 결성된 흑룡회는 천우협의 우치다가 중심이 된 조선 낭인들의 정치단체로 근대 일본 우익의 본류다.[18] 흑룡회는 군부의 외곽단체로 활동하였다.[19]

흑룡강(헤이룽강)에서 유래한 흑룡회는 이름 그대로 "시베리아와 만주의 사이를 흐르고 있는 흑룡강을 중심으로 대륙경영의 대업을 이룬다는 큰 포부"로 일본이 흑룡강까지 지배해야 한다는 대륙 팽창 야욕을 내포하고 있었다.[20]

한편 1900년 10월 19일 제4차 이토 내각을 출범시킨 이토 히로부미는 정파 사이에 계속된 알력으로 6개월도 안 된 1901년 5월 10일 총리직에서 물러났고, 가쓰라 다로 내각이 새로 출범했다. 9월부터 구미 순방길에 오른 이토는 10월 23일 미국 예일대에서 명예 법학박사 학위를 받았으며, 11월 4일 방문한 프랑스에서도 아무 관직이 없었지만 일본 정계의 실세로 주목을 받았다.[21]

02

'외국 쌀 먹으면 애비 에미도 몰라본다'

1901년 안남미 수입 파동

활빈당이 기승을 부렸다는 건 그만큼 당시의 민생이 어려웠다는 걸 말해준다. 물론 정치도 엉망이었다. 무엇보다도 구심점이 없었다. 1901년 러시아 대리공사 파블로프는 본국에 보낸 보고서에서 "오래 전에 자주적인 통치력을 상실한 고종은 측근에게조차 권위가 없다. 또 우유부단한 상태에서 대한제국 지배계급의 어느 한 집단이나 혹은 끊임없이 교체되는 명칭만 요란한 독립협회, 황국협회, 만민공동회, 친러파, 친일파, 친미파, 친영파 그리고 친독파로 구성되는 대신들에 의지하고 있다"고 평가했다.[22]

게다가 만민공동회의 해산 이후 모든 정치적 공간이 폐쇄됨에 따라 민중 차원에서 다른 대안을 제시하기도 어려웠다. 1901년 6월 22일 경부협판 이근택은 "누구를 막론하고 서너 명씩 머리를 맞대고 이야기를 나누면 그 사람들은 강제로 붙잡아오고 그 주위에서 들은 사람은 모두 엄중히 징계할 것이다"는 법령을 내리며 위협했다.[23]

1901년에 이르러 방곡령은 그 기능을 상실하게 되었으며, 이에 따라 식량난은 갈수록 심해졌다. 바로 이 해에 방곡령과 관계없이 안남미가 면세 수입되었다.[24] 그 이익의 일부는 관리들의 급료로 쓰이기도 했다. 안남미란 인도차이나 반도의 안남 지방, 지금의 베트남에서 생산하는 쌀을 일컫는다. 이 쌀은 조선의 자포니카 계통 쌀에 비해 찰기와 수분이 적다. 우리나라를 비롯해 일본, 중국은 자포니카 계통의 쌀을 주식으로 삼고 있고, 태국 등은 안남미로 널리 알려진 인디카 계통의 쌀을 주식으로 삼고 있다.

안남미 수입에 대한 반발은 격렬했다. 오죽하면 군대의 경호를 받으며 들어왔을까. 식량난을 해결하기 위한 쌀 수입이었는데도 조선 민중은 왜 그렇게 반발했던 것일까? 이규태는 당시 외국쌀 수입에 대한 저항이 기존의 가치체계를 위협하는 것으로 인식되었다면서 이렇게 말했다.

"이를테면 수입쌀을 먹으면 사나이는 몸이 가벼워져 바람 부는 날 밖에 나가면 바람에 날리고 여자는 정조가 가벼워져 썩은 자루포대처럼 너덜거리게 된다는 유언이 떠돌았다. 안남미로 지어놓은 밥은 입으로 불면 날아가기에 이를 유추하여 그런 유언이 생겨났음직하다. 외미하면 서양을 연상해서인지 이 수입쌀을 먹으면 코가 매부리코가 되고 팔다리에 털이 나며 애비 에미 보고 너라고 상말을 하게 된다고도 했다."[25]

"외국 쌀 먹으면 애비 에미도 몰라본다"는 이 절규는 90여 년 후에도 다시 재현되는데, 1993년 12월 쌀시장 개방 반대시위 때 나온 구호들은 다음과 같다.

"조상님 제사상에 외국쌀이라니" "수입쌀로 키운 자식 애비 에미 몰라보고 우리 쌀로 키운 자식 바로 크고 튼튼하다" "이완용도 지하에서 쌀 개방은 반대한다" "조상님 제사상에 수입쌀이 웬 말이냐" "쌀 수입 개방되면 고향 부모 다 죽는다" "우리는 쌀 민족 우리 쌀 먹읍시다" "쌀 팔아 키웠더니 수입개방 앞장서네" "농산물 수입하는 장차관들 수출하자"[26]

내장원 쌀장사 논쟁

쌀 거래가 가장 이문이 많이 남는 장사가 되자 황실의 재산을 관리하던 내장원마저 쌀 거래에 손을 댔다. 내장원은 1900년 기록과·문서과를 설치함으로써 더 이상 궁내부를 경유하지 않고 독립적으로 황실 재정을 관리 운영하는 전권을 행사하였으며, 내정원경 이용익은 탁지부 협판 및 전환국장 등을 겸직하면서 대한제국의 재정권을 장악하고 있었다.[27]

내장원은 전라도와 충청도에서 쌀을 사들인 뒤 다시 개항장을 통해 일본에 수출하거나 쌀값이 비싼 내륙 산간지역에 내다 파는 방식으로 1902년과 1903년 석당 20~30냥씩에 달하는 이문을 남겼다. 당시 쌀 한 석의 가격이 70~80냥 정도였으니 30퍼센트가 넘는 이윤을 챙긴 셈이었다.[28]

그러나 이태진은 "1901년의 대흉년 때는 내장원이 안남미 수입으로 쌀값의 안정을 유지해 민에게 큰 지지를 받았으며" 내장원을 황제의 사금고로 혹평하는 건 내장원이 "근대적 농정 수행의 중심 관서로

역할 하는 모습"에 대한 오해에서 비롯된 것이라고 주장했다.[29]

서영희도 "경제사학자들이 궁내부 내장원을 고종황제의 사금고로 취급하고 막대한 비자금이 사치와 낭비로 탕진되었다고 단정하는 데는 반대한다"며 "이러한 논리 틀은 일제가 재정정리사업을 시작하면서 내세운 명분과 정확히 일치하며 그 결과가 황실재산 강탈로 이어졌음은 주지하는 사실이다"고 주장했다.[30]

국가재정 · 황실재정 논쟁

사실 이 황실재정 문제는 대한제국에 관한 논란 가운데 핵심이다. 대체로 황실재정은 국가예산의 절반에 해당한 것으로 추정된다. 대한제국이 국가재정을 담당하는 탁지부보다 황실재정을 담당하는 궁내부 산하의 내장원에 중심을 두고 운영한 것을 두고 '가산국가(家産國家)'라는 비판마저 제기되었다.

이에 대해 한영우는 "그러나 황제전제권을 채택한 대한제국이 재정권만을 정부에 위임한다면 이야말로 제국의 정체성을 스스로 무너뜨리는 행위가 아닐 수 없다. 우선 이 같은 정체(政體)의 특성을 전제로 하여 황실재정의 순기능과 역기능을 함께 검토해야 할 것이다"며 다음과 같이 주장했다.

"더욱이 국가재정의 전권을 탁지부에 넘길 경우 독자적인 징세 기구가 없던 탁지부가 지방관의 탐학을 막을 방법이 없을 뿐 아니라, 청일전쟁과 러일전쟁을 준비하면서 막대한 군사비와 전비 때문에 재정적 압박을 심하고 받고 있던 일본이 그 부족분을 조선에서 충당하기 위해 금융재정 장악에 얼마나 혈안이 되어 있었던가를 이해한다면 왜 고종이 국가재정을 직접 황실 중심으로 운영했는지를 이해할 만하다. 또 하나 고려할 것은 당시의 역사적 상황은 탁지부를 통해서 지출할 수 없는 황제의 '비자금'이 필요했다는 점이다. 예를 들면, 일본의 침략 야욕을 견제하기 위해 비밀리에 특사를 외국에 파견한다든지, 친황세력을 키운다든지, 반일의병운동을 배후에서 지원한다든지 하는 일들이 그것이다."[31]

한영우는 "따라서 재정문제의 핵심은 그 형식보다는 내용에 있다고 보아야 한다. 즉 국가재정과 황실재정을 어디에다 썼으며, 그 결과가 국리민복에 얼마나 도움을 두었느냐일 것이다"라면서 다음과 같이 주장했다.

"지금까지의 연구는 주로 재정 수입에 치중되어 있고, 황제가 돈을 무척 탐했으며, 매관매직으로 부패를 일삼고, 백성이 그 수탈로 고통을 받았다는 것에 집중되어 있다. 그러나 권력의 부패는 지방 아전 사이에 주로 나타났고, 황실의 부패는 옛날의 세도정치기에 비한다면 백방으로 나아졌다."[32]

그럼에도 황실 주도의 국정운영은 많은 문제를 안고 있었던 바, 무엇보다도 "만성적 적자 구조를 해결하기보다 황실이 확실한 재원만을 장악하는 데 치중하여 과세 및 징세체계가 극도로 문란해져갔다."[33]

03

『제국신문』과 이승만의 옥중생활

감옥에서 『제국신문』 논설 집필

이승만은 옥중에 있는 동안에도 27개월 동안(1901년 1월~1903년 4월 17일)이나 『제국신문』의 논설을 비밀리에 집필하였다.[34] 손세일은 "이처럼 옥중에서 일간 신문의 논설을 장기간 집필한 사실은 세계의 언론사(言論史)에서 전무후무한 일일 것이다"고 평가했다.[35] 당시 이승만이 누린 옥중생활의 자유에 대해 주진오는 다음과 같이 말했다.

"이승만은 당시 죄수로서는 파격적인 대우를 받았다. 감옥 관리들과의 친분을 통해 감옥 안에 도서관과 학교를 운영하는 일을 할 수 있었고 나아가 집필까지 할 수 있었다. 『신학월보』(1900년 12월 창간)라는 잡지와 『제국신문』에 논설을 기고하는 행운도 누리는 한편, 중국에서 활동하였던 미국인 선교사 알렌(Young Allen)과 중국인 채이경이 쓴 『중동전기』를 순한글로 중역(重譯)하였으며, 영한사전을 준비하고 『독

옥중생활 때의 이승만(맨 왼쪽). 죄수로서 파격적인 대우를 받은 그는 감옥 안에서 도서관과 학교를 운영하는 한편 집필까지 했다.

립정신』(1904)을 집필하였다. 심지어 아들 봉수를 감옥으로 데려와 함께 지내고 집으로 돌려보내는 등 요즘의 교도소보다 훨씬 더 광범위한 자유를 누렸다."[36]

이와 관련, 이덕주는 이승만뿐만 아니라 감옥에 갇힌 다른 정치범들도 그런 대우를 받았다며 다음과 같이 말했다.

"한성감옥은 그들에게 새로운 인생의 전기를 마련해주었다. 감옥 서장 김영선은 의식 있는 관리였다. 그는 죄수들에게 독서를 허락했고 배재학당 교사 신면휴, 죄수 이승만·신흥우(신면휴의 아들)가 주동이 된 옥중 학교 개설도 허락했다. 독서실도 마련했다. 도서는 아펜젤러·언더우드·벙커·게일 등 선교사들이 주로 넣어주었다."[37]

정병준은 김영선의 호의를 고종의 총애를 받았던 엄비(1854~1911)의 후원으로 보았다. 엄비는 이승만이 『제국신문』에 쓰던 논설의 충실한 독자였으며, 이승만의 처 박승선(1875~1950, 1891년에 결혼)의 어머니 이씨가 1879년경 엄비의 침모로 입궁했던 관계로 이승만·박승선 집안과 엄비는 친밀한 사이였다. 그런데 감옥서장 김영선과 간수장 이중진 등 감옥 관리들은 엄비의 사람들이었다는 것이다.[38]

그러나 이정식은 "이승만은 형무소 정책 변화가 있은 지 1년이 지나서야 글을 쓰기 시작했다. 따라서 실제로 엄빈이 형무소 개혁에 관여했는가를 판단하기는 어렵다고 하겠다"고 말했다.[39]

이승만의 기독교 선교

1902년 콜레라가 한국을 덮쳐 전국적으로 7000명이 죽었다. 9월 서울에서도 매일 200~300명이 죽어나갈 때, 이승만은 콜레라에 걸린 죄수 환자들을 초인적인 노력으로 간병하는 등 사람들을 감동시켜 감옥서의 관원들을 포함하여 40명 이상을 기독교에 입교시켰다. 1902년 12월 25일엔 감옥서 안에서 처음으로 크리스마스 축하행사가 열렸다. 이날 벙커 목사가 크리스마스 선물로 종교서적 150여 권을 가지고 왔는데, 이것이 계기가 되어 감옥서 안에 서적실이 마련되었다. 책장이 마련되자 이승만은 여기저기에 부탁하여 책들을 수집했다.[40]

이승만은 옥중 학습을 통해 영어에 숙달하게 되었으며, 여러 가지 책을 번역했다. 이승만이 옥중에서 가장 보람을 느낀 일은 신문 논설

집필이었다. 비록 무기명 논설이었지만, 그는 논설을 통해 자신의 울분을 토로할 수 있었다. 그의 논설은 기본적으로 몽매한 민중을 계몽하고 부패하고 무지한 관리들을 질타하는 훈계조였다. 그는 기회 있을 때마다 교육의 중요성을 강조했으며, 한국인의 의식개혁은 기독교를 통하여 이루어져야 한다고 역설했다. 그는 감옥 안에서 처음으로 크리스마스 경축예식이 열리기 전날 한국 언론사상 처음으로 크리스마스를 축하하는 논설을 쓰기도 했다.[41]

이승만의 감옥 내 집필활동

그러나 이승만의 비분강개조 논설은 경영난에 허덕이던 『제국신문』이 주식회사로 확장되고 경영진이 바뀌면서 중단되고 말았다. 그는 논설 중단을 몹시 아쉬워하면서 그 허전함을 달래려는 듯 사흘 뒤부터 영한사전 편찬 작업을 시작했다.

일본에서는 최초의 본격적인 영일사전(英日辭典)이 1862년에, 최초의 일영사전(日英辭典)이 1867년에 출판되었지만, 조선엔 몇몇 선교사들이 주로 서양인들의 한국어 습득을 위해 만든 간단한 영어사전류만 있었다. 1897년에 요코하마에서 발행된 게일(J. S. Gale, 1863~1937) 목사의 『한영사전』, 1890년에 발행된 언더우드의 『영한-한영사전』, 1891년에 발행된 스콧(J. Scott)의 『영한사전』 등이 그것이다. 이승만은 이런 사전들을 뛰어넘는 사전 편찬 작업에 몰두했지만, 이는 러일전쟁이 일어나면서 중단되고 말았다.[42]

이승만은 러일전쟁이 일어난 직후인 2월 19일부터 『독립정신』을 쓰기 시작하여 넉 달 남짓 만인 6월 29일에 탈고했다. 『독립정신』은

『제국신문』에 썼던 '논설'을 뼈대로 하고 『신학월보』에 기고한 글들과 자기가 번역해놓은 『청일전기』의 내용 등을 취합하여 가필한 것이었다. 『독립정신』은 애국심과 독립정신을 역설한 책이었다. 이승만은 『독립정신』이 빨리 출판되어 널리 읽히기를 바랐지만, 이 책은 국내에서 출판되지 못했고, 그가 도미하여 프린스턴대학 재학 때인 1910년 2월에야 로스앤젤레스에서 출판되었다.[43]

04

이재수의 난

1898년 방성칠의 난

1901년 제주도에선 도민과 천주교도 간에 싸움이 벌어져 무려 700여 명의 희생자를 낸 '이재수의 난'이 발생했다. '이재수의 난'은 3년 전인 1898년에 일어난 민란('방성칠의 난') 경험과 무관치 않았는데, 먼저 '방성칠의 난'부터 살펴보기로 하자.

방성칠은 전라도 동북군(화순군 동복면) 출신으로 1894년 제주도로 건너가 화전민이 된 남학(南學) 교도였다. 남학은 동학과 거의 비슷한 시기인 1860년대에 충청도와 전라도 일대에 유포되었던 신흥종교다. 1898년 2월 7일 방성칠을 지도자로 한 광청리 일대 화전민 수백 명이 제주성 내의 관아로 몰려가 과다한 세금과 환곡의 폐단을 바로잡아달라는 소장을 제출하였다. 제주목사 이병휘는 일단 소장을 받아들여 폐단 시정을 약속했지만, 약속을 이행하지 않았다.[44]

이에 방성칠 등은 육지에서 이주해온 화전민 남학교도 수백 명으로 봉기해 3월 1일 제주성을 점령하였다. 방성칠은 이제 조세 거부를 넘어서『정감록』 등을 근거로 한 독립국가 건설을 시도했다. 민란 지도부는 각 포구에 명령을 내려 배의 출입을 막아 육지와의 연락을 차단했다. 제주도민의 민란 지도부에 대한 지지는 적극적이고 열성적이었다.[45]

그러나 토착 양반세력들을 중심으로 대항군이 형성되었고, 대항군은 교란 책동으로 일본 복속설을 유포시켰다. 지도부는 갈팡질팡하다가 민란 30여 일 만에 진압을 당하고 말았다. 유주희는 "1898년의 방성칠의 난은 실패로 끝났지만, 제주도 농민들은 이 민란을 통해 조직화된 운동 과정에 참여함으로써 경험의 폭을 넓혔다. 동시에 운동의 실패 과정에서 민란 지도부의 한계와 토착 지배층의 실상을 제대로 인식하는 등 모순된 현실을 점차 자각하기에 이르렀다. 바로 이러한 측면은 3년 뒤에 발생하는 1901년의 제주도 민란으로 이어진다"고 평가했다.[46]

천주교의 오만과 횡포

1901년에 일어난 이재수의 난은 천주교의 교세 확장과 이에 따른 폐단, 정부의 조세 수탈이 그 원인이 되었다. 천주교는 1886년 조불수호조약과 1896년 교민조약(敎民條約) 등을 통해 선교와 신앙의 자유를 얻었지만, 박해받던 과거를 잊고 곧 특권세력으로 변질되고 말았다. 고종이 지방 관리들에게 "신부를 나처럼 대하라"는 엄명을 내렸던바 천주교는 조선의 고유한 가치체계나 토착종교 등을 전면 부정하였으며 신부들은 오만해졌다. '여아대(如我待, 나와 같이 대하라)'라는 고종

의 칙서는 행패의 면허장으로 변질되었다.⁴⁷⁾

1895년부터 10년간 전국에서는 천주교도와 비신앙인들 사이에서 300여 건의 교안(敎案, 종교적 충돌)이 일어났는데 그중 가장 큰 교안이 바로 이재수의 난, 즉 '신축교안(辛丑敎案)'이었다.⁴⁸⁾

1899년 5월부터 제주도에 전래된 천주교는 1901년 봄까지 2년간의 포교로 242명의 영세자를 포함하여 900여 명의 신도를 갖는 빠른 성장을 보였다. 당시 제주도 인구는 11만여 명이었다. 성직자는 두 명의 프랑스인 신부와 한국인 김원영 신부(1839~1936)가 있었다. 김원영은 1899년 제주도에 부임한 최초의 한국인 신부로 제주도에 처음 본당을 세운 인물이었다. 그런데 입교자의 태반은 관리와 동등한 권한을 행사할 수 있고, 세금을 내지 않아도 되고, 죄를 지어도 성당에 들어가면 안전하다는 등 천주교의 특권을 이용하기 위한 사이비 교도들이었다. 또한 입교자의 대부분은 토착 양반세력으로 '방성칠의 난' 때 농민군을 토벌한 집단이었다.⁴⁹⁾

천주교도들의 횡포는 극에 이르렀다. 사형(私刑)과 고문을 자행했고, 고문을 가하다 사람을 죽여도 지방관이 손도 못 대는 치외법권을 누렸다. 신부는 천주교인들의 불법행위에 대해 방관하거나 보호하는 입장이었다. 여기에 천주교인과 제주도의 경제적 전권을 장악한 봉세관(捧稅官)의 결탁은 제주도민의 생존을 더욱 어렵게 만들었다.⁵⁰⁾

천주교인들의 폭력 대응

1901년 4월 9일 강우백을 중심으로 한 대정군민들이 군수에게 소장을 올려 봉세관 및 천주교도에 의한 수탈과 폐단의 시정을 호소하였으며, 12일에는 정의군에서도 동일한 집단행동이 일어났다. 이런 농민들의 움직임과는 별도로 대정군수 채구석과 향장 오대현 등은 대정상무사라는 자위조직을 결성하여 반천주교운동을 전개하였다. 대정상무사는 보부상의 상무사 군 조직이었다.[51]

4월 29일 반천주교운동을 해오던 상무사원 송희수에 대한 천주교인들의 구타사건이 일어났고, 5월 6일에는 천주교인과 상무사원들 간에 무력충돌이 발생했다. 이때 천주교인인 전 이방 김옥돌이 향장 오대현의 기생첩을 간음한 사건이 일어나자 대정군수는 두 사람을 태형에 처한 후 김옥돌은 수감하고 오대현은 석방했다. 이에 불만을 품은 천주교인 50여 명이 옥문을 부수고 김옥돌을 빼낸 후 상무사원들을 잡아갔다. 뒤쫓아간 상무사원들과 천주교인들 간에 충돌이 빚어져 천주교인 2명이 빈사 상태에 이르렀는데, 이게 제주민란의 직접적 계기가 되었다.[52]

상무사는 향촌조직을 통해 대정군민들을 집결시키고 인접지역에도 통문을 돌려 민회(民會)를 개최하였으며, 민회는 제주성으로 가서 목사와 봉세관에게 등소하여 천주교인들의 폐단 시정을 요구하기로 결정했다. 5월 12일 일단의 제주민들이 한림동에 도착하자 제주목사 김창수는 일체의 폐단과 교폐를 정부에 보고하여 혁파할 것을 약속하고 해산토록 종용했다. 제주민들은 일단 5월 16일 등소 절차를 밟은 후 제주목사의 약속을 문서화해주는 것을 조건으로 해산키로 결정하였는바, 이것이 제주민란의 제1차 봉기였다.[53]

제1차 봉기는 합법적이고 비폭력적인 등소운동이었지만, 신부와 천주교인들은 이를 폭도들에 의한 반란으로 규정하고 이교도에 대한 성전(聖戰)을 선포했다. 천주교 측은 교인 1000여 명을 소집하여 제주목의 무기고에서 꺼낸 총기 등으로 무장하고, 5월 14일 800여 명의 교인이 한림동 민회소에 가서 농민들에게 발포하는 동시에 장두 오대현을 비롯한 6인을 체포하였다.[54]

천주교인들의 폭력대응은 제주민들을 분노하게 만들었다. 곧 동진(東陳)·서진(西陳)의 두 진으로 구성된 민군(民軍)이 결성되었다. 동진 대장은 화전민 강우백, 서진대장은 관노 출신인 이재수가 맡았다. 이들은 조총 300자루와 죽창으로 무장하는 한편 3군에 통문을 돌려 봉기를 촉구했다. 5월 17일 농민군이 신부가 지휘하고 있는 제주성으로 진격하였을 때 집결한 농민군은 수만 명에 달하였다.[55]

천주교도 700명 사망, 이재수 교수형

5월 20일 천주교 측은 유배 중이던 장윤선을 목포로 파견하여 프랑스 군함의 급파를 요청하였으며, 프랑스군이 도착할 때까지 시간을 벌고자 하였다. 그러나 5월 25일 제주성 내의 민이 봉기하면서 수일 만에 천주교도 측은 패배하고 농민군의 무혈입성이 이루어졌다. 입성한 농민군은 서진대장 이재수의 주도하에 천주교도를 색출하여 350여 명을 살해하였다. 그러나 토호세력을 대표하는 동진대장 오대현은 이재수의 강경노선에 반발해 양 진영이 서로 총을 겨누는 내분 상황이 초래되었다.[56]

5월 31일 270명의 프랑스 해군과 신임 제주목사 이재호를 태운 두 척의 프랑스 군함이 제주도에 입항하였다. 프랑스 군함은 제주도를 초토화시킬 작전을 계획하고 있었다. 6월 2일 정부군인 강화도 진위대 100명과 궁내부 고문관인 미국인 샌즈(William Franklin Sands,

1874~1946)가 급파되고, 일본 군함까지 출동하였다. 샌즈는 프랑스 군함의 함장을 만나 공격하지 말 것을 요청한 후에 반란군의 회유에 들어갔다.[57]

정부의 그런 노력에 의해 프랑스 군함은 곧 철수하였고, 정부군과 신임 목사는 난민들에게 '선 해산, 후 민폐 혁파'라는 조건으로 자진 해산을 종용하였다. 동진대장 오대현과 제주목사 및 정부군 대장 사이에 화해가 성립되기까지 하였지만, 서진은 천주교인을 색출하여 처단하는 강경노선을 취함으로써 6월 7일까지 살해된 천주교도는 600여 명에 달하였다.[58]

제주민들의 1차 봉기 때 도망갔던 봉세관 강봉헌이 대정군수로 부임하고 6월 9일 재차 입항한 프랑스 군함이 무력시위를 벌임으로써 제주도민들의 강한 반발을 사 협상은 지지부진하였다. 정부군 대장 윤철규는 서진대장 이재수와 면담하고는 서진의 요구사항을 수용할 것을 약속하고, 대신에 농민군 측에게 다음 날 제주성 내로 들어올 것을 요구하였다. 6월 11일 약속대로 봉세관 강봉헌과 폐단을 일삼은 천주교인들을 체포하자 농민군도 약속대로 제주성 내로 들어갔다. 그러나 정부군은 약속과는 달리 농민군 지도자 40여 명을 즉시 체포한 뒤 무력으로 농민군을 강제 해산시켰다.[59]

7월 18일 40여 명의 민란 지도부는 서울로 압송되었으며, 10월 9일 이재수·오대현·강우백 세 사람은 교수형에 처해졌다. 그리고 프랑스 정부의 끈질긴 피해보상 요구로 피해보상금 6315원이 제주도민 전체에 부과되었으며, 1904년 6월 도민 1인당 15전 6리씩 각출·배상함으로써 제주민란의 사후 처리도 종결되었다.[60] 총사망자 수는 천주교도 700여 명, 주민 50여 명이었다. 훗날 제주도민은 이재수 등을

'의사'로 여겨 추모비를 세워 기념하는 반면 천주교 측은 구한말 최대의 박해사건(敎難)으로 규정했다.[61]

박광수의 영화 〈이재수의 난〉

'이재수의 난'은 현기영의 원작 『변방에 우짖는 새』를 대본으로 삼아 박광수 감독에 의해 1999년 영화로 만들어졌다. 6월 26일 개봉된 이 영화는 비록 흥행엔 실패했지만, 평론가와 역사학자들의 주목을 받았다.

박광수는 '연출의 변'으로 "중앙으로부터 분리된 그 섬의 민초들은 역사의 맥락도, 근대 사회가 무엇인지도, 천주교 교리가 무엇인지도 몰랐다. '이재수의 난'의 원작인 현기영의 소설 『변방에 우짖는 새』를 읽고 나는 피와 시체를 찾는 까마귀처럼 어느 날 닥쳐온 역사의 굴레 앞에서 나약하기만 한 인간의 존재에 사로잡혔다"며 "역사의 조류에서 소외되는 민초들의 애환은 근대든 현대든 시대와 상관없이 존재해온 우리들의 자화상"이라고 말했다.[62]

이대현은 "제작비(32억 원) 조달의 어려움, 젊은 두 조명기사가 촬영 도중 사고로 목숨을 잃은 불행, 악천후로 인한 촬영의 어려움. 무엇보다 박광수 감독은 이재수를 가슴에 품고 8년이란 긴 시간을 건너야 했다. 그 시간과 아픔만큼이나 진지하고 크다"며 다음과 같이 말했다.

"채구석 대정군수는 고뇌하고 행동하는 지식인, 제주목사는 현실을 피하는 유약한 지식인, 이재수의 연인인 숙화(심은하)의 어머니는 평범한 제주 민중으로 이데올로기와 계급갈등(유교와 유생, 가톨릭과 교인)과 반외세, 반부패운동이 뒤섞인 민란을 해석하게 한다. 이 같은

다수의 제주도민과 달리 천주교 측은 '이재수의 난'을 구한말 최대의 박해사건으로 규정한다. 사진은 영화의 홍보 포스터.

시도는 작가주의를 고집하는 감독의 해석이 다양한 현실을 영화로 담는 방법이지만, 이 때문에 '이재수의 난'은 갈등하는 민중들의 마음만큼이나 흔들린다. 제주의 자연과 인물을 롱샷으로 배치시킨 빼어난 장면에도 불구하고 지나친 상징과 생략으로 힘을 잃어버렸다. 이재수의 변화도, 그에게 숙화의 존재의미도 제대로 전달되지 못한다. 더구나 이재수가 제주성으로 들어가는 것으로 끝을 내 마침표를 제대로 찍지 않은 듯한 '이재수의 난'. 박광수 감독은 그 인고의 세월만큼이나 이재수에 짓눌려 있었고, 그것을 털어내야 하며, 역사적 사건보다

지식인으로서 그 속의 고뇌를 잃어야 한다는 생각이 컸나보다. 그의 개성이자 단점이다."[63]

강창일은 "역사와 예술은 분명 다른 영역이다. 그렇다고 영화가 역사적 사실을 왜곡해서는 곤란하다"며 다음과 같이 말했다.

"영화 속에서 중립적 지식인으로, 긍정적으로 묘사된 채 군수(명계남)의 행적은 상당히 다르다. 그는 초기 상무사라는 조직을 결성해 천주교의 횡포에 맞선다는 명목을 내세웠지만 이후 자신의 이익을 지키려던 기회주의적 인물이다. 그런가 하면 이재수는 어떤 면에서 카메라가 집중될 만큼 민란의 중심적 인물이 아니다. 행동대장 격이었던 그는 천주교도에 대한 잔인한 살인으로 부상한 것일 뿐이다. 이재수의 연인인 숙화는 어떤 자료에서도 존재가 확인되지 않는다. 이재수가 최초로 신식재판을 받고 처형됐다는 마지막 엔딩 자막도 사실이 아니다. 이미 1895년부터 신식재판이 이루어졌다. 이 같은 잘못된 관계는 차치하더라도 가장 큰 문제점은 이 작품이 역사적인 해석을 포기했다는 점이다. 결국 관객들은 이 작품을 보면 역사적 사실이 분명함에도 불구하고 혼란을 일으킬 것이기 때문이다."[64]

박찬식은 이 영화에서는 프랑스나 선교사, 천주교인들에 대한 제주민들의 반감이 강하게 부각되지 않고 있다며 다음과 같이 말했다.

"파리외방전교회 신부들의 관권을 능멸하는 행태, 주민들 앞에 군림하는 근엄한 권위자의 표정도 잘 보이지 않았다. 더구나 프랑스 함대의 동원에 대해 걱정하는 민당의 발언은 나오지만, 실제 제주에 들어온 알루이트호와 쉬프라이즈호의 프랑스 병사들의 모습은 그려져 있지 않다. 프랑스 제국주의의 모습이 영화를 통해 전혀 표출되지 않았다. 결국 영화는 민란을 표방하긴 했지만, 무엇 때문에 일어난 민란

인가를 대중들에게 전달하지 못한 셈이다. 따라서 어떤 평자는 '난에 관한 영화가 아니다'라고 단언했다. 더구나 프랑스의 재정 후원을 받은 탓인지, 프랑스 관객의 구미에 부합시키기 위해서인지 이 영화의 불어 제목은 '폭도'이다. 그러니 관객에 따라 사건을 다르게 볼 수도 있겠다."[65]

이어 박찬식은 "'이재수의 난' 이면에는 기존의 향권을 위협하는 외래적 요소인 천주교에 대한 제주민들의 사회경제적·문화적·종교적 반감이 작용하였다"며 다음과 같이 말했다.

"특히 사회세력화된 천주교회는 향촌 사회에서 주도권을 가지고 있던 향임층을 위협함으로써 향촌 사회의 토착세력으로부터 심하게 배척당하기도 했다. 또한 봉세관의 독점적 징세권 행사에 대해 징세 기득권자였던 지방관·향임층·향리층들이 반발했고, 여기에 기층민들의 생존권 수호를 위한 저항이 중첩되면서 민란으로 터졌던 것이다. 따라서 이 민란은 외부로부터의 유입된 봉세관과 천주교회의 세력화 과정에서 빚어진 제주의 전 계층적 반발로 볼 필요가 있다. 영화에서는 민란의 주체인 제주민의 시각에서 바라보려는 일관된 역사의식이 내비쳐지지 못하였다. 변방에서 발생했던 20세기 초 근대화 과정의 비극 정도로 치부해버린 것은 아닌지 모르겠다."[66]

천주교의 민간풍습에 대한 적대적 태도

2003년, 100여 년 전에 천주교가 토착종교와 어떤 갈등을 빚었는지를 보여주는 자료인 『수신영약(修身靈藥)』(1900)이 '근현대 한국 가톨릭 연구단(책임연구자 박일영 가톨릭대 교수)'에 의해 발견됐다. 『수신영약』은 '이재수의 난'이 일어날 정도로 토착민들과의 갈등이 가장 컸던 제주도에 부임한 한국인 신부 김원영이 저술한 46장의 국한문혼용체 필사본이다.[67]

이 책은 26항에 걸쳐 천주교에 대한 일반적 소개와 함께 제주도 토착신앙과 혼인풍습에 대한 강력한 비판을 담고 있다. 그러나 유교적 세계관에 관해서는 부분적으로 인정하고 있음을 보여준다. 제주도의 토착신앙인 뱀 숭배·정월 거리제·산신제사인 명감·절터의 굿·용신제(龍神祭)·칠성제·영등굿·뚝할망 숭배 등 모두 23가지의 토착풍습을 조목조목 비판했다. 특히 당시 유명한 무당이었던 '삼성할망'을 찾아가 "요사를 부린다"며 굿을 비난한 내용은 토착신앙에 대한 공격적 혐오를 나타낸다. 결론 부분인 마지막 26항에서는 가톨릭 신부가 가진 회충약이나 장티푸스약인 키니네를 받으러 찾아오는 제주도 주민들이 많다는 점을 상기시키면서 "회충약이나 키니네 등 몸의 명약만 구할 것이 아니라 마음의 영약인 '수신영약'도 빨리 구해 영원히 불사불멸하라"며 책의 제목을 정한 이유를 서술했다.[68]

이 책이 쓰여진 1년 뒤에 '이재수의 난'이 일어났다는 건 의미심장하다. 박일영은 "『수신영약』에서 알 수 있듯이 당시 가톨릭은 교세를 확장하는 과정에서 한반도에 토착화된 민간풍습에 대해 지나치게 적대적인 태도를 취했다는 데서 수많은 교안 발생의 원인을 찾을 수 있을 것"이라고 말했다."[69]

05

개신교 · 천주교의 충돌

개신교 선교사는 '백만장자'

사회 일각에선 천주교 못지않게 개신교도 비난의 대상이 되고 있었다. 양쪽 모두 선교사들이 문제였다. 시어도어 루스벨트의 자문위원이었으며 한 잡지사의 극동 특파원으로 1900년대 초에 한국을 여행하였던 조지 케난은 당시 미국인 선교사들의 한국인들에 대한 생각을 다음과 같이 기술하였다.

"한국인들은 전적으로 그들 스스로에게 맡겨놓으면 결코 지금보다 나은 수준으로 발전할 수 없을 것이다. …… 한국인들은 마치 질병이 이미 자연적인 치유의 단계를 벗어난 상태의 인체와 같이 구제불능이다."[70]

그거야 속마음이니까 알 길은 없지만, 선교사들의 사치스러운 삶은 눈에 잘 보이는 것이었다. 기록을 남긴 서양인 방문자들이 자주 선교

압록강에 가득한 뗏목. 압록강 상류의 삼림은 여러 나라가 눈독을 들였는데, 개신교 선교사들은 나무의 벌채권을 비롯한 각종 이권에 관계해 물의를 빚었다.

사들의 '사치'를 지적하는 걸 보면 그들의 사치가 결코 '가난한 조선'의 기준에서 그런 것이라고 보기는 어려울 것 같다.[71] 애비슨은 아홉 개의 방에 대기실, 식당, 사방 16피트 크기의 응접실, 홀, 그리고 온실에 가까운 시설 등을 갖춘 집을 짓겠다고 하여 물의를 빚기도 했다.[72] 이젠 미국 공사가 된 알렌마저 선교사들에 대해 "만일 그들이 본국에 있었다면 조선에서의 생활수준을 유지할 수 없는 자들이 대부분인데 여기 와서는 귀족 같은 생활을 하고 있다"고 생각했다.[73]

그럼에도 그게 큰 문제가 되지는 않았다. 앞서 지적한 바와 같이, 오히려 선교사들이 사치스럽게 사는 게 신자들을 끌어들이는 데에 도움이 되는 면도 있었다. 조현범은 "1890년대 중반 이후 개신교로 개종하는 조선인들이 급격히 늘어나자 선교사들의 빛나는 선교업적이 그들의 부정적인 생활방식보다 더 부각되었다. 이에 따라 선교사들의

생활방식에 대한 비판은 자연스럽게 사라졌다"고 했다.[74]

선교사들의 생활수준을 어떻게 평가하건 그들의 사업수완이 뛰어났다는 건 분명했다. 알렌은 1899년 11월에 쓴 한 편지에서 "외국의 이권 추구자들이 지금 한국인의 이부자리 속에 있는 벼룩처럼 잔뜩 모여들고 있다"고 말했는데, 이는 자기 이야기를 남의 이야기처럼 하는 게 아니냐는 비판의 소지가 있는 주장이었다.[75]

알렌만 그랬던 게 아니다. 언더우드도 '백만장자 선교사'로 불리면서 석유 · 석탄 · 농기구 등을 수입하여 판매하였으며, 빈튼(C. C. Vinton)은 100여 대의 재봉틀을 수입해 팔았고, 심지어 한국 교회 보수신앙의 대부(大父)로 불리는 마펫(S. A. Moffet)과 리(G. Lee)조차도 압록강 연변의 3000여 그루의 나무를 세금 지불도 하지 않고 벌채하려는 이권에 관계하여 물의를 빚기도 했다. 오죽했으면 한국에서의 경제적 이권경쟁에 깊이 관여했던 타운센트(W. Townsent)는 자기 어머니에게 보낸 편지에서 "선교단체에 기부하는 일을 중지할 것"을 권유했겠는가.[76]

천주교인의 개신교인 구타 사건

개신교 · 천주교 선교사들 모두 겸양이 부족했기 때문에 이들이 충돌을 빚는 건 당연한 일인지도 몰랐다. 1894년의 '진고개 사건'과 1899년의 '불입천교 사건'은 1900년대에 일어난 충돌에 비하면 전초전에 지나지 않는 것이었다. F. H. 해링튼은 개신교와 천주교 사이의 불화는 알렌이 공사로 있는 동안에 절정에 달했다며 다음과 같이 말했다.

"개신교에서 한국에 쓰겠다고 요청하는 자금은 '천주교 타도'라는 구호에 투입되는 경우가 종종 있었다. 또 개신교에서는 한국 제주도에서 300명의 한국인 천주교도가 죽음을 당한 데 대해서도 별로 슬퍼하지를 않았다. 오히려 그들은 가톨릭의 수법이 승려를 지방장관으로 올려놓고 가톨릭에 귀의한 한국인 전부에 대해서도 치외법권을 요구하고 있다고 비난했던 것이다. 알렌은 서울에 있던 개신교 사람들보다도 대체로 덜 반(反)가톨릭적이면서도 가톨릭에서 부당한 방법을 짜냈기 때문에 비난을 받는 것이라고 말하였다. 일찍이 그는 윗사람들에게 미국 개신교 선교사들은 프랑스 가톨릭 신부들이 하였듯이 지방관리들을 귀찮게 굴지를 않았다고 자랑삼아 이야기했던 것이다."[77]

1902년 5월 황해도에서 천주교인 김형남·홍병용 등이 천주교 교당을 세울 뜻으로 개신교인 한치순·최종신 등에게 건축기금을 강요했다가 거절당하자 이들을 감금 폭행하는 사건이 일어났다. 그해 8월과 9월에도 다시 개신교인들을 천주교 교당에 불러 건축기금을 내지 않는다 하여 구타한 사건이 연이어 발생했다.[78]

이에 분노한 개신교 측은 해주 감영에 소송을 제기하였고, 이에 따라 해주 감영은 가해자인 천주교도 6인을 체포했다. 그런데 천주교도 6인을 호송하던 중 천주교 신부인 르각(Le Gac)이 중앙으로부터 천주교도를 체포한 순검을 체포하라는 명령이 내렸다고 위협하면서 공문을 보여주자, 겁을 먹은 호송 순검은 그 자리에서 이들을 풀어주고 말았다. 이 사건은 개신교계를 다시 분노하게 만들었다.[79]

당시 감리교 월간지 『코리아 리뷰』를 발행하고 있던 호머 헐버트는 이 잡지를 통해 "우리는 지난 여러 달 동안 신·구교 간의 분쟁에 대해 침묵을 지켜왔으나 더 이상 침묵한다는 것은 일반 대중에 대한 우리의 책임을 저버리는 일이 될지 모른다"며 이 문제를 공개적으로 거론하면서 천주교 측을 비난하고 나섰다. 또 이 잡지는 그 지역 천주교 책임자인 빌헬름 신부를 겨냥해 "프랑스 신부들의 대부분이 이 같은 일을 보고도 못 본 체했으며, 가장 비열한 부정을 저질렀다"는 장로교 선교사의 말을 인용해 보도하기도 했다.[80]

이에 천주교 측은 "헐버트는 미국 공사 알렌까지도 싫어하는 가장 어리석고 흥분 잘하는 애송이"라고 비난하면서 이 문제의 시비를 가리기 위한 양측 간의 회담을 제의하였다. 그러나 개신교 측은 이 제의를 거절하고 해주 감영에 소송을 제기하는 한편 사건 내용을 『황성신문』에 게재하였다. 이에 천주교 측은 『황성신문』을 찾아가 기사 내용을 취소하라고 요구하는 등 상호 합의점을 찾지 못했다.[81]

헐버트와 알렌의 사이가 나쁘긴 나빴나 보다. F. H. 해링튼은 "이와 같은 일은 모두가 알렌으로 하여금 가톨릭에 대해서가 아니라, '저 한심한 헐버트'에 대해서 오히려 미칠 지경이 되게 했다. 비록 '정말 더럽다'고는 해도, 황해도 사건은 쉽게 해결될 수가 있었다"며 다음과 같이 말했다.

"플랑시(C. V. Plancy) 프랑스 공사가 뒤에 말했듯이, 빌헬름 신부는 외로운 생활에서 온 긴장으로 정신을 잃었던 것이다. 그러나 헐버트는 물의를 일으켜서 가톨릭교도와 개신교도 간에 싸움을 하지 않을 수 없게 만들어놓았고, 또 플랑시 공사로 하여금 빌헬름 신부를 지원해주어야만 되겠다는 생각을 갖게 하였다. 이러한 사태는 오직 비극을 초래할 뿐이요, 한국에 와 있는 모든 기독교 단체의 위신을 잃게 하는 일일 따름이었다."[82]

'국가보다 기독교를 더 신뢰한다'

1902년 말 또 황해도에서 우질사건(牛疾事件)이 일어났다. 1901년 서북지역엔 우질로 수천 마리의 소가 죽었으며, 1902년에도 우질이 아직 사라지지 않고 있었다. 개신교인 이승혁의 소가 갑자기 죽었는데 이어 옆집 천주교도인 김순명의 소가 따라 죽었다. 이에 김순명은 세력 있는 천주교인들을 동원하여 이승혁에게 소 값의 배상을 요구했고 이에 불응하자 들것에 실려 나갈 정도로 이승혁을 구타했다. 정부는 수사조차 제대로 하지 못한 채 프랑스 공사 플랑시의 중재로 사건을 겨우 무마했다.[83]

왜 이렇게 천주교인들의 기세가 등등했을까? 1903년 1월 황해도 관찰사가 정부에 올린 보고서에 따르면, "이곳도 천주교에 의해 경찰권이 방해를 받고 있으며 심지어 포졸들이 그들에게 장악되어 구타당하는 등 곤욕을 치르고 있어 모든 행정이 마비 상태에 빠져 있다. …… 일부 천주교인들은 천주교의 위세를 믿고 '우리들은 조선인이 아니다'라고까지 망발을 하고 있다."[84]

한국기독교역사연구소는 "'우리들은 조선인이 아니다'라고 할 정도로 천주교를 국가보다 더 신뢰한 데는 당시 이 지역 관리들의 가렴주구에 시달리고 있던 주민들에게 천주교 측이 이들의 어려움을 해결해주는 등 주민들 편에 서서 적극적으로 선교활동을 한 것이 크게 주효하였다"며 "서양인에게 의지하려 한 현상은 정도의 차이는 있으나 개신교 측의 경우도 마찬가지였다"고 말했다.

"탐학한 관리에게 빼앗긴 토지를 구해달라는 일이며, 부당한 잡세의 징수를 막아달라는 등, 심지어는 자신의 토지와 가옥의 명의를 선교사 이름으로 이전시킴으로써 재산을 보호할 의도에서 기독교 신자가 되겠다는 사람들도 적지 않았다. 말하자면 순수한 종교적 고뇌를 통해서 교회와 선교사를 찾는 것이 아니라 자신의 사회적 욕구와 경제적 보호를 받기 위한 안심입명(安心立命)이 입교의 동기였던 것이다."[85]

신·구교 간의 충돌은 양측 모두 이런 입교 동기와 더불어 "이 지역을 양측이 서북지방 선교의 교두보로 설정하면서 지나친 선교경쟁"을 벌인 데서 비롯되었다. 이후 양측 모두 선교활동의 일환으로 상대방의 교리를 비난하는 문서와 책자를 발간하는 이른바 '문서논쟁'을 벌인 게 그 점을 잘 말해준다 하겠다.[86]

'문서논쟁'의 절정은 '루터논쟁'이었다. 천주교 측은 루터를 가리켜 '마귀의 종된 음난한 자' '방탕한 놈' '미친놈' '길가의 소똥버러지 같은 위인'이라고 비난하였다. 이에 개신교 측은 루터는 "국권을 농락한 교황마귀세력의 암흑세계를 혁파한 혁명가이자 광명자(光明者)로서 동양 제1의 성현인 공자(孔子)와 같은 위인"이라고 반박하면서, 천주교는 교황권을 신성시함으로써 "그리스도의 복음을 전하는 것이 아니라 로마를 전하고 있을 뿐이다"고 비난하였다.[87]

정길당 사건

개신교와 천주교가 충돌을 빚고 있는 상황에서 이른바 '정길당(貞吉堂) 사건'이 일어났다. 1898년 한국에 들어온 러시아정교(희랍교)가 러시아의 영향력을 업고 교세를 확장해가는 와중에서 일어난 사건이었다. 정부는 희랍교를 극진히 대접했다. 중요 행사에는 고위관리가 참석하였고 신임 선교 책임자는 고종을 알현했으며, 새 교당을 건립할 부지를 고종이 하사하기도 했다. 가렴주구에 시달리며 눈치만 빨라진

사람들은 희랍교에 들어가는 것이 안전을 도모하는 길이라는 생각을 했음 직하다.[88]

1900년 4월 『제국신문』에 따르면, "근일에 희랍교에 참입하는 사람은 돈을 얼마씩 준다는 말이 있어서 그 교로 들어가는 사람이 많다"는 소문이 돌게 되었고, 희랍교에서는 "풍설에 돈 준다는 말은 허언이니 그리 알고 다니라"고 소문을 부인하는 등 희랍교의 교세가 팽창하고 있음을 보여주었다.[89]

그런 상황에서 1901년 3월경 충남지역에서 정길당이라는 러시아 국적을 가진 조선 여인이 희랍교를 전도해 큰 교세를 이루고 있었다. 스스로 희랍교를 내세웠을 뿐 희랍교 선교사들과 직접적인 관련이 있는 것도 아니었다. 그런데 동학당원의 전력을 가진 듯한 안종학·양규태 등의 무장세력이 가세해 정길당을 업고 불법비행을 자행해 원성(怨聲)이 자자했다. 충남 유생들의 고발에 따르면 "무기를 함부로 휘둘러 마을을 도륙하고 부녀를 겁탈하며 재물을 빼앗고 묘혈을 파헤치며 사채놀이를 다반사로 일삼았다"고 한다.[90]

이에 정부는 정길당 일행의 죄상을 구체적으로 조사해, 이를 러시아공사관으로 보냈다. 그러나 러시아 측은 확실한 증거가 없다는 이유로 정길당에게 무죄 처분을 내렸다. 이에 대해 이만열은 "정길당이 영사재판을 통해 무죄 방사된 사실에서 우리는 많은 것을 배운다"며 다음과 같이 말했다.

"즉 한말 치외법권·영사재판의 실태가 어떠하였으며, 그로 인한 국가 주권 행사의 허실이 어떠하였는가를 미루어 볼 수 있다. 또 치외법권을 누리고 있던 한말 외국인들의 권세가 얼마나 막강한 것으로 한국인에게 비쳤을 것인가 하는 것을 상상하는 것도 어렵지 않다. 바로 이러한 점들이 정길당 사건에서 보여준, 한국인들의 외세 의존과 외국교에 자세(藉勢)하려는 경향 및 외세·외국교에 의지하여 불법적인 행패를 부릴 수 있는 가능성을 만연시킬 수 있었다고 생각된다."[91]
'이재수의 난'과 더불어 '정길당 사건'은 외세에 휘둘리는 대한제국의 현실을 적나라하게 폭로한 사건이었다. 외세의 지배가 심화되면서 일반 민중의 일상적 삶까지 파고들었다고나 할까?

제9장 하와이 이민

01

최초의 노동이민단 출발

솔나무 밑에서 죽어간 사람들

1901년은 심한 가뭄으로 흉년이었다. 몇 년째 계속된 흉년의 타격이 1902년 절정에 이르고 있었으니, 민중의 삶이 순탄했을 리 만무하다. 굶어 죽는 사람들이 속출했다. 고위 공직자들이 이런 고통을 자신의 고통으로 알면서 사람을 살리기 위해 최선을 다하는 모습을 보였더라면 좋았으련만 사정은 그렇지 못했던 것 같다.

윤치호는 자신의 1902년 5월 1일자 일기에서 "경기도와 충청도의 여러 곳에서는 사람들이 죽었거나 할 수 없이 떠나버렸기 때문에 촌락들이 통째로 비어버리기도 했다. 많은 사람들이 솔나무 밑에서 죽은 것을 흔히 볼 수 있다고 하는데, 이들은 솔나무를 깎아 연명하다가 죽어버린 것이다"며 다음과 같이 말했다.

"그런데 이런 상황에서 대황제 폐하와 정부는 무엇을 하고 있는가.

그들은 관직을 사고팔고 정부 부처를 새로 만들고, 이미 있던 부처들을 확장하고 거액의 돈을 들여 어리석은 예식(禮式)을 거행하고 잔치를 베풀곤 하고 있다. 정부가 발간하는 관보(官報)를 보면 매달 무슨 예식이 있었다고 하고, 새로 임명된 감찰사들과 주사(主事)들의 이름이 실려 있고, 왕릉 청지기들의 이름이 적혀 나온다. 지난 3, 4년 동안 새로 임명된 왕릉 청지기들의 숫자를 합하면 모름지기 왕릉에 서 있는 나무들의 숫자보다 많을 것이다. 청지기 자리를 사고파는 값은 1500냥에서 4000냥이다. 선왕(先王)의 유골이 대황제 폐하에게 이처럼 끊임없이 수입을 가져다주고 있으니 폐하께서는 선왕들에게 감지덕지(感之德之)하실 것이다."[1]

과장된 주장일까? 그런 것 같지는 않다. 이승만이 옥중에서 쓴 것으로 보이는 『제국신문』 1902년 10월 24일자 논설은 "이 천지에는 이 나라를 위하여 애쓸 사람도 없고 일할 사람도 없는 즉 …… 홀로 쓸데없는 빈말이라도 주야에 애쓰는 놈이 도리어 어리석고 미련한 물건이로다"고 개탄했다.[2]

나라 밖을 떠나면 죽는 걸로 알 정도로 고국산천에 대한 집착이 강한 한국인들이 1902년 12월 100여 명이나 하와이 이민을 가게 된 것은 바로 이런 상황에서였다.

102명, 1902년 12월 22일 인천항 출발

하와이가 미국 영토로 공식 편입된 건 1898년이었지만, 이미 수십 년 전부터 미국의 영향권하에 놓여 있었다. 하와이에서는 1850년대부터 사탕수수와 파인애플 플랜테이션이 본격화하면서 외국인 노동력이

1902년 12월 22일 최초의 한인 이민단 102명은 제물포(인천)를 떠나 일본 나가사키에서 게릭호(S. S. Gaelic)로 갈아타고 1903년 1월 12일 하와이 호놀룰루에 닻을 내렸다. 사진은 당시 게릭호의 모습.

필요하게 되었다. 1876년부터 중국인 이민자가 유입되었는데, 이들의 숫자가 5000명에 육박하면서(미국 전체로는 12만 5000명) 농장을 떠나 상거래 등에 종사하자 위협을 느낀 미 의회는 1882년 '중국인배척법'을 만들어 중국으로부터의 노동이민을 금지했다.

농장주들은 1885년부터 일본인 노동자를 불러들였다. 1880년대와 90년대에 많은 일본인들이 하와이와 캘리포니아에 도착했는데, 1900년 하와이에만 6만 명, 캘리포니아에 2만 5000명의 일본인이 거주하였다. 하와이 노동시장의 70퍼센트를 차지하게 된 일본인들이 노동조건을 걸고 파업을 일으키는 등 세력화하자 농장주들이 일본인을 견제하면서 임금을 낮추기 위한 대안으로 생각한 것이 한국인이었다.[3]

하와이 사탕수수 농장주협회는 1902년에 찰스 비숍을 대표로 서울에 파견하였다. 비숍은 주한공사 호레이스 알렌을 중간에 세웠다. 알렌은 고종황제에게 "백성들을 하와이로 보내서 척식사업과 신문화를 도입하도록 함이 현책"이라고 건의해 허락을 받았다.[4)]

비숍은 조선 정부와 이민조약을 체결했다. 조선 정부는 우리나라 최초의 이민 담당 부서인 수민원(綏民院)을 만들어 도왔지만, 지원자가 없었다. 수민원은 '백성을 편안케 한다'는 뜻이었지만, 그 누구도 하와이로 가는 걸 편안한 길이라고 생각하지는 않았다. 이런 상황에서 미국 감리회 선교사 존스가 인천·강화 연안·해주지역 등을 순방하며 적극 홍보에 나섬으로써 교인들이 지원하기 시작했다.[5)]

존스는 "대한 사람이 인간의 천국인 미국에 이민하게 되는 것은 하나님의 뜻이요 하나님의 은혜"라고 주장했다. 이 주장 덕분이었는지 전체 지원자의 반 이상이 개신교인이었다. 이후에도 여러 선교사들이 각 개항장을 중심으로 사람들을 모집하려 다녔다.[6)]

이에 따라 최초의 한인 노동이민단 121명을 실은 일본 기선 현해환이 1902년 12월 22일 인천항을 떠났다. 일본 고베에서 신체검사에 합격한 102명(남자 54명, 그들의 부인 21명과 자식 25명, 그리고 통역 2명)이 다시 게릭호를 타고 1903년 1월 12일 하와이 호놀룰루에 도착했다. 여기서 또다시 안질(眼疾)로 불합격한 8명과 그 가족 총 16명이 송환당하고 결국 남자 48명, 여자 16명, 어린이 22명 등 86명이 상륙 허가를 받았다.[7)]

노예와 다를 바 없는 생활

하와이 사탕수수 농장주협회와 알렌의 의뢰를 받은 미국인 사업가 데이비드 데실러(David W. Deshler)는 1902년 12월 30일 오아후섬 와일

사탕수수 농장에서 일하는 한인 노동자들은 섭씨 37.8도가 넘는 폭염과 채찍 속에서 10시간씩 노동하며, 인종적 편견과 소수민족이라는 서러움을 견뎌야 했다.

루아 농장주인 스미스에게 다음과 같은 당부 편지를 남겼다.

"한국인들은 항해가 불편하고 마음이 불안할 텐데도 잘 견디고 있습니다. 저는 그들이 사물을 받아들이는 방식에 놀랄 따름입니다. 한국 하층계급의 극단적 보수성을 아신다면 이번 여행이 그들에게 어떤 의미인지 짐작할 것입니다. 이제 그들이 새로운 환경에 잘 적응하도록 만드는 것은 당신들의 몫입니다. 잘만 다룬다면 훌륭하고 잘 운용할 수 있는 노동력이 될 것입니다. 친절함과 인내가 필요합니다. 한국인들은 어린애 같으니까 그렇게 다뤄야 합니다."[8]

한국인들이 어린애 같다고? 조선에서 이뤄진 이민 모집 광고는 과장의 극치였는데 그건 무엇 같다고 말해야 할까? 광고는 하와이에는 추운 겨울이 없고 언제나 화창한 날씨이며, 1년 내내 일할 수 있어서 돈도 많이 벌 수 있는 지상낙원(Paradise)이라고 선전하였다.[9] 1년 내내 일하다 못해 혹사당하는 건 사실이었지만 '지상낙원'과는 거리가 멀어도 한참 멀었다. 한윤정은 "하와이에 도착한 한인들은 고달픈 삶과 악역을 떠맡았다"며 다음과 같이 말했다.

"이들은 일요일을 제외한 매일 새벽 6시부터 오후 4시 30분까지 점심시간 30분을 빼고 10시간씩 노동해야 했으며 하루 품삯은 50~80센트에 그쳤다. 이 돈은 근근이 생활을 유지할 정도였다. 고된 노동 뒤에는 사병막사처럼 생긴 판잣집에서 담요 한 장으로 잠을 청했다. 더욱 고약한 것은 소수민족으로서 당하는 불이익과 백인 관리자들의 인종적 편견, 일본인들과의 잦은 갈등이었다. 특히 일본인과는 모국의 식민지배로 민족감정이 심하게 대립한데다 농장관리자들이 고의적으로 일본노동자들의 파업현장에 한인을 투입, 진압하는 등 악용함에 따라 점점 사이가 나빠졌다."[10]

원준상은 "우리 이민은 하와이 도착 후 오아후, 마우이 등 여러 섬에 있는 사탕농장에 배치되었으나 애초의 모집광고와는 달리 작업환경이 너무 가혹해서 실망과 불안을 금할 수 없었다"며 다음과 같이 말했다.

"화씨 100도나 되는 무더운 태양 아래서 허리를 구부리며 호미와 괭이로 온종일 작업했고 또 억센 수숫대를 칼로 잘라야 했다. 허리가 아파 잠시 서서 허리를 펴면, 루나(Luna)라고 하는 말탄 기마 감독이 뒤에서 가죽 채찍으로 내려치곤 했다. 수숫대는 사람 키의 2배인 3~4미터로 억세게 자라서 통풍도 잘 되지 않았고, 작업 중에는 작업자끼리 서로 얘기도 못하게 했다. 작업복 가슴에는 죄수와 같이 번호판을 달게 하고 이름 대신 번호만으로 불리우는 천대를 받았으니 쇠

사슬만 달지 않았지 노예와 다를 바가 없었다고 한다."[11]

2002년에 발견된 '이민자 모집 광고지'

하와이 노동이민자 유치를 위해 1903년 한국에서 발행됐던 '하와이 이민자 모집 광고지'의 원본이 2002년 10월 미국 로스앤젤레스에서 발견됐다. '고시'라는 제목으로 17×11센티미터 크기의 전단 앞뒤에 한글과 영어로 각각 인쇄된 이 광고지는 '하와이는 기후가 온화해 극심한 더위와 추위가 없고 무료 교육을 받을 수 있으며, 일 년 어떤 절기든지 직업을 얻기가 용이하다'고 소개했다. 광고지는 또 '농장 노동자의 월급이 미화 15달러, 한국 돈으로 57원가량' '의식주와 의료 경비를 고용주가 지원'이라고 밝히며 이민자를 유치하고 있다. 이 광고지는 데실러가 이민알선업체 '동서개발회사'를 통해 제작, 서울·평양·원산·부산 등지에 배포한 것으로 밝혀졌다.[12]

하와이 사탕재배자협회가 세운 동아개발회사는 모집된 노동자들에게 지참금과 여비를 선불하고 이들이 하와이에 도착한 후 1년 내지 3년 사이에 갚도록 했다. 이 때문에 노동자들은 박한 임금을 받으면서 이 돈을 갚느라 고생했고 한국에 돌아가고 싶어도 여비를 마련치 못해 돌아갈 수 없었다.[13]

하와이 공식 이민은 1902년부터 시작되었지만, 비공식적으로 한인의 하와이 진출은 하와이가 미국 영토로 공식 편입된 1898년경부터 이루어졌다. 하와이 이민국은 1900년과 1902년 사이에 16명의 한인 남자가 호놀룰루에 도착했다고 기록하고 있으며, 중국을 통해 중국인을 가장해 들어간 한인들도 있었다.[14] 또 '미국 이민 100주년 기념사업회'는 1902년 하와이행 이민선 1호가 인천항을 떠나기 15년 전인 1887년 미국 덴버로 떠난 한국인 광부들의 흔적을 발견하기도 했다.[15]

02

영업용 전기, 공중용 전화의 등장

1900년 영업용 전기의 판촉

1900년대로 넘어가면서 한반도는 식민지를 건설하려는 외국 열강들의 치열한 각축장이 되어가고 있었다. 그 와중에서도 새로운 기술적 변화는 이루어졌으니, 그건 바로 영업용 전기와 공중전화의 등장이었다.

1900년 4월 10일 한성전기회사는 서울 종로 네거리의 가로등에 전등 세 개를 달았는데, 이것이 한국 최초의 전기 가로등이었다. 종로에 석유로 불을 붙이는 가로등이 등장한 건 1897년 7월 27일이었다. 전기 가로등이 등장하자 이걸 보기 위해 일부러 시골에서 서울로 올라오는 사람도 많았다. 『제국신문』 1900년 4월 14일자는 "밤마다 종로에 사람이 바다 같이 모여서 구경하는데 전차표 파는 장소를 보니 장안의 남자들이 아홉시가 지난 후에 문이 미어질 정도로 새문 밖에 갔다 오는 표를 주시오, 홍릉 갔다 오는 표를 주시오 하면서 다투어가며 표를 사 가지고 일없이 갔다 왔다 하니 ······"라고 보도했다.[16]

이어 1900년 6월 하순 한성전기는 진고개(지금의 충무로) 일본 상인들에게 판촉활동을 벌인 끝에 600개의 전구(10촉)를 점등하는 데 성공했다. 전차사업이 민중의 반발로 부진해지자 전등사업으로 눈을 돌린 결과였다.[17]

1990년 한국전력이 발간한 『전기 100년사』는 최초로 일본인 상가에 처음 영업용 전력이 공급됐다는 종래의 통설과는 달리 같은 해 6월 17일 한성전기회사에서 경운궁(지금의 덕수궁)에 처음으로 영업전등을 설치했다고 밝혔다. 『전기 100년사』는 이 같이 우리나라의 초창기 전력사가 실제와는 다르게 알려진 것은 일본인들이 의도적으로 기록을 왜곡했기 때문이라고 주장했다.

그동안 초창기 전력사에 관한 거의 유일한 기록이었던 『경성전기주식회사 20년 연혁사』의 경우 1904년에 설립된 한미전기회사의 설립계약서를 한성전기회사의 것으로 조작했으며 경복궁의 전등설비에 대해서도 의도적인 왜곡 서술이 매우 심하다는 것이다. 『전기 100년사』는 이에 대해 일제의 한국문화 말살책의 일환으로서 우리의 선각자들이 일구어놓은 전기사업을 형편없는 실패작이거나 외국 종속 기업이라고 격하시키기 위한 것이라고 주장했다.[18]

한국 전차·전기사업의 좌절

전기가 보급되면서 감전사고도 발생하기 시작했다. 1903년의 신문엔 이런 사고 기사가 실렸다.

"사방이 미나리 밭으로 깔린 구용산 원효로 일대에서 일어난 일이다. 전기회사에서 전기 공사를 하였는데, 마침 비 오는 날인데다 전깃줄 두 군데가 끊어져 땅 위로 늘어졌다. 상투 틀고, 담뱃대 물고 지나가던 한 주민은 묘한 호기심이 발동하여 긴 담뱃대로 톡톡 건드려보니 손끝에 자글자글 느낌이 오는 게 여간 신기하지 않았다. 이때 지나가던 촌사람 하나가 나도 한번 해보자 하고 맨손으로 전선줄을 건드렸다가 그만 손발이 새까맣게 타들어 불귀의 객이 되고 말았다."[19]

1903년엔 미국인이 운행하는 전차 탑승 거부운동이 일어났다. 미국인들의 전차 종업원에 대한 행패와 전차 사고로 인해 일어난 이 운동엔 많은 사람들이 참여했으며, 『황성신문』은 1903년 7월 11일자에 별보를 발행해 전차 탑승 거부를 선동하는 통문을 싣기도 했다. 이 통문의 영향력으로 인해 심지어 전차를 이용하는 사람들에게 돌이나 오물을 던지고 역적이라는 욕설을 퍼붓는 일까지 일어났다.[20]

몇 년 뒤 한성전기회사는 자금 능력의 한계를 보이면서 경영권이 미국에 넘어갔으며, 1909년 일제의 손아귀에 완전히 넘어갔다.[21] 그 사정은 이렇다. 한성전기회사의 영업이 부진한 상황에서 여순(뤼순)의 철도부설공사를 따낸 콜브란은 한국에서의 사업을 정리하기 위해 1902년 8월 한국 정부에 그동안의 경비로 150만 엔을 요구했다. 1904년 러일전쟁이 일어나면서 미국의 지원을 기대한 고종은 한성전기회사의 주식 절반을 사들이는 형식으로 요구액의 절반인 75만 엔을 지불했다.

이윤상은 "이것은 결국 청부업자에 불과하던 콜브란과 보스트위크가 한성전기회사의 실질적인 소유자가 되었다는 것을 의미했고, 이들은 1909년 다시 회사를 일본인에게 매각함으로써 고종이 직접 투자

하여 추진했던 전차 · 전기사업도 끝을 맺게 되었다"고 했다.[22]

뒤늦게 도입한 전기에 한(恨)이 맺혔던 걸까? 영업용 전기가 공급된 지 100여 년 후 한국은 전력소비량 세계 최고를 기록하게 된다. 2007년 9월 국제에너지기구와 산업자원부 등에 따르면 한국의 국내총생산(GDP) 기준 전력소비량은 미국과 일본의 약 2배, 독일이나 영국의 3배에 가까운 것으로 조사됐다. 이에 대해 세계에서 가장 저렴한 수준의 전기요금으로 산업체와 가정이 모두 전력 절감의 압박을 느끼지 못한다는 분석이 제기되었다.[23]

1902년 최초의 공중통신용 전화업무 개시

1902년 3월 20일 한성-인천 간 최초의 공중통신용 전화업무가 개시되었다. 궁내부전화가 개통된 지 6년 만에 일반인도 사용할 수 있는 전화가 처음 개통된 것이다. 당시 시외전화가 시내전화에 앞서 개통된 것은 당시 도시지역이 그리 넓지 않아 오히려 지방과의 통신에 더 유용하게 사용될 수 있었기 때문이었을 것이다.[24]

1902년 6월 6일 한성전화소는 한성-인천 간 전화 개설 이후 사업범위가 확대됨에 따라 자석식 교환대 100회선을 설치해 시내전화 교환업무를 개시하였다. 이를 통해 최초의 가입전화가 탄생하였고, 처음 가입자 수 2명이 다음 해엔 23명으로 증가하였다. 전국의 총전화 가입자는 1902년 310명이었다.[25]

1903년 서울의 마포-도동(남대문)-시흥(영등포)-경교(서대문) 등에 '전화소'라는 공중전화가 가설되었다. 이규태는 이 전화소 규칙의 도덕 항목이 지엄하기 이를 데 없었다고 했다.

1902년 한성전화소는 한성(서울)-인천 간 전화 개설로 사업 범위가 확대되자 100회선의 자석식 교환대를 설치해 시내전화 교환 업무를 시작했다.

"전화소 옆에 통화소리가 들릴락말락한 거리에 전화소 장리(掌吏)를 앉혀두었다. 이를 두고 프라이버시 침해라 하여 외국인 사용자들의 항의가 잦았기로 전화소 장리를 보다 멀찌감치 떨어져 앉게 했던 것이다. 실은 기밀탐지를 위해서가 아니었는데 말이다. 당시 31조로 된 '전화규칙' 가운데 통화 중 불온, 저속한 언사를 농하거나 서로 언쟁할 때는 전화소에서 통화를 금지시킬 수 있다는 항목을 집행하기 위한 관리였다."[26]

우편은 1884년 우정총국의 설립으로 우편물 건수가 1900년 이후 10년 동안 48배 증가했다. 구한말 전보 이용은 약 90퍼센트가 외국인에 의해 이루어졌는데, 한국인의 전보 이용 건수는 1904년 7만 2000건으로 93년의 0.5퍼센트에 해당됐다. 전보 발신의 90퍼센트가 일본

어로 이루어졌고 한글전보는 8퍼센트 수준에 불과했다.[27]

공사관 건물의 위엄 효과

전기 · 전화는 민중의 반발을 받으면서도 새로운 문물의 위엄(威嚴) 효과를 발휘하였는데, 이 점에선 서울에 세워진 서양 건물도 비슷한 효과를 냈다.

독일인 지그프리드 겐테는 1901년에 쓴 글에서 "특이한 현상은 서울에 정주하는 외국 공관은 그 건물 크기와 외형에서부터 벌써 그 나라의 영향력과 의도 또는 그 민족의 자부심을 짐작할 수 있다는 점이다"며 다음과 같이 말했다.

"일본 · 러시아와 프랑스 영사관이, 교회 건물 중에서는 프랑스 천주교 선교사들이 지은 성당과 미국 장로교 신도들의 예배당이 제일 먼저 눈에 띈다. 사실상 이 나라에서 가장 큰 세력을 행사하고 있는 나라는 일본, 러시아와 미국이다. 일본 공관은 아주 아름다운 언덕 위에 멋들어지게 자리 잡고 있으며, 하얀 바탕에 빨간 해가 그려진 일장기를 펄럭이면서 이것이 마치 자기네 나라인 양 행세하고 있다. 이 건물은 거대하기만 할 뿐 아니라 지배자의 위세를 과시하기에 충분하다."[28]

겐테는 러시아와 프랑스가 조선과의 경제 교류에는 별 관심이 없으면서 공관은 호화롭다고 지적했다. 또 미국에 대해서는 다음과 같이 말했다.

"유럽의 여러 수도에 있는 미국이나 영국 대사관의 건물은 너무 볼품이 없어 항상 다른 나라 외교관들의 조롱거리가 된다고 한다. 미국은 자국의 대표적인 외교관들에게 항상 어처구니없게 나쁜 경제적 대우를 하면서 신분과 직위에 알맞지 않는 주거지를 마련하도록 강요하는 예가 더러 있다. 그런데도 서울에 있는 미국 공관의 경우는 예외로 양호한 편이다."[29]

03

최초의 화장장 완공

화장은 '왜놈들의 장법'

화장(火葬)은 조선 성종 때부터 국법으로 금지되었지만, 1902년 5월 10일 조선 거주 일본인들은 경기도 고양군 한지면 신당리 수구문 밖 송림에 38평의 벽돌 건물로 된 화장장을 완공해 본격적인 화장문화를 선보였다.30)

건물 안에 설치한 화장로에서 행하는 '화장'은 그것이 최초였지만, 이는 화장에 대한 본래의 거부감과 더불어 일본인들이 들여온 것이라는 이유로 조선인들 사이에 강한 반발을 낳았다. 화장은 '왜놈들의 장법'으로 불리면서 부모보다 자식이 먼저 죽는 악상(惡喪)에나 이용하는 나쁜 장법이라는 인식을 심는 데 일조했다.31)

화장에 대한 강한 반발이 시사하듯이 조선의 장례문화는 일본과도 크게 다를 뿐만 아니라 중국과도 다른 독특성을 갖고 있었다. 조선 장례문화의 가장 큰 특성은 '장례의 축제화'라 부를 수 있는 것이었다. 1902년부터 1903년까지 서울에 주재한 이탈리아 총영사 카를로 로제티는 1904년 이탈리아에서 출간한 책에 다음과 같이 썼다.

"장례식의 주된 분위기가 분명 슬픈 것만은 아니다. 이것은 바로 자신들의 감정을 가장하려는 극동 아시아 모든 민족의 기질인 것이다. 상여꾼들은 종종 청중의 웃음을 자아내는 노래를 부르며 보조를 맞춰 행진하고, 가족을 둘러싼 친지들은 농담이나 웃음짓으로 가족을 흥겹게 하기 위해 온갖 수단을 쓰는데, 우리 관점에서 볼 때는 매우 어색하게 보이는 것이었다."[32]

이와 관련, 주강현은 "그동안 『주자가례』에 지나치게 주눅 들어 민족고유의 장례풍습은 전적으로 무시되는 경향을 보여왔다"며 "조선 후기에는 『주자가례』의 보급과 상장례의 교화로 전래 장례관습과 유교적 관습이 상호 복합적으로 결합되었다"고 했다.[33]

한국의 독특한 장례문화

주강현은 원래 전통적 상장례 풍습은 음주가무를 곁들인 놀이식의 장례 방식이었을 가능성이 높다고 보았다. 그러한 '장례의 축제화 전통'은 유교적인 관습에 의하여 거세되긴 했지만 "근자에 이르기까지 각 지방에는 장례날 먹고 노는 풍습이 이어지고 있었으니 유교적인 교화책과는 반대로 민중의 풍습에서는 계속 가무하는 장례 풍습이 이어지고 있었음을 알 수 있다"고 말했다.[34]

로제티는 장례식의 주된 분위기가 슬픈 것만은 아닌 건 자신들의 감정을 가장하려는 극동 아시아 모든 민족의 기질이라고 썼지만, 그

1900년대 통정대부 출신 관료의 장례식 모습으로 노제를 지내고 있다.

렇게 싸잡아 이야기하기는 어렵다. 한국인은 '장례의 축제화'와 더불어 대성통곡(大聲痛哭)과 같이 감정을 발산하는 문화를 갖고 있으며, 이는 오늘날까지 지속되고 있다. 일본이나 중국에서 한국과 같은 통곡 장면은 찾아보기 쉽지 않다.[35] 2004년 차길진은 일본의 한 장례식장에 갔다가 깜짝 놀랐다고 말했다.

"한국의 장례식장 분위기를 상상했는데 일본은 마치 중역 회의장에 온 것처럼 사방이 정숙하다 못해 고요했다. 누구 하나 소리 내서 우는 사람도 없었고 한국 장례식장처럼 떠들며 술을 마시거나 고스톱을 치는 일은 더욱더 없었다. 분명 망자의 죽음이 슬펐을 텐데 심하다 싶을 정도로 자신의 슬픔을 죽이며 문상객을 맞는 모습이 충격에 가까웠다. 극도로 감정을 억제하는 힘, 이것이 일본의 파워인 동시에 가장 큰 단점이었다."[36]

의학에서의 해부 금지

당시 선교사들은 "한국인들은 자식들의 교육을 위해서 돈을 쓰기보다는 죽은 조상을 위해 더 많은 돈을 쓴다"고 비판했지만,[37] 장례 의례는 한국인에겐 신앙과 같은 것이었다. 이런 종류의 신앙이 또 하나 있었으니, 그건 바로 의학에서의 해부 금지였다.

국민의 신앙심에 어긋난다 하여 해부를 금지하는 바람에 의학 발전을 기대하기 어려웠다. 고종의 독일인 주치의 리하르트 분쉬는 자신의 부모에게 보낸 1902년 2월 5일자 편지에서 그 점을 개탄했다.[38] 그는 다른 편지에선 "의료행위의 가치가 수치스러울 만큼 낮게 평가되고 있다"며 다음과 같이 개탄했다.

"한국인들은 진료 받는 것을 마치 자기들이 자선사업을 베푸는 듯한 태도를 보인답니다. 진료비를 내지 않는 것을 당연하게 여길뿐더러 외국인 의사한테서 약 한 병쯤 선물 받는 것을 예사로 압니다."[39]

또 분쉬는 1902년 5월 28일자 편지에선 "한국 사람은 워낙에 돈을 내는 습관이 들지 않아서 받을 엄두도 못 냅니다. 한국 사람들은 돈이 있을 때가 없고, 저는 의술을 사랑하니 건실하게 무료로 봉사하면서 수술하는 법을 잊지 않으려고 연습하고 있는 셈입니다"라고 말했다.[40]

아펜젤러 사망

1902년에 일어난 사건으로 선교사 아펜젤러의 사망도 기록해둘 필요가 있겠다. 1902년 6월 11일 선교사 아펜젤러는 전남 목포에서 모이는 성서번역출판위원회에 참석차 인천에서 구마가와호를 타고 목포로 가다가 군산 앞바다 어청도 부근에서 짙은 안개로 아펜젤러가 탄배와 다른 배가 충돌하여 배들이 침몰하는 사고가 일어나면서 승객 23명과 함께 순직했다. 아펜젤러의 시신은 찾지 못했기에 양화진(서울 마포구 합정동 외국인 묘지공원)에 추모비가 세워졌다.

생존자인 미국인 탄광 기술자 보울비는 "아펜젤러는 물에 잠기면서도 한국인 비서와 목포가 고향인 여학생을 구조하기 위해 자신을 돌보지 않았다"고 증언했다. 6월 29일 정동교회에서 열린 추도예배는 울음바다가 되고 말았다.[41]

당시 감옥에 있던 이승만은 은사의 비보를 듣자 하루 반을 내리 울고 단식을 했을 정도로 깊은 슬픔에 잠겼다고 한다. 그럴 만도 했다. 아펜젤러는 이승만의 은사였을 뿐만 아니라 감옥에 갇혀 있는 이승만에게 옷을 보내주고 그의 가족에게 쌀과 장작과 담요를 보내주는 등 이승만을 지극 정성으로 돌본 은인이기도 했기 때문이다.[42]

감리교 지도자들은 아펜젤러가 순교했던 목포지역에 그의 순교정신을 영원히 기리고자 1973년 감리교 총회에서 결의, 기념교회 건립을 위해 2년간 모금했다. 그리하여 1975년 11월 아펜젤러순교자기념교회로 봉헌함과 동시에 목포제일감리교회라는 이름을 내걸었다. 현재 이 교회는 김덕부 목사가 150여 명의 교인들과 함께 아펜젤러의 뜻을 잇고 있다.[43]

2002년 아펜젤러 선교사 순직 100주년을 맞아 아펜젤러 기념교회 봉헌과 선교행로 순례 등 아펜젤러 선교사의 삶과 선교 행적을 조명하기 위한 다양한 기념행사가 열렸다.[44]

2007년 6월 전북 군산시 내초도 온누리교회(담임 임춘희 목사)가 인근 25개 교회와 연합해 아펜젤러를 기념하는 '아펜젤러순교기념교회'를 세웠다. 아펜젤러가 조난당한 바다에서 가까운 언덕에 세워진

순교기념교회는 400평 규모 방주 모양으로 건축되었으며, 예배당 인근에 아펜젤러 추모비와 전시관도 세워졌다.[45] 임춘희 목사는 신도들에게 다음과 같은 편지를 띄웠다.

"오늘도 내초도 바다엔 은빛 물결이 출렁이고 있습니다. 낮에는 햇빛에, 밤에는 달빛에 빛나며 은빛 물결은 멀리 부안 계화도 바다까지 번져갑니다. 교회 담 한 귀퉁이 마른 흙 틈에서 머리를 내밀며 나온 어린 잎 하나가 꽃이 되어 거센 바닷바람에 흔들리고 있습니다. 괜히 그 앞에 마음이 무너져 눈물겹기도 합니다. 제 선 자리 어디건 제 모습대로 피어 살아있음을 노래하는 들꽃들 …… 들꽃 같은 삶을 새롭게 새겨봅니다. 21세기를 사는 우리들은 아주 당연하다는 듯 편하게 신앙생활하고 있습니다. 그러나 어둡던 이 땅에 복음의 씨를 뿌린 처음 사람이 없었다면 가능하지 않은 일이라는 것을 우린 잊고 지낼 때가 많지요."[46]

훗날 아펜젤러의 딸인 A. R. 아펜젤러는 이화여자전문학교 초대 총장을 지내며 이화여대의 기초를 마련했는데, 서울 마포구 합정동 외국인 묘지공원에 조성된 아펜젤러 일가의 묘역에 있는 A. R. 아펜젤러의 묘비엔 "섬김을 받으러 온 것이 아니라 섬기러왔습니다"라고 적혀 있다.[47] 그러나 당시 선교사들 중엔 섬기러왔다기보다는 섬김을 받으러 온 쪽에 가까운 이들이 많았다. 1903년 8월 원산에서 감리교 선교사 하디(R. A. Hardie, 1865~1949)는 교인들 앞에서 바로 그 점을 고백함으로써 '원산부흥운동'의 씨앗을 뿌리게 된다.

| 주석 |

제1장

1) 노주석, 「러 외교문서로 밝혀진 구한말 비사 (1) 초대 대리공사 베베르의 수기」, 『대한매일』, 2002년 5월 9일, 6면.
2) 노주석, 「러 외교문서로 밝혀진 구한말 비사 (4) 새로 밝혀진 사실들」, 『대한매일』, 2002년 5월 20일, 17면.
3) 노주석, 「러 외교문서로 밝혀진 구한말 비사 (4) 새로 밝혀진 사실들」, 『대한매일』, 2002년 5월 20일, 17면.
4) 한영우, 『명성황후와 대한제국』, 효형출판, 2001, 71쪽.
5) 유동준, 『유길준전』, 일조각, 1997, 209~210쪽.
6) 윤덕한, 『이완용 평전: 애국과 매국의 두 얼굴』, 중심, 1999, 152~153쪽.
7) 유영익, 「김홍집: 개혁을 서둘다가 임금과 백성에게 배척당한 친일 정치가」, 『한국사 시민강좌』, 제31집, 일조각, 2002, 129~130쪽.
8) 유영익, 「김홍집: 개혁을 서둘다가 임금과 백성에게 배척당한 친일 정치가」, 『한국사 시민강좌』, 제31집, 일조각, 2002, 132~133쪽.
9) 이덕주, 『조선은 왜 일본의 식민지가 되었는가』, 에디터, 2004, 253쪽.
10) 임종국, 반민족연구소 엮음, 『실록 친일파』, 돌베개, 1996, 67쪽.
11) 손세일, 「[연재] 손세일의 비교 전기/한국 민족주의의 두 유형: 이승만과 김구」, 『월간조선』, 2002년 2월호.
12) 한영우, 『명성황후와 대한제국』, 효형출판, 2001, 78쪽.
13) 이이화, 『오백년 왕국의 종말: 한국사 이야기 19』, 한길사, 2003, 295쪽.
14) 이태진 외, 「대한제국 100주년 좌담/고종과 대한제국을 둘러싼 최근 논쟁: 보수회귀인가 역사적 전진인가」, 『역사비평』, 계간37호(1997년 여름), 240쪽.
15) 홍순권, 「을미의병운동을 재평가한다」, 『역사비평』, 계간29호(1995년 여름), 167, 172쪽.

16) 이이화,『한국사 이야기 19: 오백년 왕국의 종말』, 한길사, 2003, 69~71쪽.
17) 이이화,『한국사 이야기 19: 오백년 왕국의 종말』, 한길사, 2003, 71~72쪽.
18) 노주석,「러 외교문서로 밝혀진 구한말 비사 (1) 초대 대리공사 베베르의 수기」,『대한매일』, 2002년 5월 9일, 6면.
19) 노주석,「러 외교문서로 밝혀진 구한말 비사 (4) 새로 밝혀진 사실들」,『대한매일』, 2002년 5월 20일, 17면.
20) 노주석,「러 외교문서로 밝혀진 구한말 비사 (1) 초대 대리공사 베베르의 수기」,『대한매일』, 2002년 5월 9일, 6면.
21) 송우혜,「"이이제이"…고종, 궁녀 가마에 몸 숨기고 궁궐 탈출: '친일 몰락-친러 득세' 부른 아관파천」,『조선일보』, 2004년 8월 11일, A18면.
22) 송우혜,「새 연재소설 3/마지막 황태자」,『신동아』, 1998년 5월호.
23) 송우혜,「새 연재소설 3/마지막 황태자」,『신동아』, 1998년 5월호.
24) 송우혜,「새 연재소설 3/마지막 황태자」,『신동아』, 1998년 5월호.
25) 이광린,『한국사강좌 5:근대편』, 일조각, 1997, 384쪽.
26) 강근주,[학술] "고종의 근대화 노력 복권돼야":『고종시대의 재조명』펴낸 이태진 교수」,『뉴스메이커』, 2000년 8월 31일, 44~45면.
27) 최문형,『명성황후 시해의 진실을 밝히다』, 지식산업사, 2006, 265쪽.
28) 송우혜,「"상투 못자른다" 싸우는 동안 러·日 "38線 분할" 비밀협상」,『조선일보』, 2004년 8월 17일자.
29) 송우혜,「"상투 못자른다" 싸우는 동안 러·日 "38線 분할" 비밀협상」,『조선일보』, 2004년 8월 17일자.
30) 허동현·박노자,『우리 역사 최전선: 박노자·허동현 교수의 한국 근대 100년 논쟁』, 푸른역사, 2003, 45, 58~59쪽; 정용화,『문명의 정치사상: 유길준과 근대 한국』, 문학과지성사, 2004, 86~87쪽; 이태진,『고종시대의 재조명』, 태학사, 2000, 41쪽.
31) 정용화,『문명의 정치사상: 유길준과 근대 한국』, 문학과지성사, 2004, 87쪽.
32) 앙드레 슈미드, 정여울 옮김,『제국 그 사이의 한국 1895~1919』, 휴머니스트, 2007, 273쪽.
33) 왕현종,『한국 근대국가의 형성과 갑오개혁』, 역사비평사, 2003, 75~76쪽.
34) 김윤식·김현,『한국문학사』, 민음사, 1996, 133~135쪽.
35) 유동준,『유길준전』, 일조각, 1997, 195쪽.
36) 김태익,「귀국과 시련(유길준과 개화의 꿈 5)」,『조선일보』, 1994년 11월 15일, 6면; 유길준, 허경진 옮김,『서유견문』, 서해문집, 2004, 393~398쪽.
37) 정용화,『문명의 정치사상: 유길준과 근대 한국』, 문학과지성사, 2004, 140쪽; 유길준, 허경진 옮김,『서유견문』, 서해문집, 2004, 399~400쪽.
38) 최종고,「다시 보고싶은 책『서유견문』: 100년 전 개화 탐색 "오늘의 거울"」,『한국일보』, 1994년 2월 15일, 19면.
39) 권재현,「리더십 부재로 국론 사분오열 망국 치달아: 제2강 '구한말 국망의 원인 다시보

기'」,『동아일보』, 2004년 10월 12일, A15면.
40) 박현모,「유길준 '서유견문': 국가간 통상은 하늘이 내린 복」,『조선일보』, 2007년 3월 17일, D7면.
41) 박성수,『조선의 부정부패 그 멸망에 이른 역사』, 규장각, 1999, 130~131쪽.
42) 이사벨라 버드 비숍, 이인화 옮김,『한국과 그 이웃 나라들』, 살림, 1994, 510쪽.
43) 이사벨라 버드 비숍, 이인화 옮김,『한국과 그 이웃 나라들』, 살림, 1994, 511~512쪽.
44) 배경식,「보릿고개를 넘어서」, 한국역사연구회,『우리는 지난 100년 동안 어떻게 살았을까 3』, 역사비평사, 1999, 219~222쪽.
45) 차종순,「린턴: 4대에 걸친 한국사람」,『한국사 시민강좌』, 제34집, 일조각, 2004, 95~96쪽.
46) 배경식,「보릿고개를 넘어서」, 한국역사연구회,『우리는 지난 100년 동안 어떻게 살았을까 3』, 역사비평사, 1999, 219~222쪽.
47) 손세일,「[연재] 손세일의 비교 전기/한국 민족주의의 두 유형: 이승만과 김구」,『월간조선』, 2002년 8월호.
48) 박성수,「황제의 침소와 수라상(秘錄 南柯夢:7)」,『서울신문』, 1998년 4월 8일, 11면.
49) 조현범,『문명과 야만: 타자의 시선으로 본 19세기 조선』, 책세상, 2002, 74~75쪽.
50) 이규태,『한국인의 밥상문화 2: 음식 속 숨은 문화 읽기』, 신원문화사, 2000, 67~68쪽.
51) 김영자 편저,『조선왕국 이야기: 100년 전 유럽인이 유럽에 전한』, 서문당, 1997, 223~224쪽.
52) A. H. 새비지-랜도어, 신복룡·장우영 역주,『고요한 아침의 나라 조선: 한말 외국인 기록 19』, 집문당, 1999, 137~138쪽.
53) 카를로 로제티, 서울학연구소 역,『꼬레아 꼬레아니』, 숲과나무, 1996, 152쪽.
54) 신복룡,「이방인이 본 조선 다시읽기」, 풀빛, 2002, 115~116쪽.
55) 이규태,『한국인의 밥상문화 2: 음식 속 숨은 문화 읽기』, 신원문화사, 2000, 69쪽.
56) 이상근,「노령지역에서의 한인 이주실태」, 한국근현대사연구회 편,『한국근현대연구』, 제2집, 한울, 1995, 145쪽.
57) 노주석,「러 외교문서로 밝혀진 구한말 비사 (3) 러 거주 한인들의 수난과 투쟁사」,『대한매일』, 2002년 5월 16일, 23면.
58) 노주석,「러 외교문서로 밝혀진 구한말 비사 (3) 러 거주 한인들의 수난과 투쟁사」,『대한매일』, 2002년 5월 16일, 23면.
59) 노주석,「러 외교문서로 밝혀진 구한말 비사 (3) 러 거주 한인들의 수난과 투쟁사」,『대한매일』, 2002년 5월 16일, 23면; 정진석,『언론과 한국현대사』, 커뮤니케이션북스, 2001, 246쪽.
60) 윤병석,「조선인의 간도 개척과 조선인 사회」,『한국사 시민강좌』, 제28집, 일조각, 2001, 57~58쪽.
61) 김윤희·이욱·홍준화,『조선의 최후』, 다른세상, 2004, 13쪽; 이사벨라 버드 비숍, 이인화 옮김,『한국과 그 이웃 나라들』, 살림, 1994, 277쪽.
62) 최기영,『한국근대계몽사상연구』, 일조각, 2003, 200쪽.
63) 김구, 도진순 주해,『백범일지』, 돌베개, 2002, 92~93쪽.

64) 김구, 도진순 주해, 『백범일지』, 돌베개, 2002, 93쪽.
65) 김구, 도진순 주해, 『백범일지』, 돌베개, 2002, 96쪽.
66) 손세일, 「[연재] 손세일의 비교 전기/한국 민족주의의 두 유형: 이승만과 김구」, 『월간조선』, 2002년 2월호.
67) 손세일, 「[연재] 손세일의 비교 전기/한국 민족주의의 두 유형: 이승만과 김구」, 『월간조선』, 2002년 2월호.
68) 손세일, 「[연재] 손세일의 비교 전기/한국 민족주의의 두 유형: 이승만과 김구」, 『월간조선』, 2002년 5월호.
69) 김구, 도진순 주해, 『백범일지』, 돌베개, 2002, 120~121쪽.
70) 한국통신 인터넷 홈페이지.
71) 손세일, 「[연재] 손세일의 비교 전기/한국 민족주의의 두 유형: 이승만과 김구」, 『월간조선』, 2002년 5월호.

제2장

1) 한철호, 『친미개화파연구』, 국학자료원, 1998, 176~177면.
2) 최준, 『한국신문사논고』, 일조각, 1995, 72쪽.
3) 한철호, 『친미개화파연구』, 국학자료원, 1998, 120~122쪽.
4) 한철호, 『친미개화파연구』, 국학자료원, 1998, 120~122쪽.
5) 이광린, 『한국개화사상연구』, 일조각, 1995, 176쪽.
6) 이광린, 『한국개화사상연구』, 일조각, 1995, 182쪽.
7) 윤덕한, 『이완용 평전: 애국과 매국의 두 얼굴』, 중심, 1999, 175~176쪽.
8) 김민남 외, 『새로 쓰는 한국언론사』, 아침, 1993, 111쪽.
9) 김민남 외, 『새로 쓰는 한국언론사』, 아침, 1993, 112쪽.
10) 이경철, 「근대문학의 출발점은 독립신문: 한문체제 붕괴 촉진 '한글문화' 시작돼」, 『중앙일보』, 2002년 10월 5일, B6면.
11) 김복수, 「『독립신문』의 경영」, 『언론과 사회』, 96년 겨울, 63~64쪽.
12) 정용화, 『문명의 정치사상: 유길준과 근대 한국』, 문학과지성사, 2004, 375~376쪽.
13) 최덕교 편저, 『한국잡지백년 1』, 현암사, 2004, 44~45쪽.
14) 전인권, 「해제: 『독립신문』의 재해석과 한국의 사회과학」, 서울대 정치학과 독립신문강독회, 『독립신문, 다시읽기: 백년 전 거울로 오늘을 본다』, 푸른역사, 2004, 432쪽.
15) 신용하, 「제10장: 독립신문의 계몽활동」, 『갑오개혁과 독립협회운동의 사회사』, 서울대학교 출판부, 2001, 362~371쪽; 전인권, 「해제: 『독립신문』의 재해석과 한국의 사회과학」, 서울대 정치학과 독립신문강독회, 『독립신문, 다시읽기: 백년 전 거울로 오늘을 본다』, 푸른역사, 2004, 441쪽에서 재인용.
16) 김유원, 『100년 뒤에 다시읽는 독립신문』, 경인문화사, 1999, 13쪽.

17) 김유원, 『100년 뒤에 다시읽는 독립신문』, 경인문화사, 1999, 87~88쪽.
18) 류준필, 「19세기 말 '독립'의 개념과 정치적 동원의 용법: 『독립신문』을 중심으로」, 역사문제연구소, 『역사문제연구 10』, 역사비평사, 2003, 55쪽.
19) 이완재, 『초기개화사상연구』, 민족문화사, 1989, 27쪽에서 재인용.
20) 이광린, 『한국개화사상연구』, 일조각, 1995, 137~138쪽.
21) 이광린, 『한국개화사상연구』, 일조각, 1995, 177~178쪽에서 재인용.
22) 이규태, 「이규태 코너: 서재필 정신」, 『조선일보』, 1994년 4월 5일, 5면.
23) 홍찬기, 「개화기 한국사회의 신문독자에 관한 연구」, 『한국사회와 언론』, 제7호(1996), 106쪽.
24) 박천홍, 『매혹의 질주, 근대의 횡단: 철도로 돌아본 근대의 풍경』, 산처럼, 2003, 131쪽.
25) 박천홍, 『매혹의 질주, 근대의 횡단: 철도로 돌아본 근대의 풍경』, 산처럼, 2003, 132쪽.
26) 김기철, 「"100년 전 독자투고는 대중적 글쓰기의 원류": 정여울씨 "독립신문 투고자, 일반백성이 48.1%"」, 『조선일보』, 2005년 6월 18일, A21면.
27) 김광수, 「독립신문의 광고 분석」, 『언론과 사회』, 1997년 봄, 67쪽.
28) 김광수, 「독립신문의 광고 분석」, 『언론과 사회』, 1997년 봄, 83쪽.
29) 김유원, 『100년 뒤에 다시읽는 독립신문』, 경인문화사, 1999, 84~86쪽.
30) 마정미, 『광고로 읽는 한국 사회문화사』, 개마고원, 2004, 17~19쪽.
31) 김복수, 「『독립신문』의 경영」, 『언론과 사회』, 96년 겨울, 68쪽.
32) 김현수, 「구독료 주로 의존…광고는 전체수입 10% 차지: 독립신문 창간 100돌」, 『한겨레신문』, 1996년 4월 7일, 14면; 김광수, 「독립신문의 광고 분석」, 『언론과 사회』, 1997년 봄, 83쪽.
33) 이중한 외, 『우리 출판 100년』, 현암사, 2001, 33쪽.
34) 채백, 「『독립신문』의 성격에 관한 일연구: 한국 최초의 민간지라는 평가에 대한 재검토를 중심으로」, 『한국사회와 언론 1: '포스트' 시대의 비판언론학』, 한울, 1992, 308쪽.
35) 박기성, 「서재필의 사회철학과 『독립신문』 편집관」, 한국언론학회 2003년 가을철 정기학술대회, 19쪽; 조맹기, 『한국언론인물사상사』, 나남출판, 2006, 32쪽에서 재인용.
36) 김민남 외, 『새로 쓰는 한국언론사』, 아침, 1993, 127~128쪽.
37) 서울대 정치학과 독립신문강독회, 『독립신문, 다시읽기: 백년 전 거울로 오늘을 본다』, 푸른역사, 2004, 306~309쪽.
38) 조맹기, 『한국언론인물사상사』, 나남출판, 2006, 31~33쪽.
39) 공용배, 「논설 분석을 통해서 본 『독립신문』의 역할과 성격」, 『언론과 사회』, 96년 겨울, 94쪽.
40) 박노자, 『우승열패의 신화』, 한겨레신문사, 2005, 317쪽.
41) 이태진 외, 「대한제국 100주년 좌담/고종과 대한제국을 둘러싼 최근 논쟁: 보수회귀인가 역사적 전진인가」, 『역사비평』, 계간37호(1997년 여름), 236쪽.
42) 박노자, 『우승열패의 신화』, 한겨레신문사, 2005, 306~307쪽.
43) 김동택, 「『독립신문』의 근대국가 건설론」, 이화여대 한국문화연구원, 『근대계몽기 지식의 발견과 사유 지평의 확대』, 소명출판, 2006, 216쪽.
44) 오세웅, 『서재필의 개혁운동과 오늘의 과제』, 고려원, 1993, 93쪽.

45) 김숙자, 『대한제국기의 구국민권의식』, 국학자료원, 1998, 22~23쪽.
46) 김숙자, 『대한제국기의 구국민권의식』, 국학자료원, 1998, 27쪽.
47) 김숙자, 『대한제국기의 구국민권의식』, 국학자료원, 1998, 26~27쪽.
48) 조맹기, 『한국언론인물사상사』, 나남출판, 2006, 25쪽.
49) 조맹기, 『한국언론인물사상사』, 나남출판, 2006, 47~48쪽; 서울대 정치학과 독립신문강독회, 『독립신문, 다시읽기: 백년 전 거울로 오늘을 본다』, 푸른역사, 2004, 38~40, 328~333쪽.
50) 앙드레 슈미드, 정여울 옮김, 『제국 그 사이의 한국 1895~1919』, 휴머니스트, 2007, 218쪽.
51) 주진오, 「서재필자서전: 유명인사 회고록 왜곡 심하다」, 『역사비평』, 계간14호(1991년 가을), 301쪽.
52) 고미숙, 「『독립신문』에 나타난 '위생' 담론의 배치」, 이화여대 한국문화연구원, 『근대계몽기 지식 개념의 수용과 그 변용』, 소명출판, 2004, 321쪽.
53) 서울대 정치학과 독립신문강독회, 『독립신문, 다시읽기: 백년 전 거울로 오늘을 본다』, 푸른역사, 2004, 36~37쪽.
54) 박노자, 『우승열패의 신화』, 한겨레신문사, 2005, 276쪽.
55) 박노자, 『나를 배반한 역사』, 인물과사상사, 2003, 51쪽.
56) 박노자, 『나는 폭력의 세기를 고발한다: 박노자의 한국적 근대 만들기』, 인물과사상사, 2005, 38쪽.
57) 박노자, 『나를 배반한 역사』, 인물과사상사, 2003, 51~53쪽.
58) 서울대 정치학과 독립신문강독회, 『독립신문, 다시읽기: 백년 전 거울로 오늘을 본다』, 푸른역사, 2004, 366~368쪽.
59) 박노자, 『나를 배반한 역사』, 인물과사상사, 2003, 323쪽.
60) 권보드래, 「동포와 역사적 감각: 1900~1904년 '동포' 개념의 추이」, 이화여대 한국문화연구원, 『근대계몽기 지식의 발견과 사유 지평의 확대』, 소명출판, 2006, 58~59쪽.
61) 박노자, 『나를 배반한 역사』, 인물과사상사, 2003, 236~237쪽.
62) 박노자·허동현, 『열강의 소용돌이에서 살아남기』, 푸른역사, 2005, 36~37쪽.
63) 채백, 「『독립신문』의 의병 관련 보도」, 『언론과 정보』, 부산대학교 언론정보연구소, 제6호(2000년 2월), 92쪽.
64) 최서영, 『한국의 저널리즘: 120년의 역사와 사상』, 커뮤니케이션북스, 2002, 142쪽.
65) 채백, 「『독립신문』의 의병 관련 보도」, 『언론과 정보』, 부산대학교 언론정보연구소, 제6호(2000년 2월), 72쪽.
66) 윤덕한, 『이완용 평전: 애국과 매국의 두 얼굴』, 중심, 1999, 173~174쪽.
67) 정진석, 「군복입은 군인이 일인에게 매 맞고 독일영사는 외부대신 구타: 신문에 나타난 망국의 조짐들」, 『월간조선』, 2006년 8월, 342쪽.
68) 최덕교 편저, 『한국잡지백년 1』, 현암사, 2004, 38~39쪽.
69) 이덕주, 『조선은 왜 일본의 식민지가 되었는가』, 에디터, 2004, 34~35쪽; 박노자, 『우승열

패의 신화』, 한겨레신문사, 2005, 301쪽.
70) 신용하, 『갑오개혁과 독립협회운동의 사회사』, 서울대학교 출판부, 2001, 373~374쪽.
71) 이태진, 『서울대 이태진 교수의 동경대생들에게 들려준 한국사: 메이지 일본의 한국침략사』, 태학사, 2005, 156쪽.
72) 손세일, 「[연재] 손세일의 비교 전기/한국 민족주의의 두 유형: 이승만과 김구」, 『월간조선』, 2002년 4월호.
73) 이태진, 『고종시대의 재조명』, 태학사, 2000, 35~36쪽.
74) 주진오, 「교과서의 독립협회 서술은 잘못되었다」, 『역사비평』, 계간7호(1989년 겨울), 156쪽.
75) 이만열, 『한국기독교와 민족의식: 한국기독교사연구논고』, 지식산업사, 1991, 17쪽.
76) 박정신, 『한국 기독교사 인식』, 혜안, 2004, 147~148쪽.
77) 최덕교 편저, 『한국잡지백년 1』, 현암사, 2004, 168쪽.
78) 노형석, 「최초 근대잡지 '독립협회보' 아니다?: 차배근 교수, 일본 유학생 '친목회회보' 조명」, 『한겨레』, 2000년 11월 16일, 13면; 김근수, 『한국잡지사연구』, 한국학연구소, 1999, 25쪽.
79) 최덕교 편저, 『한국잡지백년 1』, 현암사, 2004, 28~29, 169쪽.
80) 이강숙·김춘미·민경찬, 『우리 양악 100년』, 현암사, 2001, 35쪽.
81) 노동은, 「애국가 가사는 언제, 누가 만들었나」, 『역사비평』, 계간25호(1994년 여름), 17~18쪽.
82) 황문평, 『한국 대중연예사』, 부루칸모로, 1989, 234쪽.
83) 노동은, 「애국가 가사는 언제, 누가 만들었나」, 『역사비평』, 계간25호(1994년 여름), 19쪽.
84) 앙드레 슈미드, 정여울 옮김, 『제국 그 사이의 한국 1895~1919』, 휴머니스트, 2007, 210쪽.
85) 김숙자, 『대한제국기의 구국민권의식』, 국학자료원, 1998, 22쪽.
86) 김태웅, 『우리 학생들이 나아가누나: 소학교 풍경, 조선 후기에서 3·1운동까지』, 서해문집, 2006, 84~88쪽.
87) 이승원, 『소리가 만들어낸 근대의 풍경』, 살림, 2005, 31~32쪽.
88) 전경옥·변신원·박진석·김은정, 『한국여성문화사: 한국여성근현대사 1 개화기~1945년』, 숙명여자대학교 아시아여성연구소, 2004, 109~110쪽.
89) 천정환, 『끝나지 않는 신드롬: 친일과 반일을 넘어선 식민지 시대 다시 읽기』, 푸른역사, 2005, 88쪽.
90) 요시미 순야, 「국민 의례로서의 운동회」, 요시미 순야 외, 이태문 옮김, 『운동회: 근대의 신체』, 논형, 2007, 24~25쪽.
91) 손세일, 「[연재] 손세일의 비교 전기/한국 민족주의의 두 유형: 이승만과 김구」, 『월간조선』, 2001년 11월호.
92) 허동현, 「수출할 수 있는 것은 소가죽·쌀·머리털·전복껍데기뿐: 사회모습 어땠나」, 『조선일보』, 2004년 3월 19일, A25면.
93) 손세일, 「[연재] 손세일의 비교 전기/한국 민족주의의 두 유형: 이승만과 김구」, 『월간조선』, 2001년 11월호.
94) 손세일, 「[연재] 손세일의 비교 전기/한국 민족주의의 두 유형: 이승만과 김구」, 『월간조선』,

2001년 11월호.
95) 손세일, 「[연재] 손세일의 비교 전기/한국 민족주의의 두 유형: 이승만과 김구」, 『월간조선』, 2001년 11월호; 서정주, 『우남 이승만전』, 화산문화기획, 1995, 99~104쪽.
96) 손세일, 「[연재] 손세일의 비교 전기/한국 민족주의의 두 유형: 이승만과 김구」, 『월간조선』, 2001년 11월호.
97) 손세일, 「[연재] 손세일의 비교 전기/한국 민족주의의 두 유형: 이승만과 김구」, 『월간조선』, 2001년 11월호; 서정주, 『우남 이승만전』, 화산문화기획, 1995, 109쪽.
98) 정병준, 『우남 이승만연구: 한국 근대국가의 형성과 우파의 길』, 역사비평사, 2005, 27~28쪽.
99) 주진오, 「청년기 이승만의 언론·정치활동 해외활동」, 『역사비평』, 계간33호(1996년 여름), 160쪽.
100) 손세일, 「[연재] 손세일의 비교 전기/한국 민족주의의 두 유형: 이승만과 김구」, 『월간조선』, 2001년 11월호.
101) 손세일, 「[연재] 손세일의 비교 전기/한국 민족주의의 두 유형: 이승만과 김구」, 『월간조선』, 2001년 11월호.
102) 손세일, 「[연재] 손세일의 비교 전기/한국 민족주의의 두 유형: 이승만과 김구」, 『월간조선』, 2001년 11월호; 서정주, 『우남 이승만전』, 화산문화기획, 1995, 114쪽.
103) 손세일, 「[연재] 손세일의 비교 전기/한국 민족주의의 두 유형: 이승만과 김구」, 『월간조선』, 2001년 11월호; 유영익, 『이승만의 삶과 꿈』, 중앙일보사, 1996, 28쪽.
104) 김태수, 『꽃가치 피어 매혹케 하라: 신문광고로 본 근대의 풍경』, 황소자리, 2005, 68쪽.
105) 김태수, 『꽃가치 피어 매혹케 하라: 신문광고로 본 근대의 풍경』, 황소자리, 2005, 70~71쪽.
106) 송남헌 외, 우사연구회 엮음, 『몸으로 쓴 통일독립운동사: 우사 김규식 생애와 사상 ③』, 한울, 2000, 21쪽.
107) 손세일, 「[연재] 손세일의 비교 전기/한국 민족주의의 두 유형: 이승만과 김구」, 『월간조선』, 2001년 11월호.
108) 이광린, 『한국개화사상연구』, 일조각, 1995, 118~120쪽; 최준, 『한국신문사』, 일조각, 1987, 62쪽; 손세일, 「[연재] 손세일의 비교 전기/한국 민족주의의 두 유형: 이승만과 김구」, 『월간조선』, 2001년 11월호.
109) 이황직, 『독립협회, 토론공화국을 꿈꾸다: 민주주의 실험 천 일의 기록』, 프로네시스, 2007, 71쪽.
110) 손세일, 「[연재] 손세일의 비교 전기/한국 민족주의의 두 유형: 이승만과 김구」, 『월간조선』, 2001년 11월호; 이한우, 『거대한 생애 이승만 90년 (상)』, 조선일보사, 1995, 41쪽.
111) 손세일, 「[연재] 손세일의 비교 전기/한국 민족주의의 두 유형: 이승만과 김구」, 『월간조선』, 2001년 11월호.
112) 손세일, 「[연재] 손세일의 비교 전기/한국 민족주의의 두 유형: 이승만과 김구」, 『월간조선』, 2001년 11월호.
113) 함태경, 「구한말~일제시대 반봉건 반외세 앞장: 한국학생선교운동의 여명기」, 『국민일보』,

2004년 4월 26일, 36면.
114) 고길섶,「사회운동의 새로운 가로지르기: 공공영역과 공공성의 정치」,『문화과학』, 제23권 (2000년 가을), 44쪽에서 재인용.
115) 손세일,「[연재] 손세일의 비교 전기/한국 민족주의의 두 유형: 이승만과 김구」,『월간조선』, 2001년 11월호.
116) 손세일,「[연재] 손세일의 비교 전기/한국 민족주의의 두 유형: 이승만과 김구」,『월간조선』, 2001년 11월호.
117) 손세일,「[연재] 손세일의 비교 전기/한국 민족주의의 두 유형: 이승만과 김구」,『월간조선』, 2001년 11월호.
118) 강재언,『한국의 근대사상』, 한길사, 1987, 173쪽.
119) 장규식,「민중과 함께 한 조선의 간디: 조만식의 민족운동」, 역사공간, 2007, 28쪽; 이명화, 『근대화의 선각자 최광옥의 삶과 위대한 유산』, 역사공간, 2006, 50쪽.

제3장

1) 노주석,「러 외교문서로 밝혀진 구한말 비사 (9) 고종-니콜라이2세 특별한 관계」,『대한매일』, 2002년 6월 6일, 25면.
2) 노주석,「러 외교문서로 밝혀진 구한말 비사 (8) 군사교육 지원의 전모」,『대한매일』, 2002년 6월 3일, 25면.
3) 노주석,「러 외교문서로 밝혀진 구한말 비사 (9) 고종-니콜라이2세 특별한 관계」,『대한매일』, 2002년 6월 6일, 25면.
4) 노주석,「러 외교문서로 밝혀진 구한말 비사 (8) 군사교육 지원의 전모」,『대한매일』, 2002년 6월 3일, 25면.
5) 노주석,「러 외교문서로 밝혀진 구한말 비사 (8) 군사교육 지원의 전모」,『대한매일』, 2002년 6월 3일, 25면.
6) 김용구,『세계외교사』, 서울대학교 출판부, 2006, 545~546쪽.
7) 송우혜,「"상투 못 자른다" 싸우는 동안 러·日 "38線 분할" 비밀협상」,『조선일보』, 2004년 8월 17일자.
8) 이기백,『한국사신론』, 일조각, 1977, 387쪽.
9) 송우혜,「새 연재소설 4/마지막 황태자」,『신동아』, 1998년 6월호.
10) 이기백,『한국사신론』, 일조각, 1977, 387쪽.
11) 이민원,「고종의 환궁에 관한 연구: 러시아의 군사교관 파한의도와 관련하여」, 한국근현대사연구회 편,『한국근현대사연구』, 제1집, 한울, 1995, 26쪽.
12) 이광린,『한국개화사상연구』, 일조각, 1995, 184쪽.
13) 유영렬,『개화기의 윤치호연구』, 한길사, 1985, 109~110쪽.
14) 신용하,『독립협회연구: 독립신문·독립협회·만민공동회의 사상과 운동』, 일조각, 1996,

55쪽.
15) 최준, 『한국신문사논고』, 일조각, 1995, 75쪽; 김유원, 『100년 뒤에 다시읽는 독립신문』, 경인문화사, 1999, 40쪽.
16) 최준, 『한국신문사』, 일조각, 1987, 58쪽.
17) 이광린, 『한국개화사상연구』, 일조각, 1995, 180~181쪽; 박노자, 『우승열패의 신화』, 한겨레신문사, 2005, 350쪽.
18) 최준, 『한국신문사논고』, 일조각, 1995, 75쪽; 김유원, 『100년 뒤에 다시읽는 독립신문』, 경인문화사, 1999, 40쪽.
19) 신용하, 『갑오개혁과 독립협회운동의 사회사』, 서울대학교 출판부, 2001, 99쪽.
20) 앙드레 슈미드, 정여울 옮김, 『제국 그 사이의 한국 1895~1919』, 휴머니스트, 2007, 197~198쪽.
21) 여규병, 「책갈피속의오늘/1899년 대한국 국제 제정: 대한제국」, 『동아일보』, 2006년 8월 17일, A31면; 이이화, 「고종때 '대한'은 허울이지만 '자주 몸부림' : 국호로 본 조선과 한국의 정체성」, 『경향신문』, 2004년 8월 12일, S5면.
22) 송우혜, 「[운명의 20년] 8. 대한제국 출범: 성대한 즉위식 치르고 황제 된 고종…임금시절보다 더 무기력」, 『조선일보』, 2004년 9월 1일자; 이이화, 「고종때 '대한'은 허울이지만 '자주 몸부림' : 국호로 본 조선과 한국의 정체성」, 『경향신문』, 2004년 8월 12일, S5면; 앙드레 슈미드, 정여울 옮김, 『제국 그 사이의 한국 1895~1919』, 휴머니스트, 2007, 198쪽.
23) 이태진, 『서울대 이태진 교수의 동경대생들에게 들려준 한국사: 메이지 일본의 한국침략사』, 태학사, 2005, 156~157쪽.
24) 송우혜, 「새 연재소설 5/마지막 황태자」, 『신동아』, 1998년 7월호.
25) 송우혜, 「새 연재소설 5/마지막 황태자」, 『신동아』, 1998년 7월호.
26) 송우혜, 「[운명의 20년] 8. 대한제국 출범: 성대한 즉위식 치르고 황제 된 고종…임금시절보다 더 무기력」, 『조선일보』, 2004년 9월 1일자; 여규병, 「책갈피속의오늘/1899년 대한국 국제 제정: 대한제국」, 『동아일보』, 2006년 8월 17일, A31면.
27) 송우혜, 「[운명의 20년] 8. 대한제국 출범: 성대한 즉위식 치르고 황제 된 고종…임금시절보다 더 무기력」, 『조선일보』, 2004년 9월 1일자.
28) 강효상, 「통계로 본 구한말/갑오경장 백주년 통계청 공개」, 『조선일보』, 1994년 7월 29일, 10면.
29) 이민원, 『한국의 황제』, 대원사, 2001, 19쪽.
30) 이정식, 『구한말의 개혁·독립투사 서재필』, 서울대학교 출판부, 2003, 245쪽.
31) 이민원, 『한국의 황제』, 대원사, 2001, 19쪽.
32) 앙드레 슈미드, 정여울 옮김, 『제국 그 사이의 한국 1895~1919』, 휴머니스트, 2007, 203쪽.
33) 이민원, 『한국의 황제』, 대원사, 2001, 19쪽.
34) 송우혜, 「[운명의 20년] 8. 대한제국 출범: 성대한 즉위식 치르고 황제 된 고종…임금시절보다 더 무기력」, 『조선일보』, 2004년 9월 1일자.

35) 이민원, 『한국의 황제』, 대원사, 2001, 25쪽.
36) 이민원, 『한국의 황제』, 대원사, 2001, 25쪽.
37) 정선태, 「근대적 정치운동 또는 국민 발견의 시공간」, 이화여대 한국문화연구원, 『근대계몽기 지식의 발견과 사유 지평의 확대』, 소명출판, 2006, 79~80쪽.
38) 이이화, 「고종때 '대한'은 허울이지만 '자주 몸부림': 국호로 본 조선과 한국의 정체성」, 『경향신문』, 2004년 8월 12일, S5면.
39) 노주석, 「러 외교문서로 밝혀진 구한말 비사 (5) 시베리아철도의 한반도 연결」, 『대한매일』, 2002년 5월 23일, 23면.
40) 노주석, 「러 외교문서로 밝혀진 구한말 비사 (9) 고종-니콜라이2세 특별한 관계」, 『대한매일』, 2002년 6월 6일, 25면.
41) 노주석, 「러 외교문서로 밝혀진 구한말 비사 (9) 고종-니콜라이2세 특별한 관계」, 『대한매일』, 2002년 6월 6일, 25면.
42) 왕현종, 「광무개혁 논쟁」, 『역사비평』, 통권73호(2005년 겨울), 28쪽.
43) 이광린, 『한국개화사상연구』, 일조각, 1995, 184쪽.
44) 강만길, 『분단시대의 역사인식: 강만길 사론집』, 창작과비평사, 1978, 121~126쪽.
45) 신용하, 『한국근대사와 사회변동』, 문학과지성사, 1980, 125쪽.
46) 신용하, 『한국근대사와 사회변동』, 문학과지성사, 1980, 162~164쪽.
47) 전우용, 「'대한제국' 평가논쟁」, 『역사비평』 편집위원회, 『논쟁으로 본 한국사회 100년』, 역사비평사, 2000, 33쪽.
48) 전우용, 「'대한제국' 평가논쟁」, 『역사비평』 편집위원회, 『논쟁으로 본 한국사회 100년』, 역사비평사, 2000, 36쪽.
49) 신동준, 「사림의 붕당정치와 극심한 문치주의가 망국의 근인」, 『월간조선』, 2006년 8월, 368쪽.
50) 한영우, 『명성황후와 대한제국』, 효형출판, 2001, 4쪽.
51) 신형준, 「40년간 사라졌던 환구단 정문을 찾았다: 옛 호텔그린파크 자리에 있어」, 『조선일보』, 2007년 8월 25일자.
52) 강돈구, 「한국 근대종교와 민족주의」, 집문당, 1992, 177쪽.
53) 강돈구, 「한국 기독교는 민족주의적이었나: 한국 초기 기독교와 민족주의」, 『역사비평』, 계간27호(1994년 겨울), 319쪽.
54) 강돈구, 「한국 근대종교와 민족주의」, 집문당, 1992, 182쪽.
55) 노동은, 「애국가 가사는 언제, 누가 만들었나」, 『역사비평』, 계간25호(1994년 여름), 21쪽.
56) 김성호, 「아펜젤러 선교 숨결 간직한 국내 첫 서양식 '하나님의 집': 정동제일교회 '벧엘 예배당'」, 『서울신문』, 2006년 5월 15일, 18면.
57) 김성호, 「아펜젤러 선교 숨결 간직한 국내 첫 서양식 '하나님의 집': 정동제일교회 '벧엘 예배당'」, 『서울신문』, 2006년 5월 15일, 18면.
58) 이덕주, 『한국교회 처음 이야기』, 홍성사, 2006, 137쪽.

59) 이명화, 『근대화의 선각자 최광옥의 삶과 위대한 유산』, 역사공간, 2006, 20쪽.
60) 이명화, 『근대화의 선각자 최광옥의 삶과 위대한 유산』, 역사공간, 2006, 45쪽.
61) 손세일, 「[연재] 손세일의 비교 전기/한국 민족주의의 두 유형: 이승만과 김구」, 『월간조선』, 2002년 9월호.
62) 민경배, 『알렌의 선교와 근대한미외교』, 연세대학교 출판부, 1991, 336쪽.
63) 손세일, 「[연재] 손세일의 비교 전기/한국 민족주의의 두 유형: 이승만과 김구」, 『월간조선』, 2002년 9월호.
64) 손세일, 「[연재] 손세일의 비교 전기/한국 민족주의의 두 유형: 이승만과 김구」, 『월간조선』, 2002년 9월호; 한국기독교역사연구소, 『한국 기독교의 역사 I』, 기독교문사, 1989, 260쪽.
65) 김상태, 「평안도 기독교 세력과 친미엘리트의 형성」, 『역사비평』, 통권45호(1998년 겨울, 177~178쪽.
66) 오태효, 「안중근의 교육사상」, 김호일 편저, 『한국근현대이행기 사회연구』, 신서원, 2000, 651~652쪽.
67) 김성남, 「19세기 말 중국인들의 조선 기행 저술 연구」, 진재교·임경석·이규수 외, 『근대전환기 동아시아 속의 한국』, 성균관대학교 출판부, 2004, 102쪽.
68) 정진석, 『한국언론사』, 나남, 1990, 171~172쪽.
69) 이만열, 「아펜젤러: 한국에 온 첫 선교사」, 『한국사 시민강좌』, 제34집, 일조각, 2004, 12쪽.
70) 이승우, 「개화기의 출판·서적계를 가다: 한말 신문광고에 비친 책방풍속도」, 『출판저널』, 1993년 10월 5일, 8면.
71) 박노자, 『나를 배반한 역사』, 인물과사상사, 2003, 327~328쪽.
72) 최인진, 『한국사진사 1631~1945』, 눈빛, 1999, 284~286쪽.
73) 최준, 『한국신문사』, 일조각, 1987, 97쪽; 한원영, 『한국신문 한세기: 개화기편』, 푸른사상, 2002, 77쪽.
74) 정진석, 『한국언론사』, 나남, 1990, 171~172쪽.
75) 박상표, http://blog.naver.com/inex1/110000411296
76) 박상표, http://blog.naver.com/inex1/110000411296
77) 리용필, 『조선신문 100년사』, 나남, 1993, 52~53쪽; 김민환, 『개화기 민족지의 사회사상』, 나남, 1988, 275~276쪽.
78) 박상표, http://blog.naver.com/inex1/110000411296
79) 박상표, http://blog.naver.com/inex1/110000411296
80) 이승현, 「전화 1882년 청서 김윤식 첫 도입: 정도 600년」, 『세계일보』, 1994년 10월 2일, 20면; 진용옥, 『봉화에서 텔레파시통신까지: 정보와 통신의 원형을 찾아서』, 지성사, 1996, 329~330쪽.
81) A.H. 새비지-랜도어, 신복룡·장우영 역주, 『고요한 아침의 나라 조선: 한말 외국인 기록 19』, 집문당, 1999, 117~118쪽.
82) 한국통신 인터넷 홈페이지.

83) 박성수, 「황제의 침소와 수라상(秘錄 南柯夢:7)」, 『서울신문』, 1998년 4월 8일, 11면.
84) 「'전화 할아버지' 고종과도 통화한 황우찬 옹: "귀뚜라미 소리같아"」, 『조선일보』, 1965년 9월 26일, 3면.
85) 이승현, 「전화 1882년 청서 김윤식 첫 도입: 정도 600년」, 『세계일보』, 1994년 10월 2일, 20면.
86) 진용옥, 『봉화에서 텔레파시통신까지: 정보와 통신의 원형을 찾아서』, 지성사, 1996, 291쪽.
87) 이규태, 「전화폭력」, 『조선일보』, 1989년 3월 15일, 4면.
88) 이승원, 『소리가 만들어낸 근대의 풍경』, 살림, 2005, 80~81쪽.
89) 박성수, 「황제의 침소와 수라상(秘錄 南柯夢:7)」, 『서울신문』, 1998년 4월 8일, 11면.
90) 노주석, 「러 외교문서로 밝혀진 구한말 비사 (5) 시베리아철도의 한반도 연결」, 『대한매일』, 2002년 5월 23일, 23면.
91) 신주백, 「'병합' 전 일본군의 조선주둔」, 『역사비평』, 통권54호(2001년 봄), 409쪽.
92) 류대영, 『개화기 조선과 미국 선교사: 제국주의 침략, 개화자강, 그리고 미국 선교사』, 한국기독교역사연구소, 2004, 64~65쪽.
93) 류대영, 『개화기 조선과 미국 선교사: 제국주의 침략, 개화자강, 그리고 미국 선교사』, 한국기독교역사연구소, 2004, 258쪽.
94) 한기홍, 「고종의 '자강' …노무현의 '자주' …문제는 '현실' : 한반도 1904 vs 2004 (3) 강대국 틈바구니 홀로서기」, 『동아일보』, 2004년 1월 8일, A8면.
95) 손세일, 「[연재] 손세일의 비교 전기/한국 민족주의의 두 유형: 이승만과 김구」, 『월간조선』, 2002년 3월호.
96) 손세일, 「[연재] 손세일의 비교 전기/한국 민족주의의 두 유형: 이승만과 김구」, 『월간조선』, 2002년 3월호.
97) 정혜경, 「1910~1920년대 동경 한인 노동단체」, 한국근현대사연구회 편, 『한국근현대사연구』, 제1집, 한울, 1995, 66쪽.
98) 노주석, 「러 외교문서로 밝혀진 구한말 비사 (5) 시베리아철도의 한반도 연결」, 『대한매일』, 2002년 5월 23일, 23면.
99) 김민환, 『개화기 민족지의 사회사상』, 나남, 1988, 117~118쪽.
100) 안영배, 「1899년 대한제국과 1999년 대한민국/ 어설픈 근대화론이 조선 망쳤고, 서툰 세계화가 국난 불렀다」, 『신동아』, 1999년 3월, 528~545쪽.
101) 김민환, 『개화기 민족지의 사회사상』, 나남, 1988, 117~118쪽.
102) 이정식, 권기붕 옮김, 『초대 대통령 이승만의 청년시절』, 동아일보사, 2002, 62쪽.
103) 이태진, 「식민사관의 덫을 경계해야 한다」, 이태진·김재호 외, 『고종황제 역사청문회』, 푸른역사, 2005, 32쪽.
104) 박성수, 「격동의 대한제국 이면사 비록 남가몽 (28): 기생 송설이와 이용교」, 『서울신문』, 1998년 10월 21일, 11면.
105) 이정식, 『구한말의 개혁·독립투사 서재필』, 서울대학교 출판부, 2003, 154~155쪽.
106) 이정식, 『구한말의 개혁·독립투사 서재필』, 서울대학교 출판부, 2003, 154쪽.

107) 박성수, 「함녕전 화재(비록 남가몽:9)」, 『서울신문』, 1998년 4월 29일, 11면.
108) 이정식, 권기붕 옮김, 『초대 대통령 이승만의 청년시절』, 동아일보사, 2002, 65쪽.

제4장

1) 이광린, 『한국개화사상연구』, 일조각, 1995, 121~123쪽.
2) 손세일, 「[연재] 손세일의 비교 전기/한국 민족주의의 두 유형: 이승만과 김구」, 『월간조선』, 2002년 3월호.
3) 손세일, 「[연재] 손세일의 비교 전기/한국 민족주의의 두 유형: 이승만과 김구」, 『월간조선』, 2002년 3월호.
4) 손세일, 「[연재] 손세일의 비교 전기/한국 민족주의의 두 유형: 이승만과 김구」, 『월간조선』, 2002년 3월호.
5) 최덕교 편저, 『한국잡지백년 1』, 현암사, 2004, 50쪽.
6) 최덕교 편저, 『한국잡지백년 1』, 현암사, 2004, 48쪽.
7) 손세일, 「[연재] 손세일의 비교 전기/한국 민족주의의 두 유형: 이승만과 김구」, 『월간조선』, 2002년 3월호.
8) 신봉승, 『역사 그리고 도전』, 답게, 1998, 38쪽.
9) 노주석, 「러 외교문서로 밝혀진 구한말 비사 (9) 고종-니콜라이2세 특별한 관계」, 『대한매일』, 2002년 6월 6일, 25면.
10) 정일성, 『후쿠자와 유키치: 탈아론을 어떻게 펼쳤는가』, 지식산업사, 2001, 219~220쪽.
11) 이민원, 『한국의 황제』, 대원사, 2001, 82쪽.
12) 임종국, 민족문제연구소 엮음, 『한국인의 생활과 풍속(상)』, 아세아문화사, 1995, 55~56쪽.
13) 이민원, 『한국의 황제』, 대원사, 2001, 82쪽.
14) 김정기, 「대원군 카리스마의 후광과 전봉준의 반응」, 『역사비평』, 통권66호(2004년 봄), 193쪽.
15) 신복룡, 『한국사 새로 보기: 아무도 의심하지 않았던 역사의 진실』, 풀빛, 2001, 188쪽.
16) 김민호, 「'쇄국'의 흥선 대원군은 개혁가였다」, 『국민일보』, 2006년 8월 25일, 20면.
17) 이태진, 『서울대 이태진 교수의 동경대생들에게 들려준 한국사: 메이지 일본의 한국침략사』, 태학사, 2005, 66쪽.
18) 유석재, 「칼로 글로… 누가 명성황후를 두번 죽였나」, 『조선일보』, 2007년 8월 29일자; 이태진, 「역사 소설 속의 명성황후 이미지: 정비석의 역사소설 『민비』의 경우」, 『한국사 시민강좌』, 제41집, 일조각, 2007, 103~140쪽.
19) 이태진, 「한국 근대의 수구 · 개화 구분과 일본 침략주의」, 『한국사 시민강좌』, 제33집, 일조각, 2003, 67~74쪽.
20) 이정식, 『구한말의 개혁 · 독립투사 서재필』, 서울대학교 출판부, 2003, 224쪽.
21) 이태진, 『고종시대의 재조명』, 태학사, 2000, 59~60쪽.
22) 손세일, 「[연재] 손세일의 비교 전기/한국 민족주의의 두 유형: 이승만과 김구」, 『월간조선』,

2002년 4월호.
23) 손세일, 「[연재] 손세일의 비교 전기/한국 민족주의의 두 유형: 이승만과 김구」, 『월간조선』, 2002년 3월호.
24) 고정휴, 「독립운동기 이승만의 외교 노선과 제국주의」, 『역사비평』, 계간31호(1995년 겨울), 167쪽.
25) 송우혜, 「황제까지 불러낸 민중의 힘, '정치깡패' 보부상에 짓밟혀: 만민공동회의 좌절」, 『조선일보』, 2004년 9월 8일, A21면.
26) 손세일, 「[연재] 손세일의 비교 전기/한국 민족주의의 두 유형: 이승만과 김구」, 『월간조선』, 2002년 4월호.
27) 송우혜, 「황제까지 불러낸 민중의 힘, '정치깡패' 보부상에 짓밟혀: 만민공동회의 좌절」, 『조선일보』, 2004년 9월 8일, A21면.
28) 손세일, 「[연재] 손세일의 비교 전기/한국 민족주의의 두 유형: 이승만과 김구」, 『월간조선』, 2002년 4월호.
29) 손세일, 「[연재] 손세일의 비교 전기/한국 민족주의의 두 유형: 이승만과 김구」, 『월간조선』, 2002년 4월호.
30) 전경옥·유숙란·이명실·신희선, 『한국여성정치사회사: 한국여성근현대사 1 개화기~1945년』, 숙명여자대학교 아시아여성연구소, 2004, 174쪽.
31) 손세일, 「[연재] 손세일의 비교 전기/한국 민족주의의 두 유형: 이승만과 김구」, 『월간조선』, 2002년 4월호.
32) 손세일, 「[연재] 손세일의 비교 전기/한국 민족주의의 두 유형: 이승만과 김구」, 『월간조선』, 2002년 4월호.
33) 전인권, 「해제: 『독립신문』의 재해석과 한국의 사회과학」, 서울대 정치학과 독립신문강독회, 『독립신문, 다시읽기: 백년 전 거울로 오늘을 본다』, 푸른역사, 2004, 448~449쪽.
34) 노주석, 「러 외교문서로 밝혀진 구한말 비사 (4) 새로 밝혀진 사실들」, 『대한매일』, 2002년 5월 20일, 17면.
35) 이태진, 『고종시대의 재조명』, 태학사, 2000, 60~61쪽.
36) 노주석, 「러 외교문서로 밝혀진 구한말 비사 (8) 군사교육 지원의 전모」, 『대한매일』, 2002년 6월 3일, 25면.
37) 노주석, 「러 외교문서로 밝혀진 구한말 비사 (9) 고종-니콜라이2세 특별한 관계」, 『대한매일』, 2002년 6월 6일, 25면.
38) 김용구, 『세계외교사』, 서울대학교 출판부, 2006, 547쪽.
39) 송우혜, 「[운명의 20년] 8. 대한제국 출범: 성대한 즉위식 치르고 황제 된 고종…임금시절보다 더 무기력」, 『조선일보』, 2004년 9월 1일자.
40) 노주석, 「러 외교문서로 밝혀진 구한말 비사 (8) 군사교육 지원의 전모」, 『대한매일』, 2002년 6월 3일, 25면.
41) 채백, 「통신매체의 도입과 한국 근대의 사회변화」, 박정규 외, 『한국근대사회의 변화와 언

론』, 한국정신문화연구원, 1995, 154~155, 172쪽.
42) 정진석, 『한국언론사연구』, 일조각, 1995, 381쪽.
43) 손세일, 「[연재] 손세일의 비교 전기/한국 민족주의의 두 유형: 이승만과 김구」, 『월간조선』, 2002년 3월호; 이정식, 권기붕 옮김, 『초대 대통령 이승만의 청년시절』, 동아일보사, 2002, 57~58쪽.
44) 손세일, 「[연재] 손세일의 비교 전기/한국 민족주의의 두 유형: 이승만과 김구」, 『월간조선』, 2002년 3월호.
45) 손세일, 「[연재] 손세일의 비교 전기/한국 민족주의의 두 유형: 이승만과 김구」, 『월간조선』, 2002년 3월호.
46) 손세일, 「[연재] 손세일의 비교 전기/한국 민족주의의 두 유형: 이승만과 김구」, 『월간조선』, 2002년 3월호.
47) 최준, 『한국신문사』, 일조각, 1987, 78쪽에서 재인용.
48) 손세일, 「[연재] 손세일의 비교 전기/한국 민족주의의 두 유형: 이승만과 김구」, 『월간조선』, 2002년 3월호.
49) 조맹기, 『한국 언론사의 이해』, 서강대학교 출판부, 1998, 130쪽.
50) 최서영, 『한국의 저널리즘: 120년의 역사와 사상』, 커뮤니케이션북스, 2002, 121쪽.
51) 손세일, 「[연재] 손세일의 비교 전기/한국 민족주의의 두 유형: 이승만과 김구」, 『월간조선』, 2002년 3월호.
52) 손세일, 「[연재] 손세일의 비교 전기/한국 민족주의의 두 유형: 이승만과 김구」, 『월간조선』, 2002년 3월호.
53) 정선태, 『개화기 신문 논설의 서사 수용 양상』, 소명출판, 1999, 56~57쪽.
54) 최서영, 『한국의 저널리즘: 120년의 역사와 사상』, 커뮤니케이션북스, 2002, 125쪽.
55) 손세일, 「[연재] 손세일의 비교 전기/한국 민족주의의 두 유형: 이승만과 김구」, 『월간조선』, 2002년 4월호; 송우혜, 「황제까지 불러낸 민중의 힘, '정치깡패' 보부상에 짓밟혀: 만민공동회의 좌절」, 『조선일보』, 2004년 9월 8일, A21면.
56) 오세웅, 『서재필의 개혁운동과 오늘의 과제』, 고려원, 1993, 247쪽.
57) 손세일, 「[연재] 손세일의 비교 전기/한국 민족주의의 두 유형: 이승만과 김구」, 『월간조선』, 2002년 4월호.
58) 손세일, 「[연재] 손세일의 비교 전기/한국 민족주의의 두 유형: 이승만과 김구」, 『월간조선』, 2002년 4월호; 이황직, 『독립협회, 토론공화국을 꿈꾸다: 민주주의 실험 천 일의 기록』, 프로네시스, 2007, 130쪽.
59) 오세웅, 『서재필의 개혁운동과 오늘의 과제』, 고려원, 1993, 173쪽.
60) 김을한, 『한국신문사화』, 탐구당, 1975, 27~29쪽.
61) 신용하, 『독립협회연구: 독립신문 · 독립협회 · 만민공동회의 사상과 운동』, 일조각, 1996, 6쪽에서 재인용.
62) 이광린, 『개화기의 인물』, 연세대학교 출판부, 1993, 223쪽.

63) 오세응, 「서재필의 개혁운동과 오늘의 과제」, 고려원, 1993, 247쪽.
64) 려증동, 『고종시대 독립신문』, 형설, 1992.
65) 김영철, 「서재필의 두 얼굴과 객관성」, 『한겨레신문』, 1989년 5월 26일자; 주진오, 「'서재필 신화' 왜곡된 진실들」, 『시사저널』, 1994년 4월 28일, 94~97면.
66) 정진석, 「한국근대언론의 재조명」, 민음사, 1996, 250~251쪽.
67) 려증동, 『고종시대 독립신문』, 형설, 1992, 70쪽.
68) 이정식, 『구한말의 개혁 · 독립투사 서재필』, 서울대학교 출판부, 2003, 64~65쪽.
69) 정진석 외, 『한국근대언론의 재조명』, 민음사, 1996, 187쪽.
70) 정진석 외, 『한국근대언론의 재조명』, 민음사, 1996, 187~189쪽.
71) 김영철, 「서재필의 두 얼굴과 객관성」, 『한겨레신문』, 1989년 5월 26일자; 주진오, 「'서재필 신화' 왜곡된 진실들」, 『시사저널』, 1994년 4월 28일, 94~97면.
72) 주진오, 「교과서의 독립협회 서술은 잘못되었다」, 『역사비평』, 계간7호(1989년 겨울), 155쪽.
73) 신용하, 『독립협회연구: 독립신문 · 독립협회 · 만민공동회의 사상과 운동』, 일조각, 1996, 66쪽.
74) 한철호, 『친미개화파연구』, 국학자료원, 1998, 176~177쪽.
75) 이정식, 『구한말의 개혁 · 독립투사 서재필』, 서울대학교 출판부, 2003, 233쪽.
76) 이정식, 『구한말의 개혁 · 독립투사 서재필』, 서울대학교 출판부, 2003, 235쪽.
77) 김영철, 「서재필의 두 얼굴과 객관성」, 『한겨레신문』, 1989년 5월 26일자; 주진오, 「'서재필 신화' 왜곡된 진실들」, 『시사저널』, 1994년 4월 28일, 94~97면.
78) 정진석 외, 『한국근대언론의 재조명』, 민음사, 1996, 249쪽.
79) 정진석, 『한국근대언론의 재조명』, 민음사, 1996, 250~251쪽.
80) 최진섭, 『한국언론의 미국관』, 살림터, 2000, 147쪽.
81) 손석춘, 『신문읽기의 혁명』, 개마고원, 1997, 168~169쪽.
82) 정진석, 『한국언론사연구』, 일조각, 1995, 348~349쪽.
83) 김민환, 『한국언론사』, 사회비평사, 1996, 156~157쪽.

제5장

1) 손세일, 「[연재] 손세일의 비교 전기/한국 민족주의의 두 유형: 이승만과 김구」, 『월간조선』, 2002년 4월호; 신용하, 『독립협회연구: 독립신문 · 독립협회 · 만민공동회의 사상과 운동』, 일조각, 1996, 363쪽.
2) 전인권, 「해제: 『독립신문』의 재해석과 한국의 사회과학」, 서울대 정치학과 독립신문강독회, 『독립신문, 다시읽기: 백년 전 거울로 오늘을 본다』, 푸른역사, 2004, 448~449쪽.
3) 조재곤, 『한국 근대사회와 보부상』, 혜안, 2001, 182쪽.
4) 김동택, 「『독립신문』의 근대국가 건설론」, 이화여대 한국문화연구원, 『근대계몽기 지식의 발견과 사유 지평의 확대』, 소명출판, 2006, 209쪽.

5) 이태진, 『고종시대의 재조명』, 태학사, 2000, 66~67쪽.
6) 서영희, 「개화파의 근대국가 구상과 그 실천」, 한국사연구회 편, 『근대 국민국가와 민족문제』, 지식산업사, 1995, 297~298쪽.
7) 이욱, 「보부상과 혜상공국·황국협회」, 국사편찬위원회 편, 『거상, 전국 상권을 장악하다』, 두산동아, 2005, 84쪽.
8) 손세일, 「[연재] 손세일의 비교 전기/한국 민족주의의 두 유형: 이승만과 김구」, 『월간조선』, 2002년 4월호.
9) 이욱, 「보부상과 혜상공국·황국협회」, 국사편찬위원회 편, 『거상, 전국 상권을 장악하다』, 두산동아, 2005, 83쪽; 한영우, 『다시 찾는 우리역사 (3) 근대·현대』, 경세원, 2004, 92쪽.
10) 조재곤, 『한국 근대사회와 보부상』, 혜안, 2001, 183쪽.
11) 손세일, 「[연재] 손세일의 비교 전기/한국 민족주의의 두 유형: 이승만과 김구」, 『월간조선』, 2002년 4월호.
12) 오세응, 『서재필의 개혁운동과 오늘의 과제』, 고려원, 1993, 187쪽.
13) 오세응, 『서재필의 개혁운동과 오늘의 과제』, 고려원, 1993, 188쪽.
14) 오세응, 『서재필의 개혁운동과 오늘의 과제』, 고려원, 1993, 182~183쪽.
15) 오세응, 『서재필의 개혁운동과 오늘의 과제』, 고려원, 1993, 183쪽.
16) 오세응, 『서재필의 개혁운동과 오늘의 과제』, 고려원, 1993, 184쪽.
17) 최기영, 『『데국신문』 연구』, 서강대언론문화연구소, 1989, 8, 20쪽.
18) 최기영, 『『데국신문』 연구』, 서강대언론문화연구소, 1989, 72쪽; 안종묵, 「황성신문의 애국계몽운동에 관한 연구」, 한국 외국어대학교 박사학위 논문, 1997년 8월, 18~19쪽.
19) 최준, 『한국신문사』, 일조각, 1987, 97쪽.
20) 최준, 『한국신문사논고』, 일조각, 1995, 299쪽; 정진석, 『한국언론사연구』, 일조각, 1995, 6쪽; 김민환, 『한국언론사』, 사회비평사, 1996, 123쪽; 김유원 외, 『새로 쓰는 한국언론사』, 아침, 1993, 91쪽.
21) 손세일, 「[연재] 손세일의 비교 전기/한국 민족주의의 두 유형: 이승만과 김구」, 『월간조선』, 2002년 3월호.
22) 정진석, 『인물 한국언론사: 한국언론을 움직인 사람들』, 나남, 1995, 68~69쪽.
23) 정진석, 『한국언론사』, 나남, 1990, 185~188쪽.
24) 최서영, 『한국의 저널리즘: 120년의 역사와 사상』, 커뮤니케이션북스, 2002, 163쪽.
25) 손세일, 「[연재] 손세일의 비교 전기/한국 민족주의의 두 유형: 이승만과 김구」, 『월간조선』, 2002년 4월호.
26) 손세일, 「[연재] 손세일의 비교 전기/한국 민족주의의 두 유형: 이승만과 김구」, 『월간조선』, 2002년 4월호.
27) 손세일, 「[연재] 손세일의 비교 전기/한국 민족주의의 두 유형: 이승만과 김구」, 『월간조선』, 2002년 4월호.
28) 최준, 『한국신문사논고』, 일조각, 1995, 68쪽; 최준, 『한국신문사』, 일조각, 1987, 91쪽.

29) 안종묵,「황성신문의 애국계몽운동에 관한 연구」, 한국 외국어대학교 박사학위 논문, 1997년 8월, 13쪽.
30) 손세일,「[연재] 손세일의 비교 전기/한국 민족주의의 두 유형: 이승만과 김구」,『월간조선』, 2002년 3월호.
31) 안종묵,「황성신문의 애국계몽운동에 관한 연구」, 한국 외국어대학교 박사학위 논문, 1997년 8월, 15〜16쪽.
32) 신용하,『독립협회연구: 독립신문 · 독립협회 · 만민공동회의 사상과 운동』, 일조각, 1996, 43쪽.
33) 박노자 · 허동현,『열강의 소용돌이에서 살아남기』, 푸른역사, 2005, 25쪽.
34)『황성신문』, 1909년 11월 9일자 논설; 안종묵,「황성신문 발행진의 정치사회사상에 관한 연구」,『한국언론학보』, 제46-4호(2002년 가을), 236쪽에서 재인용.
35) 이광린,「한국개화사상연구」, 일조각, 1995, 281〜282쪽; 한영우,『한국민족주의역사학』, 일조각, 1994, 53쪽.
36) 채백,「『황성신문』의 경영연구」,『한국언론학보』, 제43-3호(1999년 봄), 382면
37) 채백,「『황성신문』의 경영연구」,『한국언론학보』, 제43-3호(1999년 봄), 380〜381쪽.
38) 정진석,「장지연의 언론활동과 언론사상」, 천관우 외,『위암 장지연의 사상과 활동: 장지연 연구논총』, 민음사, 1993, 523쪽; 한국기독교역사연구소,『한국 기독교의 역사 I』, 기독교문사, 1989, 231쪽.
39) 한국기독교역사연구소,『한국 기독교의 역사 I』, 기독교문사, 1989, 230〜231쪽.
40) 최준,『한국신문사논고』, 일조각, 1995, 69쪽; 최준,『한국신문사』, 일조각, 1987, 103쪽.
41) 안종묵,「황성신문의 애국계몽운동에 관한 연구」, 한국외국어대학교 박사학위 논문, 1997년 8월, 139쪽.
42) 정진석,「장지연의 언론활동과 언론사상」, 천관우 외,『위암 장지연의 사상과 활동: 장지연 연구논총』, 민음사, 1993, 524〜525쪽.
43) 정흥식,『커피의 세계』, 민문사, 1995, 133쪽.
44) http://shi.kaist.ac.kr/2001/lecture/week12/2-2.html
45) 국사편찬위원회,『한국사 44 : 갑오개혁 이후의 사회 · 경제적 변동』, 국사편찬위원회, 2000, 484쪽.
46) http://seoul600.visitseoul.net/seoul-history/sidaesa/txt/5-9-9-1-5.html
47) 이승원,『학교의 탄생: 100년전 학교의 풍경으로 본 근대의 일상』, 휴머니스트, 2005, 217〜221쪽.
48) 이차원,「백년전 이달 : 무슨 일이 있었나 : 생신날 고종황제 코피에 독약 / 김홍륙 일당의『독차사건』발생」,『한국논단』, 1998년 9월호, 115쪽.
49) 이차원,「백년전 이달 : 무슨 일이 있었나 : 생신날 고종황제 코피에 독약 / 김홍륙 일당의『독차사건』발생」,『한국논단』, 1998년 9월호, 115쪽.
50) http://seoul600.visitseoul.net/seoul-history/inmul/johoo/14/3.html

51) 손세일, 「[연재] 손세일의 비교 전기/한국 민족주의의 두 유형: 이승만과 김구」, 『월간조선』, 2002년 4월호.
52) 김려실, 『투사하는 제국 투영하는 식민지: 1901~1945년의 한국영화사를 되짚다』, 삼인, 2006, 22쪽.
53) 김은신, 「호텔 커피숍(이것이 한국 최초)」, 『경향신문』, 1996년 12월 21일, 28면.
54) 김태수, 『꽃가치 피어 매혹케 하라: 신문광고로 본 근대의 풍경』, 황소자리, 2005, 281쪽.
55) 김명배, 문은경 엮음, 『개화기의 영어 이야기』, 국제영어대학원대학교 출판부, 2006, 155쪽.
56) 조이현, 「한옥에서 아파트로」, 한국역사연구회, 『우리는 지난 100년 동안 어떻게 살았을까 1』, 역사비평사, 1998, 189~190쪽; 윤성렬, 『도포입고 ABC 갓쓰고 맨손체조: 신문화의 발상지 배재학당 이야기』, 학민사, 2004, 74쪽.
57) 정운현, 「친일의 군상:11/여자 밀정 배정자(정직한 역사 되찾기)」, 『서울신문』, 1998년 11월 2일, 6면.
58) 정운현, 「친일의 군상:11/여자 밀정 배정자(정직한 역사 되찾기)」, 『서울신문』, 1998년 11월 2일, 6면; 정일성, 『이토 히로부미: 알려지지 않은 이야기들』, 지식산업사, 2002, 284~285쪽.
59) 정운현, 「친일의 군상:11/여자 밀정 배정자(정직한 역사 되찾기)」, 『서울신문』, 1998년 11월 2일, 6면; 정일성, 『이토 히로부미: 알려지지 않은 이야기들』, 지식산업사, 2002, 152~153쪽; 임종국, 『밤의 일제 침략사』, 한빛문화사, 2004, 73쪽.
60) 정운현, 「친일의 군상:11/여자 밀정 배정자(정직한 역사 되찾기)」, 『서울신문』, 1998년 11월 2일, 6면; 신봉승, 『역사 그리고 도전』, 답게, 1998, 88쪽; 나카무라 기쿠오, 강창일 옮김, 『이등박문』, 중심, 2000, 66쪽; 정일성, 『이토 히로부미: 알려지지 않은 이야기들』, 지식산업사, 2002, 280쪽.
61) 김윤희 외, 『조선의 최후』, 다른세상, 2004, 215쪽.
62) 이서구, 「커피의 어제와 오늘」, 『커피와 행복』, 합동통신사, 1973, 11쪽.
63) 동서식품, 『동서식품 20년사』, 동서식품주식회사, 1990, 212쪽.
64) 이규태, 「역사 에세이, 광고 이야기」, 『조선일보』, 1999년 5월 28일, 23면; http://seoul600.visitseoul.net/seoul-history/sidaesa/txt/5-9-9-1-5.html.
65) 손세일, 「[연재] 손세일의 비교 전기/한국 민족주의의 두 유형: 이승만과 김구」, 『월간조선』, 2002년 4월호.
66) 손세일, 「[연재] 손세일의 비교 전기/한국 민족주의의 두 유형: 이승만과 김구」, 『월간조선』, 2002년 4월호.
67) 오세웅, 『서재필의 개혁운동과 오늘의 과제』, 고려원, 1993, 2020쪽; 손세일, 「[연재] 손세일의 비교 전기/한국 민족주의의 두 유형: 이승만과 김구」, 『월간조선』, 2002년 4월호; 전인권, 「해제: 『독립신문』의 재해석과 한국의 사회과학」, 서울대 정치학과 독립신문강독회, 『독립신문, 다시읽기: 백년 전 거울로 오늘을 본다』, 푸른역사, 2004, 449~450쪽.
68) 손세일, 「[연재] 손세일의 비교 전기/한국 민족주의의 두 유형: 이승만과 김구」, 『월간조선』, 2002년 4월호; 조재곤, 『한국 근대사회와 보부상』, 혜안, 2001, 183, 192쪽.

69) 손세일, 「[연재] 손세일의 비교 전기/한국 민족주의의 두 유형: 이승만과 김구」, 『월간조선』, 2002년 4월호.
70) 손세일, 「[연재] 손세일의 비교 전기/한국 민족주의의 두 유형: 이승만과 김구」, 『월간조선』, 2002년 4월호.
71) 손세일, 「[연재] 손세일의 비교 전기/한국 민족주의의 두 유형: 이승만과 김구」, 『월간조선』, 2002년 4월호.
72) 손세일, 「[연재] 손세일의 비교 전기/한국 민족주의의 두 유형: 이승만과 김구」, 『월간조선』, 2002년 4월호.
73) 구자혁, 「장지연의 자강사상」, 천관우 외, 『위암 장지연의 사상과 활동: 장지연 연구논총』, 민음사, 1993, 75~77쪽.
74) 김도형, 『대한제국기의 정치사상연구』, 지식산업사, 1994, 251쪽.
75) 손세일, 「[연재] 손세일의 비교 전기/한국 민족주의의 두 유형: 이승만과 김구」, 『월간조선』, 2002년 4월호.
76) 주진오, 「교과서의 독립협회 서술은 잘못되었다」, 『역사비평』, 계간7호(1989년 겨울), 158~159쪽.
77) 최준, 『한국신문사논고』, 일조각, 1995, 95~96쪽.
78) 정동주, 「"백정차별 철폐하라" 조정에 세차례 탄원: 문화의 새벽 (4) 한국인을 사랑한 사람, 무어 목사」, 『서울신문』, 2004년 1월 12일, 25면.
79) 정동주, 「"백정차별 철폐하라" 조정에 세차례 탄원: 문화의 새벽 (4) 한국인을 사랑한 사람, 무어 목사」, 『서울신문』, 2004년 1월 12일, 25면; 전택부, 『양화진 선교사 열전』, 홍성사, 2005, 133쪽.
80) 정동주, 「"백정차별 철폐하라" 조정에 세차례 탄원: 문화의 새벽 (4) 한국인을 사랑한 사람, 무어 목사」, 『서울신문』, 2004년 1월 12일, 25면.
81) 정동주, 「"백정차별 철폐하라" 조정에 세차례 탄원: 문화의 새벽 (4) 한국인을 사랑한 사람, 무어 목사」, 『서울신문』, 2004년 1월 12일, 25면.
82) 정동주, 「"백정차별 철폐하라" 조정에 세차례 탄원: 문화의 새벽 (4) 한국인을 사랑한 사람, 무어 목사」, 『서울신문』, 2004년 1월 12일, 25면.
83) 전택부, 『양화진 선교사 열전』, 홍성사, 2005, 150~151쪽.
84) 임종국, 민족문제연구소 엮음, 『한국인의 생활과 풍속(하)』, 아세아문화사, 1995, 75~76, 123쪽.
85) 손세일, 「[연재] 손세일의 비교 전기/한국 민족주의의 두 유형: 이승만과 김구」, 『월간조선』, 2002년 4월호.

제6장
1) 이선민, 「처음엔 지지했던 고종… '군주제 폐지' 소문에 돌변」, 『조선일보』, 2004년 9월 8일,

A21면.
2) 손세일, 「[연재] 손세일의 비교 전기/한국 민족주의의 두 유형: 이승만과 김구」, 『월간조선』, 2002년 4월호; 이선민, 「처음엔 지지했던 고종… '군주제 폐지' 소문에 돌변」, 『조선일보』, 2004년 9월 8일, A21면; 전인권, 「해제: 『독립신문』의 재해석과 한국의 사회과학」, 서울대 정치학과 독립신문강독회, 『독립신문, 다시읽기: 백년 전 거울로 오늘을 본다』, 푸른역사, 2004, 450~451쪽; 변태섭, 『한국사통론』, 삼영사, 1998, 409쪽; 이기백, 『한국사신론』, 일조각, 1977, 391쪽.
3) 손세일, 「[연재] 손세일의 비교 전기/한국 민족주의의 두 유형: 이승만과 김구」, 『월간조선』, 2002년 4월호.
4) 이정식, 권기붕 옮김, 『초대 대통령 이승만의 청년시절』, 동아일보사, 2002, 75쪽.
5) 손세일, 「[연재] 손세일의 비교 전기/한국 민족주의의 두 유형: 이승만과 김구」, 『월간조선』, 2002년 4월호.
6) 이승원, 『학교의 탄생: 100년 전 학교의 풍경으로 본 근대의 일상』, 휴머니스트, 2005, 335~336쪽.
7) H. B. 헐버트, 신복룡 역주, 『대한제국멸망사』, 집문당, 1999, 204쪽.
8) 손세일, 「[연재] 손세일의 비교 전기/한국 민족주의의 두 유형: 이승만과 김구」, 『월간조선』, 2002년 4월호.
9) 손세일, 「[연재] 손세일의 비교 전기/한국 민족주의의 두 유형: 이승만과 김구」, 『월간조선』, 2002년 4월호.
10) 이승원, 『학교의 탄생: 100년 전 학교의 풍경으로 본 근대의 일상』, 휴머니스트, 2005, 339쪽.
11) 손세일, 「[연재] 손세일의 비교 전기/한국 민족주의의 두 유형: 이승만과 김구」, 『월간조선』, 2002년 4월호.
12) 손세일, 「[연재] 손세일의 비교 전기/한국 민족주의의 두 유형: 이승만과 김구」, 『월간조선』, 2002년 4월호; 정진석, 『한국언론사연구』, 일조각, 1995, 391~392쪽.
13) 손세일, 「[연재] 손세일의 비교 전기/한국 민족주의의 두 유형: 이승만과 김구」, 『월간조선』, 2002년 4월호.
14) 손세일, 「[연재] 손세일의 비교 전기/한국 민족주의의 두 유형: 이승만과 김구」, 『월간조선』, 2002년 4월호.
15) 조재곤, 『한국 근대사회와 보부상』, 혜안, 2001, 188쪽.
16) 조재곤, 『한국 근대사회와 보부상』, 혜안, 2001, 188~189쪽.
17) 손세일, 「[연재] 손세일의 비교 전기/한국 민족주의의 두 유형: 이승만과 김구」, 『월간조선』, 2002년 4월호; 송우혜, 「황제까지 불러낸 민중의 힘, '정치깡패' 보부상에 짓밟혀: 만민공동회의 좌절」, 『조선일보』, 2004년 9월 8일, A21면.
18) 이정식, 권기붕 옮김, 『초대 대통령 이승만의 청년시절』, 동아일보사, 2002, 72~73쪽.
19) 손세일, 「[연재] 손세일의 비교 전기/한국 민족주의의 두 유형: 이승만과 김구」, 『월간조선』, 2002년 4월호.

20) 손세일, 「[연재] 손세일의 비교 전기/한국 민족주의의 두 유형: 이승만과 김구」, 『월간조선』, 2002년 4월호.
21) 정선태, 「근대적 정치운동 또는 국민 발견의 시공간」, 이화여대 한국문화연구원, 『근대계몽기 지식의 발견과 사유 지평의 확대』, 소명출판, 2006, 113쪽.
22) 이정식, 권기붕 옮김, 『초대 대통령 이승만의 청년시절』, 동아일보사, 2002, 74쪽.
23) 손세일, 「[연재] 손세일의 비교 전기/한국 민족주의의 두 유형: 이승만과 김구」, 『월간조선』, 2002년 4월호.
24) 주진오, 「청년기 이승만의 언론·정치활동 해외활동」, 『역사비평』, 계간33호(1996년 여름), 171~173쪽.
25) 이정식, 권기붕 옮김, 『초대 대통령 이승만의 청년시절』, 동아일보사, 2002, 75~76쪽.
26) 손세일, 「[연재] 손세일의 비교 전기/한국 민족주의의 두 유형: 이승만과 김구」, 『월간조선』, 2002년 4월호; 이태진, 『고종시대의 재조명』, 태학사, 2000, 71쪽.
27) 이태진, 『고종시대의 재조명』, 태학사, 2000, 74쪽.
28) H. B. 헐버트, 신복룡 역주, 『대한제국멸망사』, 집문당, 1999, 205~206쪽.
29) 손세일, 「[연재] 손세일의 비교 전기/한국 민족주의의 두 유형: 이승만과 김구」, 『월간조선』, 2002년 4월호.
30) 신용하, 『갑오개혁과 독립협회운동의 사회사』, 서울대학교 출판부, 2001, 485쪽.
31) 손세일, 「[연재] 손세일의 비교 전기/한국 민족주의의 두 유형: 이승만과 김구」, 『월간조선』, 2002년 4월호.
32) 손세일, 「[연재] 손세일의 비교 전기/한국 민족주의의 두 유형: 이승만과 김구」, 『월간조선』, 2002년 4월호.
33) 손세일, 「[연재] 손세일의 비교 전기/한국 민족주의의 두 유형: 이승만과 김구」, 『월간조선』, 2002년 4월호.
34) 이태진, 『고종시대의 재조명』, 태학사, 2000, 72쪽.
35) 주진오, 「교과서의 독립협회 서술은 잘못되었다」, 『역사비평』, 계간7호(1989년 겨울), 159~160쪽.
36) 손세일, 「[연재] 손세일의 비교 전기/한국 민족주의의 두 유형: 이승만과 김구」, 『월간조선』, 2002년 4월호.
37) 송우혜, 「황제까지 불러낸 민중의 힘, '정치깡패' 보부상에 짓밟혀: 만민공동회의 좌절」, 『조선일보』, 2004년 9월 8일, A21면.
38) 손세일, 「[연재] 손세일의 비교 전기/한국 민족주의의 두 유형: 이승만과 김구」, 『월간조선』, 2002년 4월호; 전인권, 「해제: 『독립신문』의 재해석과 한국의 사회과학」, 서울대 정치학과 독립신문강독회, 『독립신문, 다시읽기: 백년 전 거울로 오늘을 본다』, 푸른역사, 2004, 450~451쪽; 변태섭, 『한국사통론』, 삼영사, 1998, 409쪽; 이기백, 『한국사신론』, 일조각, 1977, 391쪽.
39) 전인권, 「해제: 『독립신문』의 재해석과 한국의 사회과학」, 서울대 정치학과 독립신문강독회,

『독립신문, 다시읽기: 백년 전 거울로 오늘을 본다』, 푸른역사, 2004, 433, 451~452쪽.
40) 이광린, 『한국개화사상연구』, 일조각, 1995, 189~190쪽.
41) 정은령, 「국내 첫 언론통제 법령 '신문지조례' 원안 발견」, 『동아일보』, 2001년 9월 19일, A30면.
42) 박주선, 「한국 최초 언론법 '신문지 조례' 공개: "신문 발행하려면 보증금 내야 한다"」, 『기자협회보』, 2001년 9월 22일, 7면.
43) 정은령, 「국내 첫 언론통제 법령 '신문지조례' 원안 발견」, 『동아일보』, 2001년 9월 19일, A30면.
44) 신용하, 『독립협회연구: 독립신문·독립협회·만민공동회의 사상과 운동』, 일조각, 1996, 516~525쪽.
45) 신용하, 『독립협회연구: 독립신문·독립협회·만민공동회의 사상과 운동』, 일조각, 1996, 525쪽.
46) 정두희, 『유교·전통·변용: 미국의 역사학자들이 보는 한국사의 흐름』, 국학자료원, 2005, 183~184쪽.
47) 강근주, 「[학술] "고종의 근대화 노력 복권돼야": 『고종시대의 재조명』 펴낸 이태진 교수」, 『뉴스메이커』, 2000년 8월 31일, 44~45면.
48) 이태진, 「간행사」, 김대준, 『고종시대의 국가재정연구: 근대적 예산제도 수립과 변천』, 태학사, 2004, 6쪽.
49) 손세일, 「[연재] 손세일의 비교 전기/한국 민족주의의 두 유형: 이승만과 김구」, 『월간조선』, 2002년 4월호.
50) 주진오, 「교과서의 독립협회 서술은 잘못되었다」, 『역사비평』, 계간7호(1989년 겨울), 160쪽.
51) 손세일, 「[연재] 손세일의 비교 전기/한국 민족주의의 두 유형: 이승만과 김구」, 『월간조선』, 2002년 6월호.
52) 고정휴, 「독립운동기 이승만의 외교 노선과 제국주의」, 『역사비평』, 계간31호(1995년 겨울), 132~133쪽.
53) 손세일, 「[연재] 손세일의 비교 전기/한국 민족주의의 두 유형: 이승만과 김구」, 『월간조선』, 2002년 6월호.
54) 이정식, 권기붕 옮김, 『초대 대통령 이승만의 청년시절』, 동아일보사, 2002, 99쪽.
55) 주진오, 「청년기 이승만의 언론·정치활동 해외활동」, 『역사비평』, 계간33호(1996년 여름), 177쪽; 손세일, 「[연재] 손세일의 비교 전기/한국 민족주의의 두 유형: 이승만과 김구」, 『월간조선』, 2002년 6월호.
56) 이달순, 「이승만 정치 연구」, 수원대학교 출판부, 2000, 46쪽.
57) 서영희, 『대한제국 정치사 연구』, 서울대학교 출판부, 2003, 56쪽; 신동준, 「한국사 인물탐험/갑신정변의 주역에서 일본의 귀족된 박영효: '양반 타파'를 외친 철종의 사위 고종 제거-대통령을 꿈꾸다!」, 『월간조선』, 2007년 7월, 505~506쪽; 현광호, 『대한제국의 대외정책』, 신서원, 2002, 49쪽.

58) 서영희, 『대한제국 정치사 연구』, 서울대학교 출판부, 2003, 60쪽; 정병준, 『우남 이승만연구: 한국 근대국가의 형성과 우파의 길』, 역사비평사, 2005, 70쪽.
59) 신동준, 「한국사 인물탐험/갑신정변의 주역에서 일본의 귀족된 박영효: '양반 타파'를 외친 철종의 사위 고종 제거-대통령을 꿈꾸다!」, 『월간조선』, 2007년 7월, 506쪽.
60) 유영렬, 『개화기의 윤치호연구』, 한길사, 1985, 148~149쪽.
61) 양현혜, 『윤치호와 김교신: 근대조선에 있어서 민족적 아이덴티티와 기독교』, 한울, 1994, 제2쇄 1996, 71~74쪽.
62) 유영렬, 『개화기의 윤치호연구』, 한길사, 1985, 152쪽.
63) 유영렬, 『개화기의 윤치호연구』, 한길사, 1985, 234쪽.
64) 유영렬, 『개화기의 윤치호연구』, 한길사, 1985, 177쪽.
65) 유영렬, 『개화기의 윤치호연구』, 한길사, 1985, 176쪽.
66) 유영렬, 『개화기의 윤치호연구』, 한길사, 1985, 178쪽.
67) 유영렬, 『개화기의 윤치호연구』, 한길사, 1985, 170쪽.
68) 신용하, 『독립협회연구: 독립신문·독립협회·만민공동회의 사상과 운동』, 일조각, 1996, 95~97쪽.
69) 이이화, 「영원히 씻을 수 없는 매국노의 오명: 이완용과 송병준」, 역사문제연구소 편, 『인물로 보는 친일파 역사』, 역사비평사, 1993, 69쪽.
70) 윤덕한, 『이완용 평전: 애국과 매국의 두 얼굴』, 중심, 1999, 199~200쪽.
71) 임대식, 「이완용의 변신과정과 재산축적」, 『역사비평』, 계간22호(1993년 가을), 141쪽.
72) 바츨라프 세로셰프스키, 김진영 외 옮김, 『코레야 1903년 가을: 러시아 학자 세로셰프스키의 대한제국 견문록』, 개마고원, 2006, 289~290쪽.
73) 이규태, 『호판댁 나귀는 약과도 싫다하네: 이규태의 개화백경 2』, 조선일보사, 2000, 31~32쪽.
74) 이규태, 『호판댁 나귀는 약과도 싫다하네: 이규태의 개화백경 2』, 조선일보사, 2000, 32쪽.
75) 유영렬, 『개화기의 윤치호연구』, 한길사, 1985, 170쪽.
76) 정용화, 『문명의 정치사상: 유길준과 근대 한국』, 문학과지성사, 2004, 397쪽.
77) 이이화, 「손천민 1857~1900(농민전쟁 1백년/동학인물열전:22)」, 『한겨레』, 1994년 2월 8일, 9면.
78) 이영호, 「[역사비평 기획시리즈]동학과 농민운동의 관계」, 『교수신문』, 2007년 6월 11일자.
79) 이이화, 「손천민 1857~1900(농민전쟁 1백년/동학인물열전:22)」, 『한겨레』, 1994년 2월 8일, 9면; 이영호, 「[역사비평 기획시리즈]동학과 농민운동의 관계」, 『교수신문』, 2007년 6월 11일자; 최기영, 『한국근대계몽사상연구』, 일조각, 2003, 225~226쪽.
80) 이이화, 「홍낙관 1850~?(농민전쟁 1백년/동학 인물열전:17)」, 『한겨레』, 1994년 1월 4일, 9면.
81) 이이화, 「홍낙관 1850~?(농민전쟁 1백년/동학 인물열전:17)」, 『한겨레』, 1994년 1월 4일, 9면.
82) 이영호, 「[역사비평 기획시리즈]동학과 농민운동의 관계」, 『교수신문』, 2007년 6월 11일자.
83) 현광호, 『대한제국의 대외정책』, 신서원, 2002, 48~49쪽.

84) 현광호, 『대한제국의 대외정책』, 신서원, 2002, 49쪽.
85) 이영호, 「농민전쟁 이후 농민운동조직의 동향」, 한국역사연구회, 『1894년 농민전쟁연구 4: 농민전쟁의 전개과정』, 역사비평사, 1991, 187쪽; 윤사순·이광래, 『우리 사상 100년』, 현암사, 2001, 56~57쪽; 신복룡, 『전봉준 평전』, 지식산업사, 1996, 50~51쪽; 신정일, 『한국사, 그 변혁을 꿈꾼 사람들』, 이학사, 2002, 331쪽.
86) 안영배, 「1899년 대한제국과 1999년 대한민국/'어설픈 근대화론이 조선 망쳤고, 서툰 세계화가 국난 불렀다'」, 『신동아』, 1999년 3월, 528~545쪽.
87) 조동일, 『한국문학통사 4: 중세에서 근대로의 이행기문학 제2기, 1860~1918년』, 지식산업사, 2005, 31쪽.
88) 신정일, 『한국사, 그 변혁을 꿈꾼 사람들』, 이학사, 2002, 346쪽.
89) 이이화, 『한국사 이야기 19: 오백년 왕국의 종말』, 한길사, 2003, 289쪽.
90) 김용휘, 『우리 학문으로서의 동학』, 책세상, 2007, 10~11쪽.

제7장

1) 김기천, 「"한성전기, 고종이 단독 출자": 『전기 100년사』 한전서 발간」, 『조선일보』, 1990년 2월 20일, 6면.
2) 부형권, 「책갈피속의오늘/1898년 한성전기회사 설립: 삼천리에 불 밝혀라」, 『동아일보』, 2007년 1월 26일, A28면.
3) 박진희, 「서양과학기술과의 만남」, 국사편찬위원회 편, 『근현대 과학 기술과 삶의 변화』, 두산동아, 2005, 16쪽.
4) 손정목, 「서울 만들기 (11) '서민의 발' 전차」, 『중앙일보』, 2003년 9월 18일, 23면.
5) 박진희, 「서양과학기술과의 만남」, 국사편찬위원회 편, 『근현대 과학 기술과 삶의 변화』, 두산동아, 2005, 17쪽.
6) 노형석, 『모던의 유혹 모던의 눈물: 근대 한국을 거닐다』, 생각의나무, 2004, 156쪽.
7) 이태진, 『서울대 이태진 교수의 동경대생들에게 들려준 한국사: 메이지 일본의 한국침략사』, 태학사, 2005, 25쪽.
8) 김정기, 「자본주의 열강의 이권침탈 연구: 19세기말 20세기초 미·일·러·청의 이권침략 총정리」, 『역사비평』, 계간11호(1990년 겨울), 94쪽.
9) 박진희, 「서양과학기술과의 만남」, 국사편찬위원회 편, 『근현대 과학 기술과 삶의 변화』, 두산동아, 2005, 17~18쪽.
10) 정인경, 「과학기술의 도입, 그 환희와 절망」, 한국역사연구회, 『우리는 지난 100년 동안 어떻게 살았을까 1』, 역사비평사, 1998, 20쪽.
11) 이이화, 「성냥과 석유를 처음 쓰던 시절」, 역사문제연구소 엮음, 『사회사로 보는 우리 역사의 7가지 풍경』, 역사비평사, 1999, 310쪽.
12) F. H. 해링튼, 이광린 역, 『개화기의 한미관계: 알렌박사의 활동을 중심으로』, 일조각, 1973,

200~201쪽.
13) 박천홍, 『매혹의 질주, 근대의 횡단: 철도로 돌아본 근대의 풍경』, 산처럼, 2003, 140~141쪽.
14) 임종국, 민족문제연구소 엮음, 『한국인의 생활과 풍속(상)』, 아세아문화사, 1995, 111쪽.
15) 서정민, 『언더우드가 이야기: 한국과 가장 깊은 인연을 맺은 서양인 가문』, 살림, 2005, 72쪽.
16) 이민원, 『한국의 황제』, 대원사, 2001, 26~27쪽.
17) 이광린, 『한국사강좌 5:근대편』, 일조각, 1997, 444쪽.
18) 여규병, 「책갈피속의오늘/1899년 대한국 국제 제정: 대한제국」, 『동아일보』, 2006년 8월 17일, A31면.
19) 여규병, 「책갈피속의오늘/1899년 대한국 국제 제정: 대한제국」, 『동아일보』, 2006년 8월 17일, A31면.
20) 이태진, 「간행사」, 김대준, 『고종시대의 국가재정연구: 근대적 예산제도 수립과 변천』, 태학사, 2004, 9쪽.
21) 이민원, 『한국의 황제』, 대원사, 2001, 27쪽.
22) 강돈구, 「한국 기독교는 민족주의적이었나: 한국 초기 기독교와 민족주의」, 『역사비평』, 계간27호(1994년 겨울), 319쪽.
23) 강돈구, 「한국 기독교는 민족주의적이었나: 한국 초기 기독교와 민족주의」, 『역사비평』, 계간27호(1994년 겨울), 320쪽.
24) 박천홍, 『매혹의 질주, 근대의 횡단: 철도로 돌아본 근대의 풍경』, 산처럼, 2003, 61~62쪽.
25) 김종면, 「철마는 일제의 밀정?(『매혹의 질주, 근대의 횡단』 서평)」, 『대한매일』, 2003년 5월 28일, 25면.
26) 노형석, 『한국 근대사의 풍경』, 생각의나무, 2006, 17쪽.
27) 정재정, 「근대로 열린 길, 철도」, 『역사비평』, 통권70호(2005년 봄), 222쪽.
28) 김육훈, 『살아있는 한국 근현대사 교과서』, 휴머니스트, 2007, 98쪽.
29) 박천홍, 『매혹의 질주, 근대의 횡단: 철도로 돌아본 근대의 풍경』, 산처럼, 2003, 20~21쪽; 고명섭, 「철마 내달리다 오욕의 근대사(『매혹의 질주, 근대의 횡단』 서평)」, 『한겨레』, 2003년 5월 31일, 23면.
30) 박천홍, 『매혹의 질주, 근대의 횡단: 철도로 돌아본 근대의 풍경』, 산처럼, 2003, 24~25쪽.
31) 조정래, 『아리랑 2: 조정래 대하소설』, 해냄, 2001, 174쪽.
32) 임종국, 민족문제연구소 엮음, 『한국인의 생활과 풍속(상)』, 아세아문화사, 1995, 103쪽.
33) 김명진, 「자동차와 도로망의 발전」, 국사편찬위원회 편, 『근현대 과학 기술과 삶의 변화』, 두산동아, 2005, 247~248쪽.
34) 백성현·이한우, 『파란 눈에 비친 하얀 조선』, 새날, 1999, 126쪽.
35) 이훈범, 「관용 자전거」, 『중앙일보』, 2005년 10월 17일, 31면.
36) 임종국, 민족문제연구소 엮음, 『한국인의 생활과 풍속(상)』, 아세아문화사, 1995, 104~105, 121쪽.
37) 정일성, 『후쿠자와 유키치: 탈아론을 어떻게 펼쳤는가』, 지식산업사, 2001, 85~86쪽; 박천

홍, 『매혹의 질주, 근대의 횡단: 철도로 돌아본 근대의 풍경』, 산처럼, 2003, 183쪽.
38) 임종국, 민족문제연구소 엮음, 『한국인의 생활과 풍속(상)』, 아세아문화사, 1995, 116~117쪽.
39) 이규태, 「무엇이 우리를 한국인이게 만드는가」, 이목, 1992, 358쪽; 이경재, 『청계천은 살아있다: 조선시대 청계천과 그 주변 이야기』, 가람기획, 2002, 68~69쪽.
40) 이규태, 『한국인의 의식구조 1: 한국인은 누구인가?』, 신원문화사, 1983, 302쪽.
41) 최준, 『한국신문사』, 일조각, 1987, 85~86쪽.
42) 한원영, 『한국신문 한세기: 개화기편』, 푸른사상, 2002, 135쪽.
43) 김민환, 『한국언론사』, 사회비평사, 1996, 129~130쪽; 최준, 『한국신문사』, 일조각, 1987, 85쪽.
44) 정진석, 『역사와 언론인』, 커뮤니케이션북스, 2001, 126~127쪽.
45) 최준, 『한국신문사』, 일조각, 1987, 85~86쪽.
46) 이욱, 「보부상과 혜상공국·황국협회」, 국사편찬위원회 편, 『거상, 전국 상권을 장악하다』, 두산동아, 2005, 84쪽; 조재곤, 『한국 근대사회와 보부상』, 혜안, 2001, 191쪽.
47) 이해창, 『한국신문사연구: 자료 중심』, 성문각, 1983, 46쪽; 손세일, 「[연재] 손세일의 비교전기/한국 민족주의의 두 유형: 이승만과 김구」, 『월간조선』, 2002년 3월호.
48) 박은형, 「19세기말 발간 국내 첫 경제지 '상무총보' 발견」, 『한국일보』, 2003년 5월 16일, A10면.
49) 이광린, 『한국개화사상연구』, 일조각, 1995, 193쪽.
50) 최기영, 『『뎨국신문』 연구』, 서강대언론문화연구소, 1989, 37쪽.
51) 최준, 『한국신문사논고』, 일조각, 1995, 44~45쪽.
52) 리용필, 『조선신문 100년사』, 나남, 1993, 52~53쪽.
53) 박성진, 『한말~일제하 사회진화론과 식민지사회사상』, 선인, 2003, 118~119쪽.
54) 앙드레 슈미드, 정여울 옮김, 『제국 그 사이의 한국 1895~1919』, 휴머니스트, 2007, 161쪽.
55) 박노자, 『우승열패의 신화』, 한겨레신문사, 2005, 220~221쪽.
56) 이민희, 「1900년 전후 개화기 신문에 나타난 약소국가 인식 태도 연구」, 방일영문화재단, 『한국언론학술논총 2004』, 커뮤니케이션북스, 2004, 120~121쪽
57) 이규태, 『한국인의 주거문화 1: 우리 땅 우리 건축의 수수께끼』, 신원문화사, 2000, 47쪽
58) 박노자, 『우승열패의 신화』, 한겨레신문사, 2005, 220~221쪽.
59) 현광호, 「유길준과 안중근의 동아시아 인식 비교: 중국과 일본에 대한 상이한 시선」, 『역사비평』, 통권76호(2006년 가을), 38쪽.
60) 앙드레 슈미드, 정여울 옮김, 『제국 그 사이의 한국 1895~1919』, 휴머니스트, 2007, 155쪽.
61) 이애숙, 「여성, 그들의 사랑과 결혼」, 한국역사연구회, 『우리는 지난 100년 동안 어떻게 살았을까 2』, 역사비평사, 1998, 221쪽; 전경옥·유숙란·이명실·신희선, 『한국여성정치사회사: 한국여성근현대사 1 개화기~1945년』, 숙명여자대학교 아시아여성연구소, 2004, 180쪽.
62) 강재언, 정창렬 역, 『한국의 개화사상』, 비봉출판사, 1989, 324쪽.
63) 이애숙, 「여성, 그들의 사랑과 결혼」, 한국역사연구회, 『우리는 지난 100년 동안 어떻게 살

앉을까 2』, 역사비평사, 1998, 222쪽; 강재언, 정창렬 역, 『한국의 개화사상』, 비봉출판사, 1989, 325~327쪽; 이이화, 『한국사 이야기 19: 오백년 왕국의 종말』, 한길사, 2003, 268~270쪽; 전경옥·유숙란·이명실·신희선, 『한국여성정치사회사: 한국여성근현대사 1 개화기~1945년』, 숙명여자대학교 아시아여성연구소, 2004, 182~185쪽.
64) 박성수, 『이야기 독립운동사: 121 가지 사건으로 보는 한국근대사』, 교문사, 1996, 60~61쪽.
65) 신용하, 『독립협회연구: 독립신문·독립협회·만민공동회의 사상과 운동』, 일조각, 1996, 243쪽.
66) 이승원, 『학교의 탄생: 100년전 학교의 풍경으로 본 근대의 일상』, 휴머니스트, 2005, 157쪽.
67) 서울대 정치학과 독립신문강독회, 『독립신문, 다시읽기: 백년 전 거울로 오늘을 본다』, 푸른역사, 2004, 324~326쪽.
68) 신영숙, 「신식 결혼식과 변화하는 결혼 양상」, 국사편찬위원회 편, 『혼인과 연애의 풍속도』, 두산동아, 2005, 202~203쪽.
69) 유영익, 『동학농민봉기와 갑오경장』, 일조각, 1998, 168쪽.
70) 신영숙, 「강제 결혼이 빚어낸 여성 범죄」, 국사편찬위원회 편, 『혼인과 연애의 풍속도』, 두산동아, 2005, 233~234쪽.
71) 이계형, 『고종황제의 마지막 특사: 이준의 구국운동』, 역사공간, 2007, 54쪽.
72) 정수일, 「'장막 속의 조선' 이해하거나 오해하거나: '서양인이 본 조선' 에 대한 기록들」, 『한겨레』, 2005년 4월 26일, 16면.
73) 김현철, 「"야만과 이교도의 땅…통치체제는 부패와 타락의 바다": 외국인 눈에 비친 당시 조선」, 『조선일보』, 2004년 3월 19일, A25면.
74) 신용하, 『독립협회연구: 독립신문·독립협회·만민공동회의 사상과 운동』, 일조각, 1996, 244쪽.
75) 홍성철, 『유곽의 역사』, 페이퍼로드, 2007, 30쪽.
76) 김유원, 『100년 뒤에 다시읽는 독립신문』, 경인문화사, 1999, 550쪽.
77) 김유원, 『100년 뒤에 다시읽는 독립신문』, 경인문화사, 1999, 551~552쪽.
78) 서울대 정치학과 독립신문강독회, 『독립신문, 다시읽기: 백년 전 거울로 오늘을 본다』, 푸른역사, 2004, 34쪽.
79) 전경옥·변신원·박진석·김은정, 『한국여성문화사: 한국여성근현대사 1 개화기~1945년』, 숙명여자대학교 아시아여성연구소, 2004, 195쪽.
80) 최은희, 『여성을 넘어 아낙의 너울을 벗고: 한국 최초의 여기자 추계 최은희의 개화여성열전』, 문이재, 2003, 70, 80쪽.
81) 이이화, 『한국사 이야기 19: 오백년 왕국의 종말』, 한길사, 2003, 317쪽; 이이화, 「영원히 씻을 수 없는 매국노의 오명: 이완용과 송병준」, 역사문제연구소 편, 『인물로 보는 친일파 역사』, 역사비평사, 1993, 71쪽.
82) 이임하, 「'광기에 찬' 여성들: 1950년대 간통쌍벌죄 법정에 몰려든 여성들의 소동」, 이상록·이유재 엮음, 『일상사로 보는 한국근현대사』, 책과함께, 2006, 267~268쪽.

83) 신영숙, 「자유연애, 자유결혼, 그 이상과 현실」, 국사편찬위원회 편, 『혼인과 연애의 풍속도』, 두산동아, 2005, 220쪽.
84) 신영숙, 「자유연애, 자유결혼, 그 이상과 현실」, 국사편찬위원회 편, 『혼인과 연애의 풍속도』, 두산동아, 2005, 224쪽.
85) 이상록·이유재 엮음, 『일상사로 보는 한국근현대사』, 책과함께, 2006, 171쪽.
86) 신복룡, 『한국사 새로 보기: 아무도 의심하지 않았던 역사의 진실』, 풀빛, 2001, 265쪽.
87) 앙드레 슈미드, 정여울 옮김, 『제국 그 사이의 한국 1895~1919』, 휴머니스트, 2007, 274쪽.
88) 이승렬, 『제국과 상인: 서울·개성·인천 지역 자본가들과 한국 부르주아의 기원, 1896~1945』, 역사비평사, 2007, 81쪽; 이규태, 『무엇이 우리를 한국인이게 만드는가』, 이목, 1992, 173쪽.
89) 김태웅, 『뿌리깊은 한국사 샘이깊은 이야기 6: 근대』, 솔, 2003, 174쪽; 주섭일, 『프랑스혁명과 한말변혁운동 I』, 일월서각, 1987, 211쪽; 강만길, 『고쳐쓴 한국근대사』, 창작과비평사, 1994, 258쪽.
90) 조재곤, 『한국 근대사회와 보부상』, 혜안, 2001, 231~232쪽.
91) 권석천, 「고종이 1899년 대한천일은행 설립 주도했다: 은행 100년사…일(日)맞서 민족자본 육성」, 『경향신문』, 2004년 4월 26일, 23면.
92) 김재호, 「대한제국에는 황제만 산다」, 이태진·김재호 외, 『고종황제 역사청문회』, 푸른역사, 2005, 39쪽.
93) 이태진, 「대한제국 근대화 성과, 경제 지표로도 읽힌다」, 이태진·김재호 외, 『고종황제 역사청문회』, 푸른역사, 2005, 69쪽.
94) 권석천, 「고종이 1899년 대한천일은행 설립 주도했다: 은행 100년사…일(日)맞서 민족자본 육성」, 『경향신문』, 2004년 4월 26일, 23면.
95) 이승렬, 「한말 자본가계급의 형성과 동아시아 국제관계: 근대이행의 한국적 경로에 대한 일고」, 『역사비평』, 통권76호(2006년 가을), 349쪽.
96) 김태웅, 『뿌리깊은 한국사 샘이깊은 이야기 6: 근대』, 솔, 2003, 164쪽.
97) 황선희, 『한국근대사상과 민족운동 I: 동학·천도교편』, 혜안, 1996, 19~20쪽.
98) 김호일, 『다시 쓴 한국 개항 전후사』, 중앙대학교 출판부, 2004, 287쪽.
99) 강만길 엮음, 『한국 자본주의의 역사: 빼앗긴 들에 서다』, 역사비평사, 2000, 56~57쪽.
100) 이윤상, 「대한제국의 경제정책과 재정상황」, 한영우 외, 『대한제국은 근대국가인가』, 푸른역사, 2006, 110~111쪽.
101) 김근배, 『한국 근대 과학기술인력의 출현』, 문학과지성사, 2005, 39~42쪽.
102) 강만길, 『분단시대의 역사인식: 강만길 사론집』, 창작과비평사, 1978, 121~122쪽.
103) 고동환, 「근대화논쟁」, 『한국사 시민강좌』, 제20집, 일조각, 1997, 207~208쪽.

제8장

1) 강성학,『시베리아 횡단열차와 사무라이: 러일전쟁의 외교와 군사전략』, 고려대학교 출판부, 1999, 214~215쪽.
2) 이상익,『서구의 충격과 근대 한국사상』, 한울아카데미, 1997, 35쪽.
3) 정일성,『후쿠자와 유키치: 탈아론을 어떻게 펼쳤는가』, 지식산업사, 2001, 224~226쪽; 최문형,『국제관계로 본 러일전쟁과 일본의 한국병합』, 지식산업사, 2004, 109쪽; 이광린,『한국사강좌 5:근대편』, 일조각, 1997, 460쪽; 강성학,『시베리아 횡단열차와 사무라이: 러일전쟁의 외교와 군사전략』, 고려대학교 출판부, 1999, 216쪽; 이상익,『서구의 충격과 근대 한국사상』, 한울아카데미, 1997, 36쪽.
4) 강성학,『시베리아 횡단열차와 사무라이: 러일전쟁의 외교와 군사전략』, 고려대학교 출판부, 1999, 217쪽.
5) 김용구,『세계외교사』, 서울대학교 출판부, 2006, 363쪽.
6) 류대영,『개화기 조선과 미국 선교사: 제국주의 침략, 개화자강, 그리고 미국 선교사』, 한국기독교역사연구소, 2004, 308쪽.
7) 앙드레 슈미드, 정여울 옮김,『제국 그 사이의 한국 1895~1919』, 휴머니스트, 2007, 163쪽.
8) 배항섭,「활빈당-의적에서 의병으로」,『역사비평』, 계간17호(1992년 여름), 344~346쪽.
9) 이영춘,「의적인가, 화적인가?: 활빈당」, 고성훈 외,『민란의 시대: 조선시대의 민란과 변란들』, 가람기획, 2000, 249~250쪽.
10) 이영춘,「의적인가, 화적인가?: 활빈당」, 고성훈 외,『민란의 시대: 조선시대의 민란과 변란들』, 가람기획, 2000, 253쪽.
11) 김호일,『다시 쓴 한국 개항 전후사』, 중앙대학교 출판부, 2004, 252쪽.
12) 박명규,「한국 근대국가 형성과 농민」, 문학과지성사, 1997, 280쪽; 강재언,『한국의 근대사상』, 한길사, 1987, 200~201쪽.
13) 이영춘,「의적인가, 화적인가?: 활빈당」, 고성훈 외,『민란의 시대: 조선시대의 민란과 변란들』, 가람기획, 2000, 258쪽.
14) 이영춘,「의적인가, 화적인가?: 활빈당」, 고성훈 외,『민란의 시대: 조선시대의 민란과 변란들』, 가람기획, 2000, 258~259쪽.
15) 이영춘,「의적인가, 화적인가?: 활빈당」, 고성훈 외,『민란의 시대: 조선시대의 민란과 변란들』, 가람기획, 2000, 263쪽.
16) 배항섭,「활빈당-의적에서 의병으로」,『역사비평』, 계간17호(1992년 여름), 347쪽.
17) 강재언,『한국의 근대사상』, 한길사, 1987, 202쪽.
18) 강창일,「일본 대륙낭인의 한반도 침략: 일본우익의 대아시아주의에 대한 이해를 위하여」,『역사비평』, 계간28호(1995년 봄), 199쪽.
19) 강창일,「근대 일본의 조선침략과 대아시아주의: 우익 낭인의 행동과 사상을 중심으로」, 역사비평사, 2002, 146쪽.
20) 한상일,『아시아 연대와 일본제국주의: 대륙낭인과 대륙팽창』, 오름, 2002, 106쪽.

21) 정일성, 『이토 히로부미: 알려지지 않은 이야기들』, 지식산업사, 2002, 98~99쪽.
22) 노주석, 「러 외교문서로 밝혀진 구한말 비사 (9) 고종-니콜라이2세 특별한 관계」, 『대한매일』, 2002년 6월 6일, 25면.
23) 고미숙, 「『황성신문』에 나타난 '위생' 개념의 담론적 배치」, 이화여대 한국문화연구원, 『근대계몽기 지식의 발견과 사유 지평의 확대』, 소명출판, 2006, 228~229쪽.
24) 김경태, 『한국근대경제사연구: 개항기의 미곡무역·방곡·상권문제』, 창작과비평사, 1994, 244쪽.
25) 이규태, 「이규태 코너: 쌀 파동사」, 『조선일보』, 1993년 12월12일, 5면.
26) 이봉현, 「"쌀 팔아 키웠더니 수입앞장" 관료에 화살: 쌀 시위현장 구호도 다양」, 『한겨레』, 1993년 12월 12일, 15면.
27) 강만길 엮음, 『한국 자본주의의 역사: 빼앗긴 들에 서다』, 역사비평사, 2000, 57쪽.
28) 김윤희·이욱·홍준화, 『조선의 최후』, 다른세상, 2004, 269쪽.
29) 이태진, 「대한제국 근대화 성과, 경제 지표로도 읽힌다」, 이태진·김재호 외, 『고종황제 역사청문회』, 푸른역사, 2005, 69쪽.
30) 서영희, 「일제의 폭력과 수탈 잊었는가」, 이태진·김재호 외, 『고종황제 역사청문회』, 푸른역사, 2005, 160쪽.
31) 한영우, 「대한제국을 어떻게 볼 것인가」, 한영우 외, 『대한제국은 근대국가인가』, 푸른역사, 2006, 48~49쪽.
32) 한영우, 「대한제국을 어떻게 볼 것인가」, 한영우 외, 『대한제국은 근대국가인가』, 푸른역사, 2006, 49~50쪽.
33) 강만길 엮음, 『한국 자본주의의 역사: 빼앗긴 들에 서다』, 역사비평사, 2000, 59쪽.
34) 정진석, 『인물 한국언론사: 한국언론을 움직인 사람들』, 나남, 1995, 69~70쪽; 최기영, 『『뎨국신문』 연구』, 서강대언론문화연구소, 1989, 46쪽.
35) 손세일, 「[연재] 손세일의 비교 전기/한국 민족주의의 두 유형: 이승만과 김구」, 『월간조선』, 2002년 6월호.
36) 주진오, 「청년기 이승만의 언론·정치활동 해외활동」, 『역사비평』, 계간33호(1996년 여름), 180쪽.
37) 이덕주, 『초기한국기독교사연구』, 한국기독교역사연구소, 1995, 145쪽.
38) 정병준, 『우남 이승만연구: 한국 근대국가의 형성과 우파의 길』, 역사비평사, 2005, 75~76쪽.
39) 이정식, 권기붕 옮김, 『초대 대통령 이승만의 청년시절』, 동아일보사, 2002, 104쪽.
40) 손세일, 「[연재] 손세일의 비교 전기/한국 민족주의의 두 유형: 이승만과 김구」, 『월간조선』, 2002년 6월호; 이광린, 『개화기의 인물』, 연세대학교 출판부, 1993, 264쪽.
41) 손세일, 「[연재] 손세일의 비교 전기/한국 민족주의의 두 유형: 이승만과 김구」, 『월간조선』, 2002년 7월호.
42) 손세일, 「[연재] 손세일의 비교 전기/한국 민족주의의 두 유형: 이승만과 김구」, 『월간조선』, 2002년 7월호; 유영익, 『젊은 날의 이승만: 한성감옥생활(1899~1904)과 옥중잡기 연구』,

연세대학교 출판부, 2002, 74~75쪽.
43) 손세일, 「[연재] 손세일의 비교 전기/한국 민족주의의 두 유형: 이승만과 김구」, 『월간조선』, 2002년 7월호; 유영익, 『젊은 날의 이승만: 한성감옥생활(1899~1904)과 옥중잡기 연구』, 연세대학교 출판부, 2002, 75~77쪽.
44) 유주희, 「반봉건·반외세 항쟁 제주민란: 방성칠과 이재수의 난」, 고성훈 외, 『민란의 시대: 조선시대의 민란과 변란들』, 가람기획, 2000, 328~331쪽.
45) 유주희, 「반봉건·반외세 항쟁 제주민란: 방성칠과 이재수의 난」, 고성훈 외, 『민란의 시대: 조선시대의 민란과 변란들』, 가람기획, 2000, 331~334쪽.
46) 유주희, 「반봉건·반외세 항쟁 제주민란: 방성칠과 이재수의 난」, 고성훈 외, 『민란의 시대: 조선시대의 민란과 변란들』, 가람기획, 2000, 336쪽.
47) 유주희, 「반봉건·반외세 항쟁 제주민란: 방성칠과 이재수의 난」, 고성훈 외, 『민란의 시대: 조선시대의 민란과 변란들』, 가람기획, 2000, 337쪽; 이대현, 「[영화마을] 이재수에 짓눌린 '이재수의 난'」, 『한국일보』, 1999년 6월 4일, 30면.
48) 이무경, 「'이재수의 난' 도화선 찾았다: 구한말 제주도 대표적 천주교 박해사건」, 『경향신문』, 2003년 5월 2일, 14면.
49) 유주희, 「반봉건·반외세 항쟁 제주민란: 방성칠과 이재수의 난」, 고성훈 외, 『민란의 시대: 조선시대의 민란과 변란들』, 가람기획, 2000, 337쪽; 강창일, 「[영화] 〈이재수의 난〉 속의 진실」, 『동아일보』, 1999년 6월 11일, 13면; 프레데릭 블레스텍스, 이향·김정연 옮김, 『착한 미개인 동양의 현자』, 청년사, 2001, 196쪽; 이무경, 「'이재수의 난' 도화선 찾았다: 구한말 제주도 대표적 천주교 박해사건」, 『경향신문』, 2003년 5월 2일, 14면.
50) 유주희, 「반봉건·반외세 항쟁 제주민란: 방성칠과 이재수의 난」, 고성훈 외, 『민란의 시대: 조선시대의 민란과 변란들』, 가람기획, 2000, 338쪽.
51) 유주희, 「반봉건·반외세 항쟁 제주민란: 방성칠과 이재수의 난」, 고성훈 외, 『민란의 시대: 조선시대의 민란과 변란들』, 가람기획, 2000, 339쪽; 조재곤, 『한국 근대사회와 보부상』, 혜안, 2001, 224쪽.
52) 유주희, 「반봉건·반외세 항쟁 제주민란: 방성칠과 이재수의 난」, 고성훈 외, 『민란의 시대: 조선시대의 민란과 변란들』, 가람기획, 2000, 339~340쪽.
53) 유주희, 「반봉건·반외세 항쟁 제주민란: 방성칠과 이재수의 난」, 고성훈 외, 『민란의 시대: 조선시대의 민란과 변란들』, 가람기획, 2000, 340쪽.
54) 유주희, 「반봉건·반외세 항쟁 제주민란: 방성칠과 이재수의 난」, 고성훈 외, 『민란의 시대: 조선시대의 민란과 변란들』, 가람기획, 2000, 340쪽.
55) 유주희, 「반봉건·반외세 항쟁 제주민란: 방성칠과 이재수의 난」, 고성훈 외, 『민란의 시대: 조선시대의 민란과 변란들』, 가람기획, 2000, 340~341쪽.
56) 유주희, 「반봉건·반외세 항쟁 제주민란: 방성칠과 이재수의 난」, 고성훈 외, 『민란의 시대: 조선시대의 민란과 변란들』, 가람기획, 2000, 342쪽.
57) 신복룡, 『이방인이 본 조선 다시읽기』, 풀빛, 2002, 220쪽.

58) 유주희,「반봉건·반외세 항쟁 제주민란: 방성칠과 이재수의 난」, 고성훈 외,『민란의 시대: 조선시대의 민란과 변란들』, 가람기획, 2000, 343~344쪽.
59) 유주희,「반봉건·반외세 항쟁 제주민란: 방성칠과 이재수의 난」, 고성훈 외,『민란의 시대: 조선시대의 민란과 변란들』, 가람기획, 2000, 344쪽.
60) 유주희,「반봉건·반외세 항쟁 제주민란: 방성칠과 이재수의 난」, 고성훈 외,『민란의 시대: 조선시대의 민란과 변란들』, 가람기획, 2000, 344쪽.
61) 이이화,『한국사 이야기 19: 오백년 왕국의 종말』, 한길사, 2003, 155쪽; 강창일,「[영화] 〈이재수의 난〉 속의 진실」,『동아일보』, 1999년 6월 11일, 13면.
62) 마태운,「'민초들의 피울음' 구한말 시대상/이재수의 난」,『문화일보』, 1999년 6월 4일, 17면.
63) 이대현,「[영화마을] 이재수에 짓눌린 '이재수의 난'」,『한국일보』, 1999년 6월 4일, 30면.
64) 강창일,「[영화] 〈이재수의 난〉 속의 진실」,『동아일보』, 1999년 6월 11일, 13면.
65) 박찬식,「'이재수의 난': 사실성과 상징성 사이의 표류」,『역사비평』, 통권48호(1999년 가을), 378~379쪽.
66) 박찬식,「'이재수의 난': 사실성과 상징성 사이의 표류」,『역사비평』, 통권48호(1999년 가을), 379쪽.
67) 이무경,「'이재수의 난' 도화선 찾았다: 구한말 제주도 대표적 천주교 박해사건」,『경향신문』, 2003년 5월 2일, 14면.
68) 이무경,「'이재수의 난' 도화선 찾았다: 구한말 제주도 대표적 천주교 박해사건」,『경향신문』, 2003년 5월 2일, 14면.
69) 이무경,「'이재수의 난' 도화선 찾았다: 구한말 제주도 대표적 천주교 박해사건」,『경향신문』, 2003년 5월 2일, 14면.
70) 이길상,「제국주의 문화침략과 한국교육의 대미종속화」,『역사비평』, 계간18호(1992년 가을), 111쪽.
71) 류대영,『초기 미국선교사 연구』, 한국기독교역사연구소, 2001, 77쪽.
72) 류대영,『초기 미국선교사 연구』, 한국기독교역사연구소, 2001, 78쪽.
73) 주진오,「미국제국주의의 조선침략과 친미파」,『역사비평』, 계간3호(1988년 겨울), 75쪽.
74) 조현범,『문명과 야만: 타자의 시선으로 본 19세기 조선』, 책세상, 2002, 121쪽.
75) F. H. 해링튼, 이광린 역,『개화기의 한미관계: 알렌 박사의 활동을 중심으로』, 일조각, 1973, 205쪽.
76) 한국기독교역사연구소,『한국 기독교의 역사 I』, 기독교문사, 1989, 344쪽.
77) F. H. 해링튼, 이광린 역,『개화기의 한미관계: 알렌 박사의 활동을 중심으로』, 일조각, 1973, 122쪽.
78) 한국기독교역사연구소,『한국 기독교의 역사 I』, 기독교문사, 1989, 232쪽.
79) 한국기독교역사연구소,『한국 기독교의 역사 I』, 기독교문사, 1989, 232쪽.
80) 한국기독교역사연구소,『한국 기독교의 역사 I』, 기독교문사, 1989, 233쪽; F. H. 해링튼, 이광린 역,『개화기의 한미관계: 알렌 박사의 활동을 중심으로』, 일조각, 1973, 123~124쪽.

81) 한국기독교역사연구소, 『한국 기독교의 역사 I』, 기독교문사, 1989, 233쪽.
82) F. H. 해링튼, 이광린 역, 『개화기의 한미관계: 알렌 박사의 활동을 중심으로』, 일조각, 1973, 123쪽.
83) 한국기독교역사연구소, 『한국 기독교의 역사 I』, 기독교문사, 1989, 233~234쪽.
84) 한국기독교역사연구소, 『한국 기독교의 역사 I』, 기독교문사, 1989, 234쪽.
85) 한국기독교역사연구소, 『한국 기독교의 역사 I』, 기독교문사, 1989, 234~235쪽.
86) 한국기독교역사연구소, 『한국 기독교의 역사 I』, 기독교문사, 1989, 234~236쪽.
87) 한국기독교역사연구소, 『한국 기독교의 역사 I』, 기독교문사, 1989, 236쪽.
88) 이만열, 『한국기독교와 민족의식: 한국기독교사연구논고』, 지식산업사, 1991, 443쪽.
89) 이만열, 『한국기독교와 민족의식: 한국기독교사연구논고』, 지식산업사, 1991, 417쪽.
90) 이만열, 『한국기독교와 민족의식: 한국기독교사연구논고』, 지식산업사, 1991, 420~434쪽.
91) 이만열, 『한국기독교와 민족의식: 한국기독교사연구논고』, 지식산업사, 1991, 433쪽.
92) 정진석, 「군복입은 군인이 일인에게 매 맞고 독일영사는 외부대신 구타: 신문에 나타난 망국의 조짐들」, 『월간조선』, 2006년 8월, 348쪽.
93) 정진석, 「군복입은 군인이 일인에게 매 맞고 독일영사는 외부대신 구타: 신문에 나타난 망국의 조짐들」, 『월간조선』, 2006년 8월, 344쪽.

제9장
1) 이정식, 권기붕 옮김, 『초대 대통령 이승만의 청년시절』, 동아일보사, 2002, 143~144쪽.
2) 이정식, 권기붕 옮김, 『초대 대통령 이승만의 청년시절』, 동아일보사, 2002, 143쪽.
3) 유의영, 「아메리카-풍요를 좇아 산 고난의 90년: 해외동포 이민애사, 그 유랑의 세월」, 『역사비평』, 계간14호(1991년 가을), 233쪽; 손세일, 「연재: 손세일의 비교 전기/ 한국 민족주의의 두 유형: 이승만과 김구」, 『월간조선』, 2002년 10월호; 한윤정, 「다시 쓰는 한반도 100년 (9) 하와이 이민과 한 · 일 갈등」, 『경향신문』, 2001년 10월 13일, 7면; 원준상, 『한국의 세계화와 미국 이민사』, 삶과꿈, 1997, 145쪽.
4) 한윤정, 「다시 쓰는 한반도 100년 (9) 하와이 이민과 한 · 일 갈등」, 『경향신문』, 2001년 10월 13일, 7면.
5) 이덕주, 『한국교회 처음 이야기』, 홍성사, 2006, 249~250쪽.
6) 조정래, 『아리랑 1: 조정래 대하소설』, 해냄, 2001, 141쪽.
7) 방선주, 「한국인의 미국 이주: 그 애환의 역사와 전망」, 『한국사 시민강좌』, 제28집, 일조각, 2001, 92쪽.
8) 한윤정, 「다시 쓰는 한반도 100년 (9) 하와이 이민과 한 · 일 갈등」, 『경향신문』, 2001년 10월 13일, 7면.
9) 원준상, 『한국의 세계화와 미국 이민사』, 삶과꿈, 1997, 53쪽.
10) 한윤정, 「다시 쓰는 한반도 100년 (9) 하와이 이민과 한 · 일 갈등」, 『경향신문』, 2001년 10월

13일, 7면.
11) 원준상, 『한국의 세계화와 미국 이민사』, 삶과꿈, 1997, 54~56쪽.
12) 김종하, 「하와이 이민노동자 모집 광고지 원본 LA서 발굴: 1903년 한국서 발행」, 『한국일보』, 2002년 10월 8일, 25면.
13) 유의영, 「아메리카—풍요를 좇아 산 고난의 90년: 해외동포 이민애사, 그 유랑의 세월」, 『역사비평』, 계간14호(1991년 가을), 234쪽.
14) 유의영, 「아메리카—풍요를 좇아 산 고난의 90년: 해외동포 이민애사, 그 유랑의 세월」, 『역사비평』, 계간14호(1991년 가을), 231~233쪽.
15) 박원식, 「"1887년 미 광부이민 흔적 찾아냈죠": 미(美)이민 100주년 기념사업회 서동성·최용씨」, 『한국일보』, 2002년 11월 16일, 23면.
16) 전승훈, 「책갈피 속의 오늘: 1897년 서울 첫 석유가로등 설치」, 『동아일보』, 2007년 7월 27일.
17) 박진희, 「서양과학기술과의 만남」, 국사편찬위원회 편, 『근현대과학기술과 삶의 변화』, 두산동아, 2005, 15쪽.
18) 김기천, 「"한성전기, 고종이 단독 출자":『전기 100년사』한전서 발간」, 『조선일보』, 1990년 2월 20일, 6면.
19) 박진희, 「서양과학기술과의 만남」, 국사편찬위원회 편, 『근현대과학기술과 삶의 변화』, 두산동아, 2005, 15쪽.
20) 박천홍, 『매혹의 질주, 근대의 횡단: 철도로 돌아본 근대의 풍경』, 산처럼, 2003, 110~111쪽; 박진희, 「철도로 보는 근대의 풍경」, 국사편찬위원회 편, 『근현대과학기술과 삶의 변화』, 두산동아, 2005, 39쪽.
21) 부형권, 「책갈피속의오늘/ 1898년 한성전기회사 설립: 삼천리에 불 밝혀라」, 『동아일보』, 2007년 1월 26일, A28면.
22) 이윤상, 「대한제국의 경제정책과 재정상황」, 한영우 외, 『대한제국은 근대국가인가』, 푸른역사, 2006, 113쪽.
23) 김희원, 「한국, 전력낭비 세계 최고」, 『한국일보』, 2007년 9월 11일, 2면.
24) 한국통신 인터넷 홈페이지.
25) 한국통신 인터넷 홈페이지; 강효상, 「통계로 본 구한말/ 갑오경장 백주년 통계청 공개」, 『조선일보』, 1994년 7월 29일, 10면.
26) 이규태, 「전화폭력」, 『조선일보』, 1989년 3월 15일, 4면.
27) 강효상, 「통계로 본 구한말/ 갑오경장 백주년 통계청 공개」, 『조선일보』, 1994년 7월 29일, 10면.
28) 김영자 편저, 『조선왕국 이야기: 100년전 유럽인이 유럽에 전한』, 서문당, 1997, 277쪽.
29) 김영자 편저, 『조선왕국 이야기: 100년전 유럽인이 유럽에 전한』, 서문당, 1997, 278쪽.
30) 박태호, 『장례의 역사: 고인돌부터 납골당까지, 숭배와 기피의 역사』, 서해문집, 2006, 177쪽.
31) 박태호, 『장례의 역사: 고인돌부터 납골당까지, 숭배와 기피의 역사』, 서해문집, 2006, 175쪽.
32) 주강현, 「죽음의 축제화 전통과 상두꾼」, 국사편찬위원회 편, 『상장례, 삶과 죽음의 방정식』,

두산동아, 2005, 260쪽에서 재인용.
33) 주강현, 「죽음의 축제화 전통과 상두꾼」, 국사편찬위원회 편, 『상장례, 삶과 죽음의 방정식』, 두산동아, 2005, 260~262쪽.
34) 주강현, 「죽음의 축제화 전통과 상두꾼」, 국사편찬위원회 편, 『상장례, 삶과 죽음의 방정식』, 두산동아, 2005, 262~264쪽.
35) 정해승, 『엔터테인먼트 경제학』, 휴먼비즈니스, 2006, 89~90쪽.
36) 차길진, 「일본의 한류 열풍과 원인」, 『스포츠조선』, 2004년 7월 27일, 24면.
37) 노치준, 「한말의 근대화와 기독교」, 『역사비평』, 계간27호(1994년 겨울), 313쪽.
38) 리하르트 분쉬, 김종대 옮김, 『고종의 독일인 의사 분쉬』, 학고재, 1999, 49쪽.
39) 리하르트 분쉬, 김종대 옮김, 『고종의 독일인 의사 분쉬』, 학고재, 1999, 51쪽.
40) 리하르트 분쉬, 김종대 옮김, 『고종의 독일인 의사 분쉬』, 학고재, 1999, 67~68쪽.
41) 김수진, 「新한국교회사: (15 · 끝) 아펜젤러의 '살신성인'」, 『국민일보』, 2001년 5월 2일, 18면; 이지현, 「아! 아펜젤러, 기념교회 세웠다… 군산 내초도에, 순교 105년 만에 건립」, 『국민일보』, 2007년 6월 9일.
42) 손세일, 「연재: 손세일의 비교 전기/ 한국 민족주의의 두 유형: 이승만과 김구」, 『월간조선』, 2002년 6월호.
43) 김수진, 「新한국교회사: (15 · 끝) 아펜젤러의 '살신성인'」, 『국민일보』, 2001년 5월 2일, 18면.
44) 김병철, 「아펜젤러 선교행로 항해순례: 기감, 순직 100주년 행사 내달 28일부터 다양하게」, 『국민일보』, 2002년 3월 21일, 24면.
45) 이지현, 「아! 아펜젤러, 기념교회 세웠다… 군산 내초도에, 순교 105년 만에 건립」, 『국민일보』, 2007년 6월 9일; 김창곤, 「아펜젤러 목사 순교 105주년 전북 군산시 내초도에 순교 기리는 교회 세워」, 『조선일보』, 2007년 6월 12일.
46) 이지현, 「아! 아펜젤러, 기념교회 세웠다… 군산 내초도에, 순교 105년 만에 건립」, 『국민일보』, 2007년 6월 9일.
47) 이광표, 「책갈피속의오늘/ 1885년 언더우드와 아펜젤러 한국 첫발」, 『동아일보』, 2005년 4월 5일, 21면.